国家社科基金
GUOJIA SHEKE JIJIN HOUQI ZIZHU XIANGMU
后期资助项目

荥阳小胡村商周墓地

Cemetery of the Shang and Zhou Dynasties at Xiaohucun of Xingyang

河南省文物考古研究院　著

中华书局
ZHONGHUA BOOK COMPANY

图书在版编目(CIP)数据

荥阳小胡村商周墓地/河南省文物考古研究院著. —北京:中华书局,2022.3

(国家社科基金后期资助项目)

ISBN 978-7-101-15543-3

Ⅰ.荥… Ⅱ.河… Ⅲ.①商墓-研究-荥阳②周墓-研究-荥阳 Ⅳ.K878.84

中国版本图书馆 CIP 数据核字(2021)第 273553 号

书　　名	荥阳小胡村商周墓地
著　　者	河南省文物考古研究院
丛 书 名	国家社科基金后期资助项目
责任编辑	齐浣心
出版发行	中华书局
	(北京市丰台区太平桥西里 38 号　100073)
	http://www.zhbc.com.cn
	E-mail:zhbc@zhbc.com.cn
印　　刷	北京市白帆印务有限公司
版　　次	2022 年 3 月北京第 1 版
	2022 年 3 月北京第 1 次印刷
规　　格	开本/787×1092 毫米　1/16
	印张 44½　字数 720 千字
印　　数	1-2000 册
国际书号	ISBN 978-7-101-15543-3
定　　价	328.00 元

国家社科基金后期资助项目出版说明

后期资助项目是国家社科基金设立的一类重要项目,旨在鼓励广大社科研究者潜心治学,支持基础研究多出优秀成果。它是经过严格评审,从接近完成的科研成果中遴选立项的。为扩大后期资助项目的影响,更好地推动学术发展,促进成果转化,全国哲学社会科学工作办公室按照"统一设计、统一标识、统一版式、形成系列"的总体要求,组织出版国家社科基金后期资助项目成果。

全国哲学社会科学工作办公室

彩版一

墓地远景（由东向西）

2

彩版二

1.M8

2.M21

3.M22

4.M30

彩版三

1.M8 局部

2.M8 席痕

彩版四

1. M13

2.M13 椁板痕迹

彩版五

1.M28

2.M31

3.M28-1

彩版六

1.M42

2.M43

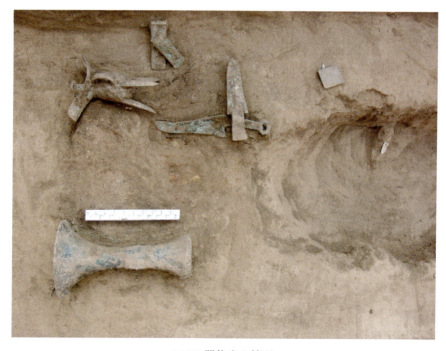

3.M42 器物出土情况

彩版七

1.M52

2.M90

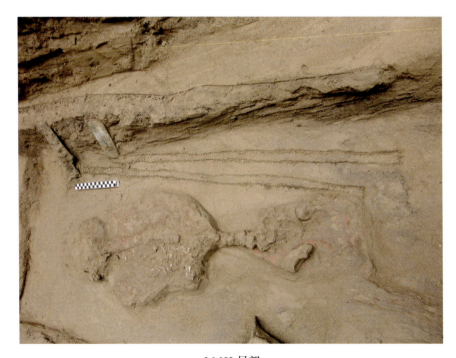

3.M52 局部

彩版八

1.M105

2.M41

3.M54

彩版九

1.M58

2.M61

彩版一〇

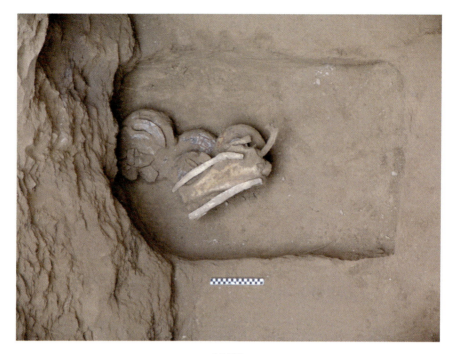

1.M69

2.M75

3.M111

彩版一——

1.M78

彩版一二

1.M13 随葬品组合

2. 銎内铜戈，M13：13

彩版一三

1. 舌字铜戈 M13：11

2. 铜戈 M13：7

彩版一四

1. 铜锛 M13：14

2. 铜锛 M13：14

彩版一五

1. 石三角形器 M13：15

2. 铜矛 M13：16

3. 铜刀 M13：4

彩版一六

1. 石磬 M13：17

2. 铜弓形器 M13：2

彩版一七

1. 铜饰件 M13：3

2. 铜削刀 M13：8

彩版一八

1. 铜戚 M13：6

2. 铜凿 M13：10

彩版一九

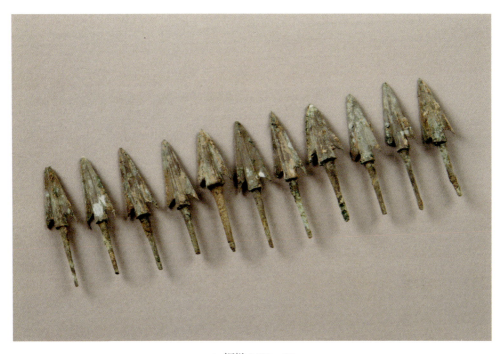

1. 铜镞 M13：12

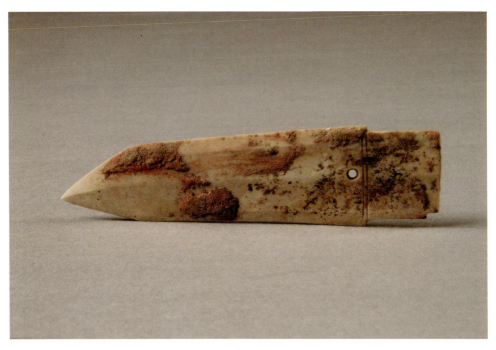

2. 玉戈 M13：5

彩版二〇

1. 玉管 M13：9

2. 玉器 M13：18

彩版二一

1. 玉饰 M13：19

2. 原始瓷片 M13：20

彩版二二

1.M8 随葬器物组合

2. 铜簋 M8：3

彩版二三

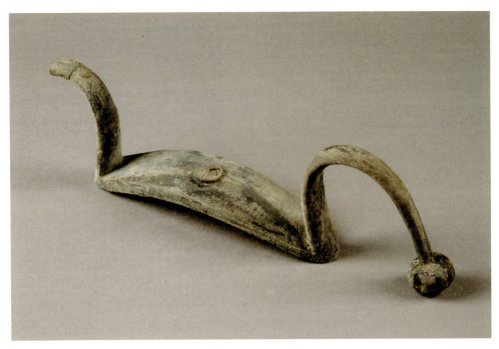

1. 弓形器 M8：4

2. 铜策 M8：5

彩版二四

1. 铜觚 M8:2

2. 铜爵 M8:1

3. 铜铃 M8:11

彩版二五

1.M21 随葬器物组合

2. 铜簋 M21：15

彩版二六

1. 铜觚 M21：3

2. 铜爵 M21：4

3. 铜戈 M21：6

彩版二七

1. 铜戈 M21：8

2. 铜戈 M21：9

彩版二八

1. 铜戈 M21：11

2. 铜戈 M21：18

彩版二九

1. 铜弓形器 M21：12

2. 铜铃 M21：1

彩版三〇

1. 铜镞 M21：16

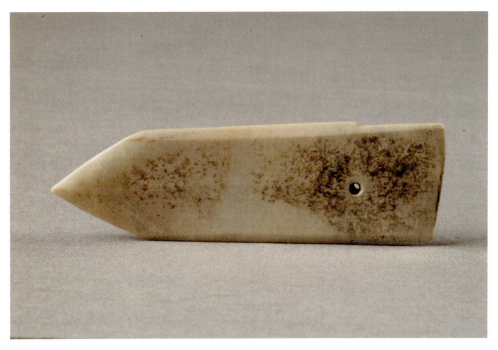

2. 玉戈 M21：2

彩版三一

1.M22 随葬品 12 件组合

2. 铜鼎 M22：1

3. 铜觚 M22：2

彩版三二

1. 铜簋 M22：3

2. 铜爵 M22：7

彩版三三

1. 铜斧 M22：8

2. 铜锛 M22：9

3. 铜铃 M22：10

4. 铜凿 M22：6

彩版三四

1. 铜刀 M22：5

2. 铜戈 M22：4

3. 玉璜 M22：11

彩版三五

1.M28 随葬品组合

2. 铜鼎 M28：2

3. 铜（盖鼎）卣 M28：4

彩版三六

1. 铜觚 M28：7

2. 铜爵 M28：5

3. 铜觚 M28：7

彩版三七

1. 铜鐏 M28：8　　　　　　　　　　2. 铜镈 M28：10

3. 铜镈 M28：10

彩版三八

1. 铜弓形器 M28：3

2. 铜盖弓帽 M28：9

彩版三九

1. 铜刀 M28：1

2. 铜戈 M28：6

3. 铜镞 M28：11

彩版四〇

1.M24 随葬铜器组合

2.M24：2 铜鼎

彩版四一

1. 铜觚 M24：5

2. 铜凿 M24：3

3. 铜爵 M24：6

4. 铜爵 M24：6

42

彩版四二

1. 铜瓠 M24：5

2. 铜戈 M24：1

43

彩版四三

1. 铜锛 M24：4

2. 铜鼎 M30：2

3. M30 随葬品 7 件

彩版四四

1. 铜觚 M30：3

2. 铜爵 M30：5

3. 铜戈 M30：4

彩版四五

1. 铜锛 M30：7   2. 铜凿 M30：6

3. 玉戈 M30：1

彩版四六

1.M33 出土铜戈、铜锛、铜鼎、铜觚、铜爵

2. 铜爵 M33：1

3. 铜觚 M33：2

彩版四七

1. 铜鼎 M33：4

2. 铜锛 M33：5

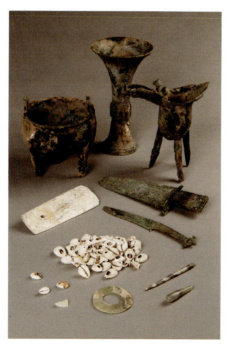

3.M52 随葬品总组合

48

彩版四八

1. 铜鼎 M52∶1

2. 铜爵 M52∶5

3. 铜鼎 M52∶1 局部

彩版四九

1. 铜觚 M52：2

2. 玉钺 M52：6

3. 铜觚 M52：2

彩版五〇

1. 玉簪套（M524：4、M52：3）

2. 铜戈 M52：7

彩版五一

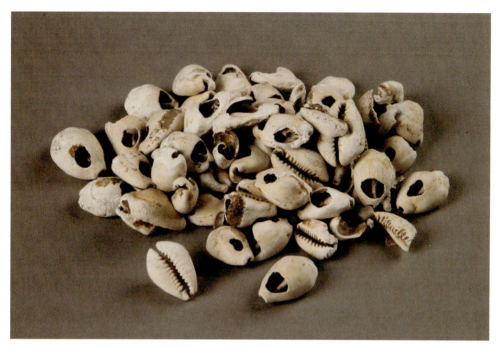

1. 海贝 M52：8

2. 玉璧 M52：9

彩版五二

1. 玉鸟 M52：10

2. M43 随葬品 6 件组合

彩版五三

1. 铜爵 M43：2

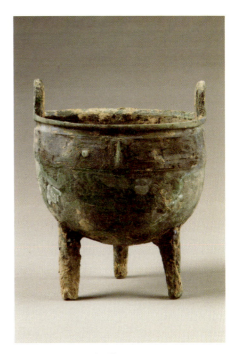

2. 铜鼎 M43：3

3. 铜觚 M43：4

彩版五四

1. 铜戈 M43：1

2. 玉管 M43：5

彩版五五

1. 玉鸟 M43：6

2.M105 随葬品 5 件组合

彩版五六

1. 铜鼎 M105：1

2. 铜鼎 M105：1

3. 铜鼎 M105：1

彩版五七

1. 铜爵 M105：2

2. 铜觚 M105：3

3. 玉戈 M105：5

彩版五八

1. 铜戈 M105：4

2.M42 随葬铜器组合 9 件

彩版五九

1. 铜觚 M42：1

2. 铜爵 M42：2

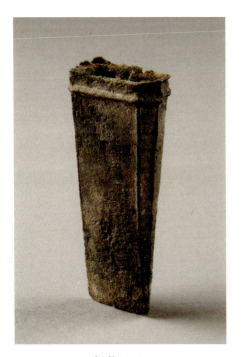

3. 铜斧 M42：3

4. 铜锛 M42：4

彩版六〇

1. 铜刀 M42：5

2. 铜戈 M42：6

61
彩版六一

1. 石铲 M42：7

2. 玉戈 M42：8

彩版六二

1. 玉戈 M42：9

2. 铜戈舌字戈，M16：6

彩版六三

1. 铜觚，M16：2

2. 铜爵，M16：3

3. 铜铃，M16：1

4. 铜凿，M16：4

彩版六四

1.M31 随葬品 6 件组合

2. 铜铃 M31：1

3. 铜锛 M31：2

4. 铜觚 M31：4

彩版六五

1. 铜戈 M31∶3

2. 铜爵 M31∶5

3. 铜凿 M31∶6

彩版六六

1.M34 随葬品 6 件组合

2. 铜觚 M34：6

3. 铜爵 M34：5

4. 铜铃 M34：1

彩版六七

1. 铜锛 M34：2

2. 铜凿 M34：3

3. 铜戈 M34：4

彩版六八

1.M27 随葬品 8 件组合

2. 铜爵 M27：2

3. 玉柄形器 M27：5

彩版六九

1. 铜觚 M27：1

2. 铜觚 M27：1

彩版七〇

1. 铜戈 M27：8

2. 玉刀 M27：6

彩版七一

1. 玉戈 M27：7

2. 玉刀 M27：4

72

彩版七二

1.M25 随葬品 5 件组合

2. 铜鼎 M25：2

3. 铜觚 M25：1

4. 玉刀 M25：5

彩版七三

1. 玉戈 M25：3

2. 玉璜 M25：4

彩版七四

1.M90 随葬品 4 件组合

2. 铜觚 M90：1

3. 铜矛 M90：2

彩版七五

1. 玉戈 M90：3

2. 海贝 M90：4

彩版七六

1.M3 出土随葬品组合

2. 玉坠 M3：1

彩版七七

1. 彩绘陶片 M3：3

2. 彩绘陶片正面 M3：3

彩版七八

1.M6 出土器物

2. 铜觚 M6：2

3. 铜爵 M6：1

彩版七九

1.M38 随葬品 7 件组合

2. 铜铃 M38：1

3. 铜铃 M38：2

彩版八〇

1. 铜镞 M38：3

2. 铜铃 M51：1

3. 铜铃 M51：2

彩版八一

1. 铜戈 M1：1

2. 玉戈 M1：2

彩版八二

1.M2 出土随葬品组合

2 玉珠（左 M2：1，右 M2：4）

彩版八三

1. 玉戈 M2：2

2. 玉戈 M2：3

彩版八四

1.M7 出土铜锛、铜爵、玉戈

2. 铜爵 M7：1

3. 铜锛 M7：3

85

彩版八五

1. 玉戈 M7：2

2. 铜戈 M10：1

彩版八六

1.M16 出土随葬品组合

2. 铜锛 M16：5

3. 柄形玉器 M14：1

4. 玉柄形器 M36：2

彩版八七

1. 海贝 M18：1

2. 海贝 M18：1

彩版八八

1. 玉戈 M19：1

2.M32 随葬品组合

彩版八九

1. 玉鱼 M32：1

2.M32 贝饰 M32：2

彩版九〇

1. 玉戈 M89：1

2. 玉刀 M104：2

彩版九一

1.M104 随葬品 2 件组合

2. 铜戈 M104：1

彩版九二

1. 海贝 M116：1

2. 海贝 M116：1

彩版九三

1.M118 随葬品 3 件组合

2. 铜铃 M118：1

彩版九四

1. 玉璧 M118：2

2. 海贝 M118：3

彩版九五

1. 铜铙 (1664)

2. 铜鼎（3086）

3. 铜鼎（5993）

彩版九六

1. 铜觚（5994）

2. 爵（5995）

3. 爵（5996）

彩版九七

1. 铜戈（5997）

2. 铜戈（5998）

彩版九八

1. 铜刀（5999）

2. 铜刀（6000）

彩版九九

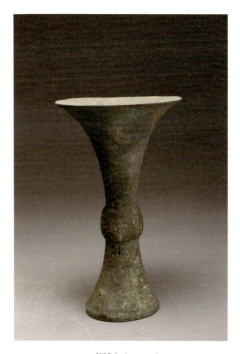

1. 铜觚（6001）

2. 铜爵（6002）

3. 铜爵（6003）

彩版一〇〇

1. 铜戈（6004）

2. 玉戈（7606）

彩版一〇一

1. 陶簋 M36：1

2.M37 组合

彩版一〇二

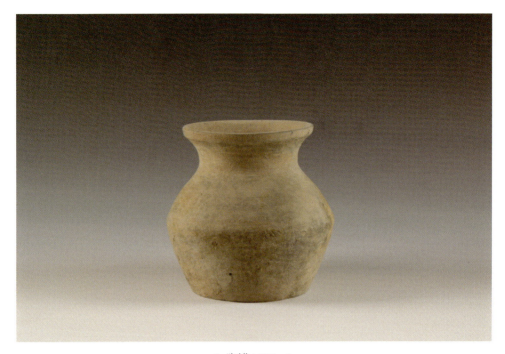

1. 陶罐 M37：2

2. 陶簋 M37：1

彩版一〇三

1.M70 组合

2. 陶豆 M70：4

彩版一〇四

1. 陶鬲 M70：3

2. 陶罐 M70：5

彩版一〇五

1.陶簋 M70：2

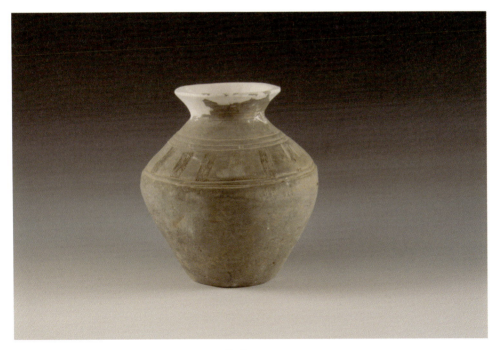

2.陶壶 M70：1

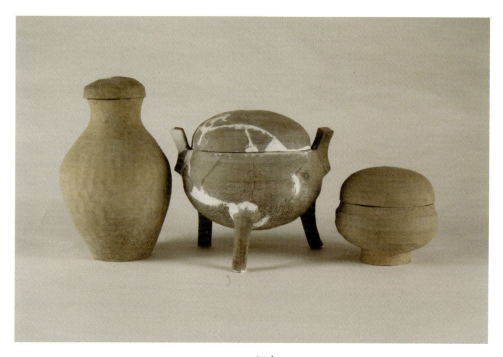

1.M41 组合

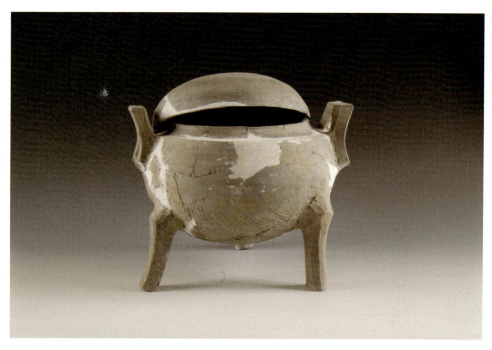

2. 陶盖鼎 M41：2

彩版一〇七

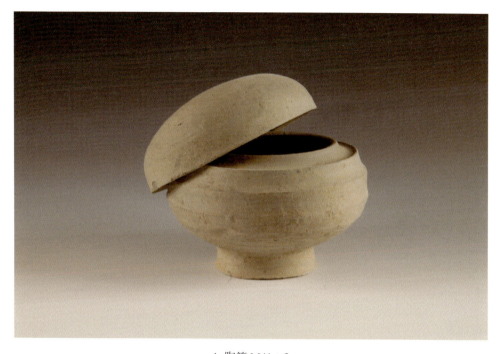

1. 陶簋 M41：3

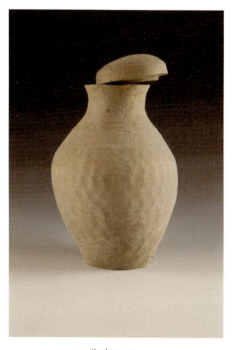

2. 陶壶 M41：1

彩版一〇八

1.M54 组合

2. 陶鼎 M54：2

彩版一〇九

1. 陶豆 M54：3

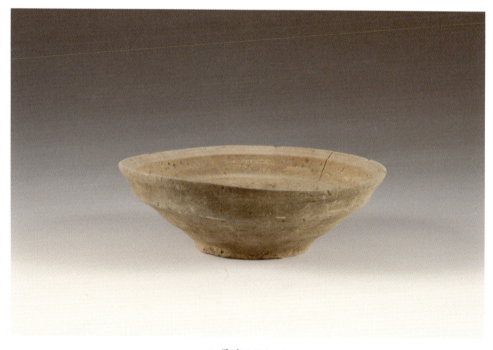

2. 陶盘 M54：5

彩版一一〇

1. 陶匜 M54：4

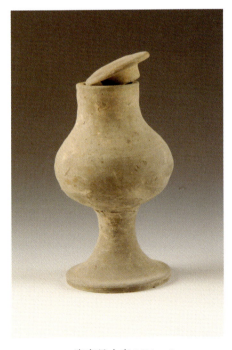

2. 陶高足小壶 M54：6

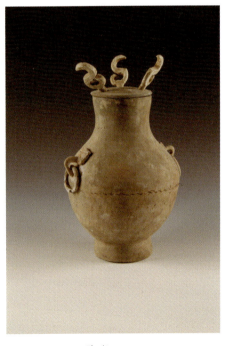

3. 陶壶 M54：1

彩版一一一

1.M55 组合

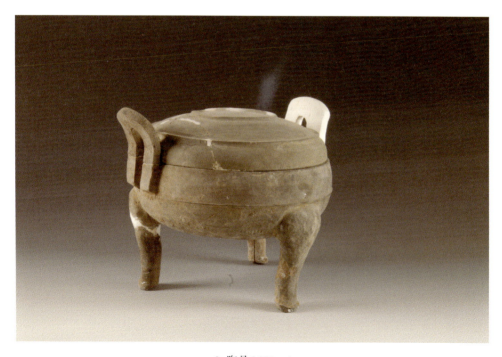

2. 陶鼎 M55：4

彩版一一二

1. 陶豆 M55：2

2. 陶盘 M55：5

彩版一一三

1. 陶匜 M55：1

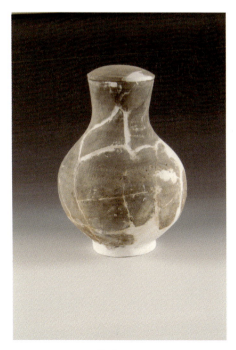

2. 陶壶 M55：3

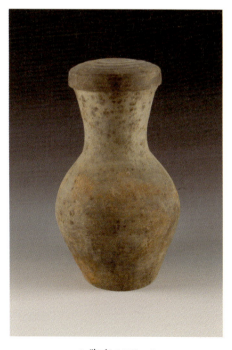

3. 陶壶 M56：5

彩版一一四

1.M56 组合

2. 陶鼎 M56：1

彩版一一五

1. 陶豆 M56：3

2. 陶豆 M56：4

彩版一一六

1. 陶盘 M56：2

2. 陶匜 M56：6

彩版一一七

1.M57 组合

2.陶鼎 M57：4

彩版一一八

 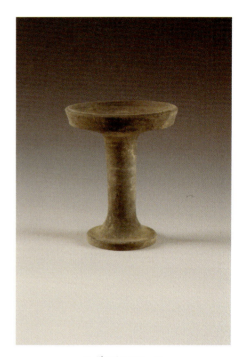

1. 陶豆 M57：2 　　　　　　　　　　　　　2. 陶豆 M57：3

3. 陶豆 M57：7

彩版一一九

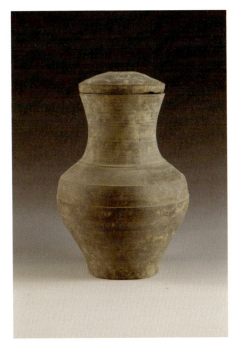

1. 陶壶 M57：1

2. 陶盘 M57：6

彩版一二〇

1. 陶匜 M57：5

2.M58 组合

彩版一二一

1. 陶鼎 M58：3

2. 陶豆 M58：4

3. 陶豆 M58：5

122

彩版一二二

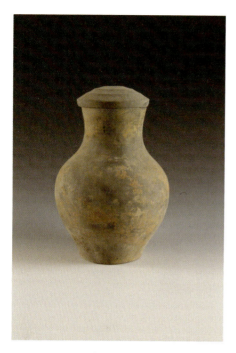

1. 陶壶 M58：6

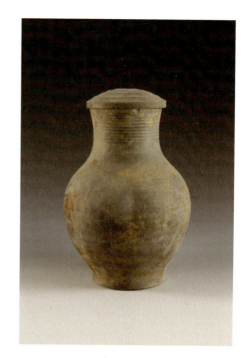

2. 陶壶 M58：7

3. 陶盘 M58：2

彩版一二三

1. 陶匜 M58：1

2.M59 组合

彩版一二四

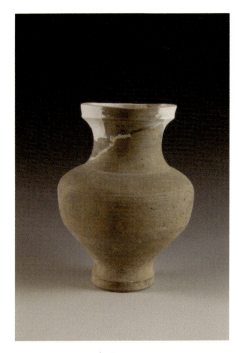

1. 陶壶 M59：1

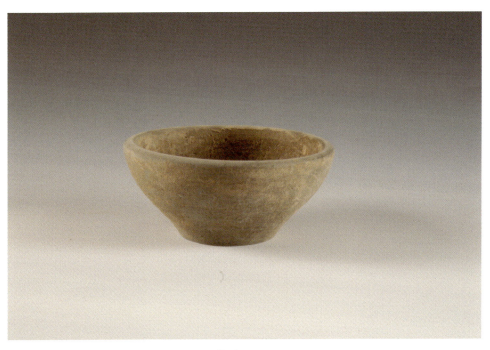

2. 陶碗 M59：2

彩版一二五

1.M60 组合

2. 陶鼎 M60：4

彩版一二六

1. 陶盒 M60 : 2

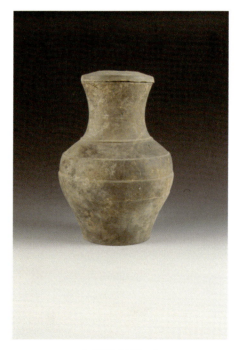

2. 陶壶 M60 : 3

彩版一二七

1. 陶盘 M60：1

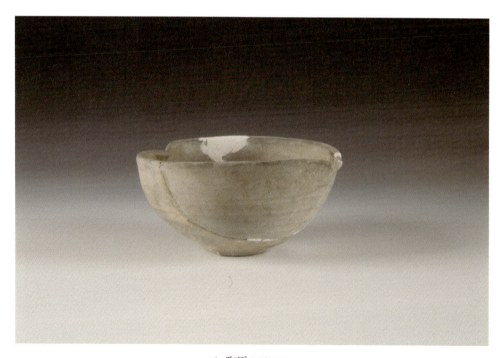

2. 陶匜 M60：5

彩版一二八

1.M61 组合

2. 陶鼎 M61：4

彩版一二九

1. 陶豆 M61：5

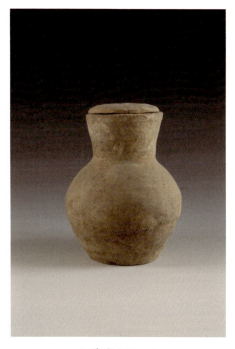

2. 陶壶 M61：3

彩版一三〇

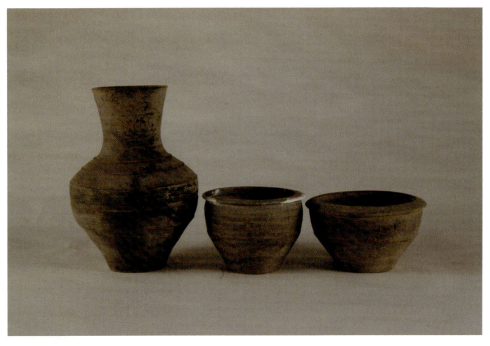

1.M64 组合

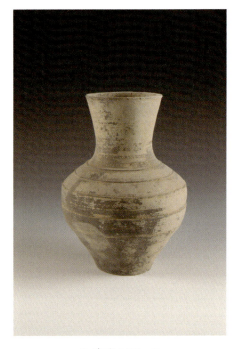

2. 陶壶 M64：3

彩版一三一

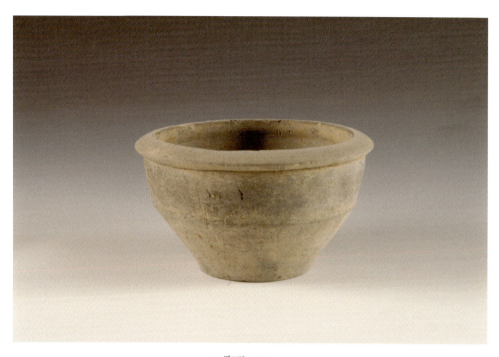

1. 陶盂 M64：4

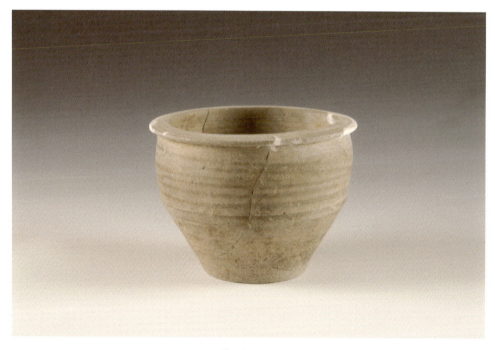

2. 陶盂 M64：2

彩版一三二

1.M65 组合

2. 陶豆 M65：3

彩版一三三

1. 陶罐 M65：2

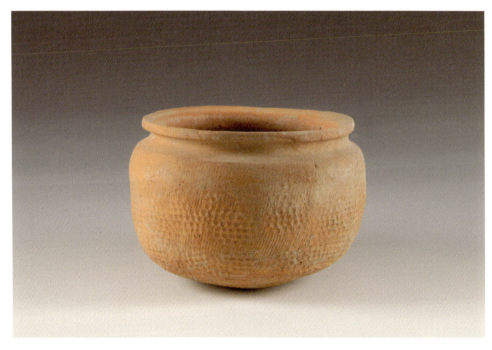

2. 陶红釜 M65：1

彩版一三四

1.M69 组合

2.彩绘陶鼎 M69：4

彩版一三五

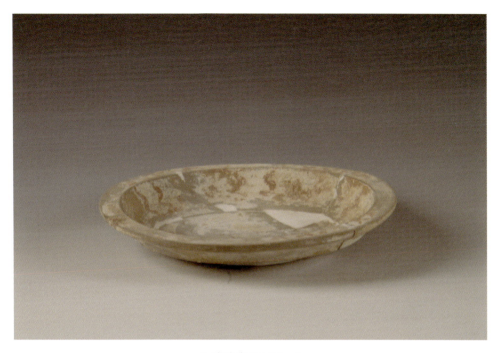

1. 彩绘陶盘 M69：3

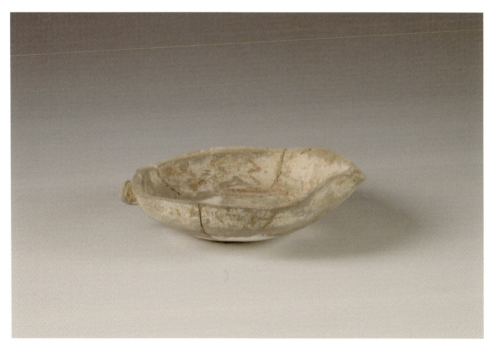

2. 彩绘陶匜 M69：5

136

彩版一三六

1. 彩绘陶豆 M69：1

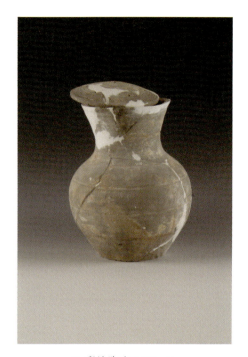

2. 彩绘陶壶 M69：2

3.M71 组合

彩版一三七

1. 陶豆 M71：2

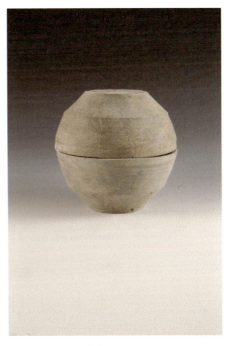

2. 陶合碗 M71：1

3. 陶合碗 M71：4

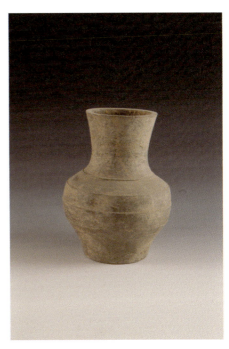

4. 陶壶 M71：3

彩版一三八

1.M72 组合

2. 陶豆 M72：3

彩版一三九

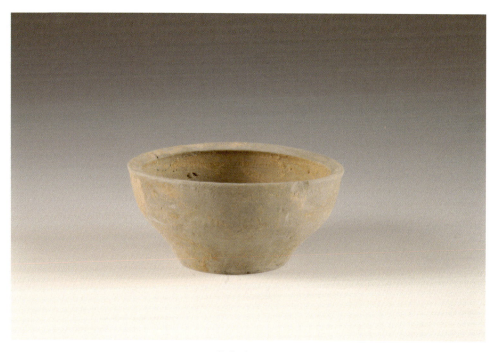

1. 陶合碗 M72：1

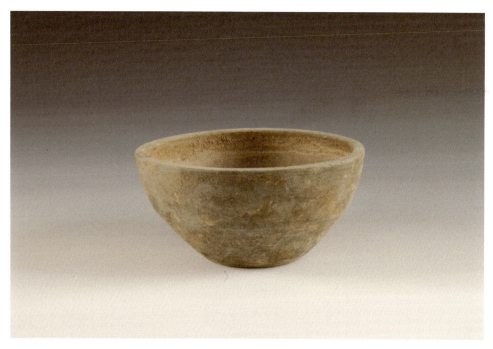

2. 陶合碗 M72：1

彩版一四〇

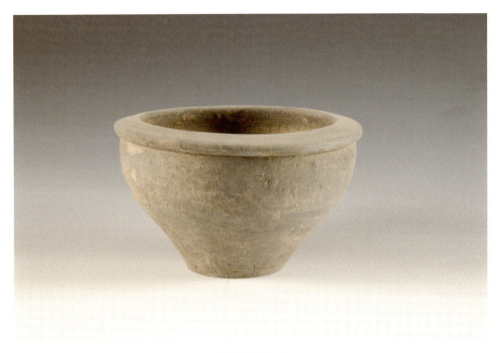

1.陶盆 M72：5

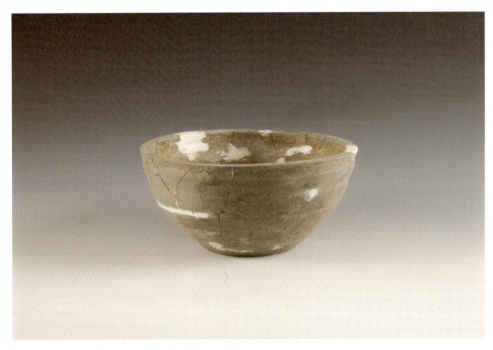

2.陶盆 M72：4

彩版一四一

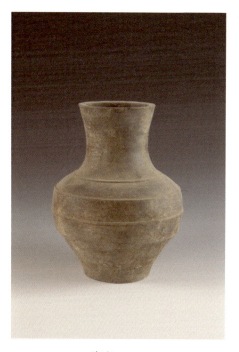 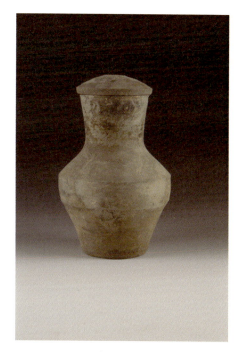

1. 陶壶 M72：2　　　　　　　　　　　　2. 陶壶 M73：3

3.M73 组合

彩版一四二

1. 陶鼎 M73：1

2. 陶豆 M73：2

彩版一四三

1.M74 组合

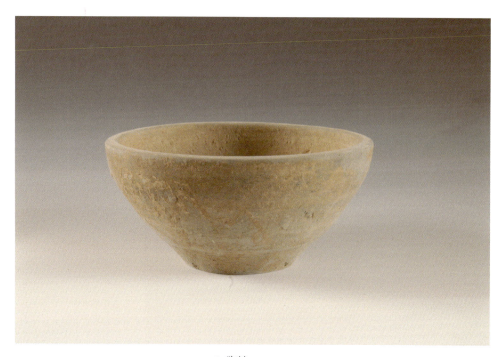

2. 陶钵 M74：1

彩版一四四

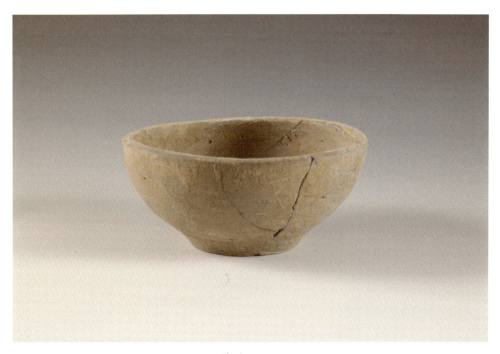

1. 陶碗 M74：3

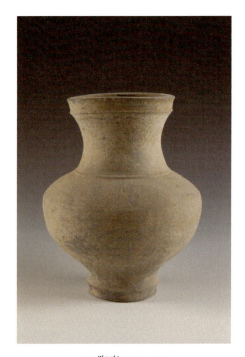

2. 陶壶 M74：2

彩版一四五

1.M75 组合

2. 彩绘陶鼎 M75：2

彩版一四六

1. 彩绘陶盘 M75：1

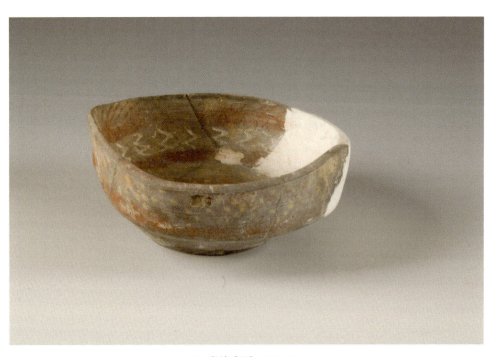

2. 彩绘陶匜 M75：5

彩版一四七

1. 陶豆 M75：4

2. 陶壶 M75：3

彩版一四八

1.M76 组合

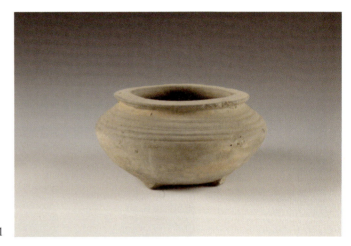

2.陶瓿 M76：1

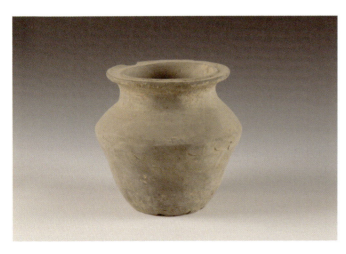

3.陶罐 M76：2

彩版一四九

1.M78 组合

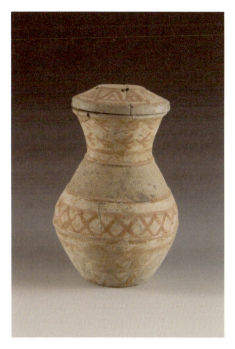

2.彩绘陶壶 M78：3

彩版一五〇

1. 陶（盒）豆（彩绘）M78：2

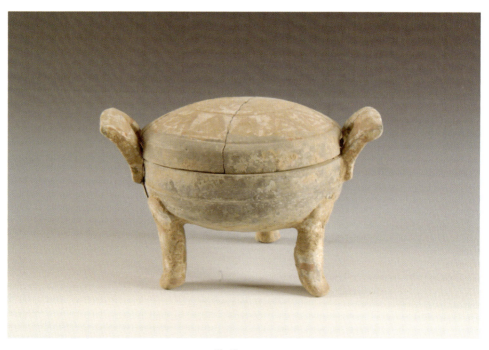

2. 陶鼎 M78：1

彩版一五一

1. 陶鼎 M80：1

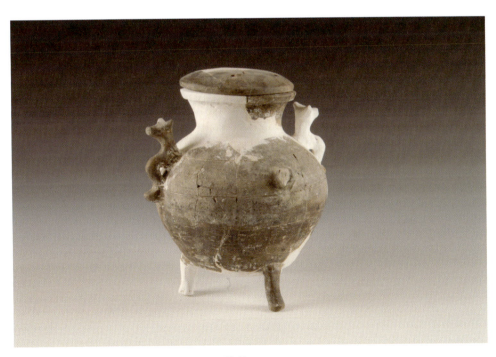

2. 陶罍 M80：2

彩版一五二

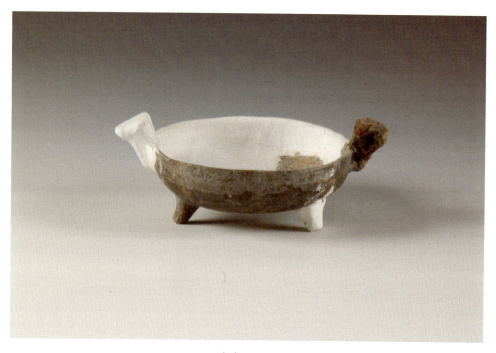

1. 陶舟 M80：3

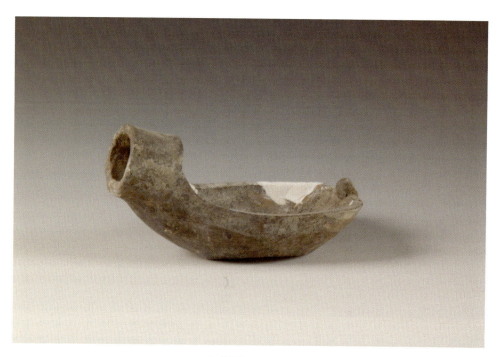

2. 陶匜 M80：4

彩版一五三

1.M81 组合

2. 陶豆 M81：1

彩版一五四

1. 陶豆 M81：4

2. 陶鬲 M81：5

彩版一五五

1. 陶罐 M81：3

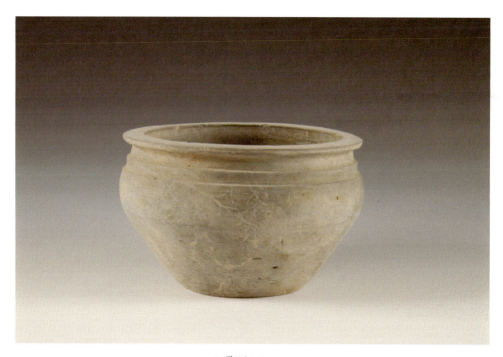

2. 陶盂 M81：2

彩版一五六

1.M82 组合

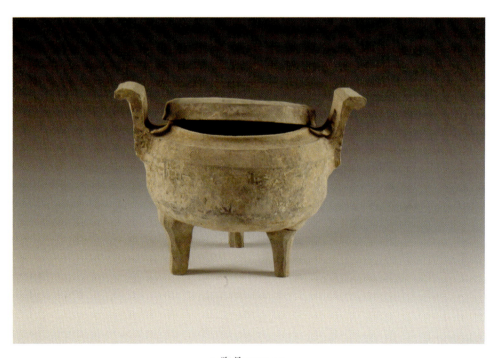

2.陶鼎 M82：1

彩版一五七

1. 陶罐 M82：2

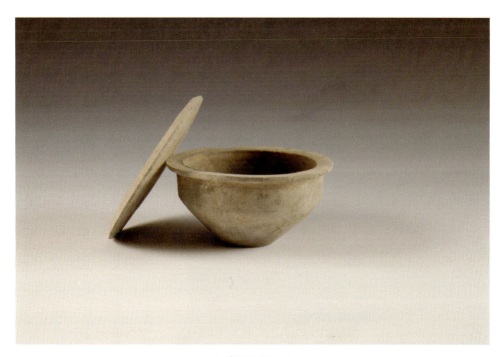

2. 陶盂 M82：3

彩版一五八

1.陶匜 M82:4

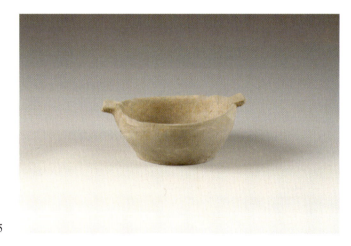

2.陶舟 M82:5

3.陶盘 M82:6

彩版一五九

1.M85 组合

2. 陶豆 M85：1

彩版一六〇

1. 陶豆 M85：2

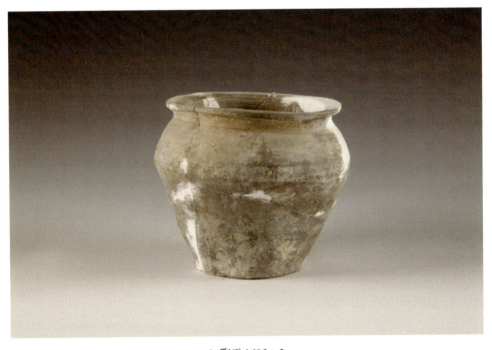

2. 陶盂 M85：3

彩版一六一

1.陶盂 M85：4

2.陶盘 M85：5

彩版一六二

1. 陶鬲 M85：6

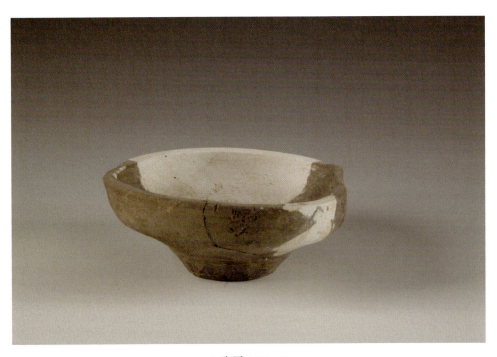

2. 陶匜 M85：7

163

彩版一六三

1.M88 组合

2. 陶盘 M88：1

彩版一六四

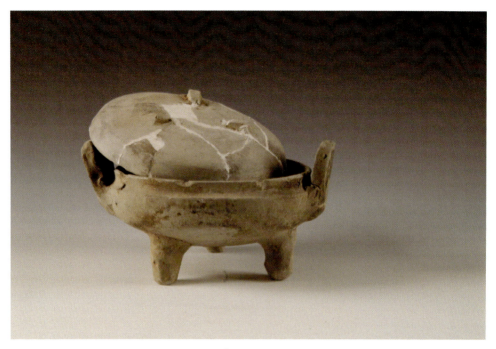

1. 陶鼎 M88：2

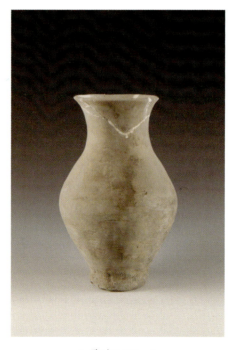

2. 陶壶 M88：3

彩版一六五

1.陶匜 M88：4

2.陶豆 M88：5

彩版一六六

1.M92 组合

2.陶鼎 M92：1

3.陶罐 M92：2

彩版一六七

1.M93 组合

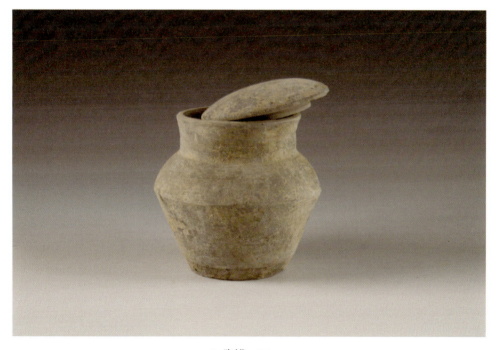

2. 陶罐 M93：1

彩版一六八

1. 陶鼎 M93：2

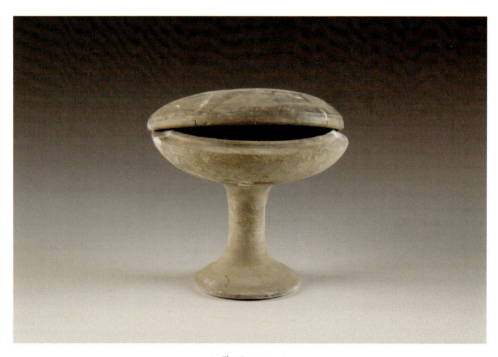

2. 陶豆 M93：3

彩版一六九

1. 陶匜 M93：4

2. 陶盘 M93：5

彩版一七〇

1.M94 组合

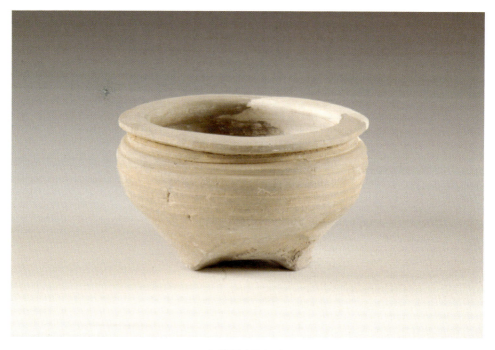

2. 陶鬲 M94：1

彩版一七一

1. 陶盂 M94：2

2. 陶豆 M94：3

彩版一七二

1. 陶杯 M94：4

2. 陶壶 M94：5

彩版一七三

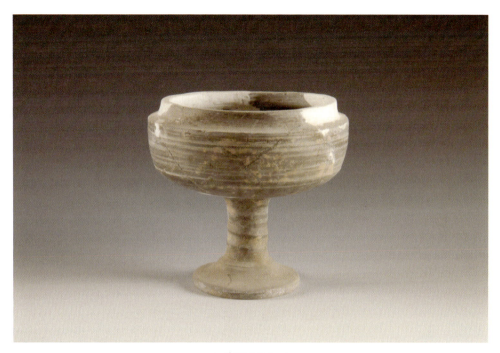

1. 陶豆 M95：1

2.M96 组合

彩版一七四

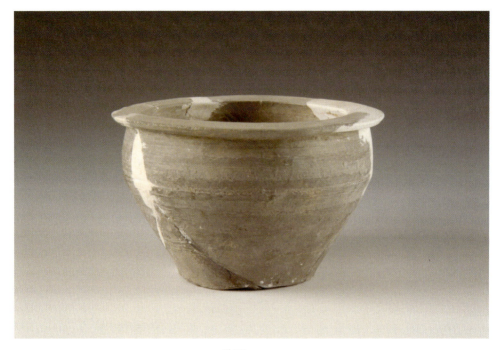

1. 陶盂 M96：1

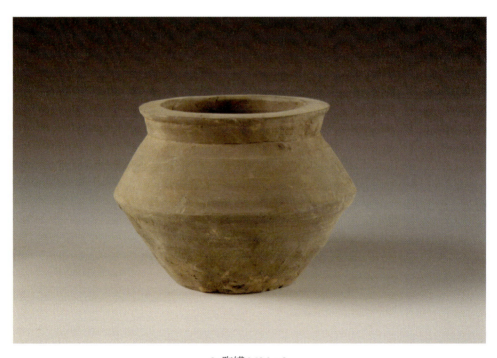

2. 陶罐 M96：2

彩版一七五

1. 陶豆 M96：3

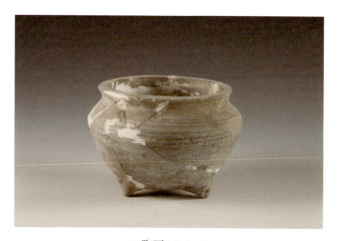

2. 陶鬲 M96：4

3. 陶豆 M96：5

彩版一七六

1.M97 组合

2. 陶匜 M97：1

彩版一七七

1. 陶耳杯 M97：2

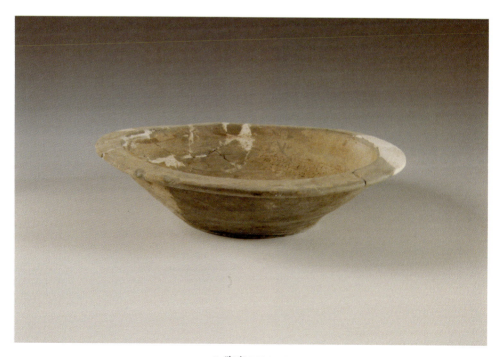

2. 陶盘 M97：3

彩版一七八

1. 陶鼎 M97：4

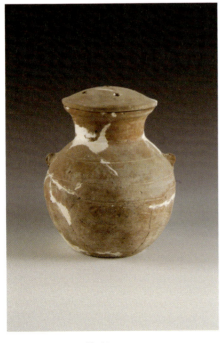

2. 陶壶 M97：5

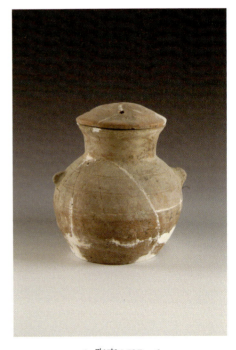

3. 陶壶 M97：6

彩版一七九

1. 陶盒 M97：7

2. 陶豆 M99：1

彩版一八〇

1.M101 组合

2. 陶匜 M101：1

彩版一八一

1. 陶器盖 M101：2

2. 陶鼎 M101：3

彩版一八二

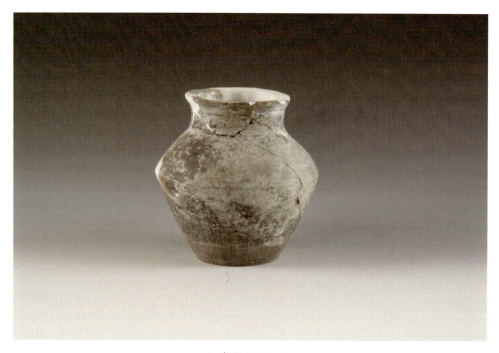

1. 陶壶 M101：4

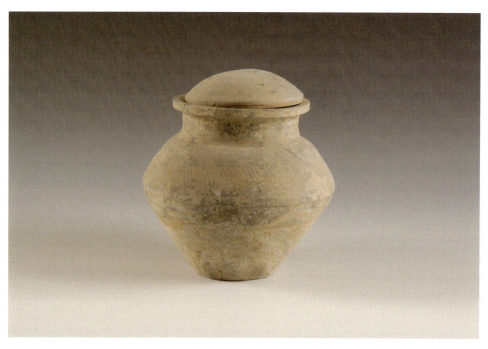

2. 陶罐 M102：1

彩版一八三

1.M106 组合

2. 彩绘陶盘 M106：1

彩版一八四

1. 陶豆 M106：2

2. 器盖 M106：3

彩版一八五

1.M107 组合

2. 陶鼎 M107：2

彩版一八六

1. 陶豆 M107：1

2. 陶鸟盖壶 M107：3

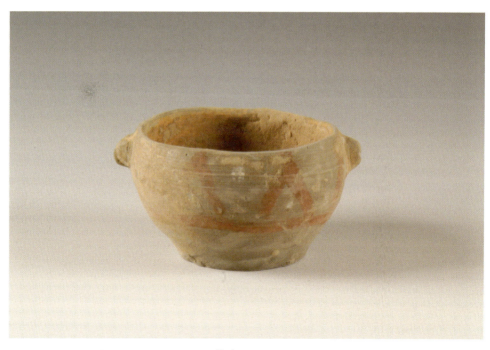

3. 陶舟 M107：4

彩版一八七

1.M108 组合

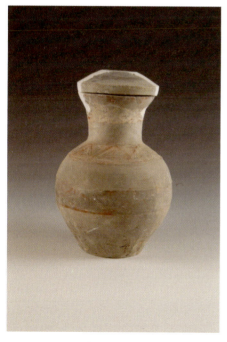

2. 陶壶 M108：1

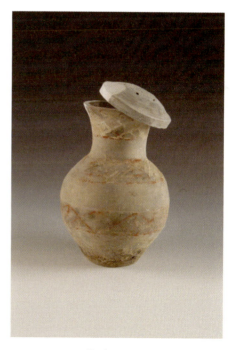

3. 陶壶 M108：2

彩版一八八

1. 陶鼎 M108:4

2. 陶豆 M108：3

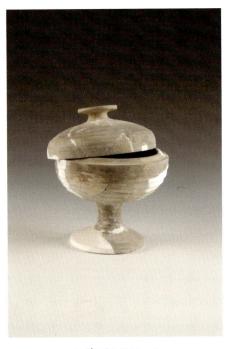

3. 陶豆 M108：5

彩版一八九

1.M109 组合

2.陶壶 M109：1

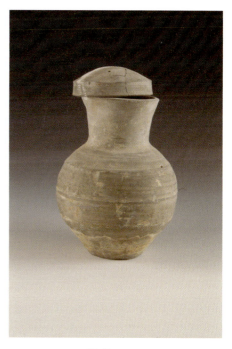

3.陶壶 M109：2

彩版一九〇

1. 陶豆 M109：3

2. 陶豆 M109：4

3. 陶鼎 M109：5

彩版一九一

1. 陶豆 M109：7

2. M111 组合

彩版一九二

1. 陶杯 M111：1

2. 陶壶 M111：2

彩版一九三

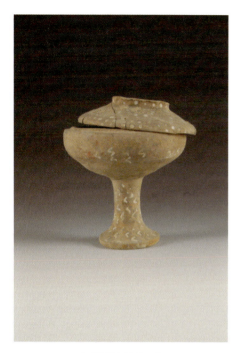

1. 陶豆 M111：3

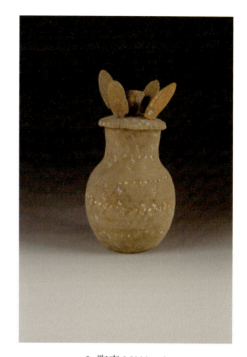

2. 陶壶 M111：4

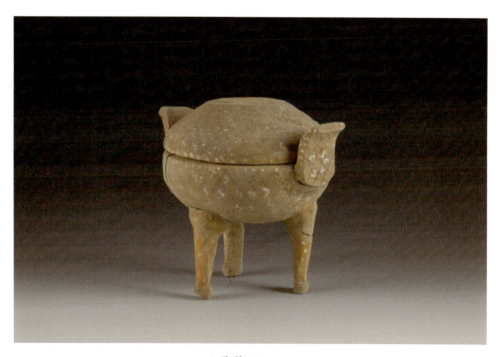

3. 陶鼎 M111：5

彩版一九四

1. 陶豆 M111：6

2.M112 组合

彩版一九五

1. 陶鼎 M112：1

2. 陶豆 M112：2

3. 陶罍（M112：3）

彩版一九六

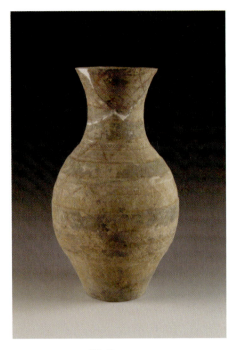

1. 陶壶 M113：1

2.M114 组合

彩版一九七

1. 陶浅盘豆 M114：1

2. 陶罐 M114：2

彩版一九八

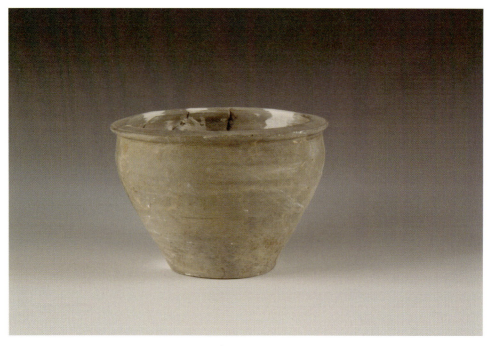

1. 陶盆 M114：3

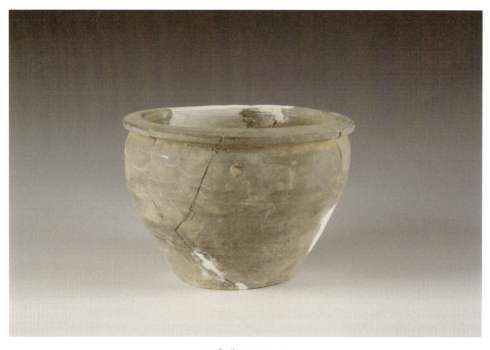

2. 陶盆 M114：4

彩版一九九

1.M115 组合

2. 陶罐 M115：1

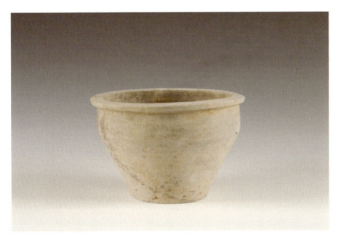

3. 陶盂 M115：2

彩版二〇〇

发掘现场之一

发掘现场之二

彩版二〇一

发掘现场之三

发掘现场之四

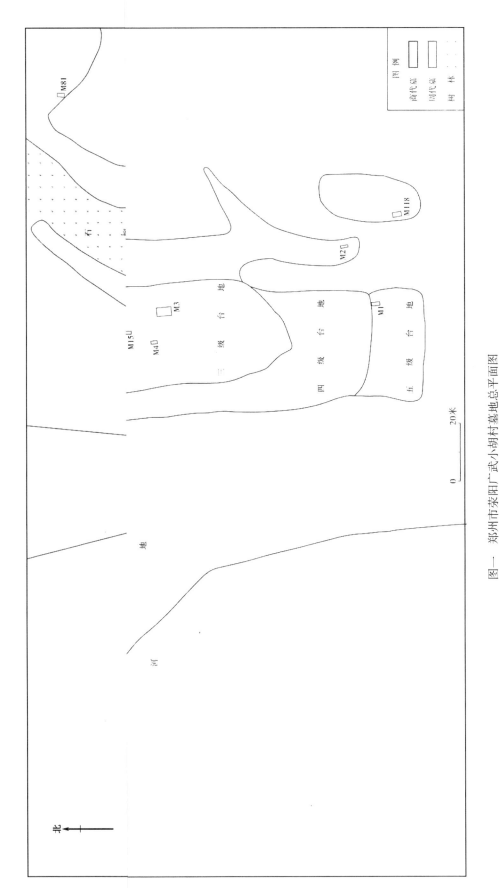

图一　郑州市荥阳广武小胡村墓地总平面图

目　录

第一章　概述

一　地理环境与墓地概况

小胡村墓地位于河南省荥阳市广武镇小胡村东北,东南距郑州市区约 20 公里。原属大胡、小胡、窑湾等附近几个村的农田,20 世纪 80 年代被郑州市黄河大观有限公司征用,现为"思念·果岭山水"建筑集团的绿地。地理坐标为北纬 34°56′,东经 113°28′。

这里的地貌属邙山余脉延伸而来的丘陵高地,北距黄河约 5 公里。气候湿润,水源充足。自古以来这里就是人类繁衍生息的理想场所。其东相距约 3 公里是著名的西山仰韶时代古城,其南相距约 6 公里,是大师姑二里头文化古城,其西北相隔 3 公里是秦末刘邦、项羽在此对垒的汉霸二王城古战场(图二)。

墓地北高南低,向南可分为五级台地,向西为较缓的斜坡。其西、南两面为枯河水所环绕,东部紧邻郑州黄河大观"思念·果岭山水"高尔夫球场,北邻"少林禅武轩"文武学校。一条东西向现代引洪渠贯穿墓区北部。墓葬主要分布在南北约 400 米,东西约 200 米的范围之内(图一)。

二　地层关系

长期以来,由于农民平整土地及后来施工建设、取土等原因,致使我们对原始文化层堆积已不得而知。现存地层堆积较为简单,墓口以上只有一层,即耕扰层。因此所有墓葬均直接开口于耕扰层下,打破生土。耕扰层厚薄不均,厚度一般在 0.4~1.5 米之间。最薄的仅 0.25 米,最厚的达 2.5 米。墓地局部发现有早期灰坑,其中 M38 打破一南北向早期灰沟,M60 东部打破一早期灰坑,M69 打破一东西向早期灰沟,M78 东南角打破一早期灰坑。这些灰坑填土均为红褐色的黏土,出有方格纹、绳纹陶片,应属龙山时代灰坑。

三　墓地发掘概况

2006 年 7 月初,发现该墓地古墓葬被盗掘。经国家文物局批准,河南省文物考

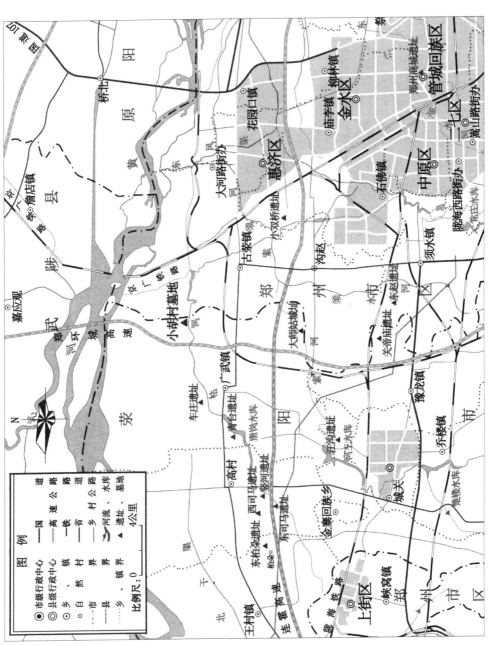

图二　荥阳小胡村墓地位置图

古研究所（现河南省文物考古研究院）主持进行抢救性考古勘探和发掘。发掘工作自7月26日开始，至9月15日结束，历时52天。共发掘商、周、宋、清时期墓葬160座。具体情况如下：

晚商墓葬58座，主要分布在墓地的南部和中部偏西，引洪渠以北仅5座。

其中被盗掘15座（M20盗洞未进入椁室），均为近几年被盗。

西周墓葬2座，一座位于墓葬区的中部偏南，一座位于墓葬区的中部偏北。保存比较完整。

东周墓葬62座，主要分布在墓葬区的北部。被盗8座，均为近年被盗。

宋代龟镇2座，分布在墓葬区的北部，即引洪渠以北。

清代墓葬36座，分布较为集中，主要在墓地的南部二级台地东、西部和引洪渠以北的西部。

第二章 商代墓葬

一 墓葬概况

（一）形制

58座墓葬均为长方形土坑竖穴墓。墓口形状多为圆角长方形，呈梯形者有M12、M14、M19、M20、M24、M25、M30、M31、M33、M117，共10座。其中M12、M14头、足两端相差为0.05米，这可能与挖墓坑的技术不佳有关，其余8座墓的头、足两端宽度相差均在0.10米以上，这可能是有意而为。呈一端尖的船形者仅1座，M39墓口头端呈尖圆弧形，足端仍为圆角方形；但该墓墓底仍呈圆角长方形。墓葬口底大小尺寸不一。其中口大于底者有M1、M3、M9、M11、M14、M20、M30、M39，共8座；口小于底者有M4、M5、M7、M25、M35、M36、M38、M40、M50、M51、M52、M90、M104、M105，共14座；口底同大者有M2、M6、M8、M10、M12、M13、M15、M16、M17、M18、M19、M21、M22、M23、M24、M26、M27、M28、M29、M31、M32、M33、M34、M42、M43、M46、M47、M48、M49、M53、M89、M103、M116、M117、M118、M027，共36座。多数墓的墓壁不甚规整，有中间外扩的现象。

墓葬的方向：在58座墓葬中，能够确定方向的墓葬有37座（以墓主头向为准），其中南向的墓葬有M2、M5、M10、M11、M12、M18、M32、M40、M46、M52、M105、M116，共12座，方向介于170~185度之间；北向的墓葬有M1、M7、M8、M14、M16、M19、M21、M22、M24、M26、M27、M28、M29、M30、M31、M33、M34、M39、M42、M43、M89、M103、M104、M117，共24座，方向介于350~20度之间；东向者仅M90一座，方向92度。另外21座南北向的墓葬由于盗扰或者人骨腐朽无存，不能辨明是南向或北向。由此可见，在这批商代墓葬中，南北向的墓葬较多，尤其是北向的墓葬最多。

墓葬结构：包括墓室、二层台和腰坑。

墓室　墓室开口的长度，最长者为5.3米，最短的为2.1米，多数墓室的长度在2.6~3米之间。墓室的宽度，最宽的为3.0米，最窄的为0.7米，多数墓室的宽度在1.0~1.6米之间。墓室的长宽之比的比值最大为3.14，最小为1.4，多数在1.7~2.5之间。

墓葬的现存深度,最深的为 6.3 米,最浅的为 0.2 米,多数墓的深度在 1.3~2.5 米之间。墓室的面积,最大的为 15.9 平方米,最小的为 1.5 平方米,多数墓的面积在 3.0~8.0 平方米之间。

二层台　二层台有生土和熟土两种形式。在 58 座商代墓葬中,有熟土二层台的墓葬有 32 座,有生土二层台的墓葬有 17 座。确切没有二层台的仅有 2 座,即 M89 和 M116,这两座墓葬规模都较小,M116 长 2.2、宽 0.7、现存深度 1.4 米。没有棺木痕迹。另有 7 座墓葬由于盗扰等原因,二层台的有无情况不明。

在有二层台的墓葬中,多数是墓底四周都有二层台,少数是两面或三面有二层台,这样的墓葬有 2 座。M4 仅东、西、南三面有高 0.52 米的生土二层台。该墓长 2.2(底 2.4)、宽 1.1(底 1.15)、现存深度 3.46 米。葬具使用一棺。M49 仅东、西两面有高 0.4 米的生土二层台。该墓被盗扰,长 2.1、宽 1.2、现存深度 2.1 米。葬具使用一棺。

由于盗扰或墓室坍塌等原因,二层台的高度数据可能已不准确。在这批晚商墓葬中,二层台保存最高的为 1.15 米,最低的仅 0.1 米。

腰坑　墓底带有腰坑,这是晚商墓葬的习俗。在 58 座墓中,多数墓都带有腰坑,确切没有腰坑的墓葬仅有一座 M116,如前所述,该墓规模较小,也没有二层台和棺木。另外有 2 座墓葬(M15、M17),由于盗扰严重,腰坑的有无情况不明。腰坑一般呈长方形,长度一般在 1 米左右,最长的为 1.5 米,最短为 0.4 米;宽度一般在 0.4 米左右,最宽的为 0.6 米,最窄的为 0.16 米;深度一般在 0.2~0.3 米之间,最深的为 0.4 米,最浅的仅 0.1 米。另外,M33 腰坑呈椭圆形,长径 1.2 米,短径 0.3 米,深 0.2 米。

(二)填土

墓葬填土均为浅黄褐色五花土,内涵较为纯净。多数经过夯打,夯层、夯窝明显。夯层厚度一般在 0.14~0.20 米之间,夯窝均为圆形圜底的"馒头夯",直径在 0.04~0.07 米之间,深度在 0.04~0.06 米之间,夯窝分布无规律,为乱夯,夯具为独木棍。

面积较大的墓葬填土中多有殉狗,少者 1 条,多者达 7 条,有些殉狗颈部挂有铜铃。

(三)葬具

葬具均已腐朽,但多数朽痕较为清晰。从朽痕观察,葬具主要有椁、棺和席子。

棺、椁的有无,特别是椁的有无和墓葬规模的大小有密切的关系。从总体情况来看,面积在 3 平方米以上的墓葬,一般都有棺有椁,面积在 3 平方米以下的,一般只有单棺,没有椁。明确没有棺木的墓葬只有 1 座 M116。另外,M15、M17、M48、M50、M027 由于盗扰严重,清理时也没有发现棺木朽痕,不明是否有棺木存在;M9、M10、M11、M12、M18、M19、M38、M51 虽然清理时没有发现棺木灰痕,但是由于墓底四周有熟土二层台(M18、M19、M38 为生土台),特别是 M38 规模较大,也可以推定，埋葬时应使用了棺木。

椁　主要有"井"字形和"凵"形两种形式。平面呈"井"字形的椁，一般是边板和堵板均长出椁室约 0.1 米。平面呈"凵"形的椁，一般是边板长出椁室约 0.1 米。椁的边板和堵板均为长方形木板，现存朽痕厚度一般在 0.05~0.12 米之间。底板为长条形方木或圆木，均为横向铺设，长度一般和椁室的宽度相等，个别的长于椁室宽度约 0.1 米，宽度（或直径）不等，一般在 0.08~0.1 米之间。由于椁板均已腐朽，加之盗扰等原因的破坏，椁的原始高度已经不明，现存朽痕最高的为 0.95 米（M13），最低的仅为 0.1 米。所有椁板均没有发现髹漆迹象。M13 虽然被盗，但椁的迹象却十分清晰。椁为南北向，朽痕呈"井"字形，存高 0.95 米。西边板共有 5 块，每块宽度 0.15~0.22 米不等，板灰厚度 0.05~0.06 米。边板和堵板采用半榫卯扣合的方式结合在一起，各长出椁室约 0.1 米。底板东西向，似为方木，共有 22 根，每根宽度为 0.08~0.1 米不等。需要特别说明的是，在椁的南北两端堵板之外的正中，各发现一根圆木朽痕，建于底板之上，紧贴堵板外侧，直径约 0.15~0.2 米。我们推测，这两根圆木的作用应当是在搭建椁室时，用来挤压堵板的。

椁板朽痕所构成的范围就是椁室。椁室的长度一般在 2.4~3.0 米，最长的为 3.2 米，最短的为 2.2 米。椁室的宽度一般在 1~1.5 米，最宽的为 1.8 米，最窄的为 0.75 米。现存深度一般在 0.3~0.8 米之间，最深的为 0.95 米，最浅的为 0.1 米。

棺　多为长方形盒式，有的头端宽，脚端窄。棺板的块数、具体结合方式等情况已经不明。现存板灰痕迹的厚度一般为 0.05 米。发现有红漆髹棺的迹象。

棺底多铺撒朱砂，个别墓葬局部甚至厚达 2 厘米。

棺板朽痕所围的范围就是棺室。棺室的长度一般为 2~2.5 米，最长的为 2.76 米（M22），最短的为 1.8 米。棺室的深度一般在 0.2~0.5 米之间，最深的为 0.8 米（M36），最浅的仅 0.1 米。

席子　凡是有棺有椁的墓葬一般都使用席子。从席纹痕迹和人骨朽末以及棺板朽痕的迭压关系来看，席子应包裹在尸体之外。席子灰痕的颜色呈灰褐色，席纹为"人"字形，席篾宽约 0.4 厘米。M36 棺椁盖板上也有席子痕迹，朽痕为白色，"人"字形。

（四）人骨情况

除 M89、M90、M116、M117 等几座小型墓的骨骼保存较好外，大部分墓葬的骨骼保存较差，多朽为粉末，有的甚至连痕迹都不明显。从能够判断葬式的墓葬来看，葬式有仰身直肢和俯身直肢两种形式。

（五）殉牲

有狗和牛骨等。

殉狗数量和墓葬规模有着密切的关系，即规模越大，殉狗数量越多。一般是一座墓葬一条殉狗，规模较大的墓葬，殉狗数量可达数条。M38 面积 7.2 平方米，殉狗数量达到 7 条。

殉狗主要放在填土中、二层台上和腰坑内。填土中和二层台上的殉狗，骨架保存较好，腰坑内的殉狗保存较差，有的朽为粉末。狗的头向多数和墓主人的头向相反。葬式多样，一般为圈曲状侧放，也有仰面朝上的。M5 填土中出有一狗，葬式奇特，背向下，仰面朝上，四肢向上伸。M24 二层台上出有一狗（编号为 A），头向西北，背贴墓壁，四只狗爪聚在一起，似经过绑缚。另外，在清理的过程中，我们发现多数墓葬填土中发现的殉狗，其骨骼旁的填土颜色一般为青灰色，和其他填土颜色有别。这可能是由殉狗肌肉腐烂过程中浸染所致。

牛骨数量较少。只在 M8 西侧二层台上和 M21 墓室填土中有所发现。为牛的腿骨和肩胛骨。

另外，在许多墓葬的腰坑内发现有动物骨末，由于腐朽较为严重，种类很难判明，可能多数也为殉狗。

（六）随葬品放置位置

随葬品的放置有一定规律。铜铃一般出土于填土中，应是殉狗颈部佩戴之物。腰坑内有时会出土一枚海贝。其他随葬品一般都放置于棺内（个别墓葬的兵器可能放置于棺上），铜礼器和兵器一般放置于棺内裹尸之席之上，礼器放置于墓主足端，兵器放置于墓主肩部。玉器和海贝为墓主贴身佩戴。小型玉器（戈、鸟）可能为口含之物。

二　墓葬分述

（一）M1

1. 墓葬资料

位于墓地的东南部边缘，其东是断崖。墓口直接发现于耕扰层之下，北端为四级台地所压，距离地表深 1.6 米，南端位于五级台地上，距离地表深 1.25 米。与其他墓葬间也没有发生打破或是迭压现象，层位关系简单。墓葬的上部已遭到破坏，其原始结构已不能详知。

墓室为圆角长方形土坑竖穴式，凿建于生土层内。方向南北向，355 度（以墓主头向为准。下同）。现存墓口略大于墓底，墓口南北长 2.9、东西宽 1.2 米，墓底南北长 2.75、东西宽 1.10、存深 0.25 米。墓口面积 3.48 平方米。墓室内填土为五花土。墓底有长方形腰坑，长 1.0、宽 0.4、深 0.25 米（图三）。

未见葬具痕迹。

人骨保存极差,只在墓室北端发现人牙8颗,因此墓主应头向北,其他情况不明。腰坑内有动物骨末。

铜戈出土时内部在腰坑内西北角,可能原先应在棺内,因棺木朽后坠入腰坑内。

玉戈出土时位于墓室北端,人牙附近,应是墓主口含之物。

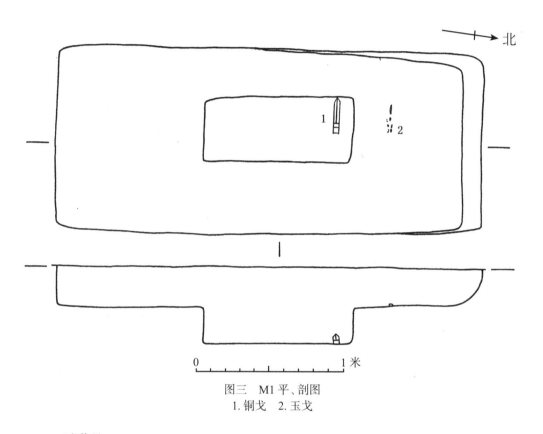

图三 M1平、剖图
1. 铜戈 2. 玉戈

2. 随葬品

共2件。种类有铜器、玉器。

(1)铜器

戈 1件。属B型Ⅱ式。标本M1∶1,近长条三角形援,弧线聚锋,援中脊有凸起的棱线贯通至銎部,内近长条梯形,前端有椭圆形銎。素面。出土时保存完好。銎内有朽木痕。实用器。通长21、援长14.1、援宽5.2、銎外径2.6、銎内长径2.9、短径2厘米。重302.2克(图四-1、2,彩版八一-1)。

(2)玉器

戈 1件。属B型小型玉戈。标本M1∶2,已残断为数段。表面呈黄褐色,质地较差。援窄长,援中脊圆突不起棱线,后端有单面钻孔,援、内无分界。长3.9、宽1.2、厚0.4、孔径0.3厘米。重5.6克(图四-3、4,彩版八一-2)。

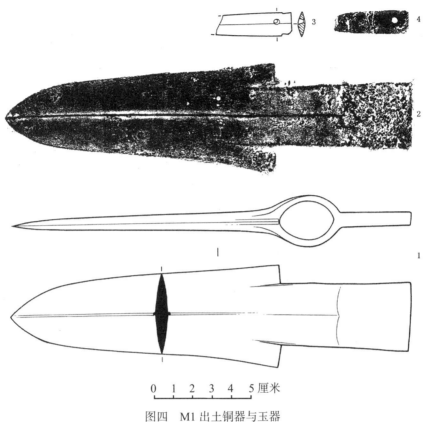

图四 M1 出土铜器与玉器
1、2. 铜戈（M1 : 1） 3、4. 玉戈（M1 : 2）

（二）M2

1. 墓葬资料

位于发掘区的东南部一土台上。墓口直接发现于耕扰层之下，距离地表深 1.3 米，与其他墓葬间也没有迭压或打破关系。墓葬的上部已遭到严重破坏，其原始结构已不能详知。

墓室为圆角长方形土坑竖穴式，凿建于生土层内。方向为南北向，170 度。现存墓室南北长 2.6、东西宽 0.9、深 0.2 米。面积 2.34 平方米。墓室内填土为浅黄褐色五花土。墓底有长方形腰坑，长 0.9、宽 0.4、深 0.4 米（图五）。

葬具仅存少量灰痕，结构不明。

人骨保存较差，仅剩腰部以上部分，头向南，仰身。左上肢及肩部发现有少量朱砂。

腰坑内有已腐朽的狗骨架。

1 件玉珠位于墓主口内，当是口含之物。另 2 件玉戈和 1 件玉珠位于墓主胸部，当是随身佩戴之物。

2. 随葬品

共 4 件。均为玉器，器形有戈、珠（彩版八二 –1）。

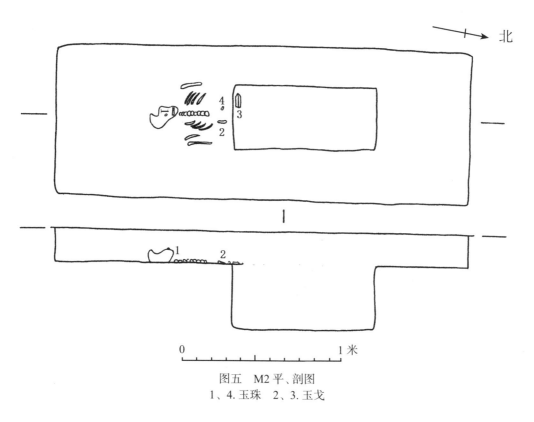

图五　M2 平、剖图
1、4. 玉珠　2、3. 玉戈

戈　2 件。属 A 型小型玉戈。标本 M2∶2，保存较好。白色，质地较好，器表光滑。三角形援，前锋较尖锐，援有脊线和上下刃线贯通内，援、内分界明显，内后侧斜削，有刃线，援、内接合处有圆穿，双面钻成。长 3.80、宽 1.25、厚 0.25、孔径 0.20 厘米。重 1.2 克（图六 –1，彩版八三 –1）。标本 M2∶3，保存较好。灰白色，表面较为光滑。直援，三角形前锋，援中有脊线，刃线不明显，内后侧斜削。援末有单面钻穿孔。这件玉戈内残损后经过改制，且内的断裂面稍加磨制。长 5.1、宽 2.1、厚 0.3、孔径 0.4 厘米。重 5.1 克（图六 –2，彩版八三 –2）。

珠　2 件。标本 M2∶1，保存较好，有多道裂纹。青白色。通体磨光。短管形，截面略呈椭圆形，中心有圆形穿孔，穿孔两端粗，中间细，为两端施钻。长 1.5、直径 1.1、壁厚 0.3、孔径 0.5 厘米。重 2 克（图六 –3，彩版八二 –2 左）。标本 M2∶4，保存较好。绿色，有白色沁。椭圆形矮柱状，中心有小圆形穿孔，是双面钻成。长 1.5、直径 1.1、孔径 0.3 厘米。重 2.5 克（图六 –4，彩版八二 –2 右）。

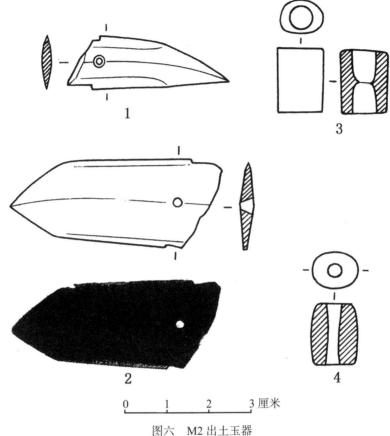

图六　M2 出土玉器

1.戈（M2∶2）　2.戈（M2∶3）　3.珠（M2∶1）　4.珠（M2∶4）

（三）M3

1.墓葬资料

严重盗扰。

位于墓地南部三级台地中部偏东，西北邻 M4。墓葬直接开口于耕土层下，距离地表深 0.3 米。墓室中部偏北有一直径约 1.7 米的圆形盗洞打穿墓底，盗洞内有盗墓贼留下的 1 个矿泉水瓶和部分残碎的随葬品。由于盗扰严重，墓葬的原始结构已不能详知，从清理的结果来看，现存墓葬由墓室、二层台及腰坑等几部分组成。

墓室为圆角长方形土坑竖穴式，凿建于生土层内。方向为南北向，175 或 355 度（由于盗扰严重，墓主头向已不明）。墓室上部四壁不甚规整，下部较为规整，直壁平底。口大底小。墓口南北长 5.3、东西宽 3.0、墓底南北长 4.8、东西宽 2.5、墓室深 4.6 米。墓口面积为 15.9 平方米。墓室内填土为黄褐色五花土，含有较多红褐色土瓣。填土经过夯打，夯层厚 0.4~0.5 米，夯窝不明显。墓底四周有熟土二层台。存高 0.3 米，宽度不一致，东、西宽 0.5、南宽 0.82 米，北二层台由于被盗洞打破，宽度不明。墓底有长方形腰坑，长 1.4、宽 0.3、深 0.17 米（图七）。

葬具已被扰乱，北部被盗洞打穿，仅存椁的南半部分朽痕。据此可知椁堵板两端各长出椁室约 0.08 米，边板和堵板的朽痕厚度为 0.07 米。朽痕所围成的椁室残长 2.2、宽 1.14、残高 0.3 米。棺室已遭完全破坏，情况不明。

未见人骨，所以葬式、性别、年龄等情况都已无法究明。

由于椁室被完全扰乱，所以随葬品的原始摆放位置我们已经无法确知。椁室内仅在南部发现几枚海贝，其余随葬品均出自盗洞内。

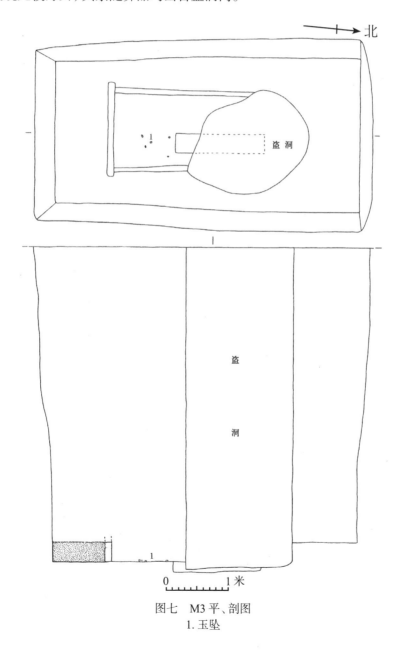

图七　M3 平、剖图
1. 玉坠

2. 随葬品

共 61 件（其中海贝 55 枚）。种类有圆陶片、铜器残片、玉石器、海贝（彩版七六 -1）。

（1）陶制品

2 件。

圆陶片　2 件。制作较为规整，应是专门烧制而成。标本 M3 : 2，圆形，一面略鼓，有用朱砂绘成的盘龙形图案，另一面略凹，满涂朱砂（图八 -1）。标本 M3 : 3（原编号为 7），圆形，一面略鼓，涂朱砂，有数道刻划纹（图八 -2，彩版七七）。

（2）铜器残片

3 片。标本 M3 : 5（原编号为 2），不规则五角形。从断面看，有很多气泡。标本 M3 : 6（原编号为 3），不规则三角形。

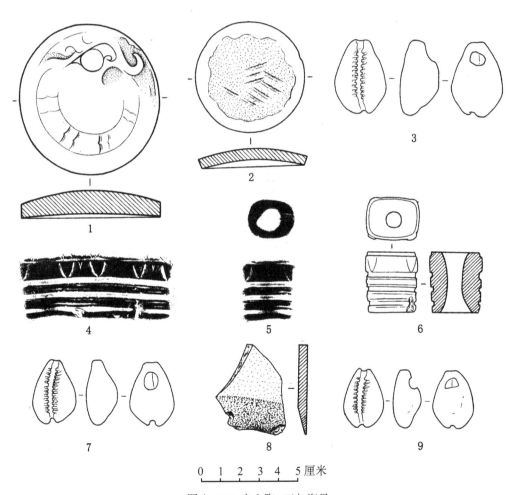

图八　M3 出土陶、玉与海贝

1. 圆陶片（M3 : 2）2. 圆陶片（M3 : 3）3. 海贝（M3 : 4-1）4、5、6. 玉坠（M3 : 1）

7. 海贝（M3 : 4-2）8. 石片（M3 : 7）9. 海贝（M3 : 4-3）

（3）玉石器

2件。器形为坠石片。

玉坠 1件。标本 M3：1，保存较好。淡青色。略呈圆角四方柱状，两端较平，中心有穿孔，穿孔为双面钻成。一端上侧四角各雕凸起的简化蝉纹一个，蝉头向上；蝉的下侧雕琢宽凹弦纹三周，凹弦纹之间的两个凸起面上又各有细凹弦纹两周。两端孔壁一侧，有明显的坠痕。长 3.1、宽 2.2、壁厚 0.8、孔径 0.65 厘米。重 18.5 克（图八-4、5、6，彩版七六 -2）。

石片 1件。标本 M3：7（原编号为 4），深灰色。一面磨制较为光滑。不规则形，一侧较薄，似为刃部。应是一件有刃器物的碎片（图八 -8）。

（4）海贝

55枚。大部分壳面呈淡黄色，有亮泽，个别壳面局部被铜器沁染成浅绿色；另有一些壳面表层脱落，呈白色，有褐色斑，无亮泽。多数背部有一个小圆形穿孔，属 I 式海贝；个别背部为大穿孔。标本 M3：4-1，背部有一圆形穿孔（图八 -3）。标本 M3：4-2，被铜器沁染成浅绿色。背部有一穿孔（图八 -7）。标本 M3：4-3，背部有一穿孔（图八 -9）。

（四）M4

墓葬资料

位于墓地南部三级台地的中部。墓葬直接开口于耕土层下，距离地表深 0.24 米，和其他墓葬没有迭压或打破关系，层位关系简单。从清理的结果看，现存墓葬由墓室、二层台和腰坑等几部分组成。

墓室为圆角长方形土坑竖穴式，凿建于生土层内。方向为南北向，5 或 185 度。墓室口小底大。墓口南北长 2.20、北宽 1.00、南宽 1.10 米，墓底南北长 2.40、北宽 1.00、南宽 1.15 米，墓室现存深度为 3.46 米。墓口面积 2.31 平方米。墓室四壁较为规整，距墓口深约 2.60 米处，在东壁发现清晰的挖掘工具痕迹，痕迹长 0.13、宽约 0.08 米。墓室内填土为黄褐色五花土，含有较多红褐色土瓣。填土土质坚硬，经过夯打，夯窝较明显，形状为"馒头夯"，直径为 0.07、深 0.04 米，夯窝分布无规律，为乱夯；夯具应为独木棍；夯层厚 0.25~0.30 米。墓底东、西、南三面有二层台，二层台为生土。台高 0.52 米，宽度不一，东宽 0.20~0.30、西宽 0.31、南宽 0.35 米。墓底有近长方形腰坑，北宽南窄，长 1.10、南宽 0.26、北宽 0.34、深 0.25 米（图九）。

葬具为一棺，已朽成灰痕，形制不明。

在墓底北壁发现有席子痕迹，应为裹尸之席。席子朽痕呈灰褐色，"人"字形，席篾宽度为 0.8 厘米。

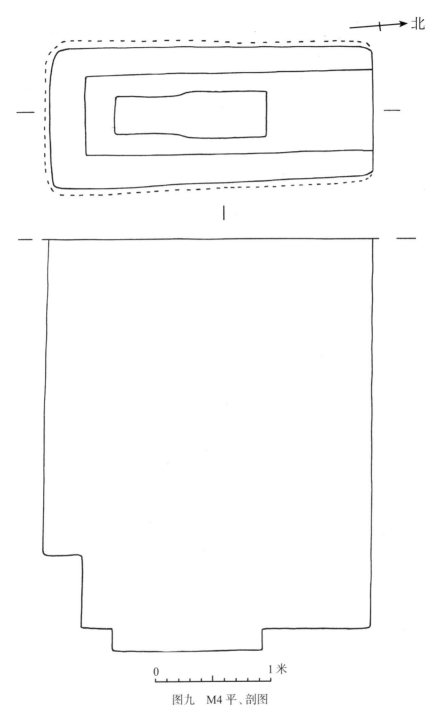

北

图九　M4 平、剖图

0　　　　　　　　1米

棺底铺撒一层朱砂。

人骨保存极差,仅有部分骨末,葬式、年龄、性别等都已无法究明。

腰坑内有殉狗骨末,腐朽严重,头向等也已无法究明。

无随葬品。

（五）M5

墓葬资料

盗扰。

位于墓地南部三级台地的北部，北邻 M8。墓葬直接开口于耕土层下，距离地表深 0.70 米。在墓室西北角的壁上发现有直径约 0.40 米的范围内，土质比墓葬填土略松，含有淤沙，应为一早期盗洞。从清理的结果看，现存墓葬由墓室、二层台和腰坑等几部分组成。

墓室为圆角长方形土坑竖穴式，凿建于生土层内。方向为南北向，185 度。墓室口小底大，墓壁有脱落现象，不甚规整。墓口南北长 2.74、东西宽 1.40 米，墓底南北长 2.90、东西宽 1.50 米，墓室现存深度为 2.20 米。墓口面积 3.84 平方米。墓室填土为红褐色五花土，质地坚硬，经过夯打，夯窝明显，为圆形"馒头夯"，直径 0.06~0.08、深 0.06 米；夯窝分布无规律，为乱夯；夯具应为独木棍；夯层厚薄不均，约 0.15~0.30 米。墓底四周有熟土二层台，高 0.60 米，宽度不一致，东宽 0.26、西宽 0.24、北宽 0.20、南宽 0.10 米。墓底有长方形腰坑，长 0.78、宽 0.46、深 0.15 米（图一〇）。

葬具为一棺一椁，均已腐朽，而且朽痕也不完整，只有北半部分痕迹。椁边板北端残长 0.40、板灰痕厚 0.12 米，底板长 1.0 米，宽 0.08~0.12 米不等。棺室北端残长 0.40、宽 0.50 米，板灰痕厚度为 0.05 米。

人骨保存较差，仅在北端发现部分下肢骨。据此可见，墓主应头向南，直肢葬。

殉狗 1 条，放置于墓室的东北角，距离地表约 2.0 米。殉狗放在一个似为特意在墓壁上挖成的半圆形浅坑里。葬式奇特，背向下面朝上，四肢朝上伸。腰坑内也有腐朽的动物骨末，种类难辨。

未发现随葬品。

（六）M6

1. 墓葬资料

盗扰。

位于墓地南部三级台地北部偏东，西北邻 M13。墓葬直接开口于耕扰层下，距离地表深 1.25 米。在墓室的中北部有一直径为 1.10 米的近圆形盗洞自墓口打穿墓底。从清理的结果看，现存墓葬由墓室、二层台和腰坑等几部分组成。

墓室为圆角长方形土坑竖穴式，凿建于生土层内。方向为南北向，180 度。墓室上部由于坍塌，极不规整，墓室下部相对较为规整，长 3.00、宽 1.50 米，存深 2.25 米。面积 4.50 平方米。墓室填土为灰褐色五花土，土质坚硬，经过夯打，但夯窝、夯层不

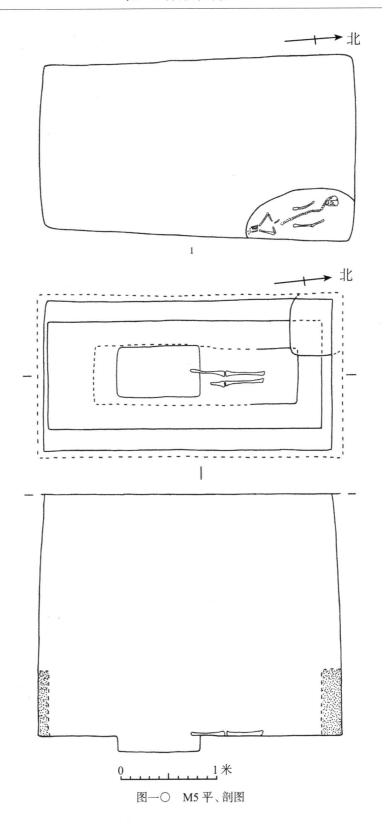

图一〇　M5平、剖图

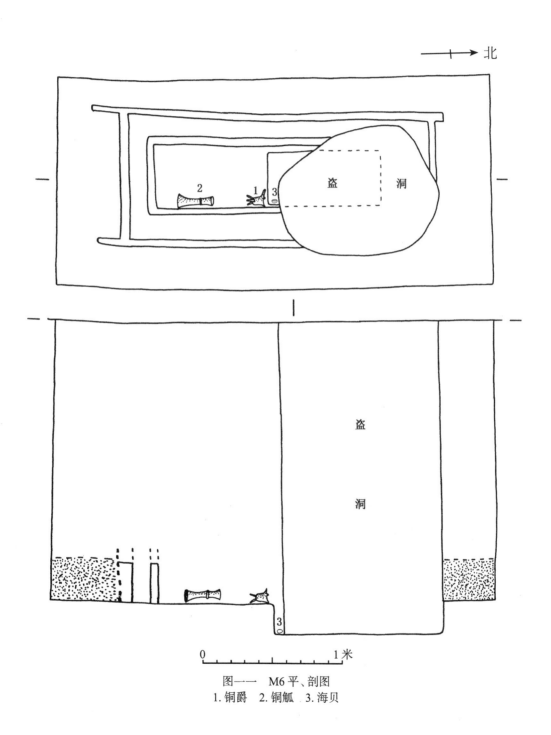

图——　M6 平、剖图
1. 铜爵　2. 铜觚　3. 海贝

明显。墓底四周有熟土二层台，台高 0.30 米，宽度不一致，东宽 0.30、西宽 0.20~0.30、南宽 0.34、北宽 0.40 米。墓底有长方形腰坑，大部分已被盗洞破坏，长度已不明，宽 0.40、深 0.25 米（图一一）。

葬具为一棺一椁，均已腐朽，但朽痕还较为清晰。椁为"口"形，边板长过堵板约 0.13 米，灰痕厚度为 0.05 米。椁边板和堵板所围成的椁室，南北长 2.14、东西宽 0.90、现存高度 0.30 米。椁室的东北角被盗洞破坏。棺为长方形盒式，朽痕厚度为 0.05 米。棺板所围成的棺室，由于北端被盗洞破坏，原始长度已不明，残长 1.22、宽 0.42~0.44、现存高度为 0.30 米。

棺内有席子痕迹，朽痕成灰褐色，"人"字形。

人骨保存较差，已朽为粉末，从现状看，应头向南，其余不明。

殉狗 2 条，出土于墓室西侧中部的填土中，距地表约 2.10 米。一只仅剩头骨，一只保存尚完整，均头向南。

随葬品放置于棺内。铜瓻出土于棺室南端东侧，口向南圈足朝北侧放；铜爵出土于棺室中部东侧，口向北足朝南侧放；海贝出土于腰坑内东南角。铜瓻和爵出土时其下都压有席纹痕迹，所以我们可以据此断定，这两件器物应放置在棺内。

2. 随葬品

共 3 件。种类有铜器和海贝。（彩版七八 -1）

（1）铜器

2 件。器形为瓻、爵。

瓻　1 件。属 A 型Ⅲ式。标本 M6：2，喇叭形口，下腹鼓，中腹以上外侈，高圈足。下腹有两道扉棱，圈足上部有三个镂孔。下腹以范线为界饰两个没有地纹的兽面纹，扉棱为鼻中线，兽面纹为"臣"字眼，圆睛凸出，除眼睛和双角外，其他器官均以云雷纹代替，表现不明显；兽面纹上饰两周已经磨得不太明显的凸弦纹；圈足上部饰两周凸弦纹，其下为一周云雷纹，云雷纹下饰一周"十"字形纹，其下为四个顺列反复的怪异兽面纹。下腹及圈足有两道明显的范线痕迹，圈足内近底部有两个对称的锥形支钉，其作用是支撑圈足内范，使之和腹内范保持一定的空间，从而浇铸出瓻的底部。出土时保存较好，惟口沿有稍许破损。出土时上腹及口沿外壁有布纹痕迹，外层为白色布纹，内层为红色布纹。褐红色底子。有使用磨损，实用器。通高 23.3、口径 13.8、足径 10.9、壁厚 0.1 厘米。重 815.0 克（图一二 -1，彩版七八 -2）。

爵　1 件。属 Aa 型Ⅱ式。标本 M6：1，窄流，尖尾，流尾均上翘，卵形深腹，菌状双柱立于流折处，半环形鋬，三棱形锥状足外撇，呈不均匀分布。柱顶饰圆涡纹，上腹饰三周凸弦纹。出土时鋬及一足已断。褐红色底子。有使用磨损痕迹，实用器。通高 16.3、流尾长 14.6、最大腹径 5.6、柱高 2.5、足高 7.5 厘米。重 436.4 克（图一二 –3，彩版七八 –3）。

（2）海贝

1 枚。属 I 式。标本 M6∶3，壳面瓷白色。背部有一近圆形穿孔（图一二 –2）。

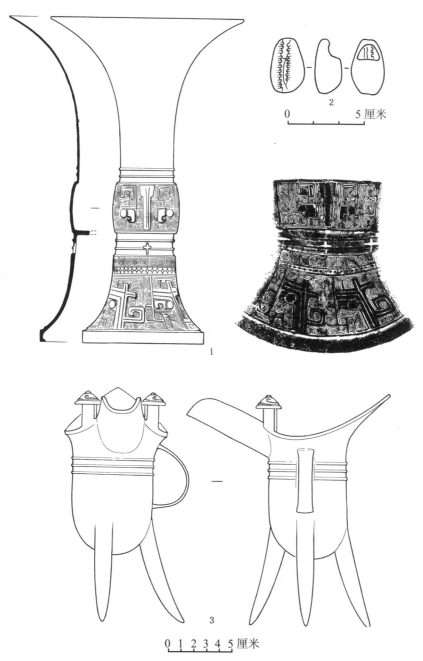

图一二　M6 出土铜觚与铜爵
1.觚（M6∶2）　2.海贝（M6∶3）　3.爵（M6∶1）

（七）M7

1. 墓葬资料

位于墓地南部三级台地北部偏西，东邻 M8。墓葬直接开口于耕土层下，距离地表深 0.30 米，和其他墓葬没有迭压或打破关系，层位关系简单。从清理的结果看，现存墓葬由墓室、二层台和腰坑等几部分组成。

墓室为长方形土坑竖穴式，凿建于生土层内。方向为南北向，355 度。墓室四壁较为规整，口小底大。墓口南北长 2.70、东西宽 1.10 米，墓底南北长 2.75、东西宽 1.15 米，现存深度 4.20 米。墓口面积 2.97 平方米。墓室内填土为黄灰褐色五花土，土质坚硬，经过夯打，夯窝、夯层明显。夯窝为圆形圜底的"馒头夯"，直径 0.06~0.08 米，分布无规律，为乱夯，夯具应为独木棍；夯层厚薄不均，厚度在 0.08~0.15 米之间。墓底四周有较窄的熟土二层台。台高 0.30 米，宽度不一致，最窄 0.06、最宽 0.10 米。墓底有长方形腰坑，长 0.70、宽 0.40、深 0.30 米（图一三）。

葬具为一棺一椁，均已腐朽，朽痕尚清。椁为"口"形，堵板长过边板约 0.05 米，边板和南堵板灰痕厚度为 0.08、北端堵板灰痕厚度为 0.14 米。椁板朽痕所围成的椁室南北长 2.30、东西宽 0.84、现存高度 0.30 米。棺为"口"字形，边板长过堵板约 0.06 米、板灰痕厚度为 0.05 米。棺板所围成的棺室南北长 2.08、东西宽 0.56、现存高度 0.25 米。棺内有席子痕迹，朽痕呈灰褐色，"人"字形。

棺底铺撒有朱砂。

人骨保存较差，仅在棺室南端发现下肢骨，因此，墓主应头向北，年龄、性别等情况不明。

随葬品均放置于棺内。铜爵出土于棺室中部偏北，口向东南底朝西北。铜觯出土于棺室中部。这两件器物下都压有席纹痕迹，因此都应是放置在棺内裹尸之席之上。玉戈出土于棺室内北端，应是墓主口含之物。

2. 随葬品

3 件。种类有铜器和玉器（彩版八四 -1）。

（1）铜器

2 件。器形为爵、觯。

爵　1 件。属 Aa 型 Ⅲ 式。标本 M7：1，流、尾均上扬，直腹，卵形圜底，菌状双柱立于口沿近流折处，半环形鋬，三棱形锥状足外撇，接腹折处。三足截面均为等腰三角形。柱顶饰涡纹，上腹饰三周凸弦纹。由于制范时，两块外范所刻爵底部的厚度不一致，使得底部范线痕迹极其明显，流、尾、腹外壁的范线有经过打磨的痕迹。出土时保存完好。褚红色底子，有亮泽。使用时间较长，有非常明显的使用磨损光泽，实用器。

北

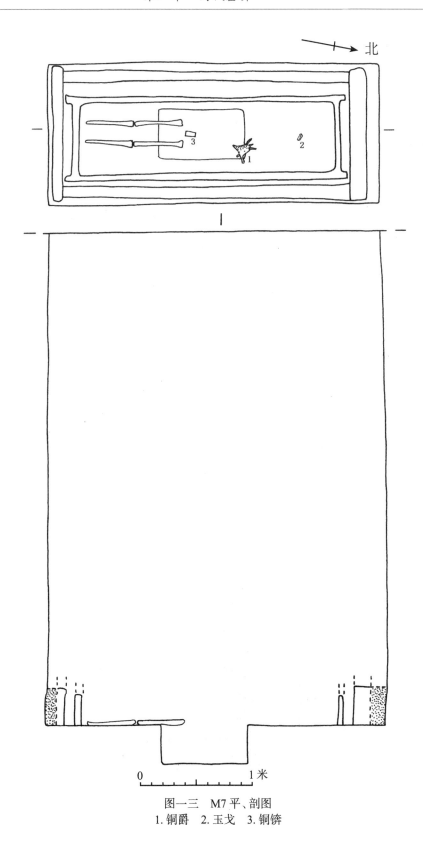

图一三　M7平、剖图
1.铜爵　2.玉戈　3.铜锛

通高 16.6、流尾长 13.9、最大腹径 5.2、柱高 2.9、足高 6.6 厘米。重 499.6 克（图一四 -1，彩版八四 -2）。

　　锛　1件。属 A 型。标本 M7：3，保存完好。出土时一面粘有席纹，銎内尚有朽木。褚红色底子。刃部有使用残损豁口，应是实用器。扁平长条形，整体正面窄于背面，截面呈梯形，背面平直，正面近刃部内弧，弧形单面刃，刃尖略外侈，近梯形銎。一侧

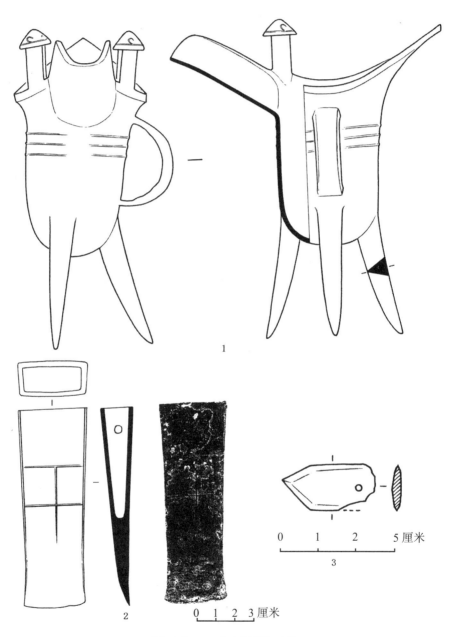

图一四　M7 出土铜器与玉器
1.铜爵（M7：1）　2.铜锛（M7：3）　3.玉戈（M7：2）

面近銎口处有一圆形销孔。正面中部有凸起"十"字形纹。范线痕迹不明显，应是两块外范，一块范芯扣合浇铸而成，两块外范一块为形范，铸出正面和两侧面，另一块为平范，铸出背面。通长 10.4、刃宽 3.3、銎长径 3.7、銎短径 1.9 厘米。重 180.0 克（图一四 –2，彩版八四 –3）。

（2）玉器

1 件。

戈　1 件。属 A 型小型玉戈。标本 M7：2，内残。青灰色，援后端及内受沁严重，呈白色粉性，易脱落。短援，三角形锋，援中有阳起脊线贯通前锋，有上下刃线，内残，有一小穿孔，双面钻成。长 2.40、宽 1.20、厚 0.25、孔径 0.15 厘米。重 0.8 克（图一四 –3，彩版八五 –1）。

（八）M8

1. 墓葬资料

盗扰。

位于墓地南部三级台地北部，其西邻 M7，东邻 M13，南邻 M5。墓葬直接开口于耕土层下，距离地表深 0.30 米。墓室北端有一直径约 0.95 米的近圆形盗洞打穿墓底。从清理的结果看，现存墓葬由墓室、二层台和腰坑等几部分组成。

墓室为圆角长方形土坑竖穴式，凿建于生土层内。方向为南北向，355 度。墓室较为规整，南北长 3.50、东西宽 2.10、现存深度 4.30 米。墓口面积 7.35 平方米。墓室填土为黄灰褐色五花土，土质坚硬，应经过夯打，但夯窝、夯层均不明显。墓底四周有熟土二层台，台高 0.40 米，宽度不一致，东宽 0.30、西宽 0.40、南宽 0.36、北宽 0.30 米。墓底有长方形腰坑，长 1.20、宽 0.25、深 0.22 米（图一五，彩版二 –1，彩版三）。

葬具为一棺一椁，均已腐朽。椁形制不明，椁板所围成的椁室北半部被盗洞破坏。椁室南北长 2.84、东西宽 1.40、现存高度 0.40 米。棺为长方形盒式，棺板灰痕厚度为 0.05 米。棺外髹红漆。棺板所围成的棺室南北长 2.40、北宽 0.80、南宽 0.70 米、现存高度 0.20 米。棺内有大面积的席子痕迹，朽痕成灰褐色，"人"字形。

人骨保存较差，仅在棺室南端发现下肢骨，因此，墓主应头向北，直肢葬式，年龄、性别等情况不明。

在墓葬西二层台的南端出有牛腿骨和肩胛骨，应是为墓主人所设的牲肉。

随葬品均出土于棺室南端。铜簋 1 件，入葬时应已打碎，分置于棺室南端的东西两侧。铜瓿 1 件，放置于棺室的西南角，口朝南圈足向北侧放。铜爵 1 件，放置于棺室东南角，出土时口向下底朝上。铜弓形器和策各 1 件，放置于棺室东侧的铜簋残片下面。铜铃 1 件，出土于距地表 3.50 米的墓室填土东部。

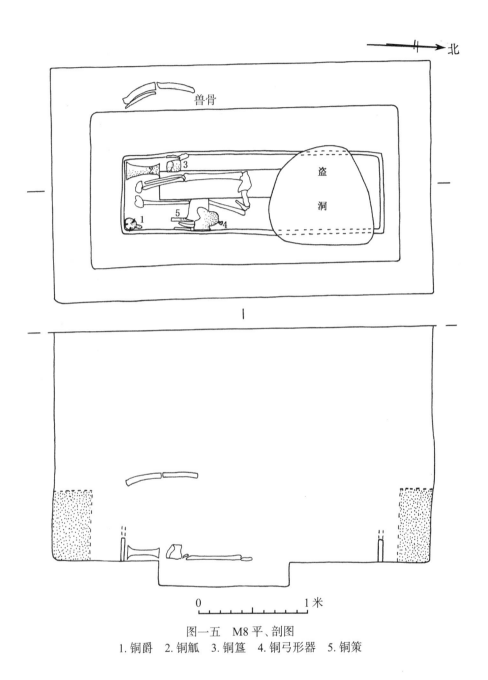

图一五　M8平、剖图
1.铜爵　2.铜瓠　3.铜簋　4.铜弓形器　5.铜策

2.随葬品

共6件。均为铜器，器形有簋、瓠、爵、弓形器、策、铃。（彩版二二 -1）

簋　1件。属A型。标本M8:3，方唇，窄折沿，腹斜直，高圈足。圈足有三个小
扉棱。颈部饰雷纹地夔纹十二个和浮雕兽首三个；圈足饰云雷纹地夔纹6个，可分三组，
每组以扉棱为中线，两两相对。底外壁有网格状加强筋。底内壁中部有铭文，但因部

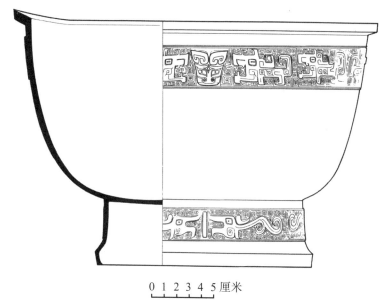

0 1 2 3 4 5 厘米

图一六　M8 出土铜簋（M8：3）

分残失，无法清楚辨认，似为"亚韦舌"。出土时破碎为数块，应是下葬时就已经打碎（图一六，彩版二二 –2）。

　　觚　1件。属 A 型 II 式。标本 M8：2，粗喇叭形口，下腹略鼓，高圈足。下腹有两道扉棱，圈足上部有两个竖道镂孔。下腹以范线为界饰两个无地纹兽面纹，扉棱为兽面纹的鼻中线，兽面纹为"臣"字眼，内眼角带勾，圆睛凸出，除眼睛外，其余器官均用疏朗的云雷纹代替，器官特征不明显，空白处填以列刀纹；下腹以上饰两周已经磨得不太明显的凸弦纹；圈足上部镂孔部位饰两周凸弦纹，凸弦纹以下饰一周云雷纹，云雷纹以下为四个顺列反复的半面兽面纹，其图案结构和下腹兽面纹的左半面略相同。下腹及圈足有两道明显的范线痕迹。出土时口部破裂。青灰色底子。有使用磨损痕迹，实用器。口径 15.90、足径 9.50、通高 26.20、壁厚 0.15 厘米。重 1050.0 克（图一七，彩版二四 –1）。

　　爵　1件。属 Aa 型 I 式。标本 M8：1，窄流，尾上翘较甚，菌状双柱立于流折处，卵形深腹，半环形鋬，三棱形锥状足外撇。柱顶饰顺时针圆涡纹；上腹饰三周凸弦纹，局部已磨得不明显。出土时保存较好，足尖稍残。浅灰色底子。壁较薄。通高 18.7、流尾长 16.0、最大腹径 6.0、柱高 2.5、足高 9.2 厘米。重 580.0 克（图一八 –1，彩版二四 –2）。

　　弓形器 1件。属 B 型 II 式。标本 M8：4，青灰色底子。一臂残。弓身较宽，内侧内凹，弓臂弯曲，臂端为有四个镂孔的圆铃形，内有圆形铜珠。弓身背面有一圆形凹槽，原来

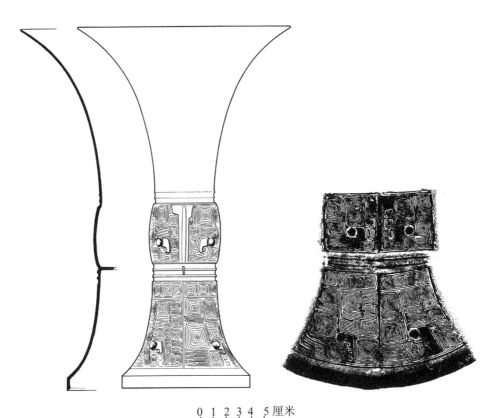

0 1 2 3 4 5厘米

图一七　M8 出土铜觚（M8∶2）

应有镶嵌物。残臂有修补痕迹，外面包裹有铜皮，应是在使用过程中弓臂断裂后进行了铸接（图一八 -2，彩版二三 -1）。

　　策　1件。标本 M8∶5，保存完好。灰色底子，局部有亮泽。为一截面呈圆形的细长管。管长三分之一处有一半环形钮。通长 24.7、直径 1.2 厘米（图一八 -4，彩版二三 -2）。

　　铃　1件。属 B 型。标本 M8∶11，保存完好。青灰色底子。整体似扁桶形，口缘稍弧形内凹，一面有在使用过程中造成的破损豁口，无顶，上有拱形梁，内有铃舌；铃舌整体呈蒜头形，一面平，上有圆形穿孔以供系绳。素面。铃身两侧和梁有一条相通的范线，应是两块外范和一块范芯扣合浇铸而成；铃舌是由两块外范扣合浇铸而成，浇铸口在下端，两块外范一块为形范，一块为平范。通高 5.2、口宽 3.9、上孔口宽 1.9、壁厚 0.2 厘米。重 51.5 克（图一八 -3，彩版二四 -3）。

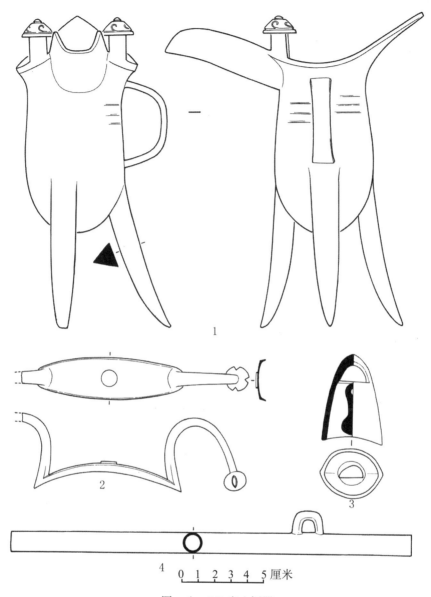

图一八　M8 出土铜器
1.爵（M8：1）2.弓形器（M8：4）3.铃（M8：11）4.策（M8：5）

（九）M9

墓葬资料

位于墓地南部三级台地东北角，其西南邻 M13，南邻 M6。墓葬直接开口于耕扰层下，距离地表深 0.70 米，和其他墓葬没有迭压或打破关系，层位关系简单。从清理的结果看，现存墓葬由墓室、二层台和腰坑等几部分组成。

墓室为圆角长方形土坑竖穴式，凿建于生土层内。方向为南北向，175 或 355 度。

墓壁不甚规整,墓室口大底小。墓口南北长 2.70、东西宽 1.38 米,墓底南北长 2.60、东西宽 1.30~1.38 米,现存深度 1.90 米。墓口面积 3.73 平方米。墓室内填土为浅黄褐色五花土,含较多红褐色土瓣,土质坚硬,经过夯打,夯窝、夯层明显。夯窝为圆形圜底的"馒头夯",直径 0.05~0.08、深 0.05~0.08 米,分布无规律,为乱夯,夯具应为独木棍。夯层厚 0.15~0.18 米不等。墓底四周有熟土二层台,台高 0.30 米,宽度不一致,东宽 0.26~0.38、西宽 0.28、南宽 0.10、北宽 0.34 米。墓底有长方形腰坑,位于棺底中部稍偏北,长 0.85、宽 0.35、深 0.24 米(图一九)。

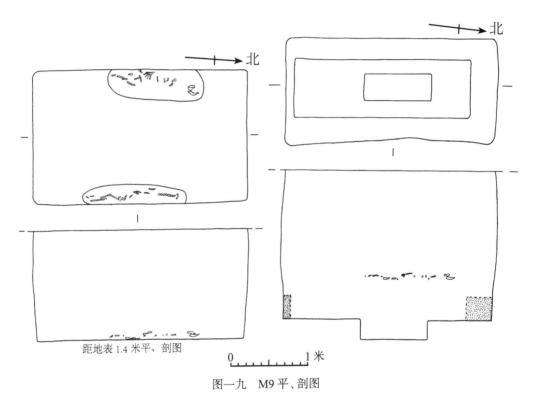

距地表1.4米平、剖图

0 　　　　　　　　1 米

图一九　M9 平、剖图

葬具已严重腐朽,痕迹不清,具体情况不明,根据殉狗数量和墓地整体情况来看,应有一棺一椁。二层台所围成的范围应为椁室,南北长 2.15、东西宽 0.75、现存高度 0.30 米。

墓底有一层朱砂。

人骨保存极差,仅在北端发现头骨朽痕,因此,墓主应头向北,其余情况不明。

殉狗骨架 2 具,出土于墓室东西两侧的填土中,距离墓口 1.40 米。骨架凌乱,头向北,骨架周围填土被浸染成青灰色。

未发现随葬品。

（一〇）M10

1. 墓葬资料

位于墓地一级台地西南部斜坡地带。墓葬直接开口于耕扰层下，距离地表深 1.0
米。墓葬东壁被 M11 打破。从清理的结果看，现存墓葬由墓室、二层台和腰坑等几部
分组成。

墓室为圆角长方形土坑竖穴式，凿建于生土层内。方向为南北向，170 或 350 度。
直壁平底。南北长 2.48、东西宽 1.20 米，现存深度 1.0 米。面积 2.98 平方米。墓室内
填土为浅黄褐色五花土。填土经过夯打，但夯打质量较差，夯层不明显，夯窝为圆形圜
底的"馒头夯"，直径 0.05、深 0.04 米，分布无规律，为乱夯，夯具应为独木棍。墓底
四周有熟土二层台，台高 0.52 米，宽度不一致，东宽 0.32、西宽 0.28、南宽 0.30、北宽
0.28 米。墓底正中有近长方形腰坑，腰坑北端成圆弧形，长 0.86、南端宽 0.35、深 0.20
米（图二〇）。

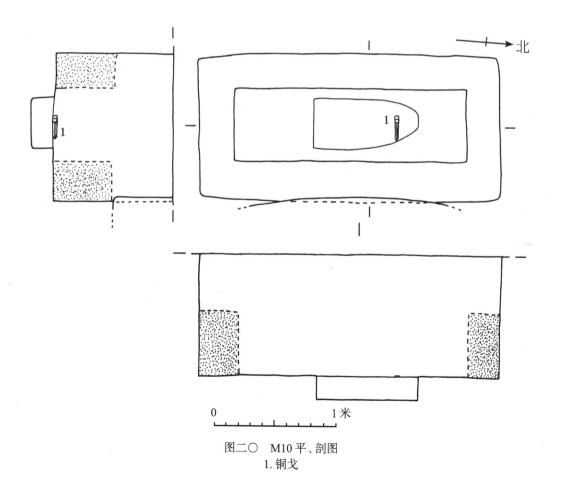

图二〇　M10 平、剖图
1. 铜戈

　　葬具已严重腐朽，痕迹不清，具体情况不明。二层台所围成的范围（可能是棺室）南北长 1.90、东西宽 0.60、现存高度 0.52 米。

　　墓底有少量朱砂。

　　人骨保存极差，仅有少量骨末，所以葬式、性别、年龄等都无法究明。

　　殉狗骨架 1 具，出土于墓口东南角的填土中，距离地表 0.60 米。骨架比较凌乱。

　　随葬铜戈出土于腰坑北部上方，原先应放置在棺内，棺木朽后坠落。出土时内西锋东，上刃朝北。

　　2. 随葬品

　　1 件。

　　铜戈　1 件。属 B 型 II 式。标本 M10：1，近长条三角形援，弧线聚锋，下刃后段微弧，援中脊有凸起的棱线，内前端有椭圆形銎。内后端侧面有浇铸痕迹，是浇铸口所在位置。出土时保存完好，内部有布纹痕迹，援前端有朽木痕迹；銎内尚有木柲朽痕。实用器。通长 20.9、援长 14.1、援宽 5.5、銎长径 2.8、銎短径 1.8 厘米。重 322.2 克（图二一，彩版八五 -2）。

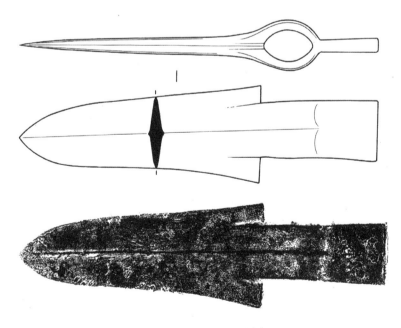

0　1　2　3　4　5厘米

图二一　M10 出土铜戈（M10：1）

（一一）M11

墓葬资料

位于墓地一级台地西南部斜坡地带。墓葬直接开口于耕扰层下，距离地表深 1.0 米，其西北角打破 M10 东壁。从清理的结果看，现存墓葬由墓室、二层台和腰坑等几部分组成。

墓室为圆角长方形土坑竖穴式，凿建于生土层内。方向为南北向，170 度。墓壁不甚规整，南壁向内斜收，所以显得口大底小。墓口南北长 2.40、东西宽 0.90 米，墓底南北长 2.32、东西宽 0.90 米，现存深度 0.84 米。墓口面积 2.16 平方米。墓室内填土为浅黄褐色五花土。上部填土较硬实，经过夯打，但夯打质量较差，夯层不明显。夯窝为圆形圜底的"馒头夯"，直径 0.05、深 0.04 米，分布无规律，为乱夯，夯

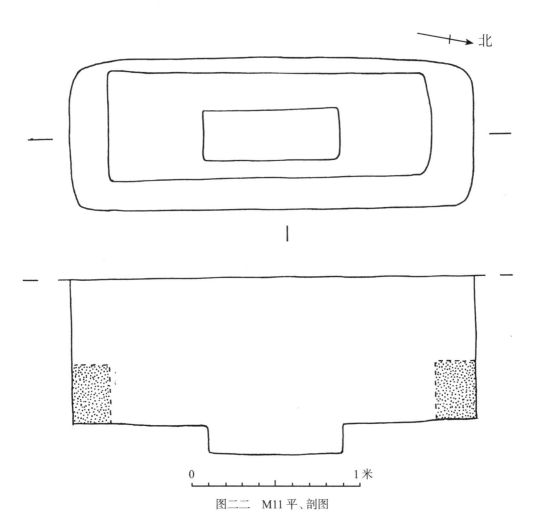

北

图二二 M11 平、剖图

具应为独木棍。墓底四周有熟土二层台，台高 0.36 米，宽度不一致，东宽 0.20、西宽 0.10、南宽 0.23、北宽 0.25 米。墓底正中有长方形腰坑，长 0.80、宽 0.30、深 0.18 米（图二二）。

葬具已严重腐朽，仅发现少量白灰，具体情况不明。二层台所围成的范围（可能是棺室）南北长 1.88、东西宽 0.60、现存高度 0.36 米。

墓底有少量朱砂。

人骨保存极差，只在南端发现 1 枚牙齿，因此墓主应头向南，葬式、性别、年龄等已无法究明。

殉狗骨架 1 具，出土于墓口西南角的填土中，距离地表约 0.70 米。骨架比较凌乱。腰坑内也有动物骨末，种类难辨。

无随葬品。

（一二）M12

墓葬资料

位于墓地一级台地西南部斜坡地带，西邻 M11 约 6.40 米。墓葬直接开口于耕扰层下，距离地表深 1.0 米，和其他墓葬间没有迭压和打破关系，地层关系简单。从清理的结果看，现存墓葬由墓室、二层台和腰坑等几部分组成。

墓室为圆角长方形土坑竖穴式，凿建于生土层内。方向为南北向，180 度。墓壁较直，口底同大。南北长 2.48、东西宽 1.0、现存深度 0.90 米。面积 2.48 平方米。墓室内填土为浅黄褐色五花土，较硬实，经过夯打，夯窝、夯层明显。夯窝为圆形圜底的"馒头夯"，直径 0.08、深 0.05 米，分布无规律，为乱夯，夯具应为独木棍，夯层厚薄不均，厚度在 0.30~0.40 米之间。墓底四周有生土二层台，台高 0.20 米，宽度不一致，东宽 0.25、西宽 0.22、南宽 0.20、北宽 0.14 米。墓底正中有长方形腰坑，长 0.90、宽 0.38、深 0.20 米（图二三）。

葬具已严重腐朽，痕迹不清，具体情况不明。生土二层台所围成的范围（可能是棺室）南北长 2.15、东西宽 0.50、现存高度 0.20 米。

墓底有少量朱砂。

人骨保存极差，只在南端发现 1 枚牙齿，因此墓主应头向南，葬式、性别、年龄等已无法究明。

腰坑内有动物骨末，种类难辨。

无随葬品。

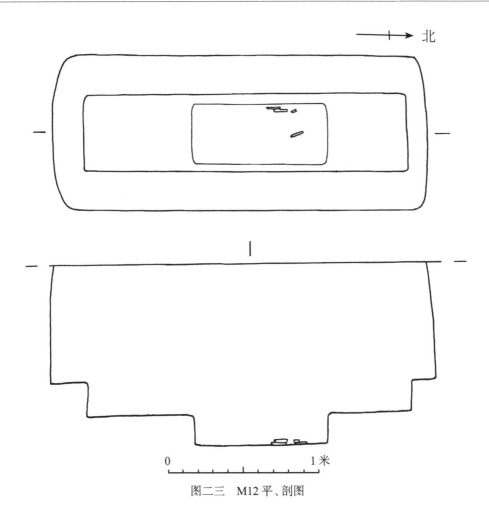

图二三　M12平、剖图

（一三）M13

1. 墓葬资料

严重盗扰。

位于墓地南部三级台地北部，其西邻M8，相距约2米。墓葬直接开口于耕扰层下，距离地表深0.50米。紧贴墓室西壁有两个直径约0.50米的圆形盗洞，自墓口打进椁室，椁室内已被盗墓贼全部扰动，所以墓葬的原始情况我们已无法搞清。从清理的结果看，现存墓葬由墓室、二层台和腰坑等几部分组成。

墓室为圆角长方形土坑竖穴式，凿建于生土层内。方向为南北向，175或355度。墓室较为规整，直壁平底，口底同大，南北长3.65、东西宽2.20、现存深度5.20米。面积8.03平方米。墓室填土为黄灰褐色五花土，土质坚硬，经过夯打，夯窝、夯层明显。夯窝为圆形圜底的"馒头夯"，直径0.05~0.06米，分布无规律，为乱夯，夯具应为独木棍。夯层厚薄不均，厚度在0.08~0.15米之间。墓底四周有熟土二层台，台高0.95米，

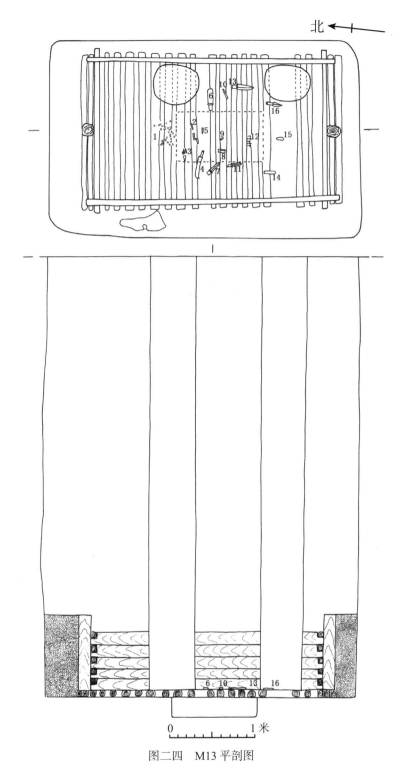

图二四　M13 平剖图

1.海贝　2.铜弓形器　3.铜刀鞘　4、8.铜刀　5.玉戈　6.铜钺　7、11、13.铜戈
9.玉管　10.铜凿　12.铜镞　14.铜锛　15.石三角形器　16.铜予
17.石特磬　18、19.玉棒形饰　20.原始瓷片

宽度不一致，东宽 0.20、西宽 0.40、南宽 0.38、北宽 0.50 米。墓底有长方形腰坑，长 1.00、宽 0.55、深 0.24 米（图二四，彩版四）。

葬具均已腐朽，并被扰乱。仅发现椁板痕迹，棺已被完全破坏。椁为南北向，呈"井"字形，存高 0.95 米。从保存较好的西边板痕迹来看，共有 5 块板，每块宽度 0.14 米，板灰厚度 0.10 米。边板和堵板采用半榫卯扣合的方式结合在一起，各长出椁室约 0.13 米。底板东西向，似为方木，共有 22 根，每根长 1.65、宽度为 0.08~0.10 米不等。需要特别说明的是，在椁的南北两端堵板之外的正中，各发现一根圆木朽痕，建于底板之上，紧贴堵板，直径约 0.15~0.20 米。我们推测，这两根圆木的作用应当是在搭建椁室时，用来挤压堵板的。椁板朽痕所围成的椁室南北长 2.70、东西宽 1.60、现存高度 0.95 米。

未发现人骨。

随葬品的原始位置已经不明。在被扰动过的椁室虚土内，共清理出各类剩余随葬品 97 件。另外，在西二层台上北端出土石特磬 1 件。

2. 随葬品

共 150 件（其中海贝 119 枚）。种类有铜器、玉器、石器、海贝、原始瓷片等（彩版一二 -1）。

（1）铜器

22 件。器形有戚、刀、戈、矛、镞、锛、凿、弓形器、器物残片。

戚　1 件。标本 M13：6，保存较好。褚红色底子。刃部有小豁口，应是实用器。整体扁平窄长，弧形双面刃稍外侈，刃线明显，长方形内，内窄于身，内、身之间有上下栏。戚身近栏处两面各有七个圆圈纹，其下为三角形浅槽兽面纹；内后端两面均有凹槽兽面纹。栏部有范线痕迹，应是两块外范扣合浇铸而成。通长 24.9、刃宽 6.5、内长 7.0、内宽 4.2 厘米。重 512.6 克（图二五 -1、2，彩版一八 -1）。

刀　2 件。标本 M13：4，属 A 型，刀尖上翘，直背曲刃，身后端有銎以安装木柄，銎中部有穿孔，銎口为椭圆形。刀背有凸起的菱形纹饰。銎、身接合处有明显的范线痕迹，应是两块外范与銎范芯扣合浇铸而成。銎部有豁口和缝隙，通过仔细观察，不是使用破损，而是铸造时铜液浇铸不均匀而形成的铸造缺陷。出土时保存较好。暗黄色底子，有亮泽。有使用磨损，实用器。出土时铜刀銎内尚有朽木，外有绳索缠绕痕迹。通长 31.5、柄长 5.4、刃宽 5.8 厘米。重 369.4 克（图二五 -3，彩版一五 -3）。标本 M13：8，属 B 型，只有刀身前段和柄部，刀身后段及环形首缺失。从剩余部分来看，形制应与 M28：1 铜刀近似。刀身拱背，刃微凹，刀柄长条状，两侧厚，中间薄。残长 9.3、柄残长 6.6、刃宽 2.5 厘米。重 52.1 克（图二五 -4，彩版一七三 -2）。

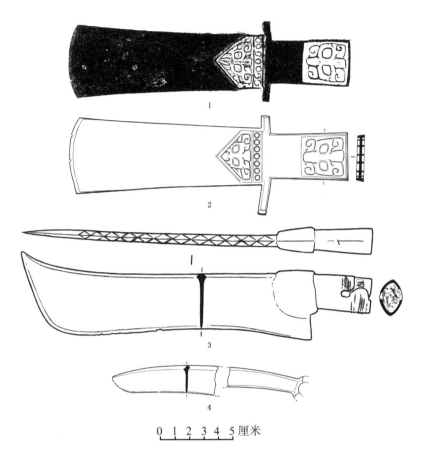

图二五　M13 出土铜戚与铜刀
1、2. 戚（M13：6）　3. 刀（M13：4）　4. 刀（M13：8）

戈　3件。标本 M13：11，属 A 型 I 式，长条三角形援，弧线聚锋，脊漫圆不起棱线，截面呈枣核形，明显比内厚，长方形直内，中部有圆穿，后端两面有铭文"舌"字，阴文，内、援之间有上下栏。栏两面均有凸线纹三道，可以起到固定戈柲的作用。栏及内缚柲处尚有明显的范线痕迹，可知是两块外范扣合一次浇铸而成。出土时保存完好。内及栏侧有缚柲痕迹，援两面均有纵向朽木纹理痕迹，所以，下葬时铜戈应装有木柲，戈援装于戈鞘内。整器厚重坚实，实用器。通长 18.6、援长 12.5、援宽 50、中厚 1.2 厘米。重 298.6 克（图二六 –1，彩版一三 –1）。标本 M13：7，属 A 型 II 式，长条形援，舌状前锋，援中脊起棱线，截面呈菱形，长方形直内，中部有圆穿，内、援之间有上下栏。内前端及栏侧有明显的范线痕迹，应是两块外范扣合浇铸而成，圆穿孔径两面大、中间小，可知在制范时，每面外范各制穿的一半。出土时保存完好。栏及内前端有明显的朽柲痕迹，援两面均有纵向朽木纹理痕迹，所以，下葬时铜戈应装有木柲，并且可能还套有戈鞘。使用痕迹明显，实用器。通长 22.4、援长 16.5、援宽 4.1 厘米。重 201.6 克（图二六 -2，彩版一三 -2）。标本 M13：13，属 B 型 I 式，援末下侧为金黄色，应是装柄磨擦痕迹。宽长援，弧线聚锋，中脊起棱线，截面呈菱形，内前端有椭圆形銎，后端两面有铭文"秉冊"两字，阴文。出土时保存完好。整器较厚重，实用器。通长 26、援长 19.2、

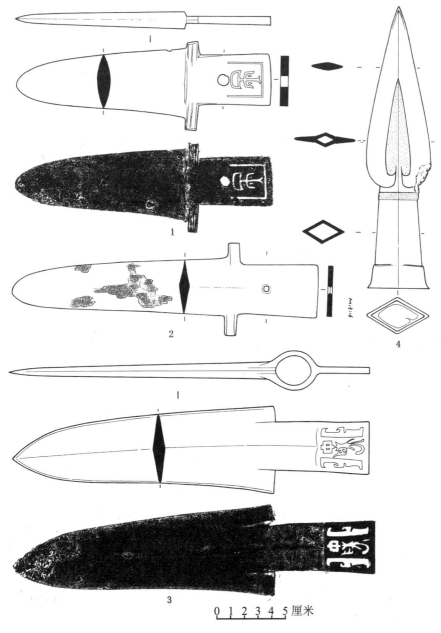

图二六　M13 出土铜戈与铜矛
1.戈（M13：11）　2.戈（M13：7）　3.戈（M13：13）　4.矛（M13：16）

援宽6.2厘米,銎长径2.6、銎短径2.1厘米。重481.7克(图二六–3,彩版一二–2)。

矛　1件。属Ⅰ式。标本M13：16,矛身略成三角形,截面呈菱形,双叶斜直,前锋尖锐,叶末弧线内收,中脊两面有长三角形火焰状浅凹槽,长骹中空,截面呈菱形,口平齐,骹近叶处有一周浅凹槽。保存较好,惟一侧叶末和骹口锈蚀严重,出土时骹内尚有朽柲。银灰色底子,矛身局部灰黄色。实用器。通长20.2、骹长7.2、叶宽4.7、銎长径4.6、銎短径2.6厘米。重201.0克(图二六–四,彩版一五–2)。

镞　11枚。属B型。标本M13：12-1,镞身宽短,前锋较尖,八棱形脊,双翼扁平,后锋略短于关,圆锥形长铤。通长6.3、铤长2.9、翼宽1.7厘米。标本M13：12-2,镞身瘦长,前锋较尖,八棱形脊,双翼扁平,后锋略短于关,圆锥形长铤。通长5.9、铤长3.0、翼宽1.8厘米(图二七–1、2,彩版一九–1)。

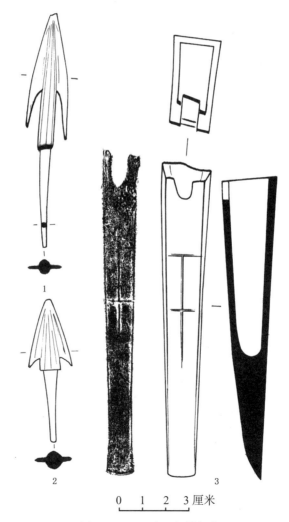

0　1　2　3厘米

图二七　M13出土铜镞与凿
1.镞(M13：12-1)　2.镞(M13：12-2)　3.凿(M13：10)

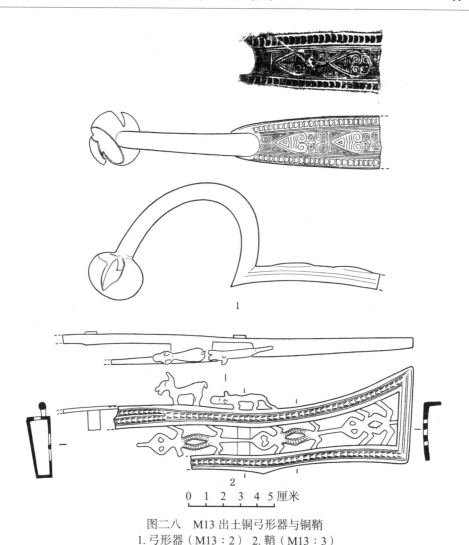

图二八　M13 出土铜弓形器与铜鞘

1. 弓形器（M13∶2）　2. 鞘（M13∶3）

　　锛　1件。属 B 型。标本 M13∶14，保存完好。銎内有黄褐色朽木。制作较为精细。长条形，单面弧形刃，銎口略呈梯形，整体正面略窄于背面，正面上部较平，近刃部内弧，背面平直。上部有两周纹带，第一周纹带由圆涡纹和"舌"字形纹及云雷地纹组成，正面为逆时针圆涡纹，背面为顺时针圆涡纹，每个圆涡纹有四个浪花，中心一个圆圈，圆涡纹的外围有四个三角形勾云纹填白，两个侧面各饰一个阳文"舌"字；第二周纹带由六个三角纹组成，每个三角形内填以云雷纹。正面和侧面纹饰凸出器表，背面纹饰凹入器表。侧面的两个"舌"在这里主要起到了装饰作用。从纹饰的结合情况来看，全器应由两块外范和一个范芯扣合浇铸而成，正面和两个侧面在一块外范上，背面为一块外范。通长 10.9、刃宽 2.5、銎长径 3.1、銎短径 1.8 厘米。重 133 克（图二九－4、5，彩版一四）。

凿　1件。属A型。标本M13：10，保存完好。出土时銎内尚有朽木。扁平窄长条形，单面弧形刃，銎口近梯形，整体正面稍窄于背面，正面下部内曲，背面平直。正面有凸起"十"字形线纹。銎口有半圆形豁口。通长12.4、刃宽1.2、銎长径2.3、銎短径2.0厘米。重123.8克（图二七-3，彩版一八-2）。

弓形器　1件。属A型。标本M13：2，残断，弓身缺一半。有使用磨损痕迹，实用器。弓身弧形，臂端作圆铃形，有镂孔四个。弓身背部饰蝉纹和鱼鳞纹。铸造痕迹不清楚。残长17.1、弓身宽3.0厘米。重292.4克（图二八-1，彩版一六-2）。

刀鞘　1件。标本M13：3，残。残件整体近长方形，背面有矩形钮，正面边框饰"凹"形纹，边框内镂空三个首尾相连的蜥蜴形动物，边框上铸出两个动物造型，前一个动物耳朵耸立，躯体前部瘦削，后臀肥硕，尾巴较短，似一食草型动物。后一动物作伸头撕咬前一动物的后腿状，双耳耸立，躯体圆硕，尾巴粗长，似虎、狼之类的凶猛动物。残长20.7、宽5.7厘米。重133.4克（图二八-2，彩版一七-1）。

（2）玉器

4件。器形有戈、管、棒形饰。

戈　1件。属B型小型玉戈。标本M13：5，保存完好。质地较好，米黄色。援较长，锋呈三角形，中脊棱线和上下刃线贯通内，上、下刃较直，援末近内处有圆穿，双面施钻，援、内分界明显，方形内下角有缺，援、内接合处两面各有两条阴刻线象征栏。长9.0、宽2.3、厚0.3、孔径0.2厘米。重9.2克（图二九-1，彩版一九-2）。

管　1件。标本M13：9，青色，有黄褐色土沁。质地较好，晶莹剔透，温润细腻。一端略粗，中心有圆形穿孔，为两面施钻。中部有两周弦纹。两端均有明显的坠痕。长4.2、直径2.1、孔径0.5厘米。重23.6克（图二九-9、10，彩版二〇-1）。

棒形饰　2件。标本M13：19，浅青绿色，质较好，温润晶莹，有少量白色沁。应是一件器物的构件。整体呈棒槌形，两端的两面稍磨成平面，细端有榫，粗端两磨面有纵向浅刻线，中间有圆雕乳凸。长4.4、直径0.8厘米。重3.7克（图二九-3，彩版二一-1）。标本M13：18，白色，有黄褐色沁。整体呈长柄形，两面稍磨平，一端钝尖，一端切削成扁平状，中间细。中间细部两端各有凹弦纹两周。扁平的一端有斜穿孔一个，两面施钻；钻孔位置经过改动，在穿孔上部的平面上留有一个浅凹槽，应是最初选定的穿孔位置，钻了一下又改在现今的位置。器物中部靠下也有一个穿孔，单面钻，穿孔内嵌有绿松石。长9.3、直径1.0、孔径0.3厘米。重15.9克（图二九-11，彩版二〇-2）。

（3）石器

2件。器形有特磬、三角形器。

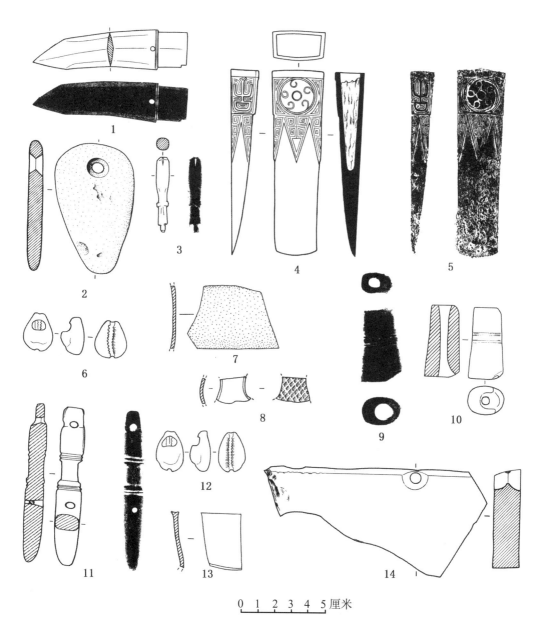

图二九　M13 出土铜、玉、石、贝与瓷片

1.玉戈（M13∶5）　2.石三角形器（M13∶15）　3.玉棒形器（M13∶19）　4、5.铜锛（M13∶14）
6.海贝（M13∶1-2）　7.原始瓷片（M13∶20-1）　8.原始瓷片（M13∶20-2）　9、10.玉管（M13∶9）
11.玉棒形饰（M13∶18）　12.海贝（M13∶1-1）　13.原始瓷片（M13∶20-3）　14.石特磬（M13∶17）

特磬　1件。标本 M13：17，保存完好。深灰色，质较硬。扁平，呈不规则长五边形，最长的边有一穿孔。穿孔为圆形，双面施钻，孔的外缘有凿击点，因此，应是先在穿孔位置凿出凹槽，然后施钻。磬体经过精细琢磨，两面留有细线条磨痕（图二九 -14，彩版一六 -1）。

三角形器　1件。标本 M13：15，保存完好。灰黑色，质较硬，外表经过打磨。整体呈倒圆角三角形，有一穿孔。穿孔为双面钻成。长 7.6、宽 4.2、厚 0.8、孔径 1.2 厘米。重 47.5 克（图二九 -2，彩版一五 -1）。

（4）海贝

119 枚。属 I 式。形状相同，大小不一。表面多呈淡黄色，有些呈瓷白色，背部有一近圆形穿孔。标本 M13：1-1，长 2.3、宽 1.6、腔厚 1.2 厘米（图二九 -12）。标本 M13：1-2，长 2.2、宽 1.6、腔厚 1.1 厘米（图二九 -6）。

（5）原始瓷片

3 片。标本 M13：20-1，器物残片。长 5.5、宽 3.7 厘米（图二九 -7）。标本 M13：20-2，应为瓷尊口沿残片。高 3.3、宽 2.4、厚 0.3 厘米（图二九 -8）。标本 M13：20-3，应为把手残片，内侧有网格纹。宽 2.0、高 1.5、厚 0.2 厘米（图二九 -13，彩版二一 -2）。

（一四）M14

1. 墓葬资料

位于墓地南部三级台地北部，其南邻 M7。墓葬直接开口于耕扰层下，距离地表深 0.90 米，和其他墓葬没有迭压或打破关系，层位关系简单。从清理的结果看，现存墓葬由墓室和腰坑两部分组成。

墓室为土坑竖穴式，凿建于生土层内。方向为南北向，355 度。墓口近圆角长方形，两端呈圆弧形，墓壁不甚规整，向内斜收，墓底为规整的长方形。口大底小。墓口南北长 2.65、南端宽 1.05、北端宽 1.10 米，墓底南北长 2.30、东西宽 0.95 米，现存深度 1.10 米。墓口面积 2.85 平方米。墓室填土为黄灰褐色五花土，土质坚硬，经过夯打，夯窝、夯层明显。夯窝为圆形圜底的"馒头夯"，直径 0.05~0.08 米，分布无规律，为乱夯，夯具应为独木棍。夯层厚度 0.15 米。无二层台。墓底有长方形腰坑，长 1.15、宽 0.30、深 0.30 米（图三〇）。

葬具仅发现少许灰痕，具体情况不明。

墓底有大量朱砂。

人骨保存极差，仅有少量朽痕，从痕迹看，应头向北。

殉狗 1 条，出土于腰坑内，骨架凌乱，但仍能看出，狗头向北。

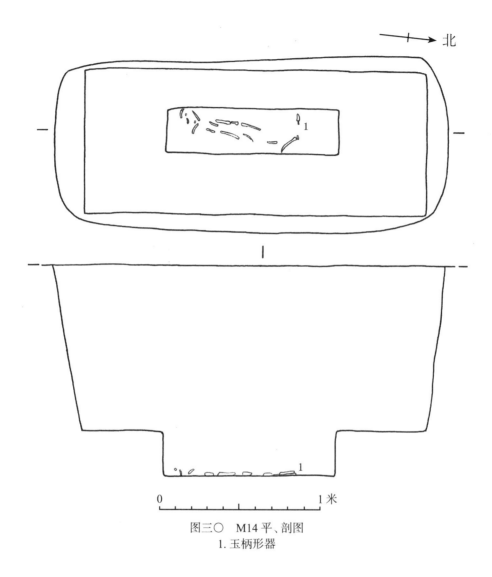

图三〇　M14平、剖图
1. 玉柄形器

随葬玉柄形器1件，出土时位于腰坑内西北部，其原始位置可能应在棺内，棺木朽后坠入腰坑内。

2. 随葬品

玉柄形器　1件。标本M14∶1，保存较好，表面粘有朱砂。淡青色玉，表面有白色沁。扁平长条形，平顶，顶下两侧内凹呈弧形，下端有近三角形榫。上端两面各有两道平行的阴刻线。长6.7、宽1.6、厚0.5厘米。重10.7克（图三一，彩版八六 –3）。

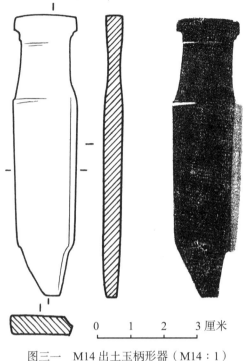

图三一　M14 出土玉柄形器（M14：1）

（一五）M15

墓葬资料

盗扰。

位于墓地南部三级台地的中部，其东北邻 M5。墓葬直接开口于耕扰层下，距离地表约 0.7 米，南部打破一龙山灰沟，西北角被清墓 M04 打破，东部被清墓 M05 打破。墓室东南角有一扁圆形盗洞打穿墓底。盗洞长径 1.0、短径 0.5 米。墓葬保存较差。无二层台和腰坑。

墓室为长方形土坑竖穴式。方向为南北向，0 度。口底同大。长 2.2、宽 1.0、现存深度 1.2 米。面积 2.2 平方米。墓室填土为黄褐色夯土，夯窝不明显，夯层厚 0.28~0.3 米（图三二）。

葬具具体情况不明，仅在墓底发现大量白灰。

人骨腐朽严重，仅在墓室南端发现残下肢骨，北端发现牙齿几枚，因此墓主应头向北。

无随葬品。

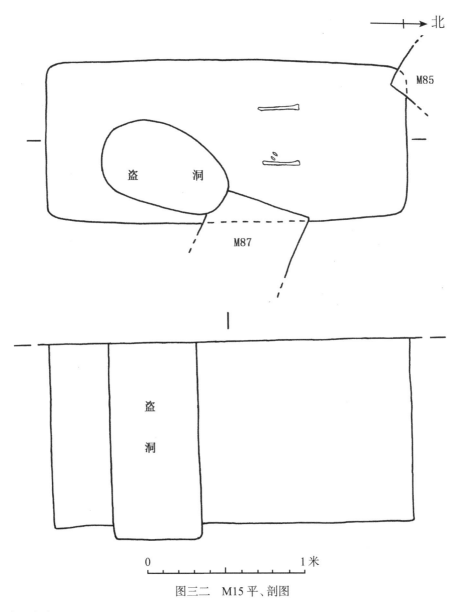

图三二　M15 平、剖图

（一六）M16

1. 墓葬资料

位于墓地南部二级台地的中部略偏西，其西邻 M24。墓葬直接开口于耕扰层下，距离地表约 0.80 米。现存墓葬由墓室、二层台及腰坑等几部分组成。

墓室为圆角长方形土坑竖穴式，两端均呈圆弧形，凿建于生土层内。方向为南北向，350 度。四壁较直，口底同大。南北长 2.90、东西宽 1.20、现存深度 1.10 米。面积 3.48 平方米。墓室内填土为黄褐色五花土，经过夯打，夯窝直径 0.04~0.08 米，夯层不明显。墓底四周有熟土二层台，台高 0.20 米，宽度不一致，东宽 0.06~0.10、西宽

0.08~0.12、南宽 0.16、北宽 0.22 米。墓底有长方形腰坑, 位于墓底中部, 长 0.90、宽 0.40、深 0.20 米（图三三）。

葬具为一棺一椁, 均已腐朽, 但朽痕却较为清晰。椁堵板长过椁室约 0.08 米, 堵板和边板的朽痕厚度为 0.05~0.08 米。椁板朽痕所围成的范围即为椁室, 南北长 2.38、南端宽 0.84、北端宽 1.0、现存高度 0.20 米。棺为长方形盒式, 棺板朽痕的厚度为 0.05 米。棺室北宽南窄, 南北长 2.04、南宽 0.46、北宽 0.52、现存高度 0.20 米。棺内有大量席子痕迹, 从器物、席痕、骨末三者的迭压关系来看, 应是裹尸之席。

棺底有大量朱砂。

人骨已朽为粉末, 但痕迹尚存, 从现状来看, 墓主头向北, 仰身直肢。

殉狗 2 条, 出土于墓室填土中, 均头向南。腰坑内有动物骨末。

随葬品除铜铃外, 均放置于棺内。铜瓿、爵各 1 件, 出土于棺室南端, 口西底东侧放。铜锛、凿各 1 件, 放置于墓主东侧膝盖附近, 铜戈 1 件, 出土于墓主胸部。铜铃 1 件, 出土于填土中, 应为殉狗颈部所系之物。

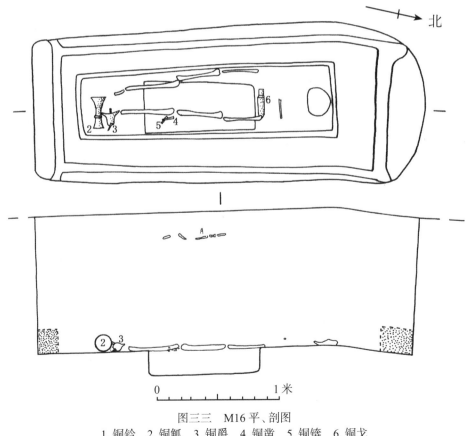

图三三　M16 平、剖图
1. 铜铃　2. 铜瓿　3. 铜爵　4. 铜凿　5. 铜锛　6. 铜戈

2. 随葬品

6件。均为铜器，器形有觚、爵、戈、锛、凿、铃（彩版八六 –1）。

觚　1件。属 A 型 I 式。标本 M16：2，喇叭形口，腹较粗，下腹略鼓，中腹较直，上腹外侈，粗喇叭形圈足。圈足有四个"十"字形镂孔。下腹饰两个无地兽面纹，兽面纹以上有两周不太明显的凸弦纹，下有三周凸弦纹，圈足饰四个顺列变异兽面纹（或称之为目雷纹）。器外壁有两道明显的范线痕迹，全器由两块外范，一块足内范和一块芯范扣合一次浇铸而成。出土时上部破损，口沿锈蚀严重，修复复原。浅灰色底子，器壁较薄。通高 24.5、口径 13.2、足径 6.9、壁厚 0.1 厘米。重 530.0 克（图三四，彩版六三 –1）。

0 1 2 3 4 5 厘米

图三四　M16 出土铜觚（M16：2）

爵　1件。属 B 型 II 式。标本 M16：3，宽流，尖尾，均上翘，深直腹，卵形底，菌状双柱立于口沿近流折处，半环形鋬，三棱形锥状足外撇，三足呈不均匀分布，鋬下一足截面为等边三角形，另两足截面为等腰三角形。腹部与鋬相对一侧有扉棱。柱顶饰圆形涡纹，腹部以范线为界饰两个雷纹地分解兽面纹，扉棱和鋬各为兽面纹的鼻中线，兽面纹为圆角方形眼，有瞳孔。鋬内腹外壁有铭文"舌"字，阴文。范线平分流、尾、

腹，已磨光不太明显，浇铸口不清楚。鋬内侧有范土，外侧有不平整的凸起，应是浇铸
口。出土时保存完好，表面呈褚红色，局部为灰黄色。使用磨光痕迹明显，实用器。通
高 18.7、流尾长 14.9、最大腹径 5.7、柱高 3.6、足高 8.3 厘米。重 567.3 克（图三五，彩
版六三 –2）。

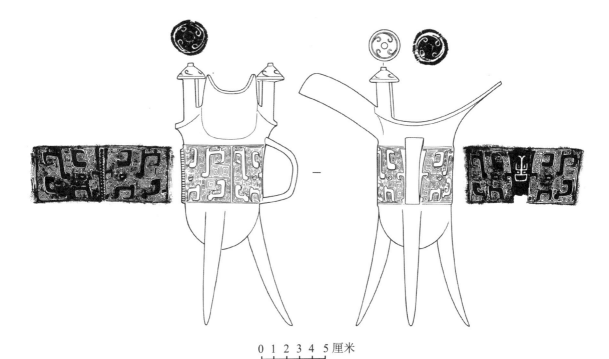

0 1 2 3 4 5 厘米

图三五　M16 出土铜爵（M16：3）

戈　1 件。属 A 型Ⅱ式。标本 M16：6，长条形援，弧线聚锋，援中脊脊线不明显，
下刃微内凹，长方形内，中间有圆形穿孔，内后端两面均有铭文"舌"字，阴文。出土
时上下栏均已锈蚀掉。实用器。通长 21.0、援长 15.1、援宽 4.6 厘米。重 226.8 克（图
三六 –1，彩版六二 –2）。

锛　1 件。属 A 型。标本 M16：5，保存完好。整体呈长条形，正面略窄于背面，
近刃部内弧形成单面刃，背面平直，刃呈弧形，刃尖外侈，銎口略呈扁梯形。正面有凸
起"十"字形纹，其上有一道凸弦纹和两侧面的弦纹相连，背面无弦纹。整体由两块
外范和一块芯范扣合浇铸而成，两块外范中，一块为形范，铸出正面和两侧面，另一块
为平范，铸出背面。长 9.1、刃宽 3.7、銎长径 3.3、銎短径 1.8 厘米。重 132.5 克（图
三六 –2，彩版八六 –2）。

凿　1 件。属 B 型。标本 M16：4，保存较好，銎内有朽木。整体呈长条楔形，一
侧面稍窄，所以截面呈扁梯形，双面刃，稍斜，銎口呈扁梯形。銎口一侧有豁口，另一

侧面近銎口处有不规则形大穿孔，经观察，不是使用破损，应是浇铸时留下的缺陷。范
线痕迹不明显，应是两块外范和一块范芯扣合浇铸而成，两块外范中，一块为形范，铸
出稍窄的一侧面和正、背面，另一块为平范，铸出稍宽的一侧面。长 11.8、刃宽 0.6、銎
长径 2.1、銎短径 1.2 厘米。重 68.5 克（图三六 -4，彩版六三 -4）。

　　铃　1件。属 B 型。标本 M16∶1，保存完好。整体呈扁桶形，口缘微弧形内凹，
一角稍长，无顶，上有拱形纽。未见铃舌。素面。铃身两侧和纽有一条相通的范线，
应是两块外范和一块范芯扣合一次浇铸而成。通高 6.3、口宽 4.2、上孔口宽 2.2、壁厚
0.2 厘米。重 52.8 克（图三六 -3，彩版六三 -3）。

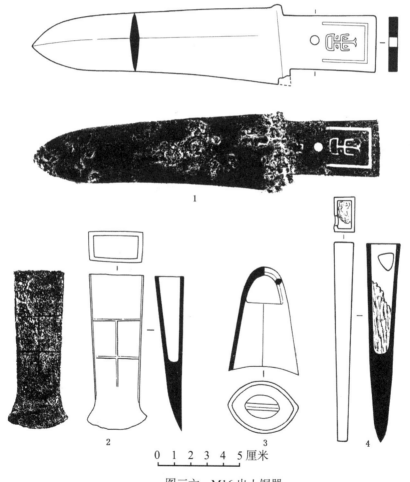

图三六　M16 出土铜器
1. 戈（M16∶6）　2. 锛（M16∶5）　3. 铃（M16∶1）　4. 凿（M16∶4）

（一七）M17

墓葬资料

严重盗扰。

北

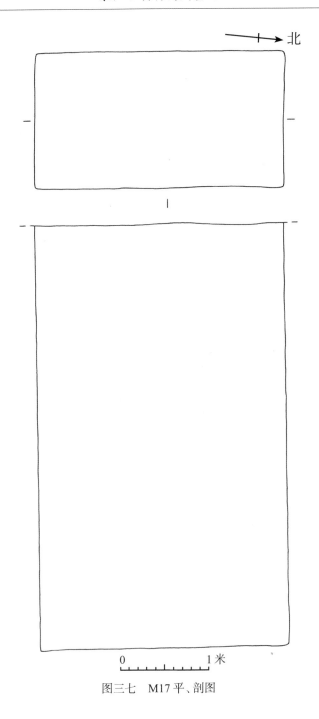

0   1 米

图三七　M17 平、剖图

　　位于墓地南部二级台地的东部偏南。墓葬直接开口于耕扰层下, 距离地表约 0.30
米。原始结构已经不明。

　　墓室为长方形土坑竖穴式, 凿建于生土层内。方向为南北向, 175 或 355 度。墓
室较为规整, 直壁平地, 口底同大。南北长 2.80、东西宽 1.50、现存深度 4.70 米。面积

4.20平方米。墓室内填土为灰褐色五花土，含有较多的红烧土颗粒和碳粒。质地坚硬，经过夯打，但夯窝夯层不明显（图三七）。

未见二层台、腰坑、葬具、人骨、随葬品等。

（一八）M18

1. 墓葬资料

位于墓地南部二级台地的东侧断崖下，其东紧邻M19，相距约1.5米，其南邻M20，相距约2.0米。墓葬直接开口于耕扰层下，距离地表0.70米，和其他墓葬间没有迭压或打破关系，地层关系简单。现存墓葬由墓室、二层台、腰坑等几部分组成。

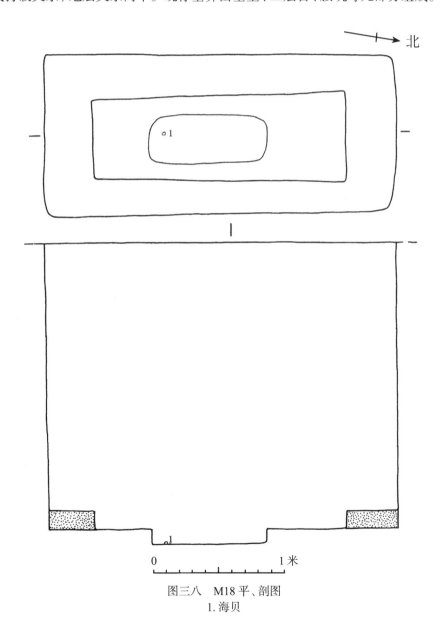

图三八　M18平、剖图
1. 海贝

墓室为长方形土坑竖穴式，凿建于生土层内。方向为南北向，170度。墓壁不甚规整，口底同大。长2.70、宽1.20、现存深度2.0米。面积3.24平方米。墓室内填土为浅黄褐色五花土，上层土较硬，经过夯打，但夯打质量不高。夯窝直径0.06~0.08、深0.04~0.05米，夯层不明显。墓底四周有熟土二层台，台高0.14米，宽度不一致，东宽0.24、西宽0.30、南宽0.36、北宽0.40米。墓底有圆角长方形腰坑，南北长0.90、东西宽0.36、深0.12米（图三八）。

葬具情况不明，由于有熟土二层台，推测应有棺木，只是腐朽严重，痕迹无存。二层台所围成的范围（可能为棺室）南北长1.90、南宽0.60、北宽0.68、现存高度0.14米。

墓底有厚约2厘米的朱砂一层。

人骨保存极差，仅在棺室南端发现一片朽骨粉末，可能为头骨。

殉狗1条，出土于腰坑内，仅有少量骨架。

随葬品为1枚海贝，出土于腰坑内南部。

2.随葬品

海贝1枚。属Ⅱ式。标本M18：1，表面淡黄色。壳面有一圆形穿孔（图三九，彩版八七）。

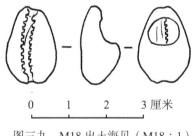

0　　1　　2　　3厘米

图三九　M18出土海贝（M18：1）

（一九）M19

1.墓葬资料

位于墓地南部二级台地的东侧断崖下，其西紧邻M18，相距约1.5米，其西南邻M20。墓葬直接开口于耕扰层下，距离地表0.70米，和其他墓葬间没有迭压或打破关系，地层关系简单。现存墓葬由墓室、二层台、腰坑等几部分组成。

墓室为近梯形土坑竖穴式，凿建于生土层内。方向为南北向，350度。墓壁不甚规整，口底同大。长2.40、南宽0.90、北宽1.0、现存深度0.65米。面积2.28平方米。墓室内填土为浅黄褐色五花土，上层土较坚硬，经过夯打，但夯打质量不高。夯窝直径0.05、深0.04米，夯层不明显。墓底四周有生土二层台，台高0.50、宽0.20米。墓底有腰坑，

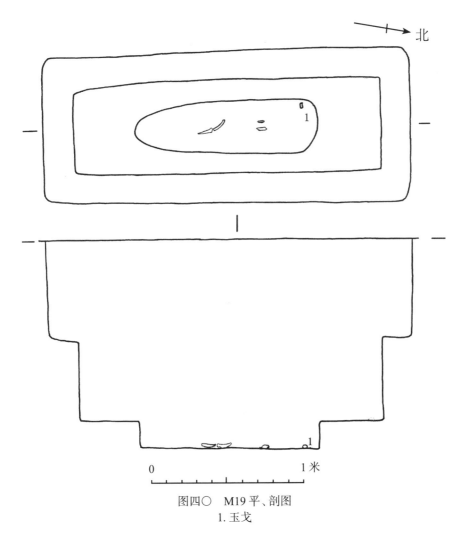

图四〇　M19 平、剖图
1. 玉戈

其形状为南端较尖, 北端呈圆弧形, 南北长 1.20、东西最宽 0.34、深 0.17 米（图四〇）。

未见葬具痕迹。生二层台所围成的范围南窄北宽, 南北长 1.90、南端宽 0.52、北宽 0.60、高度 0.50 米。

墓底有厚约 2 厘米的朱砂一层。

人骨保存极差, 在棺室北端发现头骨朽痕, 在腰坑北部发现牙齿 1 颗, 因此墓主应头向北。

腰坑内有殉狗骨架 1 具, 头北尾南。

随葬品仅玉戈 1 件, 出土于腰坑内北部, 人牙附近。可能是墓主口含之物, 随同人牙一起坠落于腰坑内。

2. 随葬品

1 件。

玉戈　1件。属 A 型小型玉戈。标本
M19∶1，锋尖残。浅青黄色，有较多的白色沁，
局部呈粉性。长直援，三角形前锋，援中有阳
起脊线，上下刃有刃线，内稍窄于援，有双面
钻圆形穿孔。长 3.30、宽 1.80、厚 0.30、孔径
0.25 厘米。重 2.2 克（图四一，彩版八八 –1）。

（二〇）M20

墓葬资料

盗扰。

位于墓地南部二级台地的东侧断崖下，

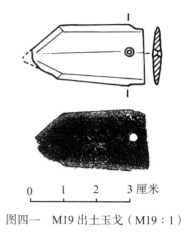

图四一　M19 出土玉戈（M19∶1）

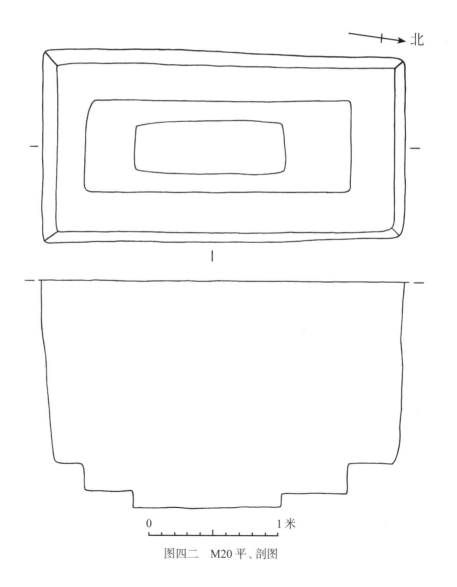

图四二　M20 平、剖图

其东紧邻 M21，相距约 3 米，其南紧邻 M22，相距约 3 米，其北邻 M18、M19，相距约 2 米。墓葬直接开口于耕扰层下，距离地表 0.80 米，墓室东北角有一圆形盗洞，直径约 0.80 米，深 0.80 米，未打到椁室。现存墓葬由墓室、二层台和腰坑等几部分组成。

墓室为圆角长方形土坑竖穴式，凿建于生土层内。方向为南北向，170 或 350 度。墓壁不甚规整，口大底小。墓口南北长 3.30、南宽 1.70、北宽 1.60 米，墓底南北长 3.06、东西宽 1.50 米，现存深度 1.60 米。墓口面积 5.5 平方米。墓室内填土为浅黄褐色五花土，土质较硬，经过夯打。夯窝直径 0.06、深 0.04 米，夯层厚度为 0.15~0.20 米。墓底四周有生土二层台，台高 0.26 米，宽度不一致，东宽 0.40、西宽 0.30、南宽 0.26、北宽 0.40 米。墓底有长方形腰坑，南北长 1.34、东西宽 0.45、深 0.16 米（图四二）。

葬具痕迹不清，仅发现部分厚约 0.05 米的板材朽痕，具体情况不明。生二层台所围成的范围（可能为椁室）南北长 2.40、东西宽 0.80、现存高度 0.26 米。

墓底有厚约 2 厘米的朱砂一层。

未发现人骨和随葬品。

腰坑内有动物骨架，较碎，且大部分朽为粉末，种类不明。

（二一）M21

1. 墓葬资料

位于墓地南部二级台地的东侧断崖下，其西紧邻 M20，相距约 3 米。墓葬直接开口于耕扰层下，距离地表 0.70 米。现存墓葬由墓室、二层台和腰坑等几部分组成。

墓室为圆角长方形土坑竖穴式，凿建于生土层内。方向为南北向，355 度。墓壁较为规整，口底同大。南北长 3.50、东西宽 2.20 米，现存深度 1.50 米。面积 7.70 平方米。墓室内填土为浅黄褐色五花土，上部填土土质较硬，经过夯打。夯窝直径 0.06、深 0.04 米，夯层不易划分。墓底四周有生土二层台，台高 0.60 米，宽 0.20 米。墓底有长方形腰坑，南北长 1.00、东西宽 0.34、深 0.20 米（图四三，彩版二 -2）。

葬具为一棺一椁，均已腐朽。椁形制不明，朽痕所围成的椁室南北长 3.10、东西宽 1.80、现存高度 0.60 米。棺为长方形盒式，棺灰朽痕厚度为 0.05 米。朽痕所围成的棺室南北长 2.50、东西宽 1.20、现存高度 0.70 米。

墓底铺有厚约 2 厘米的朱砂一层。

人骨保存较差，只在棺室北部发现头骨朽痕，因此墓主应头向北，年龄、葬式等情况不明。

在墓室东南部填土中出有牛腿骨。腰坑内有动物碎骨，种类不明。

随葬品多放置于棺内，部分铜戈可能放置在棺上。

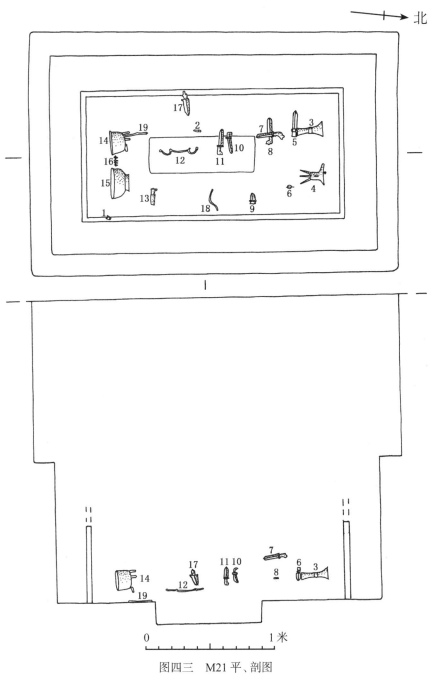

图四三　M21平、剖图

1.铜铃　2.玉戈　3.铜瓿　4.铜爵　5、6、7、8、9、10、11、13、17、18.铜戈
12.铜弓形器　14.铜鼎　15.铜簋　16.铜镞　19.铜刀

2. 随葬品

22 件。种类有铜器和玉器（彩版二五 -1）。

（1）铜器

21 件。器形有鼎、簋、瓿、爵、刀、戈、镞、弓形器、铃。

鼎　1 件。属 A 型Ⅲ式。标本 M21：14，双立耳，方唇，窄折沿，腹呈盆形，圜底弧收，三足呈柱状。上腹有三个小扉棱。上腹饰三组由变形对夔组成的兽面纹，扉棱为兽面的鼻中线；下腹饰菱形雷纹乳钉纹。鼎底内壁中部有铭文"舌"字，阴文。腹外壁有三道与足相对应的范线痕迹，等分上腹纹饰，鼎底及三足均较为光滑，没有发现明显的范线痕迹，惟在底部正中发现一个似浇铸口的痕迹。出土时破裂较为严重，经修复完整。制作较为精致，厚重，器表打磨光滑，实用器。通高 23.2、口径 18.6、耳高 3.5、足高 9.0、壁厚 0.2 厘米。重 3085.0 克（图四四 -1）。

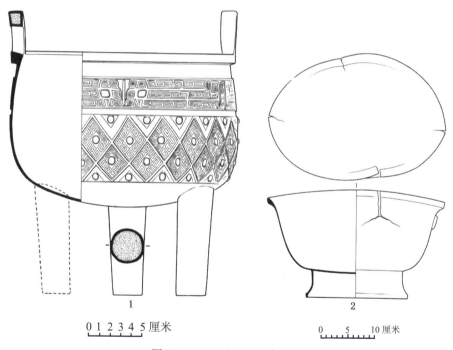

0 1 2 3 4 5 厘米

0　5　10 厘米

图四四　M21 出土铜鼎与铜簋
1. 鼎（M21：14）　2. 簋（M21：15）

簋　1 件。属 A 型。标本 M21：15，圆唇，腹斜直，圜底，圈足下有盘座。口沿下有三个简化浮雕兽首装饰。出土时已挤压变形。通高 17.4、口径 25.1、足径 16.7、壁厚 0.15 厘米。重 3232.0 克（图四四 -2，彩版二五 -2）。

瓿　1 件。属 C 型。标本 M21：3，整体较瘦高。喇叭形口，腹较细，下腹略鼓，喇叭形高圈足。下腹及圈足各有四个扉棱，圈足有两个对称"十"字形镂孔，另有两个象征性的"十"字形镂孔，不穿透。上腹饰四个蕉叶纹，其下为一周云雷纹，下腹饰四个云雷纹地夔纹，分两组，每组的两个夔纹背背相对，头向下。圈足镂孔部位饰两周凸弦纹，弦纹下饰一周云雷纹带，云雷纹带下以范线所在的扉棱为界饰两个云雷纹地兽面纹，兽面纹为"臣"字眼，圆睛凸出，粗角向外三折。圈足内一扉棱相应位置有铭文"舌"字，阴文。外壁有两道范线痕迹，圈足内近底部有四个锥形支钉，以支撑圈足内范。出土时口沿破裂，修复完整。内壁为银灰色底子。制作较精致，实用器。通高 25.6、口径 14.2、足径 8.5、壁厚 0.15 厘米。重 960.0 克（图四五，彩版二六 -1）。

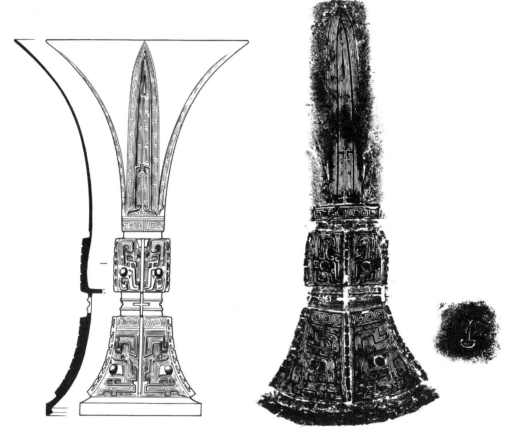

0 1 2 3 4 5 厘米

图四五　M21 出土铜觚（M21：3）

爵　1件。属 Aa 型 I 式。标本 M21：4，保存完好，实用器。窄长流略上扬，宽尾上翘，卵形深腹略鼓，菌状双柱立于流折处，半环形鋬，三棱形锥状足外撇，三足截面为等腰三角形。柱顶饰圆形涡纹，上腹铭文两侧饰两个"三"字形凸线纹。鋬内侧

有铭文"舌"字，阴文。流内侧有草腐朽后的脉络纹痕迹。通高 21.5、流至尾长 19、
最大腹径 6.7、柱高 2.7、足高 10.5 厘米。重 815.0 克（图四六 –1，彩版二六 –2）。

　　刀　1 件。属 C 型。标本 M21：19，刀身锈蚀较为严重。背弓起连接刀柄，柄中
部有窄长穿，扁圆形环首有三个乳凸。刀柄两面饰斜线纹。通长 27.5、柄长 10.8、刃宽
3.1 厘米。重 150.1 克（图四六 –2）。

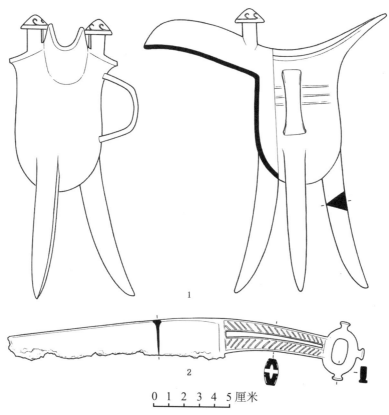

图四六　M21 出土铜爵与铜刀
1. 爵（M21：4）　2. 刀（M21：19）

　　戈　10 件。

　　2 件属 B 型 I 式。标本 M21：6，三角形援，一侧微显脊线，援末下侧有长方形
穿，长方形内，近援处有截面呈椭圆形的銎，銎内尚有朽柲痕迹，内后端一面有"弓"
形饰。援末有范线痕迹，应是两块外范扣合一次浇铸而成。出土时保存较好。银灰
色底子锈，有使用磨损痕迹，实用器。通长 20.7、援长 14.7、援宽 6.3、中厚 1.0、銎长
径 2.9、銎短径 1.8 厘米。重 431.4 克（图四七 –1，彩版二六 –3）。标本 M21：5，长条
三角形援，中部凸起和内相连，中脊起棱线，内呈长方形，近援处有椭圆形銎，銎内尚

有杓秘痕迹，内后端两面有兽面纹凹槽，凹槽内的镶嵌物已脱落。援末有范线痕迹，应是两块外范扣合一次浇铸而成。出土时保存较好。有使用磨损痕迹，实用器。通长 25.0、援长 18.0、援宽 6.6、中厚 1.0、銎长径 2.7、銎短径 2.2 厘米。重 413.3 克（图四七 -2）。

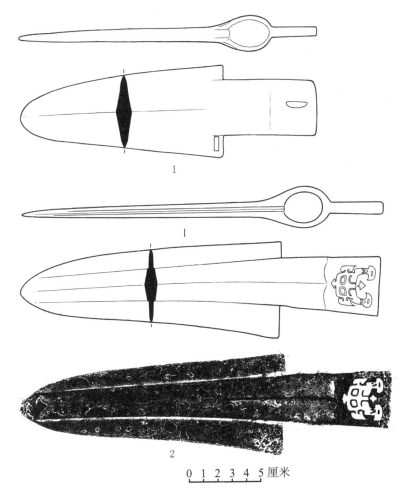

0 1 2 3 4 5 厘米

图四七　M21 出土铜戈
1. 戈（M21：6）　2. 戈（M21：5）

　　8 件属 C 型。4 件鸟形曲内，歧冠发达。较轻薄，应是冥器。标本 M21：11，出土时内部弯曲。长条形援，扁平，中间有棱线，弧线聚锋，曲内歧冠，有上下栏。内后端两面有鸟形纹。有非常明显的合范痕迹。通长 27.2、援长 18.4、援宽 5.3、中厚 0.15 厘米。重 178.8 克（图四八 -1，彩版二八 -1）。标本 M21：9，出土时内、援残断，修复完整。长条形援，扁平，中间有棱线，弧线聚锋，曲内歧冠，有上下栏。内后端两面有鸟形纹。有非常明显的合范痕迹。通长 27.9、援长 19.2、援宽 5.3、中厚 0.15 厘米。重 220.5 克

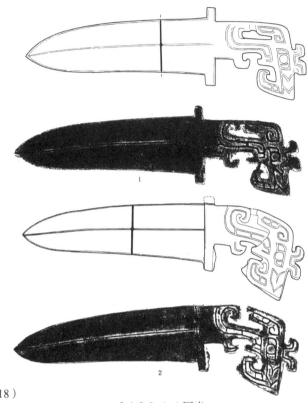

图四八　M21 出土铜戈
1. 戈（M21：11）2. 戈（M21：18）

0 1 2 3 4 5厘米

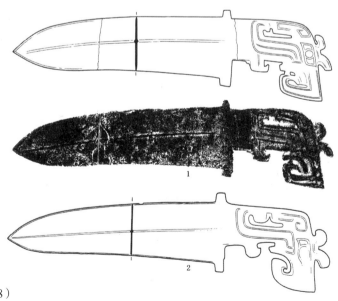

图四九　M21 出土铜戈
1. 戈（M21：9）2. 戈（M21：8）

0 1 2 3 4 5厘米

（图四九 -1，彩版二七 -2）。标本 M21：8，保存完好，出土时一面有粉红色布纹痕迹。长条形援，弧线聚锋，刃微弧，援扁平，中间有棱线，曲内歧冠，有上下栏。内后端两面有鸟形纹。有非常明显的合范痕迹。通长 28.2、援长 18.8、援宽 5.1、中厚 0.15 厘米。重 153.5 克（图四九 -2，彩版二七 -1）。标本 M21：18，出土时援前端折弯，上栏残失。长条形援，扁平，中间有凸起棱线，弧线聚锋，曲内歧冠，有上下栏。内后端两面有鸟形纹，"臣"字形眼，勾喙下弯。有非常明显的合范痕迹。通长 27.5、援长 17.8、援宽 5.4、中厚 0.15 厘米。重 184.6 克（图四八 -2，彩版二八 -2）。4 件为简化鸟首形曲内。标本 M21：7，出土时援折断。长条形援，扁平，中间有棱线，弧线聚锋，曲内歧冠，有上下栏。内后端两面有鸟形纹。有非常明显的合范痕迹。通长 25.2、援长 18.3、援宽 5.1、中厚 0.1 厘米。重 90.7 克（图五〇 -1）。标本 M21：10，出土时内有朽木痕迹，援弯曲。长条形援，扁平，中间有棱线，前锋近三角形，曲内歧冠，有上下栏。内后端两面有鸟形纹。有非常明显的合范痕迹。通长 22.8、援长 16、援宽 4.8、中厚 0.15 厘米。重 83.6 克（图五〇 -2）。标本 M21：13，出土时援折断。长条形援，扁平，中间有棱线，

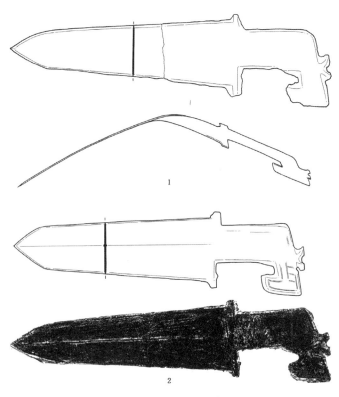

0 1 2 3 4 5 厘米

图五〇　M21 出土铜戈
1. 戈（M21：7）2. 戈（M21：10）

弧线聚锋，曲内歧冠，有上下栏。内后端两面有鸟形纹。有非常明显的合范痕迹。通长 24.0、援长 17.2、援宽 4.8、中厚 0.15 厘米。重 96.4 克（图五一 -1）。M21∶17，出土时援部弯曲，内已折断。援呈长条三角形，弧线聚锋，有脊线和上下栏，曲内歧冠。内两面有无地鸟形纹。通长 23.1、援长 16.9、援宽 5.1、中厚 0.1 厘米。重 78.2 克。

镞 4 枚。1 枚属 A 型。标本 M21∶16-1，双翼扁平，约与关齐，后锋尖锐，八棱形中脊贯通前锋，圆锥形长铤。长铤尚有缠缚的绳草痕迹。后翼内侧有范线痕迹，与关两侧范线相连，应是两块外范扣合浇铸而成。通长 6.1、铤长 3.0、翼宽 2.4 厘米（图五二 -1，彩版三〇 -1）。3 枚属 B 型。标本 M21∶16-2，双翼扁平，较舒展，长于关，后锋尖锐，八棱形中脊贯通前锋，圆锥形长铤。长铤尚有缠缚的绳草痕迹。后翼内侧有范线痕迹，与关两侧范线相连，应是两块外范扣合浇铸而成（图五二 -2，彩版三〇 -1）。

弓形器 1 件。属 B 型 I 式。标本 M21∶12，保存完好。弓身呈弧形，中部较宽，内侧有凹槽，外侧中部有八角星纹，身臂接合处有穿孔，弓臂弯曲，外臂长于内臂，臂端为圆铃形，带有四个镂孔，内有铜珠，振之有声。应是二次铸造，先铸造铜珠，然后刻制圆铃内范，内含铜珠，最后两块外范和两个圆铃内范扣合浇铸而成，范线经过打磨，已经不显。通长 32.8、弓身长 18.3、宽 4.5 厘米。重 685.0 克（图五二 -5，彩版二九 -1）。

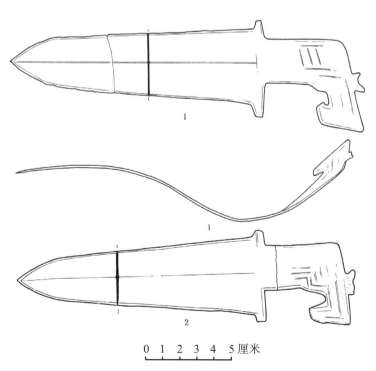

0 1 2 3 4 5 厘米

图五一 M21 出土铜戈
1. 铜戈（M21∶13） 2. 铜戈（M21∶17）

　　铃　1件。属 B 型。标本 M21：1，保存较好。整体为扁桶形，口缘为内凹，无顶，上有半圆形钮。未见铃舌。铃身两侧有范线和钮范线相连，应是两块外范和一块芯范扣合浇铸而成。铃口一角有豁口，铃身近口部有一圆形孔，可能为铸造缺陷。通高 4.9、口宽 3.5、上孔口宽 1.8、壁厚 0.15 厘米。重 36.5 克（图五二 -4，彩版二九 -2）。

　　（2）玉器

　　戈　1件。属 A 型小型玉戈。标本 M21：2，保存较好。黄褐色，双面光滑。长直援，三角形前锋，援中有脊线贯通前锋和内，上下刃线贯通内，援、内分界明显，内窄于援，后缘略斜，有切割痕，内前端有双面钻孔。长 7.3、宽 2.3、厚 0.4、孔径 0.25 厘米。重 9.8 克（图五二 -3，彩版三〇 -2）。

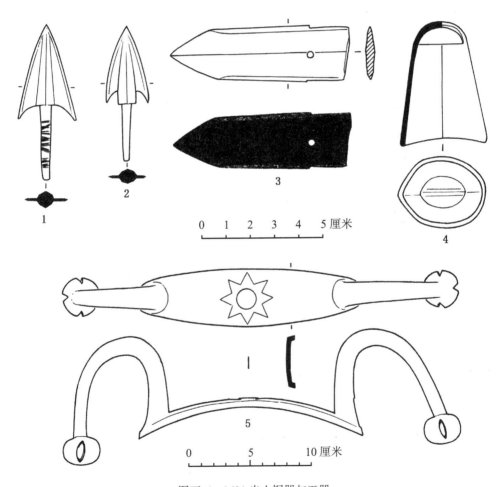

图五二　M21 出土铜器与玉器
1.铜镞（M21：16-1）　2.铜镞（M21：16-2）　3.玉戈（M21：2）
4.铜铃（M21：1）　5.铜弓形器（M21：12）

（二二）M22

1. 墓葬资料

位于墓地南部二级台地的东侧断崖下，其北紧邻 M20，相距约 3 米。墓葬直接开口于耕扰层下，距离地表 0.70 米。现存墓葬由墓室、二层台和腰坑等几部分组成。

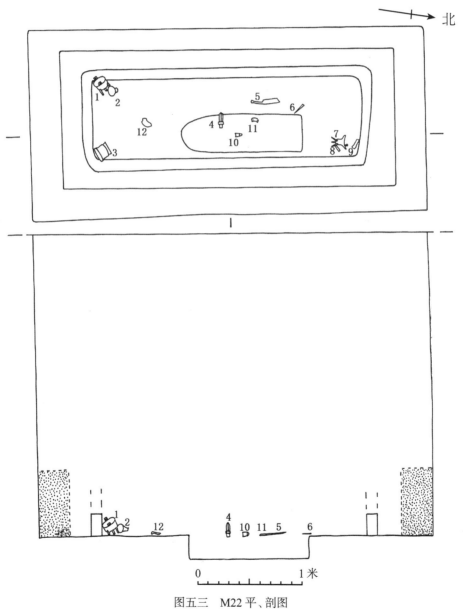

图五三　M22 平、剖图

1. 铜鼎　2. 铜觚　3. 铜簋　4. 铜戈　5. 铜刀　6. 铜凿　7. 铜爵
8. 铜斧　9. 铜锛　10. 铜铃　11. 玉璜　12. 蚌器

　　墓室为圆角长方形土坑竖穴式，凿建于生土层内。方向为南北向，350 度。墓壁较为规整，口底同大。南北长 3.80、东西宽 1.80、现存深度 2.80 米。面积 6.84 平方米。墓室内填土为浅黄褐色五花土，上部填土土质较硬，经过夯打。夯窝直径 0.06、深 0.04米，夯层不易划分。墓底四周有熟土二层台，台高 0.60 米，宽 0.20~0.30 米。墓底有椭圆形腰坑，南北长 1.16、东西宽 0.36、深 0.20 米（图五三，彩版二 -3）。

　　葬具为一棺一椁，均已腐朽。椁形制不明，朽痕所围成的椁室南北长 3.20、东西宽 1.30、现存高度 0.40 米。棺为长方形盒式，棺灰朽痕厚度约为 0.10 米。朽痕所围成的棺室南北长 2.50、东西宽 0.70、现存高度 0.20 米。

　　墓底铺有厚约 2 厘米的朱砂一层。

　　人骨保存较差，只在棺室北部发现头骨朽痕，因此墓主应头向北，年龄、葬式等情况不明。

　　腰坑内有动物骨末，种类不明。

　　随葬品放置于棺内。

　　2. 随葬品

　　12 件。种类有铜器、玉器、蚌（彩版三一 -1）。

　　（1）铜器

　　10 件。器形有鼎、簋、瓻、爵、刀、戈、斧、锛、凿、铃。

　　鼎　1 件。属 B 型。标本 M22：1，呈罐形，双立耳，方唇，侈口，束颈，鼓腹，圜底，三柱状足。上腹和下腹各有三个小扉棱，三足各有一个小扉棱。口沿下有一周三角纹，共 21 个；上腹饰云雷纹地鸟纹 6 个，可分三组，每组的两鸟以扉棱为中线，两两相对，鸟作回首状，身较长，尾部下折内卷；下腹饰云雷纹地虎纹 6 个，可分三组，每组的两虎以扉棱为中线两两相对；每足上端饰两个对夔纹，夔纹下饰四个三角纹。腹外壁有三道范线，每足有三道范线，底部未发现范线，所有范线均经过打磨，很难辨认，全器至少使用了三块腹外范。有一足在使用过程中曾损坏，该足相应的鼎底内外壁均有明显的焊接痕迹。出土时一足和鼎身分离。三足都有明显的烟炱痕迹，实用器。通高 23.6、口径 19.2、耳高 3.8、足高 8.9、壁厚 0.2 厘米。重 3155.0 克（图五四 -1，彩版三一 -2）。

　　簋　1 件。属 B 型。标本 M22：3，侈口，卷沿，微束颈，鼓腹，高圈足，素面。足有对称近圆形镂孔两个。腹部及圈足有明显被挫磨的范线痕迹，整器是两块外范、一块腹内范和一块足内范扣合倒置一次浇铸而成，浇铸口和排气口均在足端范线处，也被挫磨过。圈足内底部有三个不规则形铜垫片，两个直径 1.5 厘米，一个直径 1.0 厘米。出土时保存完好。有使用痕迹，实用器。通高 11.7、圈足高 2.9、口径 18.5、腹径 17.3、圈足径 13、壁厚 0.2 厘米。重 1380.0 克（图五五 -1，彩版三二 -1）。

觚 1件。属 A 型Ⅲ式。标本 M22：2，喇叭形大敞口，下腹略鼓，中腹以上外侈，高圈足。下腹有两道扉棱，圈足上部有两个对称竖线镂孔。下腹以范线为界饰两个兽面纹，扉棱为兽面纹的鼻中线，兽面纹为"臣"字眼，圆睛凸出，除眼睛外，其余器官用云雷纹代替，表现不明显，兽面纹以上饰两周凸弦纹；圈足上饰两周不太明显的凸弦纹，其下为一周云雷纹，云雷纹下为四个顺列怪异兽面纹，兽面纹为"臣"字眼，圆睛凸出，其余器官用云雷纹代替，空白处填以列刀纹。下腹及圈足有两道明显的范线痕迹，圈足内近底部有两个对称的锥形支钉。出土时保存较好，惟上腹有一道裂缝。内壁为银灰色的底子，纹饰有黄色亮泽。使用时间较长，有明显的使用磨损，实用器。高 24.8、口径 14.5、足径 9.8、壁厚 0.15 厘米。重 935 克（图五六 -1，彩版三一 -3）。

爵 1件。属 Ab 型。标本 M22：7，窄流，流、尾均上翘，卵形深腹，菌状双柱立于口沿近流折处，半环形鋬，三棱形锥状足外撇。柱顶饰圆涡纹，上腹饰一周云雷纹，云雷纹上下各饰一周圆圈纹。鋬内侧腹外壁有铭文"亚韦舌"三字，阴文。腹部纹饰带有明显的范线痕迹，应是两块外范和一块芯范扣合浇铸而成。出土时保存完好。浅灰色底子，有亮泽。实用器。通高 18.7、流至尾长 15.2、最大腹径 6.3、柱高 2.9、足高 9.0 厘米。重 594 克（图五四 -2，彩版三二 -2）。

刀 1件。属 D 型。M22：5，弓背，直柄，环首，刃略内凹。柄中部两面各有一个窄长穿。素面。柄及环首有明显的范线痕迹，应是两块外范扣合浇铸而成，浇铸口不清楚。出土时保存完好。有使用磨损，实用器。通长 29.1、柄长 10.0、刃宽 4.2 厘米。重 194.8 克（图五六 -3，彩版三四 -1）。

戈 1件。属 A 型Ⅱ式。标本 M22：4，长条形援，弧线聚锋，中脊不起棱线，截面呈瘦长枣核形，直内，中部有穿，后端圆转，下角有倒刺，有上下栏。素面。栏侧有明显的范线痕迹，双外范扣合浇铸而成。保存较好，惟锋尖稍有锈蚀。青灰色包浆。整器厚重坚实，出土时内及栏侧有缚秘磨损痕迹，实用器。通长 23.0、援长 16.5、援宽 4.6 厘米。重 279.6 克（图五六 -2，彩版三四 -2）。

斧 1件。标本 M22：8，呈长条楔形，弧形双面刃，长方形銎口。銎口处有一周凸弦纹。两侧从銎口至刃部各有一条明显的范线痕迹，应是由两块外范和一块泥芯扣合浇铸而成，銎口有浇铸痕迹。出土时保存完好。出土时銎内尚有灰褐色朽木。整器较为厚重，应为实用器。通长 11.7、刃宽 4.7、銎长径 4.0、銎短径 3.1 厘米。重 331.4 克（图五五 -5，彩版三三 -1）。

锛 1件。属 B 型。标本 M22：9，刃一角稍残。銎内有木头朽痕。长条形，正面稍窄，近刃部内弧，背面稍宽直，单面刃稍弧，銎口呈梯形。正面有"十"字形凸

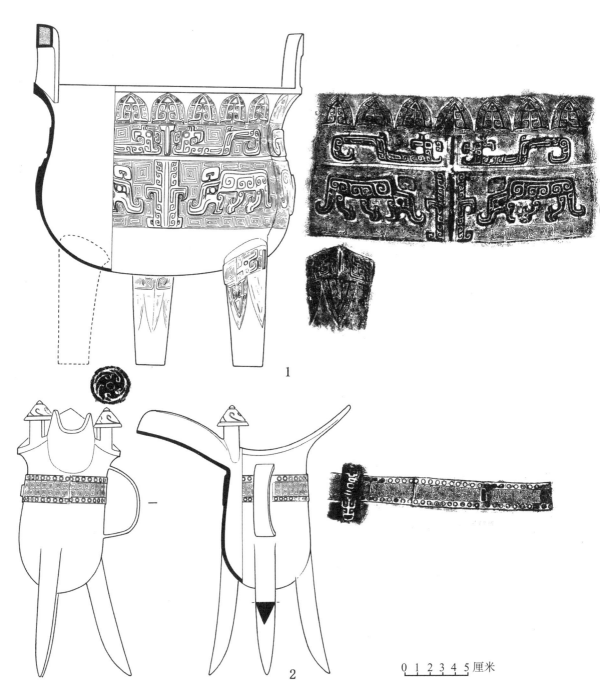

图五四　M22 铜鼎与铜爵
1.鼎（M22：1）　2.爵（M22：7）

纹，上有两个圆形凸起，再上为一道凸弦纹。銎口有扣范和浇铸痕迹。通长 11.3、刃宽 3.3、銎长径 3.8、銎短径 1.7 厘米。重 197.0 克（图五五-6，彩版三三-2）。

凿 1件。属 B 型。标本 M22：6，保存完好。銎内存有朽木。呈楔形，两面近刃部均内聚，形成双面弧形刃，銎口略呈扁梯形。由于使用过程中装柄所致，使得两侧面銎口部稍外侈。素面。一侧面的两条边有范线痕迹，全器应由两块外范和一块銎芯范扣合浇铸而成，一侧面在一块外范，另三面在一块外范。通长 11.5、刃宽 1.1、銎长径 2.3、銎短径 1.4 厘米。重 78.8 克（图五五-7，彩版三三-4）。

铃 1件。属 B 型。标本 M22：10，保存完好。整体呈扁桶形，口缘内弧，无顶，上有拱形钮，内有铃舌。铃舌呈蒜头形，上有环形钮以供系绳。铃身应是两块外范和一块范芯扣合浇铸而成；铃舌是两块外范扣合浇铸而成，一块为形范，一块为平范。通高 5.4、口宽 4.0、上孔口宽 2.0、壁厚 0.2 厘米。重 63.2 克（图五五-8，彩版三三-3）。

（2）玉器。

1件。

璜 1件。标本 M22：11，白色。扁平弧形，一端有穿孔。长 7.8、宽 3.5、厚 0.3、孔径 0.4 厘米。重 17.2 克（图五五-3、4，彩版三四-3）。

（3）蚌器

1件。

蚌器 1件。标本 M22：12，已经残破。一边稍经过修整。残长 5 厘米、残宽 4.8 厘米（图五五-2）。

位于墓地南部二级台地的中部偏西，其东紧邻 M24。墓葬直接开口于耕扰层下，距离地表约 0.65 米。现存墓葬由墓室、二层台及腰坑等几部分组成。

墓室为长方形土坑竖穴式，凿建于生土层内。方向为南北向，170 或 350 度。四壁较直，口底同大。南北长 2.60、东西宽 1.05、现存深度 0.65 米。面积 2.73 平方米。墓室内填土为黄褐色五花土。墓底四周有生土二层台，台高 0.15 米，宽度 0.20~0.26 米。墓底有长方形腰坑，位于墓底中部，长 1.10、宽 0.40、深 0.16 米（图五七）。

葬具为一棺，已腐朽，但朽痕却较为清晰。为长方形盒式，南北长 2.20、东西宽 0.55、现存高度 0.15 米。

未见人骨和随葬品。

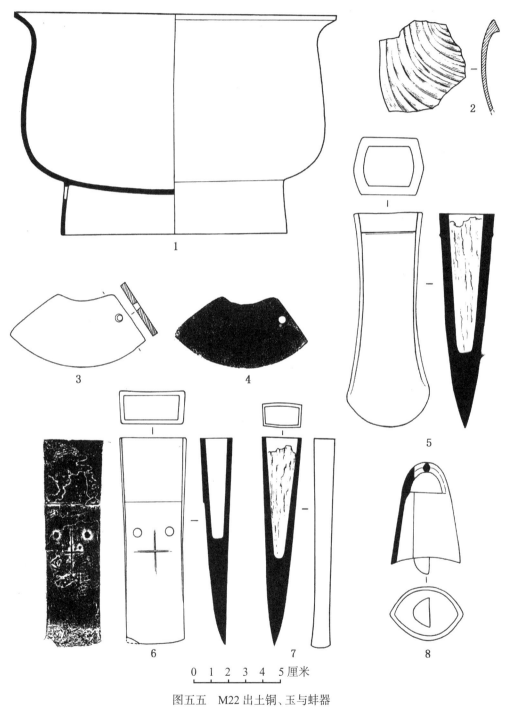

图五五　M22 出土铜、玉与蚌器

1.铜簋（M22：3）　2.蚌器（M22：12）　3、4.玉璜（M22：11）　5.铜斧（M22：8）
6.铜锛（M22：9）　7.铜凿（M22：6）　8.铜铃（M22：10）

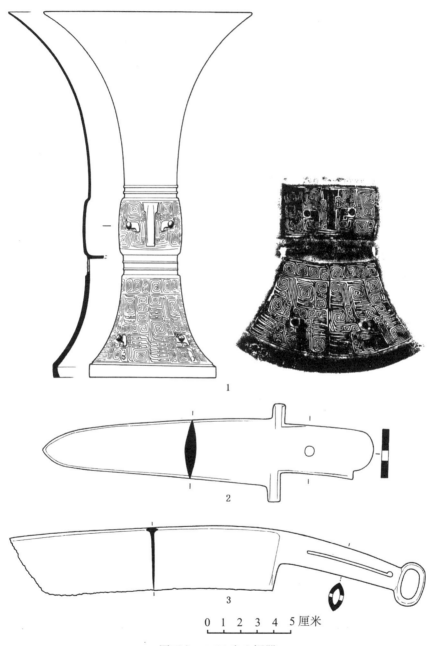

图五六　M22 出土铜器
1.觚（M22：2）2.戈（M22：4）3.刀（M22：5）

（二三）M23

墓葬资料

位于墓地南部二级台地的中部偏西，其东紧邻 M24。墓葬直接开口于耕扰层下，距离地表约 0.65 米。现存墓葬由墓室、二层台及腰坑等几部分组成。

墓室为长方形土坑竖穴式，凿建于生土层内。方向为南北向，170 或 350 度。四壁较直，口底同大。南北长 2.60、东西宽 1.05、现存深度 0.65 米。面积 2.73 平方米。墓室内填土为黄褐色五花土。墓底四周有生土二层台，台高 0.15 米，宽度 0.20~0.26 米。墓底有长方形腰坑，位于墓底中部，长 1.10、宽 0.40、深 0.16 米（图五七）。

葬具为一棺，已腐朽，但朽痕却较为清晰。为长方形盒式，南北长 2.20、东西宽 0.55、现存高度 0.15 米。

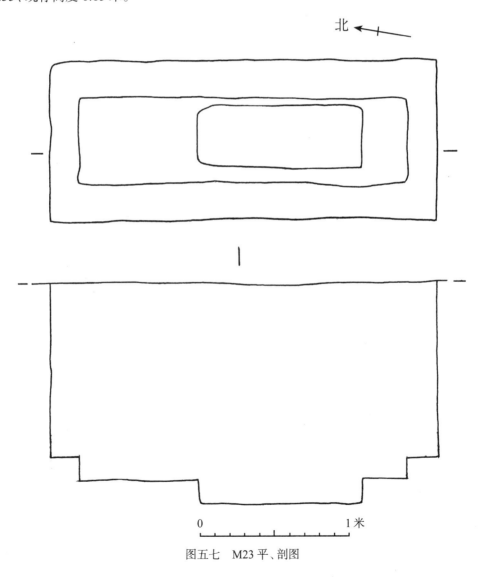

图五七　M23 平、剖图

（二四）M24

1. 墓葬资料

位于墓地南部二级台地的中部偏西，其西紧邻 M23，其东邻 M16，相距约 5 米。墓葬直接开口于耕扰层下，距离地表约 0.65 米，其西部被一晚期墓打破。现存墓葬由墓室、二层台及腰坑等几部分组成。

墓室为圆角长方形土坑竖穴式，中间略外突，凿建于生土层内。方向为南北向，355 度。四壁较直，口底同大。南北长 3.0、南端东西宽 1.94、北端东西宽 1.74、现存深度 1.80 米。面积 5.52 平方米。墓室内填土为黄褐色五花土，含红褐色土瓣。墓室四周有熟土二层台，台高 1.15、宽 0.20~0.30 米。墓底有长方形腰坑，位于墓底中部略偏南，南北长 1.10、宽 0.35、深 0.10 米（图五八）。

葬具为一棺一椁，均已腐朽，但朽痕却较为清晰。椁为"口"形，边板长过堵板朽痕约 0.10 米，边板朽痕的厚度为 0.10 米，南堵板朽痕厚度为 0.06 米，北堵板朽痕为 0.09 米。椁底板为东西向，从朽痕来看共有 16 块，每块长约 1.10 米，宽 0.06~0.09 米不等。椁板所围成的椁室南北长 2.30、东西宽 0.90、存高 0.25 米。棺为长方形盒式，棺板朽痕厚度已不清晰。棺板所围成的棺室南窄北宽，南北长 1.90、南端宽 0.54、北端宽 0.62、现存高度 0.25 米。棺内有大量席子痕迹，席纹朽痕为灰褐色，"人"字形编织法。

棺底铺有一层朱砂。

人骨保存较差，已严重腐朽，但痕迹清晰，墓主头向北，仰身直肢。

二层台上有殉狗骨架 4 具，腰坑内有殉狗骨架 1 具。自西南角按顺时针把二层台上的殉狗骨架分别编号为 A、B、C、D，腰坑内的编为 E。殉狗 A 放置于西南角二层台上，头向西北尾朝东南，嘴朝北背向西南，四只爪子聚在一起伸向墓室，从现状来看，狗爪应经过绑缚。殉狗 B 放置于西侧中部二层台上，骨架已被晚期墓扰动，显得凌乱，嘴朝上。殉狗 C 放置于东侧中部二层台上，殉狗 D 放置于墓室东南角二层台上。这两具骨架比较凌乱，均头向南。殉狗 E 放置于腰坑内，虽然骨架也较凌乱，但仍能看出其头南尾北。

随葬品均放置于棺内。铜鼎 1 件，被拆开放置，1 只鼎足放置于棺室南端，其余部分放置于棺室北端，墓主头骨东侧。铜瓿 1 件，放置于棺室东南角，即墓主脚端，口朝北足向南侧放。铜爵 1 件，放置于棺室西南角，口朝北腿向南侧放，把手向西。铜锛、凿各 1 件，两者相压放置于棺室东北角。铜戈 1 件，放置于棺室西北角，内东锋西、上刃朝北放置。铜铃 1 件，出土于填土中。玉戈 1 件，出土于墓主腰部下侧。另外，在墓室的东北角，铜鼎南侧，发现有漆皮痕迹。底层黑漆，用红漆勾列出云雷纹纹饰，但由于棺椁腐朽后挤压破坏，器形已难辨。

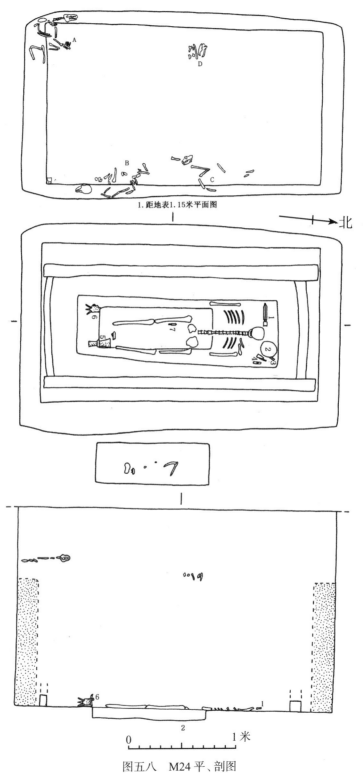

1.距地表1.15米平面图

→北

图五八　M24平、剖图

1.铜戈　2.铜鼎　3.铜凿　4.铜锛　5.铜觚　6.铜爵　7.玉戈　8.铜铃

2. 随葬品

共 8 件。种类有铜器、玉器。

（1）铜器

7 件。器形有鼎、瓿、爵、戈、锛、凿、铃（彩版四〇 -1）。

鼎 1 件。属 A 型Ⅲ式。标本 M24：2，双立耳，方唇，窄折沿，腹呈盆形，腹较浅，圜底近平，三柱状足较高。腹饰两周凸弦纹，弦纹带之间饰有圆状凸起装饰。有明显的范线痕迹。变形严重，经修复完整（图五九 -1，彩版四〇 -2）。

瓿 1 件。属 A 型Ⅲ式。标本 M24：5，喇叭形口，下腹微鼓，中腹以上外侈，高圈足。下腹有扉棱两道，圈足上部有"十"字形镂孔两个。下腹饰雷纹地兽面纹两个，扉棱为兽面纹的鼻中线，兽面纹为宽鼻，圆眼凸出，下唇角内勾；兽面纹以上有凸弦纹两周。圈足上镂孔部位有凸弦纹两周，凸弦纹下有云雷纹一周，云雷纹下饰云雷纹地兽面纹两个，兽面纹为"臣"字眼，圆睛凸出，双角向外三折，身体后端下折着地，尾部上内卷。圈足内有铭文"舌"字，阴文。下腹及圈足有两道对称范线痕迹，圈足内有两个对称锥形支钉，用以支撑圈足内范，支钉长 3 厘米。出土时保存完好，外壁有布纹痕迹。底子褚红色，有亮泽。使用磨损痕迹明显，使用时间较长，实用器。通高 22.5、口径 13.2、足径 7.5、壁厚 0.15 厘米。重 875.0 克（图六〇 -1，彩版四一 -1，彩版四二 -1）。

爵 1 件。属 Aa 型Ⅰ式。标本 M24：6，窄流，流、尾均上扬，卵形深腹，微鼓，菌状双柱立于流折处，半环形鋬，三棱形锥状足。柱顶饰圆涡纹，上腹饰三周凸弦纹。鋬内有铭文"舌"字，阴文。范线不明显。出土时保存完好。出土时外壁有布和绢纹痕迹。褚红色，有亮泽。使用磨损痕迹明显，使用时间较长，实用器。通高 18.5、流至尾长 15.5、最大腹径 6.4、柱高 2.6、足高 8.8 厘米。重 560 克（图五九 -2，彩版四一 -3、4）。

戈 1 件。属 B 型Ⅱ式。标本 M24：1，宽援扁平，中脊有棱线，弧线聚锋，内前端有椭圆形銎，后端两面均有铭文"舌"字，阴文。出土时保存完好。出土时内一面有粉红色布纹痕迹，援一面有席纹痕迹，銎内有朽木痕迹。褚红色底子。实用器。通长 21.3、援长 14.9、援宽 5.7、中厚 0.8、銎长径 2.4、銎短径 1.8 厘米。重 271.0 克（图六〇 -2，彩版四二 -2）。

锛 1 件。属 B 型。标本 M24：4，长条形，单面刃，刃部弧度不明显，銎口近长方形，整体正面略窄于背面，正面近刃部稍弧，背面平直。銎口部正面和两侧面壁稍厚，使得上下交界面显出一条凸线，正面有"十"字形凸纹，和其上的一条凸线组成"干"字形纹。保存完好，应为实用器。通长 10.0、刃宽 2.8、銎径 3.0 厘米。重 103.4 克（图六一 -1，彩版四三 -1）。

凿 1 件。属 A 型。标本 M24：3，保存完好。应为实用器。长条形，截面呈梯形，

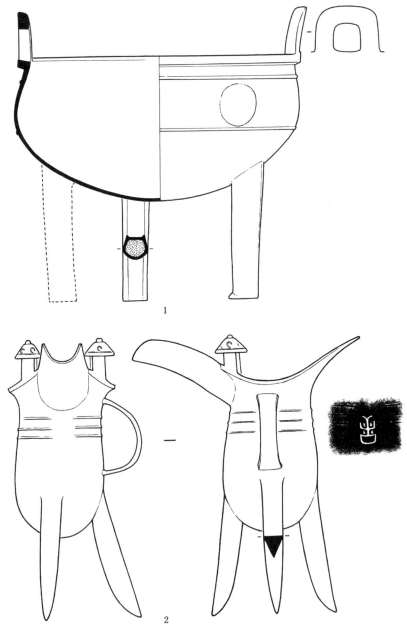

图五九　M24 出土铜鼎与铜爵
1.鼎（M24∶2）　2.爵（M24∶6）

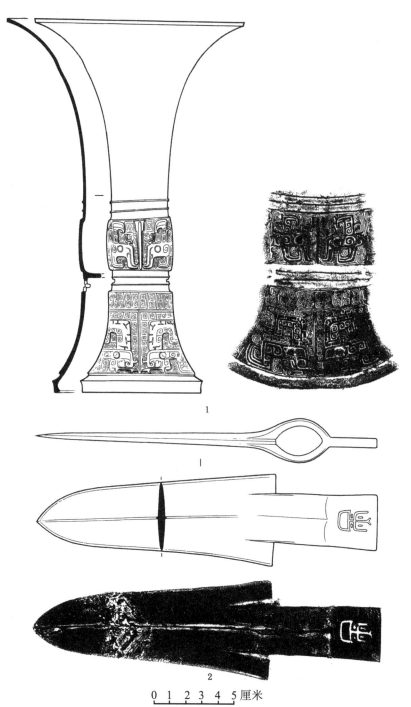

0 1 2 3 4 5厘米

图六〇　M24 出土铜觚与铜戈
1. 觚（M24：5）2. 戈（M24：1）

单面刃，銎中空 7.5 厘米。銎口有铸造缺陷。通长 12.7、刃宽 0.9、銎径 2.2 厘米。重 73.5 克（图六一 −2，彩版四一 −2）。

　　铃　1件。属 B 型。标本 M24：8，保存完好。扁桶形，口缘微弧形内凹，无顶，上有拱形纽，内有铃舌。铃舌上端有穿孔以供系绳。两块外范和一块范芯扣合浇铸而成，铃舌由两块外范扣合浇铸而成。通高 4.6、口宽 3.5、上孔口宽 2.4、壁厚 0.15 厘米。重 33 克（图六一 −3）。

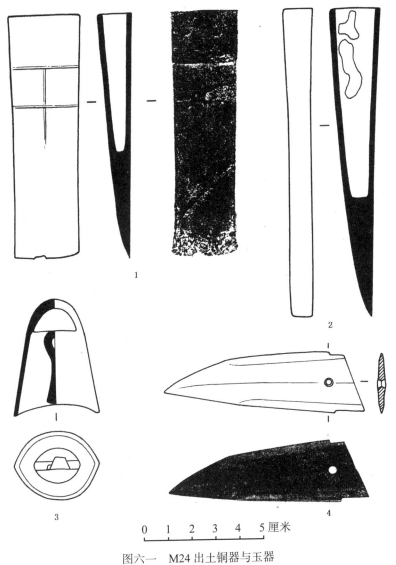

图六一　M24 出土铜器与玉器

1. 铜锛（M24：4）　2. 铜凿（M24：3）　3. 铜铃（M24：8）　4. 玉戈（M24：7）

（2）玉器

1 件。

戈　1 件。属 A 型小型玉戈。标本 M24：7，保存完好。内一面粘有朱砂。表面略呈浅姜黄色，有白色沁。双面抛光，有亮泽。长援，锋较尖锐，援中脊有棱线贯通前锋和内，有上下刃线贯通内，下刃和锋尖在一条直线上，锋上刃微弧，援、内分界明显，内窄于援，后侧斜削。长 8.3、宽 2.5、厚 0.3、孔径 0.4 厘米。重 9.2 克（图六一 -4）。

（二五）M25

1. 墓葬资料

盗扰。

位于墓地西部边缘，其西北为柳树林。墓葬直接开口于耕扰层下，距离地表 1.20 米，墓室上部被一晚期墓和一盗沟扰动，盗沟为长方形，深约 1.10 米，未扰至椁室，里面填土较松软，含有淤沙层。现存墓葬由墓室、二层台、腰坑等几部分组成。

墓室为近圆角长方形土坑竖穴式，西南角呈圆弧状，凿建于生土层内。方向为南北向，0 或 180 度。墓壁不甚规整，口小底大。墓口南北长 3.30、北端宽 1.60、中间宽 1.78、南端宽 1.70 米，墓底南北长 3.4、北端宽 1.64、中间宽 1.84、南端宽 1.74 米，现存深度 1.80 米。墓口面积 5.54 平方米。墓室内填土为浅黄褐色五花土，经过夯打，夯窝直径 0.05~0.08、深约 0.05 米，夯层厚度为 0.15~0.18 米。墓底四周有熟土二层台，台高 0.30 米，宽度不一致，东宽 0.16~0.34、西宽 0.30、南宽 0.20、北宽 0.16 米。墓底有长方形腰坑，长 1.25、宽 0.50、深 0.30 米（图六二）。

葬具为一棺一椁，均已腐朽。椁室南北长 3.05、东西宽 1.20、现存高度 0.30 米。棺为"口"形，但由于腐朽后挤压，角端已经变形。边板长过堵板约 0.10 米，边板和堵板的朽痕厚度为 0.06~0.10 米。朽痕所围成的棺室南北长 2.30、东西宽 0.76、现存高度 0.30 米。棺底铺有朱砂。

未见人骨。

腰坑内有殉狗，朽为粉末。

随葬品均放置于棺内。铜瓿 1 件，放置于棺室西南角，口朝南足向北侧放。铜爵 1 件，放置于棺室东南角，口朝南腿向北侧放。玉器放置于棺室南端，铜瓿、爵之间，三件迭放在一起，自上而下依次为玉戈、玉璜、玉刀。

2. 随葬品

共 5 件。种类有铜器和玉器（彩版七二 -1）。

（1）铜器

2件。器形有瓿、爵。

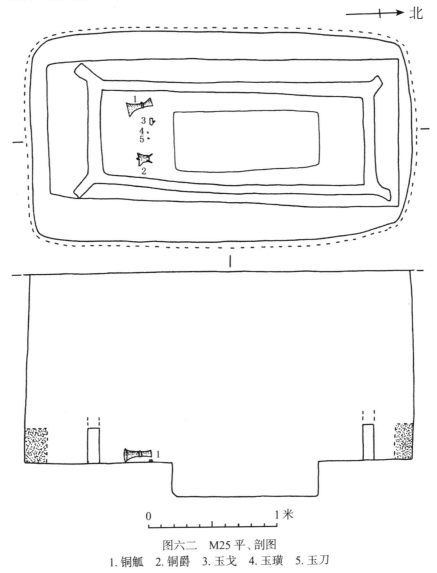

北 →

图六二　M25平、剖图
1. 铜瓿　2. 铜爵　3. 玉戈　4. 玉璜　5. 玉刀

0　　　　　　　　　1米

　　瓿　1件。属A型Ⅲ式。标本M25∶1，喇叭形敞口，下腹鼓，喇叭形圈足。下腹
有两道扉棱；圈足上部有一个"T"字形镂孔和一个细小穿孔。下腹饰两个兽面纹，
扉棱为兽面纹的鼻中线，兽面纹为"臣"字眼，圆睛凸出，其余器官用云雷纹和列刀
纹代替，表现不明显；兽面纹以上有两周凸弦纹，已磨得不太明显；圈足上部镂孔部
位饰两周凸弦纹；凸弦纹下为一周云雷纹；云雷纹下饰四个顺列半兽面纹，半兽面
纹为"臣"字眼，圆睛凸出，其余器官均用云雷纹和列刀纹代替，表现不明显。下腹
和圈足外壁有两道明显的范线痕迹。出土时口缘稍有破损。器表呈黄灰色和褚红色。

磨得较为光滑,实用器。高 23.5、口径 13.8、足径 8.2、壁厚 0.15 厘米。重 840.0 克（图六三,彩版七二 -3 ）。

爵　1 件。属 Aa 型Ⅲ式。标本 M25：2,窄长流和尾上扬较甚,直腹,卵形底,有鋬一侧腹底有明显的折线,另一侧较缓,无折线,双菌状柱立于口沿,离流折有一定距离,半环形扳,三棱形锥状足外撇,接腹折处。鋬下一足截面为等腰三角形,另两足截面为不等边三角形。柱顶饰涡纹,上腹饰三周凸弦纹。底和流外壁有明显的范线痕迹。出土时保存完好。褚红色底子,有亮泽。通高 17.5、流尾长 14.4、最大腹径 5.1、柱高 3.8、足高 7.5 厘米。重 527.0 克（图六四 -1,彩版七二 -2 ）。

（2）玉器

3 件。器形有戈、璜、刀。

戈　1 件。属 A 型小型玉戈。标本 M25：3,援末上刃稍残。墨绿色,有白色沁。长直援,三角形前锋,援中脊棱线和上下刃线不太明显,内甚短。援末有双面施钻的圆穿。长 6.8、宽 2.8、厚 0.4、孔径 0.3 厘米。重 12.2 克（图六四 -2,彩版七三 -1 ）。

璜　1 件。标本 M25：4,埋葬时已残,仅剩一段。墨绿色,有白色沁。扁平弧形,

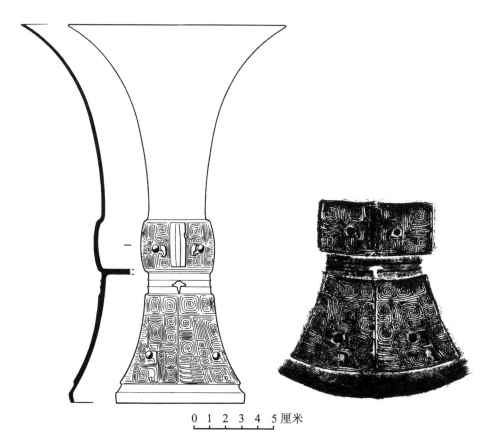

0 1 2 3 4 5 厘米

图六三　M25 出土铜觚（M25：1）

一端有穿孔，穿孔为单面钻成。长 3.1、宽 2.4、厚 0.3、孔径 0.4 厘米。重 5.6 克（图六四 -4，彩版七三 -2）。

　　刀　1 件。标本 M25：5，墨绿色，玉色不纯，有大面积的白色沁。整体为扁平长条状，有前刃和侧刃，前刃呈弧形，侧刃较直，两面均有刃线，但刃不锋利。一端有残损。长 5.8、宽 2、厚 2.5 厘米。重 6.5 克（图六四 -3，彩版七二 -4）。

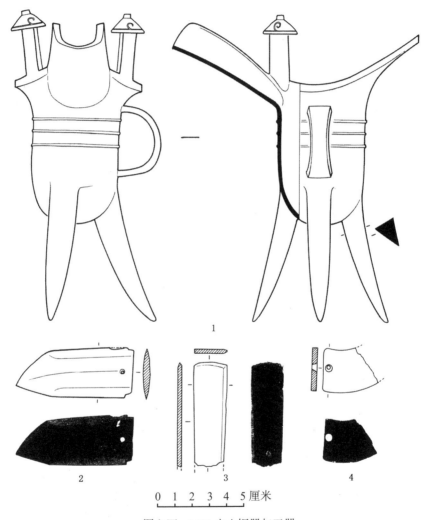

0　1　2　3　4　5 厘米

图六四　M25 出土铜器与玉器

1. 铜爵（M25：2）　2. 玉戈（M25：3）　3. 玉刀（M25：5）　4. 玉璜（M25：4）

（二六）M26

墓葬资料

　　位于墓地的西部边缘，西南邻 M27，其西是断崖和柳树林。墓葬直接开口于耕扰层下，距离地表约 1.10 米，和其他墓葬间没有迭压或打破关系，地层关系简单。现存墓葬由墓室、二层台及腰坑等几部分组成。

墓室为圆角长方形土坑竖穴式，凿建于生土层内。方向为南北向，10度。墓壁较为规整，口底同大。南北长2.40、东西宽1.05、现存深度0.45米。面积2.52平方米。墓室内填土为浅红褐色五花土，质地较硬，但未发现夯打痕迹。墓底四周有生土二层台，台高0.22米，宽度不一致，东宽0.20、西宽0.10、南宽0.20、北宽0.10米。墓底有长方形腰坑，南北长0.75、东西宽0.30、深0.20米（图六五）。

未发现葬具痕迹。二层台所围范围南北长2.10、东西宽0.70、现存高度0.22米。

人骨尚未完全腐朽，从现状来看，墓主头向北，仰身直肢。

腰坑内有几根动物肋骨。

无随葬品。

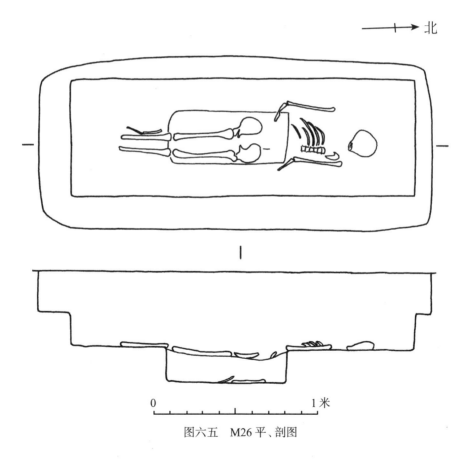

图六五　M26平、剖图

（二七）M27

1. 墓葬资料

位于墓地的西部边缘，东北邻M26，其西是断崖和柳树林。墓葬直接开口于耕扰层下，距离地表约1.30米，和其他墓葬间没有迭压或打破关系，地层关系简单。现存墓葬由墓室、二层台及腰坑等几部分组成。

墓室为圆角长方形土坑竖穴式，北端呈圆弧形，凿建于生土层内。方向为南北向，5度。墓壁不规整，口底同大。南北长 3.40、东西宽 1.65、现存深度 2.60 米。面积 5.61 平方米。墓室内填土上层为浅红褐色五花土，下层为浅黄色五花土，质地较硬，经过夯打，夯窝、夯层明显。夯窝为圆形圜底的"馒头夯"，直径 0.05~0.08、深 0.05~0.06 米，夯层厚 0.15~0.18 米。墓底四周有熟土二层台，台高 0.68 米，北二层台较宽，为 0.38 米，其余三面宽约 0.10 米。墓底有近长方形腰坑，南北长 0.90、东西宽 0.38、深 0.38 米（图六六）。

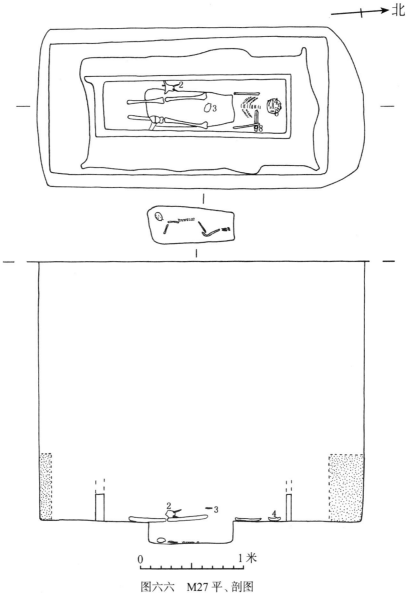

图六六　M27 平、剖图

1.铜觚　2.铜爵　3.玉钺　4、6.玉刀　5.玉柄形器　7.玉戈　8.铜戈

葬具为一棺一椁，均已腐朽。由于木质板材腐朽后挤压，椁已严重变形，形制不明。二层台所围范围可能就是原始椁室，南北长 2.90、东西宽 1.40、现存高度 0.68 米。棺也已变形，从现状看，应为长方形盒式，但西南角的边板长出棺室约 0.10 米，棺板朽痕的厚度为 0.05~0.08 米。棺板所围成的棺室南窄北宽，南北长 1.90、南宽 0.46、北宽 0.54、现存高度 0.28 米。棺朽痕有大量红色漆皮痕迹，所以棺上应髹有红漆。棺内有大量席子痕迹，朽痕为灰褐色，"人"字形。

人骨已朽，但大体能看出葬式。从现状来看，墓主头向北，仰身直肢。

墓葬填土中有殉狗 2 条，腰坑内有殉狗 1 条，头向南。

随葬铜器放置于棺室内，玉器为墓主随身佩戴或口含。铜瓿 1 件，放置于棺室中部偏南东侧，口南底北斜放。铜爵 1 件，放置于棺室中部偏南西侧，和铜瓿并排放置，口南腿北侧放。铜戈 1 件，放置于墓主东侧肩部，内东锋西，上刃朝北放置。钺 1 件，放置于墓主腰部。其余 4 件玉器出土于头骨朽痕范围之内，有玉戈、钺、柄形器、刀各 1 件。

2. 随葬品

共 8 件。种类有铜器和玉器（彩版六八 -1）。

（1）铜器

3 件。器形有瓿、爵、戈。

瓿　1 件。属 B 型。标本 M27：1，喇叭形敞口，下腹略鼓，喇叭形小圈足。瓿体略扁，腹截面略呈扁圆形。下腹饰两个简化兽面纹，只有双目和鼻梁，无其他器官；兽面纹圆眼凸出，鼻梁隆起。兽面纹以上饰两周凸弦纹；兽面纹以下饰一周凸弦纹。铸造痕迹不明显。出土时保存较好。口内壁有编织品痕迹；外壁有席纹痕迹。浅黄灰色底子。高 21.3、口径 12.6、足径 7.3、壁厚 0.15 厘米。重 740.0 克（图六七 -1，彩版六九）。

爵　1 件。属 Aa 型Ⅲ式。标本 M27：2，流、尾均上扬，深直腹，菌状双柱立于口沿离流折有距离，半环形鋬，三棱形锥状足外撇，接腹折处。三足截面呈等腰三角形。柱顶饰圆涡纹，上腹饰三周凸弦纹。底部有明显的范线痕迹，和流、尾、腹外壁范线相连。出土时保存较好，惟鋬下一足足尖稍残。器表有灰褐色，局部灰黄色包浆，使用磨损明显，使用时间较长，实用器。通高 17.1、流至尾长 14.7、最大腹径 5.6、柱高 2.9、足高 7.2 厘米。重 484.0 克（图六七 -2，彩版六八 -2）。

戈　1 件。属 B 型Ⅱ式。标本 M27：8，宽三角形援，弧线聚锋，中脊起棱线，截面呈菱形，内前端有椭圆形銎。出土时保存完好。出土时銎内有朽木痕迹。实用器。长 21、援长 14.4、援宽 5.3、銎长径 2.7、銎短径 2.0 厘米。重 306.7 克（图六七 -3，彩版七〇 -1）。

（2）玉器

5 件。器形有钺、戈、刀、柄形器等。

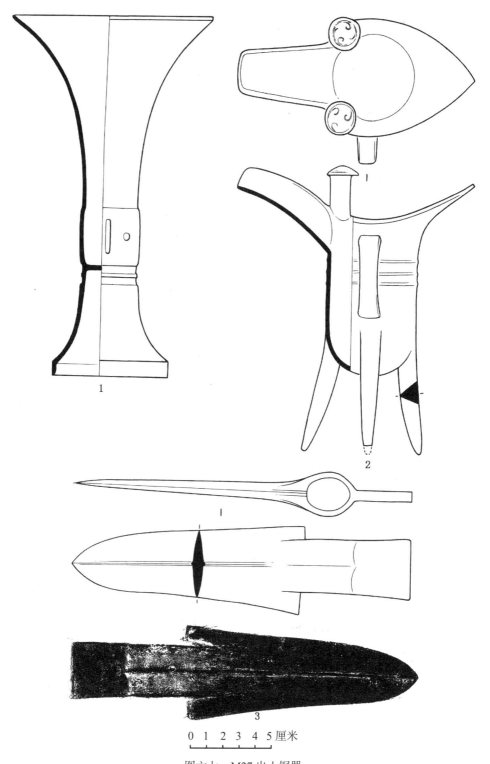

图六七　M27 出土铜器
1. 觚（M27：1）　2. 爵（M27：2）　3. 戈（M27：8）

钺1件。标本M27：3，保存完好。灰白色，柄部有白色和褐色沁。刃部较宽，略弧，由两面磨制而成，双肩，长方形柄前端有圆形穿孔，双面钻，但一面钻孔极浅。肩部有切割痕迹。长10.0、宽5.2、厚0.7、孔径0.8厘米。重65.8克（图六八-1）。

戈　1件。属A型小型玉戈。标本M27：7，内部残。米黄色玉，有黄褐色和白色沁。宽短援，三角形前锋，援中有脊线贯通前锋，有上、下刃线，援、内没有明显的分界。援末有一双面钻孔。长3.4、宽1.8、厚0.4、孔径0.3厘米。重2.6克（图六八-4，彩版七一-1）。

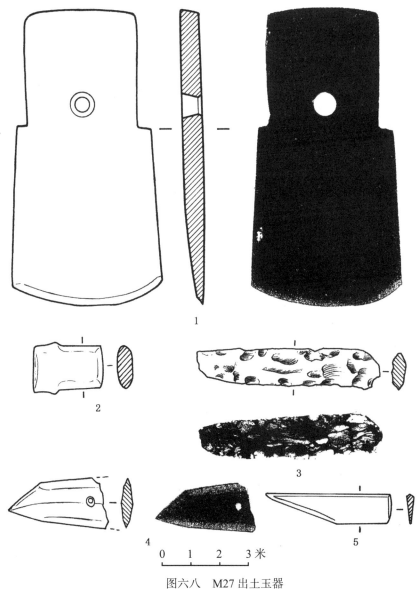

图六八　M27出土玉器
1.钺（M27：3）　2.柄形器（M27：5）　3.刀（M27：4）
4.戈（M27：7）　5.刀（M27：6）

刀　2件。标本 M27：4，保存较好。紫黑色。略呈刀形，两面均有琢痕，有小石片剥落痕迹。长 6.3、宽 1.3、厚 0.5 厘米。重 6.4 克（图六八 -3，彩版七一 -2）。标本 M27：6，保存较好。淡黄色。长直边为刀背，无刃，长斜边和下边有刃，长斜边显刃线。长 4.4、宽 1.05、厚 0.2 厘米。重 1.7 克（图六八 -5，彩版七〇 -2）。

柄形器　1件。标本 M27：5，两端均有断损痕迹，应是别的器形改制。一面白色，一面为浅灰色。扁平状，上端两侧有两个乳凸。下端有刃。长 2.5、宽 1.8、厚 0.5 厘米。重 4.5 克（图六八 -2，彩版六八 -3）。

（二八）M28

1. 墓葬资料

位于墓地一级台地的西边坡地，其东紧邻 M29，相距约 1.0 米。墓葬直接开口于耕扰层下，距离地表约 1.20 米。现存墓葬由墓室、二层台及腰坑等几部分组成。

墓室为圆角长方形土坑竖穴式，凿建于生土层内。方向为南北向，10 度。口底同大。南北长 3.0、东西宽 1.60、现存深度 1.70 米。面积 4.80 平方米。墓室填土为浅黄褐色五花土，质地坚硬，经过夯打。夯窝不明显，夯层厚 0.15~0.18 米。墓底四周有生土二层台，台高 0.50、宽 0.20 米。墓底有长方形腰坑，南北长 0.88、东西宽 0.40、深 0.26 米（图六九，彩版五 -1、3）。

葬具为一棺一椁，均已腐朽。椁形制不清，二层台所围成的范围即为椁室，南北长 2.60、东西宽 1.20、现存高度 0.50 米。棺为长方形盒式，板灰痕厚度为 0.05 米，有红色漆皮，所以该棺应髹有红漆。棺灰痕所围成的范围即为棺室，南北长 2.10、东西宽 0.74、存高 0.10 米。棺内有大量席纹痕迹，呈灰褐色，"人"字形。

棺底铺有一层朱砂。

人骨已朽成粉末，但能看出墓主头向北，直肢葬。

随葬品均出土于棺室南端。铜鼎 1件，被分开放置于棺室东西两侧。铜卣 1件，出土时口向东南。铜觚 1件，放置于棺室的西南角，口朝南足向北侧放。铜爵 1件，放置于棺室东南角，口朝南腿向北，流朝西侧放。铜弓形器 1件，放置于觚、爵之间，为铜卣所压。铜戈 1件，出土于铜爵北部，内西锋东、上刃朝南放置。铜刀 1件，出土于棺室中部西侧，柄朝南，背向东放置。铜锛 1件，出土时压在铜觚之下。铜镞 2枚、簪 1件、策末 1件、条 2件出土于觚和弓形器之间。

2. 随葬品

共 14件。均为铜器，器形有鼎、卣、觚、爵、刀、戈、镞、锛、弓形器、簪、策末、条。（彩版三五 -1）

鼎　1件。属 C 型。标本 M28：2，双立耳，方唇，窄折沿，分档，三柱状足。口

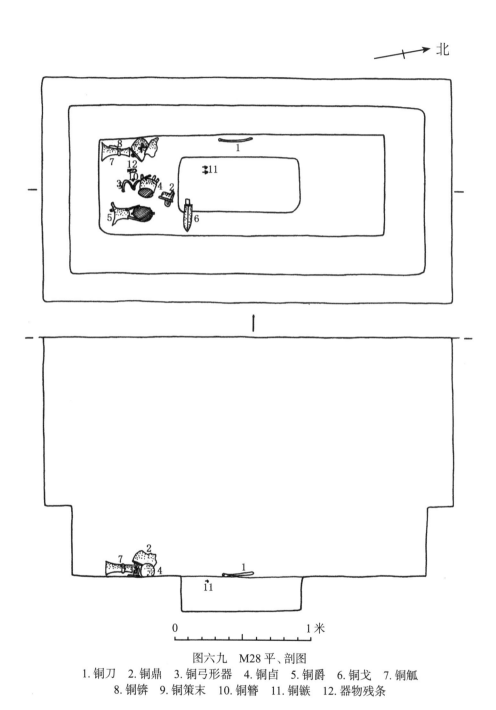

图六九　M28 平、剖图

1. 铜刀　2. 铜鼎　3. 铜弓形器　4. 铜卣　5. 铜爵　6. 铜戈　7. 铜觚

8. 铜锛　9. 铜策末　10. 铜簪　11. 铜镞　12. 器物残条

沿下饰一周目雷纹；腹部以裆线为界饰三组兽面纹，兽面纹的鼻中线与三足垂直相应，兽面纹为圆角方形目，大耳，牛角状角。出土时已碎为数块，经修复完整。通高 22.3、口径 18.1、耳高 3.4、足高 6.5、壁厚 0.2 厘米。重 2190.0 克（图七〇，彩版三五 –2）。

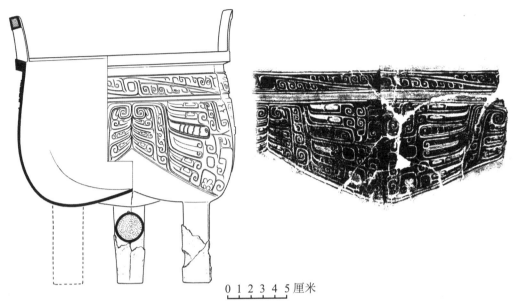

0 1 2 3 4 5 厘米

图七〇　M28 出土铜鼎（M28：2）

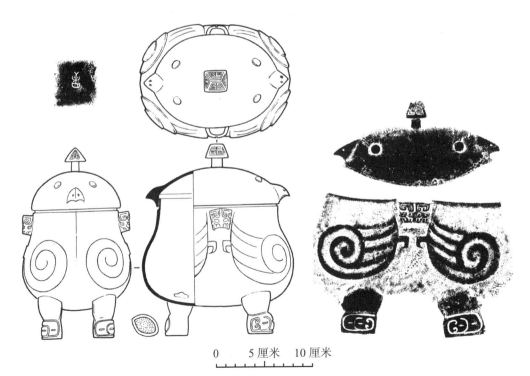

0　　　5 厘米　　10 厘米

图七一　M28 出土铜卣（M28：4）

卣　1件。标本 M28:4，椭圆形，大腹，有四足，带盖。盖、体子母口扣接。盖上有四阿屋顶形钮，钮饰云雷纹。整件器物由两个相背而立的鸮形巧妙地结合而成，卣盖两端为两个鸟的头部，鸟喙翘出，圆目突出。器身两端鼓起，各饰一对翅膀，犹如鸮腹，器腹上部中间有两个对称兽首形贯耳。四足为粗壮的鸟爪形。底部内壁有铭文"舌"字，阴文，方向和一侧鸮头方向一致。盖体应是两块外范，一块内范，盖内壁有一个明显的垫片，呈不规则形，直径约 1.2 厘米。通盖高 19.4、器高 14、足高 4.4、口长径 12.3、口短径 8.7、最大腹长径 15.8、最大腹短径 11.4 厘米。重 1595.0 克（图七一，彩版三五 -3）。

觚　1件。属 A 型 Ⅱ 式。标本 M28:7，喇叭形敞口，下腹略鼓，喇叭形圈足。下腹有两道扉棱；圈足上有四个"十"字形镂孔，其中两个未镂空。下腹饰两个兽面纹，扉棱为兽面纹的鼻中线，兽面纹为"臣"字眼，圆睛凸出，除眼睛外，其余器官均用云雷纹和羽状纹代替，表现不明显；兽面纹以上有两周凸弦纹；圈足上部镂孔部位有凸弦纹两周；弦纹下有一周云雷纹；云雷纹下饰四个顺列半兽面纹，图案只有"臣"字眼明显，圆睛凸出，其余器官也用云雷纹和列刀纹代替，表现不明显。圈足内壁有铭文"舌"字，阴文。圈足内底外壁有四个锥形支钉。出土时保存较好。内壁为金黄色和黄灰色，亮度很高；外壁有褚红色底子锈，局部露出浅黄色。高 22.5、口径 13.3、足径 7.9、壁厚 0.2 厘米。重 800.0 克（图七二 -1，彩版三六 -1、3）。

爵　1件。属 Aa 型 Ⅰ 式。标本 M28:5，流尾略上翘，卵形腹微鼓，菌状双柱立于流折处，三棱形锥状足外撇。柱顶饰涡纹，上腹饰三周凸弦纹。鋬内腹外壁有铭文"舌"字，阴文。出土时保存较好。内壁为金黄色，外壁褚红色。通高 19.8、流至尾长 17.2、最大腹径 6.6、柱高 3.1、足高 9 厘米。重 670.0 克（图七二 -2，彩版三六 -2）。

刀　1件。属 B 型。标本 M28:1，刀背与刀柄相连，连线呈弧形，刀身薄于刀柄，刃微凹，刀柄末端有环形首。柄下侧有明显的范线痕迹。出土时刀身断裂，刀尖稍残。通长 24.5、柄长 9.8、刃宽 3.1 厘米。重 109.8 克（图七三 -1，彩版三九 -1）。

戈　1件。属 A 型 Ⅰ 式。标本 M28:6，宽长三角形援，舌状锋，援中隆起但不起脊线，长方形内，中部有圆形穿孔，内后端两面有对称兽面纹凹槽，原来应有镶嵌物，有上下栏。出土时保存较好。浅黄灰色底子，有亮泽。长 22.8、援长 16.1、援宽 6.1 厘米。重 366.7 克（图七三 -2，彩版三九 -2）。

镞　2枚。属 B 型。标本 M28:11，保存较好。铤上有缠缚的麻绳朽痕，麻绳朽痕外有光滑的箭杆磨痕。两枚形制相同。镞身略成三角形，前锋尖锐，双翼扁平，后端约与关齐，后锋尖锐，六棱形脊贯通前锋和关，一枚铤较细长呈圆锥形，另一枚铤较粗短。后锋内侧有范线痕迹，应是两块外范扣合浇铸而成（图七四 -6，彩版三九 -3）。

锛　1件。属 A 型。标本 M28:8，保存较好。扁平长条状，正面略窄于背面，使得截面略呈扁梯形,正面近刃部内聚,背面平直,弧形单面刃,刃尖略外侈,銎口略呈梯形。正面有"干"字形凸线纹。应是由两块外范和一块范芯扣合一次浇铸而成,銎口有浇铸口痕迹,两块外范中一块为形范,铸出正面和两侧面,另一块为平范,铸出背面。通长 6.3、链长 2.7、翼宽 1.8 厘米(图七四 -4,彩版三七 -1)。

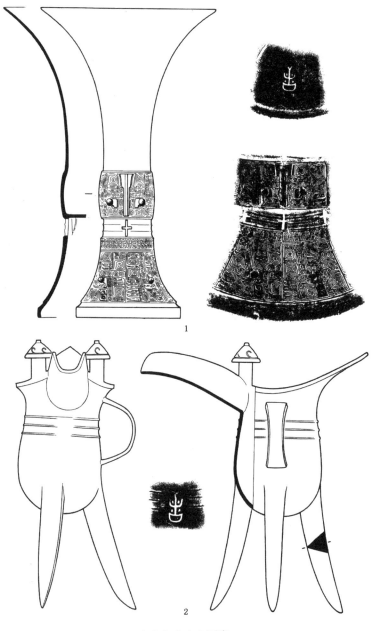

0 1 2 3 4 5 厘米

图七二　M28 出土铜觚与铜爵
1. 觚(M28:7)　2. 爵(M28:5)

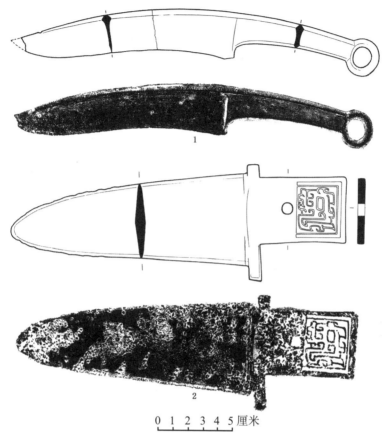

0 1 2 3 4 5 厘米

图七三　M28 出土铜刀与铜戈
1. 刀（M28：1）　2. 戈（M28：6）

弓形器　1 件。属 A 型。标本 M28：3，从弓身中部断裂。出土时臂、身接合处的夹角内有腐朽的绳索。制作较精致。弓身内侧微凹，正面有三道凹槽，凹槽内又有菱形凹槽，中部有一圆形凹槽，这些凹槽内原来应有镶嵌物。弓臂弯曲，有三道沟槽，内臂短于外臂，臂端为有四个镂孔的圆铃形，内有铜珠，振之有声。长 39.1、弓身 22.4 厘米（图七四 -1，彩版三八 -1）。

簪　1 件。标本 M28：10，保存较好。簪体截面呈椭圆形，簪冒为龙形，龙头较大，宽吻，张口呲牙，有角和背鳍，尾部上卷，整个造型非常优美。通长 11.1、体长 7.9、体长径 1.3、体短径 1.1 厘米。重 57.7 克（图七四 -5，彩版三七 -2、3）。

镈末　1 件。标本 M28：9，保存较好。制作较为精细。整体近圆锥形，前端钝尖，中部靠上有关，关下旁出一钜勾，镈部有两对称圆穿，镈口为圆形。钜勾弯曲，有上下刃。出土时镈内有朽木，镈口有破裂缝隙。通长 11.0、镈长 7.2、镈口径 1.9 厘米。重 57.1 克（图七四 -7，彩版三八 -2）。

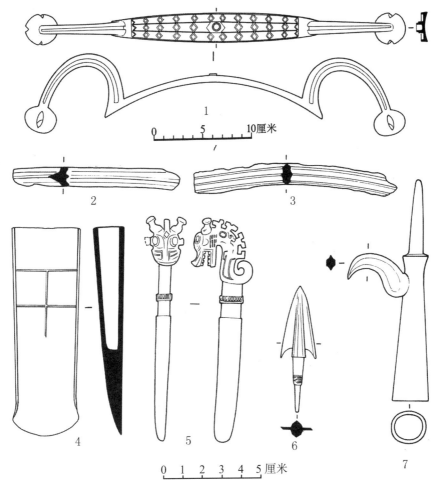

图七四　M28 出土铜器
1. 弓形器（M28：3）　2. 器物残条（M28：12-2）　3. 器物残条（M28：12-1）
4. 锛（M28：8）　5. 簪（M28：10）　6. 镞（M28：11）　7. 策末（M28：9）

器物残条　2 条。标本 M28：12-1，扁长条形，有 8 道凸弦纹（图七四 -3）。
M28：12-2，截面呈"T"形，上面有弦纹（图七四 -2）。

（二九）M29

墓葬资料

位于墓地一级台地的西边坡地，其西紧邻 M28，相距约 1.0 米，其东紧邻 M30，相
距约 3.0 米。墓葬直接开口于耕扰层下，距离地表约 1.20 米。现存墓葬由墓室和腰坑
两部分组成。

墓室为圆角长方形土坑竖穴式，凿建于生土层内。方向为南北向，10 度。墓壁
不规整，口底同大。南北长 2.90、东西宽 1.20、现存深度 1.01 米。面积 3.48 平方米。
墓室填土为浅黄褐色五花夯土，但夯打质量不高，夯窝、夯层不明显。未见二层台。墓

底有长方形腰坑, 南北长 1.12、东西宽 0.40、深 0.30 米 (图七五)。

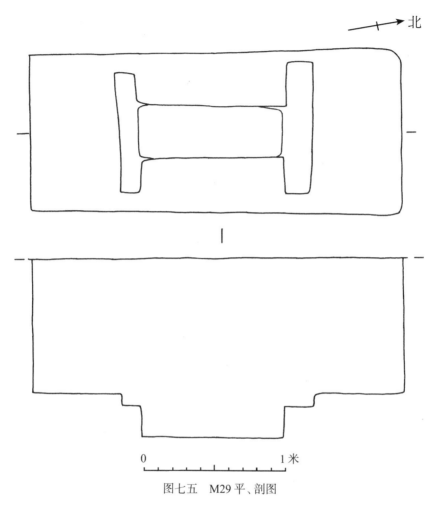

图七五　M29 平、剖图

葬具不祥, 惟见墓底有两根东西向平行的枕木痕迹。每根长 0.72、宽 0.18~0.22、厚 0.10 米。

墓底有少量朱砂。

人骨已朽为粉末, 但能看出墓主头向北。

腰坑内有少量动物骨末。

无随葬品。

(三○) M30

1. 墓葬资料

位于墓地一级台地的西边坡地, 其东紧邻 M31, 相距约 2.5 米, 其西邻 M29, 相距约 2.5 米。墓葬直接开口于耕扰层下, 距离地表约 1.20 米, 墓葬南壁被一晚期灰沟打破。现存墓葬由墓室、二层台及腰坑等几部分组成。

墓室为圆角土坑竖穴式,凿建于生土层内。方向为南北向,0 度。墓壁不规整,口底同大,南窄北宽。南北长 3.24、南端宽 1.30、北端宽 1.52、现存深度 2.0 米。面积 4.57 平方米。墓室填土为浅黄褐色五花土,质地坚硬,经过夯打。夯窝不明显,夯层厚 0.10~0.15 米。墓底四周有生土二层台,台高 0.80、宽约 0.10 米。生土台内有熟土台,存高 0.40 米,东、西、南三面宽约 0.10、北面台宽 0.50 米。墓底有长方形腰坑,南北长 1.0、东西宽 0.35~0.40、深 0.25 米(图七六,彩版二 -4)。

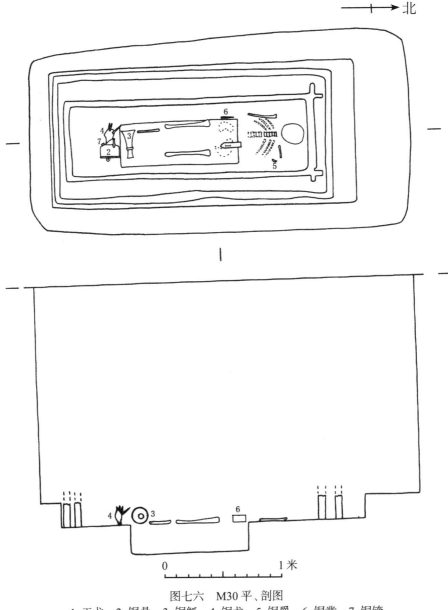

图七六　M30 平、剖图
1.玉戈　2.铜鼎　3.铜瓶　4.铜戈　5.铜爵　6.铜凿　7.铜锛

葬具为一棺一椁,均已腐朽。椁为长方形,板痕厚度为 0.06~0.08 米。朽痕所围成的椁室南北长 2.30、东西宽 0.95、现存高度 0.20 米。棺北端两角堵板和边板各长出棺室约 0.06 米,板灰痕厚度为 0.05 米。棺灰痕所围成的范围即为棺室,南北长 2.04、东西宽 0.58、存高 0.20 米。有漆皮痕迹。

棺底有少量朱砂。

人骨已朽成粉末,但能看出人头向北,仰身直肢葬。

腰坑内殉狗 1 条,头向不明。

随葬品均放置于棺室内。铜鼎、瓿、爵出土于棺室南端。铜锛、凿出土于棺室中部西侧。铜戈出土于墓主东侧肩部。玉戈出土于墓主腰部。

2. 随葬品

共 7 件,种类有铜器、玉器(彩版四三 -3)。

(1)铜器

6 件。器形有鼎、瓿、爵、戈、锛、凿。

鼎 1 件。属 A 型 II 式。标本 M30:2,双立耳,方唇,窄折沿,腹呈盆形,腹较浅,圜底近平,三足下端略细,稍内聚。其中两足内侧较平。上腹饰三周凸弦纹。范线较明显,底部范线呈三角形,和两足范线相连,腹部有三道明显的范线等分器腹,与足范线相连,腹部范线稍经打磨,全器由三块腹外范、一块底外范和腹内范相扣合一次倒置浇铸而成,浇铸口在底部。该鼎在使用过程中,经过修复,修复痕迹非常明显。其中一足有两条范线,且范线和底、腹范线均不相连,相应的在内壁凸起较高,应是另铸的一足补铸上的;一耳下侧和腹中部也各有修补痕迹,相应部位两面均凸起。腹中部弦纹有明显的错范痕迹。出土时保存较好,惟一耳侧有一道裂缝。腹外壁有布纹痕迹。制作稍显粗糙,器壁较厚,整器较为厚重,底部有较厚的烟炱痕,有使用磨损,实用器。通高 20.8、口径 17.0、耳高 3.6、足高 7.2、壁厚 0.25 厘米。重 2455.0 克(图七七 -1,彩版四三 -2)。

瓿 1 件。属 B 型。标本 M30:3,喇叭形敞口,下腹略鼓,喇叭形圈足。下腹以上有两周凸弦纹,圈足上部有两周凸弦纹。瓿外壁自口沿至圈足有两道对称的合范痕迹。圈足内底部有两个三棱锥形支钉。全器应是由两块外范和一块腹内范、一块圈足内范扣合浇铸而成。出土时保存完好。出土时器表局部有编织品印痕。黄灰色底子,较亮。瓿外壁磨得较光滑,使用时间较长。高 24.5、口径 14.0、足径 7.7、壁厚 0.15 厘米。重 765.0 克(图七八 -1,彩版四四 -1)。

爵 1 件。属 B 型 I 式。标本 M30:5,窄流,流、尾均上扬,卵形腹较深,菌状柱立于口沿近流折处,牛首形鋬,三棱形锥状足外撇。三足截面为等腰三角形。腹部有三条扉棱。柱顶饰圆涡纹;流、尾饰三角形云雷纹,腹以两扉棱为界饰两个雷纹地兽面纹，鋬和另一扉棱为兽面纹的鼻中线。鋬内有铭文"舌"字，阴文。出土时保存较好，惟一足足尖稍残。褐红色底子，有亮泽。通高 16.8、流至尾长 14.5、最大腹径 5.7、柱高 2.7、足高 7.5 厘米。重 515.2 克（图七七 -2，彩版四四 -2）。

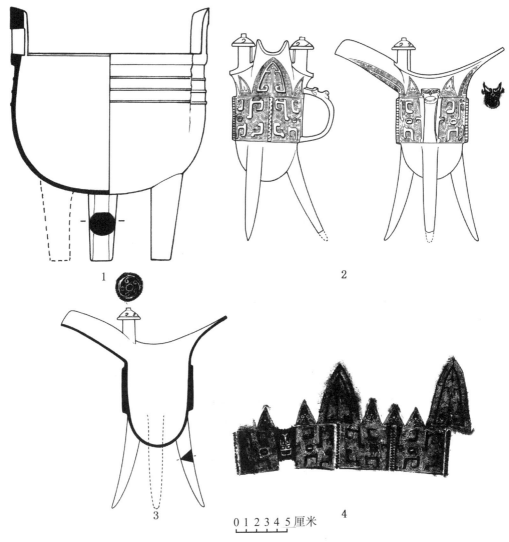

图七七　地 M30 出土铜鼎与铜爵
1. 鼎（M30：2）　2、3、4. 爵（M30：5）

戈　1 件。属 B 型 Ⅱ 式。标本 M30：4，长三角形援，舌状前锋，援中脊较厚，但漫圆不起棱线，援末下角略下伸，近梯形内，前端有椭圆形銎。出土时内稍弯曲。表面有编织品痕迹。褐红色底子。通长 19.5、援长 13.2、援宽 5.4、中厚 1.0、銎长径 2.6、銎短径 2.4 厘米。重 296.5 克（图七八 -4，彩版四四 -3）。

锛　1 件。属 A 型。标本 M30：7，保存完好。刃部有使用破损痕迹，实用器。

长条形，单面弧形刃，刃尖外侈，銎口部由于铸造缺陷或使用破损，一侧面已残，整体背面平直略窄于正面，正面近刃部内弧，形成单面刃。上部正面和两侧面饰一道凸弦纹，正面的凸弦纹和其下的凸"十"字形纹一起形成一个"干"字纹。范线痕迹不明显。长 10.5、刃宽 3.5、銎长径 3.2、銎短径 2.0 厘米。重 145.0 克（图七八 -3）。

凿　1件。属 A 型。标本 M30：6，保存完好。銎内有褐色朽木。扁平长条形，单面弧形刃，正面近刃端弧内收，背面平直，銎呈长方形，两侧面由于受力而外鼓。范线痕迹不明显。长 9.9、刃宽 0.9、銎长径 2.2、銎短径 1.3 厘米。重 62.6 克（图七八 -5，彩版四五 -2）。

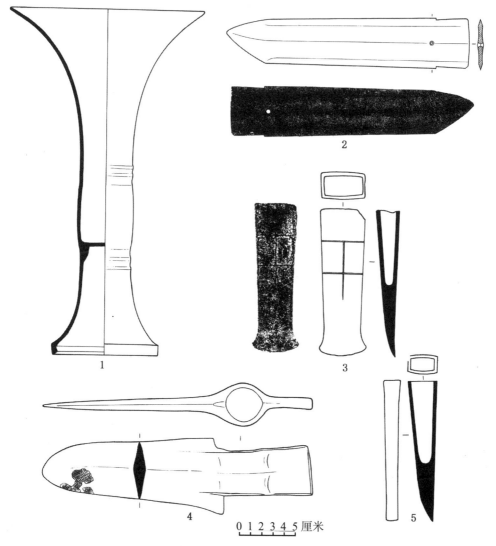

0 1 2 3 4 5 厘米

图七八　M30 出土铜器与玉器
1. 铜觚（M30：3）　2. 玉戈（M30：1）　3. 铜锛（M30：7）
4. 铜戈（M30：4）　5. 铜凿（M30：6）

（2）玉器

1件。

戈　1件。属大型玉戈。标本M30：1，保存完好。一面受沁较为严重，局部呈白色粉状，易脱落。青灰色，表面颜色不均。长条形援，三角形前锋，援有上下刃，中脊有脊线贯通前锋和内，内窄于援，援末近内部有一小圆形穿孔，双面钻。长17.7、宽3.6、厚0.4、孔径0.3厘米。重38.5克（图七八-2，彩版四五-3）。

（三一）M31

1. 墓葬资料

位于墓地一级台地的西边坡地，其西紧邻M30，相距约2.5米。墓葬直接开口于耕扰层下，距离地表约1.20米。现存墓葬由墓室、二层台及腰坑等几部分组成。

墓室为近圆角长方形的土坑竖穴式，两端呈圆弧状，凿建于生土层内。方向为南北向，12度。墓壁不规整，口底同大，南窄北宽。南北长3.30、南端宽1.50、北端宽1.60、现存深度2.0米。面积5.12平方米。墓室填土为浅黄褐色五花土，质地坚硬，夯打质量较高。夯窝不明显，夯层厚0.09~0.11米。墓底四周有熟土二层台，台高0.68米、宽度不一致，东宽0.30、西宽0.10、南宽0.30、北宽0.20米。墓底有长方形腰坑，南北长0.60、东西宽0.36、深0.14米（图七九，彩版五-2）。

葬具为一棺一椁，均已腐朽。椁因腐朽后挤压变形，形制已不太清晰，边板略有出头。板痕厚度为0.06~0.12米。底板东西向，已朽成白灰，数量已不清，每根的长度为墓室的宽度，两端为二层台所压。椁板朽痕所围成的椁室南北长2.50、东西宽0.96、现存高度0.28米。棺南端两角的边板长出堵板约0.10米，北端平齐，板灰痕厚度为0.05米。东边板中部有一长约0.10米的横木与椁东边板相连，用途不明。棺灰痕所围成的范围即为棺室，南北长2.0、东西宽0.52、存高0.26米。

棺底有少量朱砂。

人骨已朽成粉末，但能看出人头向北，仰身直肢葬。

殉狗2条，1条位于填土中，距离墓口约0.90米，头向南。1条位于腰坑内，头向南。

随葬品除铜铃1件出土于填土中殉狗颈部之外，其余均出土于棺室北端。铜爵1件，出土于棺室西北角，口向下腿向上。铜觚1件，出土于铜爵南侧，口朝北足向南侧放。铜锛、凿各1件，出土于墓主头骨东侧。铜戈1件，出土于墓主东侧肩部。

2. 随葬品

共6件，均为铜器，器形有觚、爵、戈、锛、凿、铃（彩版六四-1）。

觚　1件。属B型。标本M31：4，喇叭形敞口，下腹略鼓，喇叭形小圈足。下腹饰两个简化兽面纹，只有圆目和凸鼻梁，无其他器官。圈足上部有两个对称粗十字

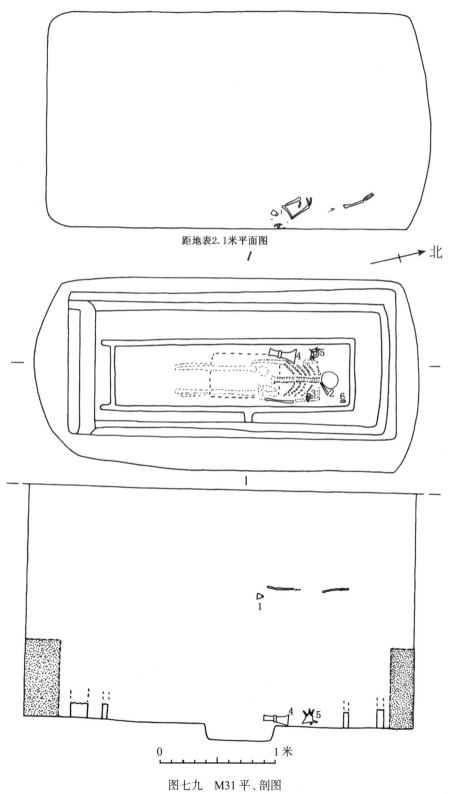

距地表2.1米平面图

北

0　　　　　　　　　1米

图七九　M31平、剖图

1.铜铃　2.铜锛　3.铜戈　4.铜觚　5.铜爵　6.铜凿

形镂孔。圈足上部镂孔部位有凸弦纹两周。全器应是由两块外范和一块腹内范，一块圈足内范扣合浇铸而成。出土时保存完好。褚红色底子。器壁较厚。高22.4、口径13.1、足径7.7、壁厚0.15厘米。重845.0克（图八○–1，彩版六四–4）。

爵　1件。属B型Ⅱ式。标本M31：5，窄流上扬较甚，尾亦上扬，直腹，卵形底，菌状双柱立于口沿，离流折有距离，半环形鋬，上有牛头饰，三棱形锥状足外撇。柱较高，近四棱形。腹部有三道扉棱。柱顶饰倒时针圆涡纹；流、尾下饰蕉叶纹，口沿饰五个三角形纹；腹部饰两个云雷纹地一首双身兽面纹，鋬和与之对应的扉棱各为兽面纹的鼻中线，"臣"字眼，近圆形睛稍外突，有瞳孔，下颚颚角内勾，角向后三折，身向上折，尾部向下折卷，长腿，爪向后蹬。出土时保存完好。褚红色底子。通高19.2、流至

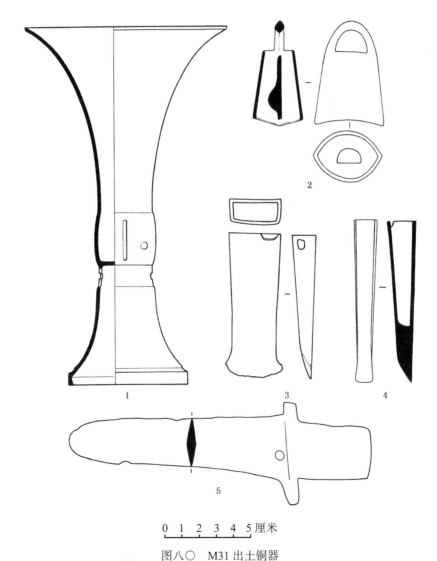

0 1 2 3 4 5 厘米

图八○　M31 出土铜器
1.瓲（M31：4） 2.铃（M31：1） 3.锛（M31：2） 4.凿（M31：6） 5.戈（M31：3）

尾长 15.6、最大腹径 5.7、柱高 3.0、足高 8.5 厘米。重 595.0 克（图八一，彩版六五 -2）。

戈　1 件。属 A 型 Ⅱ 式。标本 M31：3，锈蚀较为严重。援呈长条形，舌状前锋，援中脊不起棱线，截面呈窄长枣核形，援末有圆穿，长方形内，有上下栏。通长 19.5、援长 14.0、援宽 4.1 厘米。重 154.9 克（图八〇 -5，彩版六五 -1）。

锛　1 件。属 A 型。标本 M31：2，出土时銎内有朽木。扁平长条状，弧形单面刃，銎口略呈梯形。銎口有两个豁口，侧面有一个圆孔，銎口一角有裂缝，应是使用过程中造成的。长 9.0、刃宽 3.7、銎长径 3.4、銎短径 1.5 厘米。重 106.4 克（图八〇 -3，彩版六四 -3）。

凿　1 件。属 A 型。标本 M31：6，出土时銎口有使用过程中造成的破裂缝隙。长条形，正面窄于背面，使得截面呈梯形，正面近刃部内聚，背面平直，单面刃微弧，銎口呈梯形。正面刃部有锻打痕迹。全器由两块外范和一块范芯扣合浇铸而成，一块为形范，铸出正面和两侧面，一块为平范，铸出背面。长 10.2、刃宽 1.1、銎径 1.9 厘米。重 72.3 克（图八〇 -4，彩版六五 -3）。

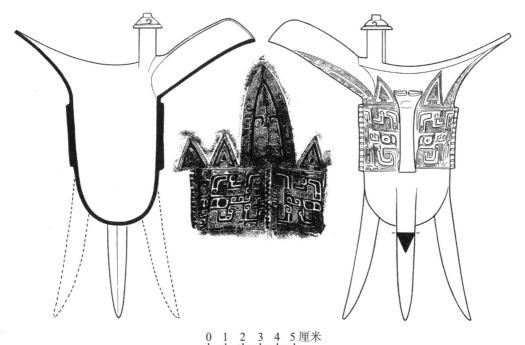

0　1　2　3　4　5 厘米

图八一　M31 出土铜爵（M31：5）

铃　1 件。属 B 型。标本 M31：1，保存较好。扁桶形，口缘微弧形内凹，无顶，上有拱形纽，内有铃舌。铃舌呈蒜头形，上端两侧有豁口以供系绳。素面。应是两块外范和一块范芯扣合一次浇铸而成，铃舌是两块外范扣合浇铸而成，一块为形范，一块为平范。铃身一面有四个小孔，应是铸造时范土所冒气泡留下的铸造缺陷。通高 6.6、口宽 4.5、上孔口宽 2.5、壁厚 0.15 厘米。重 69.7 克（图八〇 -2，彩版六四 -2）。

（三二）M32

1. 墓葬资料

位于墓地一级台地的西南部坡地，其东紧邻 M33，相距约 0.50 米。墓葬直接开口于耕扰层下，距离地表约 1.80 米，和其他墓葬间没有迭压或打破关系，地层关系简单。现存墓葬由墓室、二层台及腰坑等几部分组成。

墓室为圆角长方形土坑竖穴式，南壁略外弧，凿建于生土层内。方向为南北向，178 度。墓壁规整，口底同大。南北长 2.74、东西宽 1.50、现存深度 1.16 米。面积 4.11

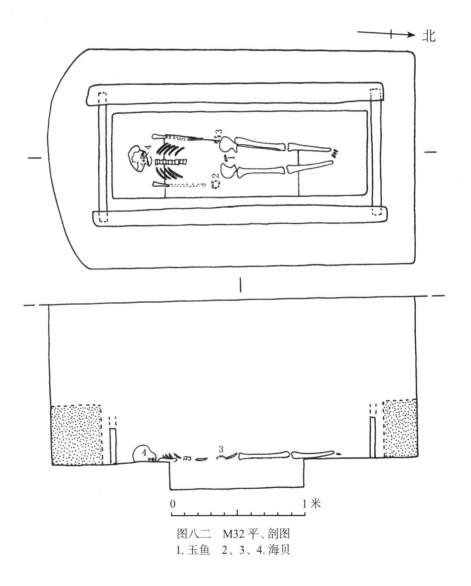

北

0　　　　　　1 米

图八二　M32 平、剖图
1. 玉鱼　2、3、4. 海贝

平方米。墓室填土为浅黄褐色五花土，含较多红褐色土瓣，质地较松软，未经夯打。墓底四周有熟土二层台，台高 0.42 米，宽度不一致，东宽 0.30、西宽 0.20、南宽 0.40、北宽 0.28 米。墓底有长方形腰坑，南北长 1.0、东西宽 0.30~0.40、深 0.20 米（图八二）。

葬具为一棺一椁，均已腐朽。椁略呈"口"形，板灰痕厚度为 0.10~0.14 米。朽痕所围成的椁室南北长 2.20、东西宽 1.0、现存高度 0.42 米。棺为长方形盒式，棺板厚度已经不明，朽痕所围成的棺室南北长 1.90、东西宽 0.60、存高 0.42 米。

棺底铺有一层朱砂。

人骨保存较差，墓主头向南，仰身直肢葬。

腰坑内殉狗 1 条，骨架凌乱，头向不明。

随葬品为墓主随身佩戴或口含。共 26 件，其中玉鱼 1 件，海贝 25 枚。玉鱼出土于两手之间，盆骨部位。海贝分别位于墓主双手手腕处和口内。

2. 随葬品

共 26 件（其中海贝 25 枚）。种类有玉器、海贝（彩版八八 -2）。

（1）玉器

1 件。

鱼 1 件。标本 M32：1，保存完好。青玉，有鸡骨白水沁。整体为一鱼的造型，鱼嘴和背鳍、腹鳍突出，眼部为一两面钻穿孔，用阴线刻划出鳃和鳞，尾部为双面刃。长 4.6、宽 1.0、厚 0.3、孔径 0.15 厘米。重 2.1 克（图八三 -3，彩版八九 -1）。

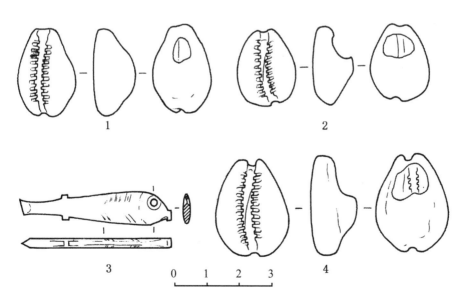

图八三 M32 出土玉器与海贝
1. 海贝（M32：2） 2. 海贝（M32：3） 3. 玉鱼（M32：1） 4. 海贝（M32：4）

（2）海贝

25 枚。属 I 式。标本 M32：2，9 枚，背部有一穿孔（图八三 -1、彩版八九 -2）。标本 M32：3，10 枚（1 残），背部有一穿孔（图八三 -2）。标本 M32：4，7 枚，背部有一穿孔（图八三 -4）。

（三三）M33

1. 墓葬资料

位于墓地一级高台地的西南部缓坡地带，其西紧邻 M32，相距约 0.50 米。墓葬直接开口于耕扰层下，距离地表约 1.40 米，和其他墓葬间没有迭压或打破关系，地层关系简单。现存墓葬由墓室、二层台及腰坑等几部分组成。

墓室为近梯形土坑竖穴式，凿建于生土层内。方向为南北向，4 度。墓壁不规整，口底同大。南北长 2.64、南端宽 1.04、北端宽 1.24、现存深度 2.30 米。面积 3.01 平方米。墓室填土为浅黄褐色五花土，质地较硬，经过夯打。夯窝较密集，直径为 0.06、深 0.05 米。夯层不明显。墓底四周有熟土二层台，台高 0.20 米，宽度不一致，东宽 0.10~0.30、西宽 0.20~0.30、南宽 0.20、北宽 0.16 米。墓底有不规则形腰坑，南北长 1.20、东西宽 0.10~0.30、深 0.20 米（图八四）。

葬具为一棺一椁，均已腐朽。椁已不清。棺为近长方形盒式，棺板厚度已经不明，朽痕所围成的棺室南北长 2.30、南端宽 0.60、北端宽 0.86、存高 0.20 米。棺内有大量席纹痕迹。

棺底铺有一层朱砂。

人骨已朽为粉末，但从其轮廓大致能看出墓主头向北。

腰坑内殉狗 1 条，头向南。

随葬品均放置于棺室内。铜鼎 1 件，出土于棺室东南角。铜瓿 1 件，出土于棺室北端，口朝东足向西侧放。铜爵 1 件，位于铜瓿西侧，口朝北腿向南侧放。铜戈 1 件，出土于铜爵西南，内向上锋朝下。铜锛 1 件，出土于棺室中部西侧。

2. 随葬品

共 5 件。均为铜器，器形有鼎、瓿、爵、戈、锛（彩版四六 -1）。

鼎　1 件。属 A 型 II 式。标本 M33：4，双立耳，方唇，窄折沿，腹呈盆形，深直腹，圜底弧收，三柱状足下端略细，足内侧有凹槽。上腹有两周凸弦纹，凸弦纹之间有三个简化兽面纹，兽面纹只有竖鼻和双圆眼。鼎底有非常明显的三角形范线痕迹，和足范线相连，足外侧范线与腹范线相连。出土时保存完好。外壁有席纹和编织物痕迹。器底有烟炱痕，实用器。通高 17.6、口径 13.8、耳高 3.2、足高 6.8、壁厚 0.25 厘米。重 1375.0 克（图八五 -1，彩版四七 -1）。

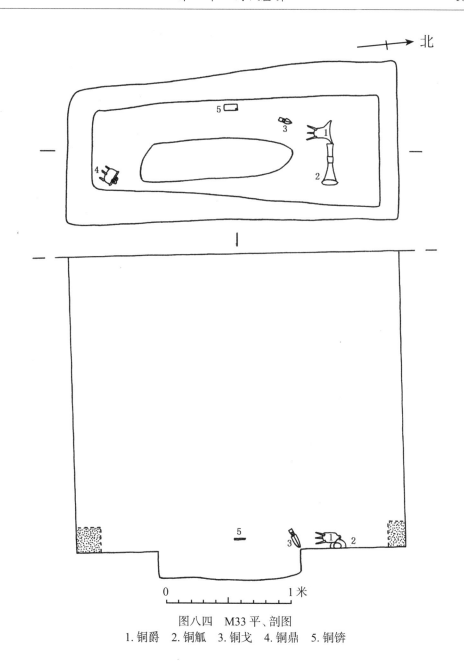

图八四 M33 平、剖图

1. 铜爵 2. 铜觚 3. 铜戈 4. 铜鼎 5. 铜锛

　　觚 1件。属 A 型 II 式。标本 M33：2，喇叭形口，下腹略鼓，中腹以上外侈，喇叭形高圈足。下腹有两道扉棱，圈足有两个窄长方形镂孔。下腹以范线为界饰两个兽面纹，扉棱为兽面纹鼻中线，兽面纹上下各有两周凸弦纹，上部弦纹已经磨得不太明显，圈足饰四个顺列变形兽面纹（或称目雷纹）。下腹及圈足有两道明显的范线痕迹，圈足内贴近底部有两个锥形支钉，用以支撑圈足内范。该觚使用过程中曾有破损，腹部有一个明显的修复点，内外壁均留下有圆形修复痕迹，直径 2.2 厘米。出土时上部

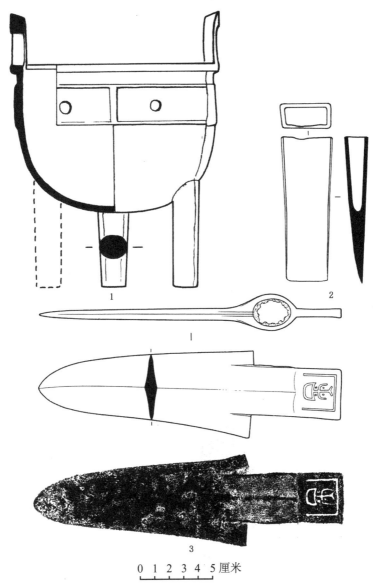

图八五　M33 出土铜器
1. 鼎（M33：4）　2. 锛（M33：5）　3. 戈（M33：3）

破裂，修复完整。使用痕迹明显，实用器。高 26.2、口径 15.5、足径 9.3、壁厚 0.15 厘米。重 805.0 克（图八六，彩版四六 -3）。

爵　1件。属 B 型 I 式。标本 M33：1，窄长流，流、尾均上翘，卵形深腹，菌状双柱立于流折处，半环形鋬，三棱形锥状足外撇。腹与鋬相对一侧有扉棱。柱顶施涡纹；腹饰两个云雷纹地兽面纹，鋬和扉棱分别为兽面纹的鼻中线，兽面纹为"臣"字眼，圆睛凸出，下颚外勾，巨角向外三折，身中下折着地，尾部上内卷。鋬内腹外壁有铭文

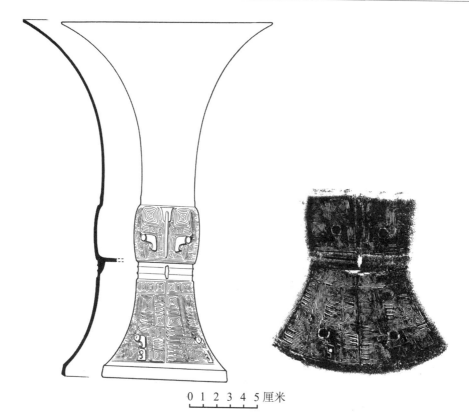

0 1 2 3 4 5 厘米

图八六　M33 出土铜觚（M33：2）

"舌"字，阴文。出土时保存完好。灰黄色底子，有亮泽。通高 19.4、流至尾长 17.6、最大腹径 6.6、柱高 2.6、足高 9.7 厘米。重 700.0 克（图八七，彩版四六 –2）。

戈　1件。属 B 型 II 式。标本 M33：3，近三角形援，舌状前锋，援中脊不显棱线，内前端有截面呈枣核形銎，后端两面有铭文"舌"字，阴文。范线痕迹不明显。出土时保存完好。銎内有朽木。长 19.8、援长 14.0、援宽 4.9、銎长径 2.6、銎短径 1.6 厘米。重 265.2 克（图八五 –3）。

锛　1件。属 B 型。标本 M33：5，长条状，单面刃较平，銎口略成梯形，整体正面略窄于背面，正面近刃部内弧，背面平直。素面。背面銎口有不规则豁口，其下有两个小穿孔，侧面面两侧边线有范线痕迹，整器应是由两块外范和一块銎内芯扣合有一个小穿孔，这些豁口和穿孔不是有意而为，应是铸造缺陷。背浇铸而成。保存完好。出土时銎内有少量朽木痕迹。长 9.2、刃宽 2.7、銎长径 3.4、銎短径 1.6 厘米。重 115.4 克（图八五 –2，彩版四七 –2）。

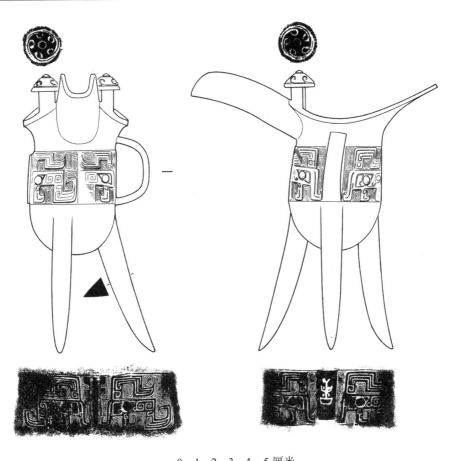

0 1 2 3 4 5 厘米

图八七　M33 出土铜爵（M33∶1）

（三四）M34

1. 墓葬资料

位于墓地东部槐树林南端，其西北为 M35。墓葬直接开口于耕扰层下，距离地表约 0.50 米。现存墓葬由墓室、二层台及腰坑等几部分组成。

墓室为圆角长方形土坑竖穴式，凿建于生土层内。方向为南北向，0 度。墓壁不规整，口底同大。南北长 3.00、东西宽 1.60、现存深度 2.90 米。面积 4.80 平方米。墓室内填土为黄褐色五花土，质地坚硬，经过夯打。夯窝直径 0.05~0.07、深 0.05 米，夯层不明显。墓底四周有熟土二层台，台高 0.58 米，宽度不一致，东西两台宽 0.20 米，南台宽 0.36、北台宽 0.26 米。墓底有长方形腰坑，南北长 1.20、东西宽 0.40、深 0.30 米（图八八）。

葬具为一棺一椁，均已腐朽。由于腐朽后坍塌挤压，椁形制已经不清，现保存形状略成长方形，大致能看出椁室南北长 2.40、东西宽 1.20、存高 0.58 米。棺为长方形盒式，棺板朽痕厚度为 0.07 米。朽痕所围成的棺室南窄北宽，南北长 2.14、南端宽

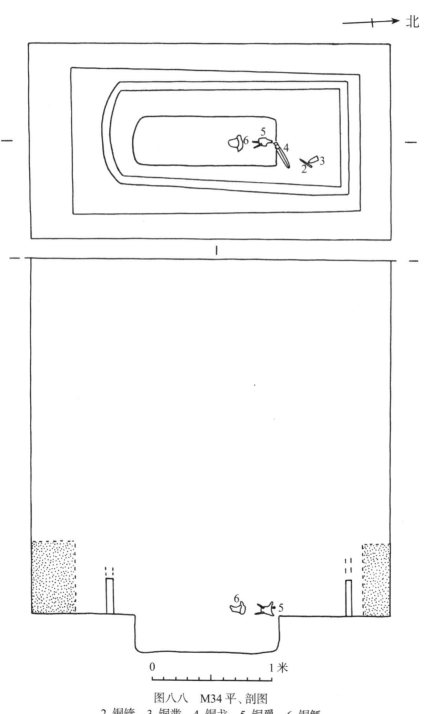

图八八　M34 平、剖图
2.铜镞　3.铜凿　4.铜戈　5.铜爵　6.铜觚

0.84、北端宽 0.92、现存高度 0.28 米。

棺底有少量朱砂。

人骨保存极差,仅能在棺室北端看出头骨朽痕,因此墓主应头向北。

腰坑内有殉狗 1 条,朽为粉末。

随葬品除铜铃位于填土中外,其余均出土于棺板朽痕范围之内。铜瓿和爵各 1 件,出土时位于腰坑北部,原先应在棺内,棺木朽后坠入腰坑。铜戈 1 件,出土时位于墓主肩部,内西锋东,上刃朝北放置。铜锛、凿各 1 件,出土时位于头骨朽痕东侧。

2. 随葬品

共 6 件,均为铜器,器形有瓿、爵、戈、锛、凿、铃(彩版六六 -1)。

瓿 1 件。属 A 型Ⅲ式。标本 M34:6,喇叭形口,下腹略鼓,喇叭形高圈足。下腹有两道扉棱,圈足有两个窄长方形镂孔,其中一个镂孔未穿透凸弦纹。下腹以范线为界饰两个兽面纹,扉棱为鼻中线,兽面纹为"臣"字眼,内眼角带勾,圆睛凸出,其余器官均用云雷纹或列刀纹代替,表现不明显。兽面纹上有不太明显的凸弦纹。圈足上饰两周凸弦纹,弦纹下饰一周云雷纹带,云雷纹下饰四个顺列兽面纹(或称目雷纹),除眼睛外,其余器官用云雷纹和列刀纹代替,表现不明显。未见支钉,外壁有两道范线。出土时上部破裂,修复完整。褐红色底子,圈足局部为浅黄褐色。高 26.7、口径 15.2、足径 9.1、壁厚 0.2 厘米。重 755.0 克(图八九 -1,彩版六六 -2)。

爵 1 件。属 Ab 型。标本 M34:5,窄长流,流、尾均上扬,卵形深腹,菌状双柱立于流折处,半环形鋬,三棱形锥状足外撇。柱为半圆柱形。与鋬相对一侧有小扉棱。柱顶饰圆涡纹,上腹饰一周云雷纹,云雷纹上下各饰一周圆圈纹。鋬内腹外壁有铭文"舌"字,阴文。腹部纹饰位置有两道范线痕迹。出土时保存完好。褐红色底子,局部为银灰色,有亮泽。实用器。通高 18.5、流至尾长 15.6、最大腹径 6.2、柱高 3、足高 9.0 厘米。重 580.3 克(图九〇 -1,彩版六六 -3)。

戈 1 件。属 B 型Ⅱ式。标本 M34:4,宽长援,弧线聚锋,中脊起棱线,内前端有椭圆形銎,后端两面有铭文"舌"字,阴文。出土时保存完好。銎内和援末下角有朽木痕。褐红色底子。实用器。通长 23.2、援长 16.6、援宽 5.7、銎长径 2.8、銎短径 1.9 厘米。重 357.3 克(图八九 -2,彩版六七 -3)。

锛 1 件。属 A 型。标本 M34:2,刃部稍残。銎内有朽木。长条形,单面弧形刃,銎口近梯形,整体正面稍窄于背面,正面上部平直,近刃部内弧,背面平直。正面有"十"字形凸纹,"十"字形凸纹以上正面和两侧面器壁增厚,交界面显出一道凸线,使得正面显出一个"干"字形纹。銎口有使用时的裂缝。应是两块外范一块范芯扣合浇铸而成。长 10.6、刃宽 3.2、銎长径 3.5、銎短径 1.9 厘米。重 155.4 克(图九〇 -2,彩版六七 -1)。

　　凿　1件。属B型。标本M34：3，保存较好。褚红色底子。长条楔形，一侧面略宽，使得截面呈扁梯形，双面刃，銎口亦略呈扁梯形。应是两块外范和一块范芯扣合浇铸而成，一块外范铸出正、反面和较窄的侧面，另一块平范铸出较宽的侧面。长12.0、刃宽0.8、銎长径2.3、銎短径1.2厘米。重87.5克（图八九–3，彩版六七–2）。

　　铃　1件。属B型。标本M34：1，内有铃舌。保存较好。实用器。合瓦形口，平顶，

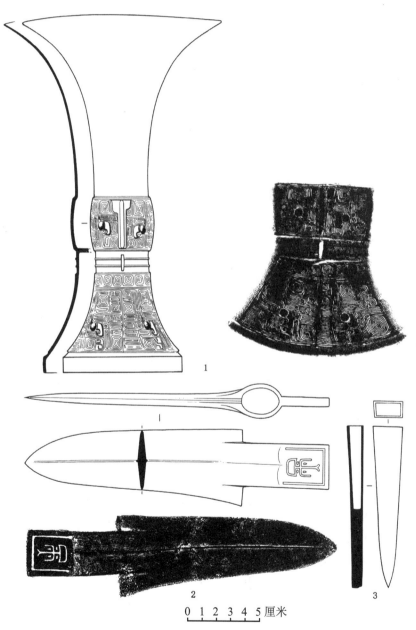

图八九　M34出土铜器
1.觚（M34：6）　2.戈（M34：4）　3.凿（M34：3）

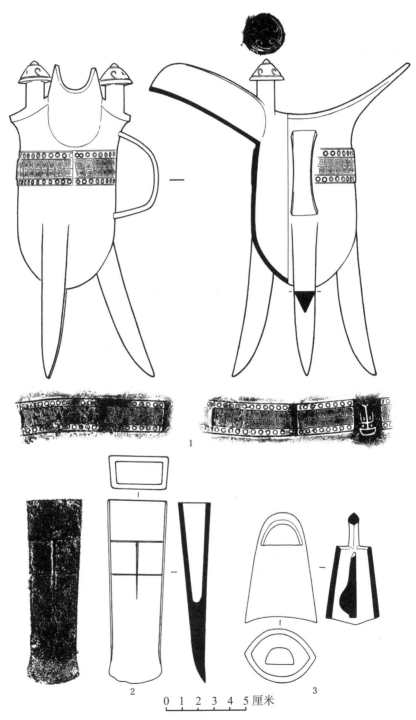

图九〇　小胡村商墓 M34 出土铜器
1. 爵（M34∶5）　2. 锛（M34∶2）　3. 铃（M34∶1）

半环形钮。素面。铃两侧有范线痕迹，整体由两块外范一块内范扣合倒置一次浇铸而成，浇铸口在口部。铃舌整体一侧较平，形制是上部为环形钮用以系绳，下部为半个蒜头形。铸造时用了两块外范，一块平整，另一块刻出形状，两块范扣合倒置浇铸而成，浇铸口在蒜头端。通高 6.5、口宽 4.3、上孔口宽 2.5、壁厚 0.25 厘米。重 89.6 克（图九〇 -3，彩版六六 -4）。

（三五）M35

墓葬资料

严重被盗。

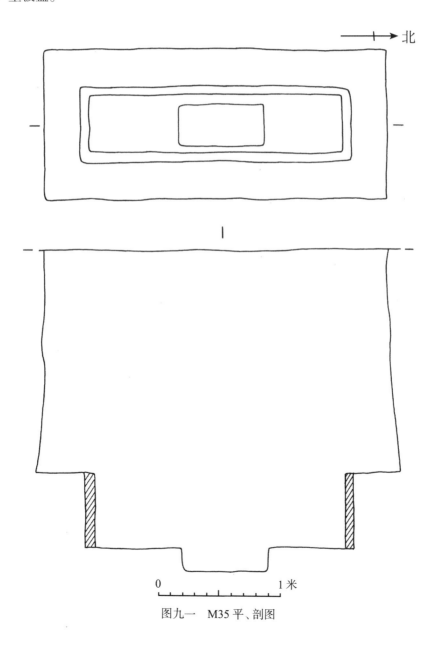

图九一　M35 平、剖图

位于墓地东部槐树林南端，其东南邻M34，墓葬直接开口于耕扰层下，距离地表约0.50米。现存墓葬由墓室、二层台及腰坑等几部分组成。

墓室为长方形土坑竖穴式，凿建于生土层内。方向为南北向，0或180度。口小底大。墓口南北长2.80、东西宽1.20米，墓底南北长3.0、东西宽1.40米，现存深度2.40米。墓口面积3.36平方米。墓室内填土为黄褐色五花土。墓底四周有生土二层台，台高0.60、宽0.30米。墓底有长方形腰坑，长0.70、宽0.30、深0.20米（图九一）。

葬具为一棺，呈长方形盒式，棺板灰痕厚度为0.07米。朽痕所围成的棺室，长2.03、宽0.46、现存高度0.60米。

未见人骨和随葬品。

腰坑内殉狗1条，朽为粉末。

（三六）M36

1. 墓葬资料

位于墓地东部槐树林西南角，其西紧邻西周墓M37，相距0.10~0.30米。墓葬直接开口于耕扰层下，距离地表约0.40米。现存墓葬由墓室、二层台及腰坑等几部分组成。

墓室为圆角长方形土坑竖穴式，凿建于生土层内。方向为南北向，10或190度。墓壁较为规整，直壁平底，口小底大。墓口南北长3.40、东西宽2.10米，墓底南北长3.50、东西宽2.50米，现存深度4.30米。墓口面积7.14平方米。墓室内填土为浅黄褐色五花夯土，质地坚硬，夯窝密集，夯打质量较高。夯窝为圆形圜底的"馒头"夯，直径0.05~0.07、深0.06米。夯层明显，厚0.12~0.14米不等。墓底四周有熟土二层台，台高0.80米，宽度不一致，东宽0.56、西宽0.10、南宽0.60、北宽0.70米。墓底有长方形腰坑，南北长1.02、东西宽0.60、深0.28米（图九二）。

葬具为一棺一椁，均已腐朽。椁痕迹不甚清晰，二层台所围成的椁室南北长2.40、东西宽1.70、存高0.80米。棺为长方形盒式，板灰厚度不明，从痕迹来看，所围成的棺室南北长1.80、东西宽1.20米，高度不明。由于椁室偏向墓室西部而棺置于墓室正中，所以棺东边板紧贴椁的东边板。棺椁朽痕上部有大量的席纹痕迹，从迭压关系来看，这些席子应覆盖在棺椁上面。朽痕为白色，"人"字形。

棺内有大量朱砂。

人骨已朽为粉末，葬式等情况不明。

在紧贴椁盖板的填土中有较多小型动物的骨末，种类难辨，这些动物原先应是放置在椁盖板上的殉牲。

随葬品共2件。陶簋1件，放置于南端二层台上。玉柄形器1件，出土于棺内北端。

2. 随葬品

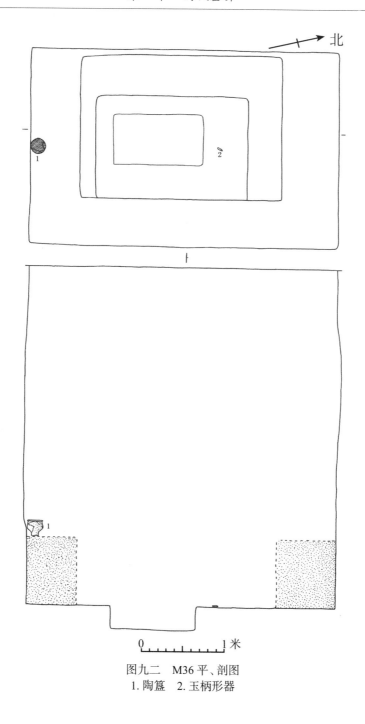

图九二　M36平、剖图
1.陶簋　2.玉柄形器

共2件。种类有陶器和玉器。

（1）陶器

1件。

簋　1件。标本M36:1，出土时破碎，修复完整。制作较精致，火候高，硬度大，应为实用器。泥质灰陶。轮制。形制为厚方唇,敞口微侈,曲腹圜底,高圈足。口沿内壁饰凹弦纹一周;腹外壁饰三角划纹一周,其上饰凹弦纹三周,下饰凹弦纹一周;圈足近腹部饰凹弦纹两周。口径 19.4 厘米,圈足径 8.2 厘米;通高 14.8 厘米(图九三 -1,彩版一〇一 -1)。

(2)玉器

1 件。

柄形器　1 件。标本 M36:2,质较差,黄褐色,有白色沁。出土时一面粘有朱砂。整体呈扁平长条状,上端平顶,两侧角斜削,其下两侧稍内弧,两面各有两道阴刻线,下端略呈弧形,两面有磨痕,一角磨成双面刃,一角有半圆形单面钻孔。长 7.7、宽 2.6、厚 0.3 厘米。重 12.7 克(图九三 -2,彩版八六 -4)。

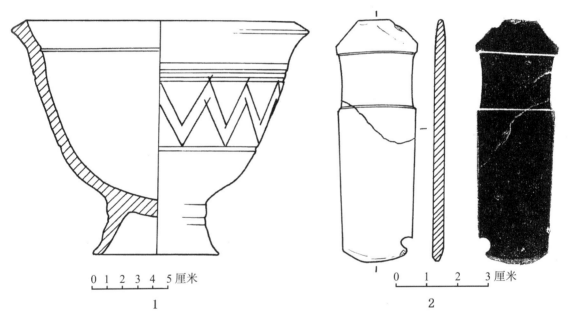

图九三　M36 出土陶器与玉器
1. 陶簋(M36:1)　2. 玉柄形器(M36:2)

(三七)M38

1. 墓葬资料

严重被盗。

位于墓地一级台地中部,墓葬直接开口于耕土层下,距离地表约 0.25~0.30 米,西部打破一龙山时代灰沟。共有 3 个圆形盗洞自墓口打进棺室,盗洞内留有矿泉水瓶、塑料袋、卫生筷子等。现存墓葬由墓室、二层台及腰坑等几部分组成。

墓室为圆角长方形土坑竖穴式，墓西壁、南壁、北壁部分打破龙山灰沟，其余壁、底均凿建于生土层内。方向为南北向，0 或 180 度。3.0 米以上墓壁较规整，3.0~5.5 米壁不规整，且外撇较甚，5.5~6.6 米为椁室，有生土二层台，修整较好。口小底大。墓口南北长 3.6、东西宽 2.0 米，墓底南北长 4.20、东西宽 2.50 米，现存深度 6.30 米。墓口面积 7.20 平方米。墓室内填土为浅黄褐色五花土，质地较硬，应经过夯打，但夯窝、夯层不明显。墓底四周有生土二层台，台高 1.10、宽 0.30~0.40 米。墓底有近梯形腰坑，南北长 1.10、南端宽 0.80、北端宽 0.30、深 0.30 米。腰坑已遭盗洞破坏，数据可能已不准确（图九四，图九五）。

葬具已遭破坏，二层台所围成的范围可能即为椁室，南北长 4.20、东西宽 2.50、高 1.10 米。

未见人骨。

墓室填土中自上而下共有 7 条殉狗，2 条头向东，5 条头向南。

随葬品中铜铃 2 件，出土于墓室填土中，为狗颈部所系之物。铜镞 4 枚，出土于腰坑北侧。残戈内 1 件，出土于盗洞内。

2. 随葬品

共 7 件。均为铜器，器形有戈、镞、铃（彩版七九 –1）。

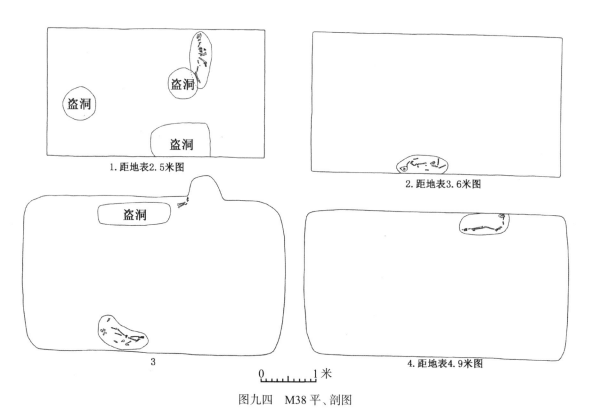

1. 距地表 2.5 米图

2. 距地表 3.6 米图

3

4. 距地表 4.9 米图

0   1 米

图九四 M38 平、剖图

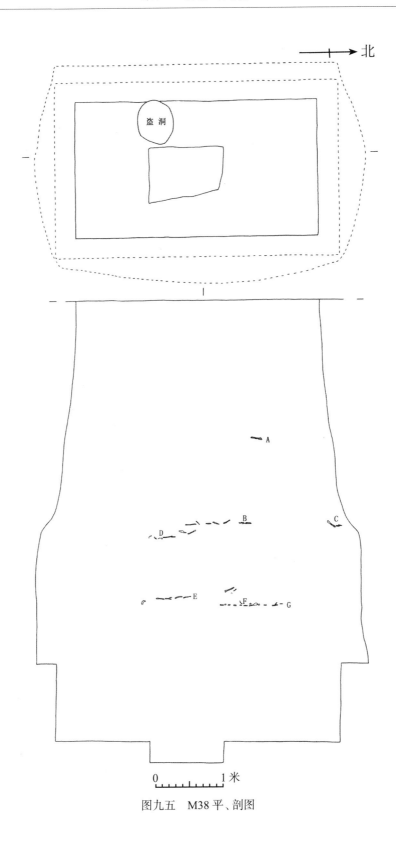

→ 北

盗洞

A

B

C

D

E

F

G

0   1 米

图九五　M38 平、剖图

戈　1件。标本 M38:4，仅为戈内的末端，两面均有兽面凹纹，内镶嵌有绿松石，绿松石多已脱落。残内长 3.3、宽 4.4、厚 0.8 厘米（图九六 -1）。

镞　4枚。形制完全相同，属 B 型。标本 M38:3-1，双翼扁平，长于关，后锋尖锐，八棱形中脊贯通前锋，圆锥形长铤。长铤尚有缠缚的绳草痕迹。后翼内侧有范线痕迹，与关两侧范线相连，应是两块外范扣合浇铸而成。通长 6.0、铤长 3.0、翼宽 2.0 厘米。重 6.1 克（图九六 -7，彩版八〇 -1）。

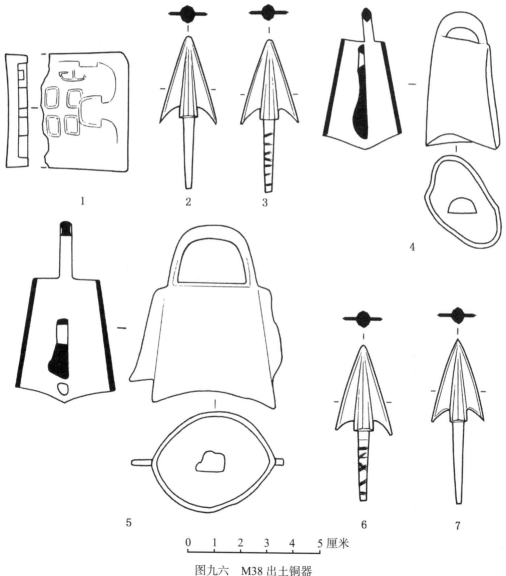

图九六　M38 出土铜器
1. 铃（M38:4）　2. 镞（M38:3-2）　3. 镞（M38:2）　4. 铃（M38:2）
5. 铃（M38:1）　6. 镞（M38:3-4）　7. 镞（M38:3-1）

铃　2件。标本 M38：1，属 A 型。保存较好。扁桶形，身两侧有扉棱，口缘弧形内凹，无顶，上有拱形纽，内有铃舌。铃舌上端为环形以供系绳。应是两块外范和一块范芯扣合浇铸而成，铃舌是两块外范扣合浇铸而成。铃身一面有豁口，应是铸造时留下的缺陷。通高 6.8、口宽 4.6、上孔口宽 2.7、壁厚 0.15 厘米。重 67.0 克（图九六 -5，彩版七九 -2）。标本 M38：2，属 B 型Ⅱ式。出土时已扁。其原始形制应是扁桶形，口缘微内凹，无顶，上有拱形纽，内有铃舌。铃舌呈蒜头形，上有穿孔以供系绳。通高 5.1、口宽 2.9、上孔口宽 1.5、壁厚 0.1 厘米。重 38.3 克（图九六 -4，彩版七九 -3）。

（三八）M39

墓葬资料

位于墓地一级台地中部略偏西，其东南邻 M40，相距约 1.50 米。墓葬直接开口于耕扰层下，距离地表约 1.30 米。现存墓葬由墓室、二层台及腰坑等几部分组成。

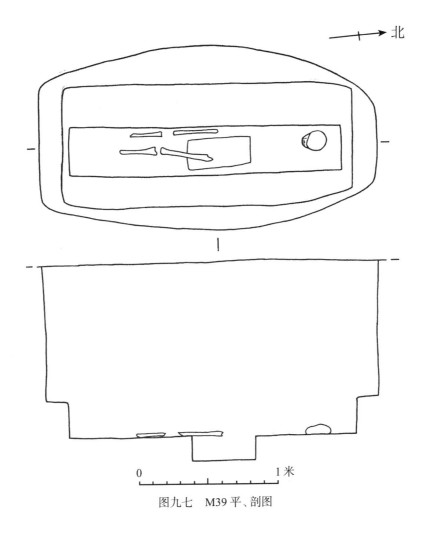

图九七　M39 平、剖图

　　墓室北端呈圆弧形,南端方正,整体不甚规则,凿建于生土层内。方向为南北向,
5 度。口底同大。南北长 2.80、东西最宽 1.50、现存深度 1.40 米。面积约 3.92 平方米。
墓室内填土为黄褐色五花土。墓底四周有生土二层台,台高 0.30、宽 0.20~0.30 米。墓
底有长方形腰坑,长 0.55、宽 0.25、深 0.20 米。

　　二层台所围成的范围南北长 2.30、东西宽 0.75、高 0.30 米(图九七)。

　　人骨保存较差,仅剩头骨和下肢骨,墓主头向北,仰身直肢。腰坑内有 2 根动物
肋骨。

　　无随葬品。

　　(三九) M40

墓葬资料

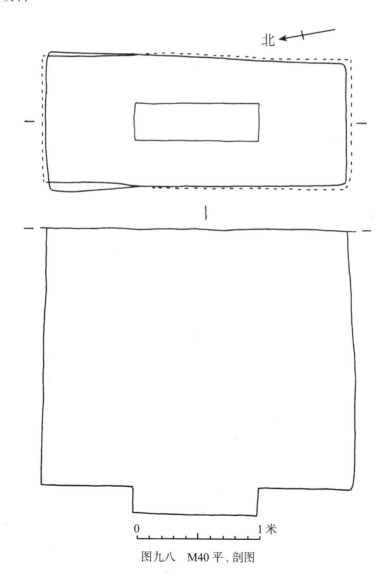

图九八　M40 平、剖图

位于墓地中部略偏西,其西北邻 M39,相距约 1.50 米。墓葬直接开口于耕扰层下,距离地表约 1.30 米。现存墓葬由墓室和腰坑两部分组成,未见二层台。

墓室为长方形土坑竖穴式,凿建于生土层内。方向为南北向,185 度。口小底大。墓口南北长 2.45、东西宽 1.0 米,墓底南北长 2.50、东西宽 1.05 米,现存深度 2.0 米。墓口面积 2.45 平方米。墓室内填土为黄褐色五花土,经过夯打。夯窝为圆形圜底"馒头夯",直径 0.05~0.08、深约 0.05 米,夯层厚约 0.15 米。墓底有长方形腰坑,长 1.0、宽 0.30、深 0.20 米(图九八)。

葬具已朽,仅有少量黑色灰痕,具体情况不明。

人骨已朽,仅能从朽痕看出墓主头向南,其余情况不明。

腰坑内有动物骨末。

无随葬品。

(四〇)M42

1. 墓葬资料

位于墓地中西部的三级台地上,其北邻 M43,相距约 7.0 米。墓葬直接开口于耕扰层下,距离地表约 0.40 米。现存墓葬由墓室、二层台及腰坑等几部分组成。

墓室为圆角长方形土坑竖穴式,凿建于生土层内。方向为南北向,0 或 180 度。口底同大。南北长 3.20、东西宽 1.60、现存深度 2.10 米。面积 5.12 平方米。墓室内填土为黄褐色五花土,未见夯打迹象。墓底四周有熟土二层台,台存高 0.10 米。墓底有近长方形腰坑,长 1.10、宽 0.40、深 0.20 米(图九九,彩版六 -1)。

葬具为一棺一椁,均已腐朽。椁略成"亚"字形,边板长出椁室约 0.05 米,椁板灰痕厚度为 0.05 米。椁室南北长 2.50、东西宽 0.90、现存高度 0.10 米。棺形制已不清。有红色漆皮痕迹,棺应髹漆。棺内有大量的席子痕迹,朽痕为灰褐色,"人"字形。

棺底铺撒有少量朱砂。

人骨仅有少量骨末,葬式不明。

腰坑内有殉牲,朽为粉末。

随葬品均出土于棺室内。共 9 件,其中铜器 6 件,玉石器 3 件。铜瓿 1 件,出土于棺室西北角,口朝北足向南侧放。铜爵 1 件,出土于棺室内东北角,口朝北腿向南侧放。铜戈 1 件,出土于墓室北端,内西锋东,上刃朝北放置。铜刀 1 件,柄朝南,背向东,刀柄压于铜戈内下。铜锛 2 件,放置于铜爵东部。玉铲 1 件,出土于棺内东侧中部偏北。玉戈 2 件,1 件出土于腰坑内,1 件出土时位于玉铲下(彩版六 -3)。

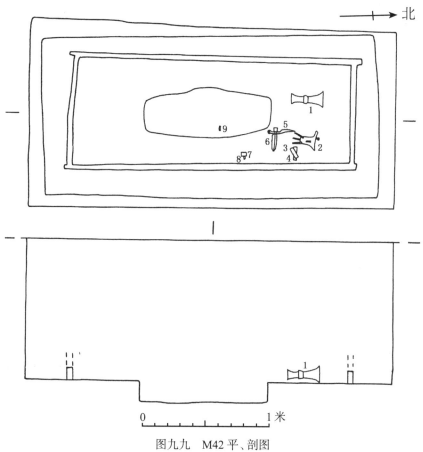

图九九　M42 平、剖图

1.铜瓿　2.铜爵　3.铜斧　4.铜锛　5.铜刀　6.铜戈　7.石刀　8、9.玉戈

2. 随葬品

共 9 件，种类有铜器 6 件，玉器、石器 3 件（彩版五八 -2）。

（1）铜器

6 件。器形有瓿、爵、刀、戈、斧、锛。

瓿　1 件。属 A 型Ⅲ式。标本 M42：1，喇叭口外侈，下腹略鼓，喇叭形圈足。下腹有两道扉棱，圈足上部有两个对称“1”字形镂孔。下腹饰两个兽面纹，扉棱为兽面纹的鼻中线，“臣”字眼，内眼角带勾，圆睛凸出，其余器官用云雷纹或刀形纹代替，表现不明显。兽面纹以上有两周凸弦纹。圈足上部有两周凸弦纹，其下为一周云雷纹，云雷纹下为四个顺列半兽面纹（目雷纹），兽面纹为“臣”字眼，下眼角带勾，圆睛凸出，其余器官用云雷纹或列刀纹代替，表现不明显。圈足内底部有一个三角形片状支片。范线痕迹不明显。出土时保存较好。青灰色底子。高 25.8、口径 15.4、足径 8.9、壁厚 0.15 厘米。重 975.0 克（图一〇〇 -1，彩版五九 -1）。

　　爵　1件。属 Ab 型。标本 M42：2，窄流，流、尾均上翘，菌状双柱立于近流折处，卵形深腹，半环形鋬，三棱形锥状足外撇。腹与鋬相对一侧有小扉棱。柱顶饰顺时针圆涡纹；腹饰一周云雷纹，云雷纹上下各有一周圆圈纹。鋬内腹外壁有铭文"舌"字，阴文。出土时保存较好。通高 19.0、流至尾长 15.5、最大腹径 6.0、柱高 3.3、足高 8.5 厘米。重 655.0 克（图一〇一，彩版五九 -2）。

　　刀　1件。属 D 型。标本 M42：5，刀背与柄相连，刀身与柄接合处弓起，刀尖上挑，

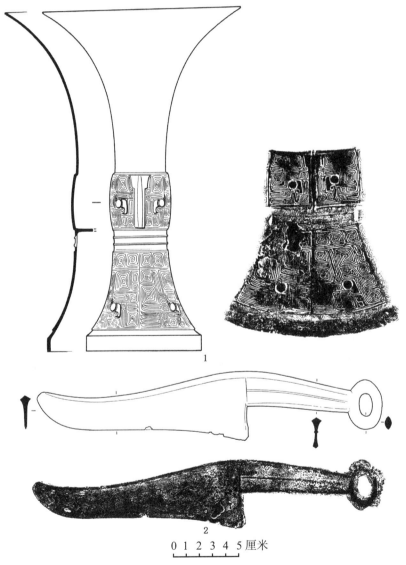

0 1 2 3 4 5 厘米

图一〇〇　M42 出土铜觚与刀
1. 觚（M42：1）　2. 刀（M42：5）

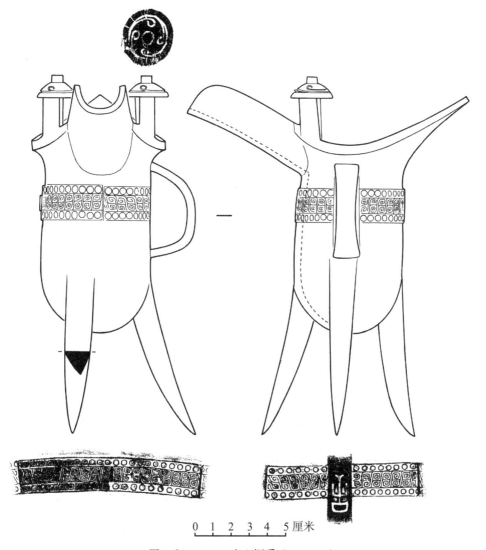

图一〇一　M42 出土铜爵（M42：2）

曲刃，柄末为环首。刀柄两面均有一道凸线纹。出土时保存较好。刃部后端有使用过程中留下的豁口痕迹，实用器。通长 26.6、柄长 10.4、刃宽 5.1 厘米。重 172.7 克（图一〇〇 -2，彩版六〇 -1）。

戈　1 件。属 B 型Ⅱ式。标本 M42：6，长条三角形援，弧线聚锋，援中脊有凸起的棱线贯通前锋和銎，长内前端有截面为橄榄形的銎，后端两面有铭文"[图]"字，阴文。出土时保存较好。銎内有朽木痕迹。实用器。褚红色底子。通长 19.9、援长 13.8、援宽 4.9、中厚 0.6、銎长径 2.4、銎短径 1.8 厘米。重 250.0 克（图一〇二 -1，彩版六〇 -2）。

锛　1 件。属 A 型。标本 M42：4，保存较好。刃部有使用过程中造成的卷刃痕迹，一刃尖也用残，銎口也有使用的破损豁口。实用器。长条形，单面弧形刃，刃尖外侈，銎口为长方形，整体背面平直，正面近刃部内弧形成偏刃。铸造痕迹不明显。长 9.1、刃宽 3.6、銎长径 3.6、銎短径 1.7 厘米。重 136.9 克（图一〇二 -4，彩版五九 -4）。

　　斧　1 件。标本 M42：3，长条形，双面刃，銎口近六边形，銎口有一周凸箍。两侧面自銎口至刃各有一条范线痕迹，应是两块外范和一块范芯扣合浇铸而成，浇铸不太精细，有气泡痕迹。保存较好。长 11.2、刃宽 3.4、銎长径 4.6、銎短径 2.7 厘米。重 311.5 克（图一〇二 -6，彩版五九 -3）。

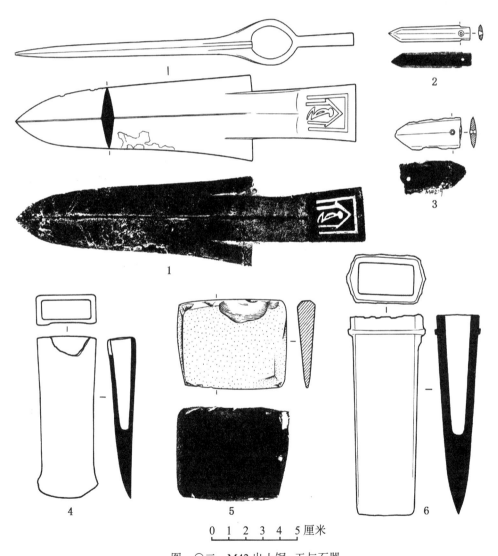

0　1　2　3　4　5 厘米

图一〇二　M42 出土铜、玉与石器
1. 铜戈（M42：6）　2. 玉戈（M42：8）　3. 玉戈（M42：9）　4. 锛（M42：4）
5. 石器（M42：7）　6. 铜斧（M42：3）

（2）玉器

2件。

戈 2件。1件属 A 型小型玉戈。标本 M42：9，白玉质，受沁较为严重，援、内均有钙化剥落的痕迹。援、内没有明显的分界，宽短援，援中起棱线，三角形前锋，内有圆形穿孔，双面钻。长 4.0、宽 1.8、厚 0.4、孔径 0.2 厘米。重 3.0 克（图一〇二 –3，彩版六二 –1）。1件属 B 型小型玉戈。标本 M42：8，青玉质，有白色和褐色沁。通体磨光。长直援，援中有棱线贯通内和前锋，上下皆有刃，三角形前锋，直内窄于援，内前端有圆形穿孔，单面钻，内后端侧面有切割痕迹。保存完好。长 4.7、宽 0.9、厚 0.3、孔径 0.3 厘米。重 2.0 克（图一〇二 –2，彩版六一 –2）。

（3）石器

1件。

刀 1件。标本 M42：7，保存完好。褐色。两面有打制时石片脱落痕迹，经过磨制。整体略近方形，上端略窄，一侧稍厚，一侧被磨薄，便于手握，下端有单面刃。长 6.3、宽 5.0、厚 1.0 厘米（图一〇二 –5，彩版六一 –1）。

（四一）M43

1. 墓葬资料

位于墓地中西部的三级台地上，其南邻 M42，相距约 7.0 米，其西邻 M53，相距约 2.0 米。墓葬直接开口于耕扰层下，距离地表约 1.2 米。现存墓葬由墓室、二层台及腰坑等几部分组成。

墓室为圆角长方形土坑竖穴式，凿建于生土层内。方向为南北向，0 度。口底同大。南北长 3.1、东西宽 2、现存深度 0.8 米。面积 6.2 平方米。墓室内填土为黄褐色五花土，质地松软。墓底四周有熟土二层台，台存高 0.46 米，宽度不一致，东宽 0.44~0.62、西宽 0.4、南宽 0.5、北宽 0.14 米。墓底有长方形腰坑，长 1.0、宽 0.34、深 0.32 米（图一〇三，彩版 –2）。

葬具为一棺一椁，均已腐朽。从朽痕来看，椁南端堵板长过边板约 0.10~0.15 米，北端边板长过堵板约 0.08 米，边板灰痕厚度为 0.06 米，堵板灰痕厚度为 0.14 米。椁板朽痕所围成的椁室南北长 2.2、南宽 0.94、北宽 1.0、现存高度 0.46 米。棺为长方形盒式，板灰痕厚度已经不明。朽痕所围成的棺室南窄北宽，南北长 1.84、南端宽 0.62、北端宽 0.64、现存高度 0.26 米。有红色漆皮痕迹，棺应髹漆。

棺底铺撒有少量朱砂。

人骨保存较差，墓主头向北，仰身直肢葬式。

腰坑内有殉牲，朽为粉末。

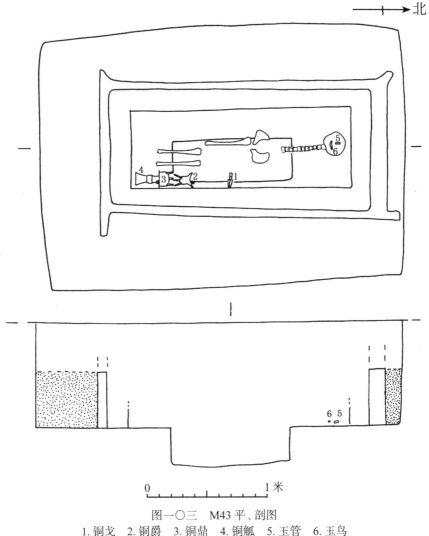

图一〇三　M43 平、剖图

1.铜戈　2.铜爵　3.铜鼎　4.铜瓠　5.玉管　6.玉鸟

　　随葬品均出土于棺室内。铜鼎 1 件,放置于棺室东南角,口朝南底向北侧放。铜瓠放置于铜鼎以南,圈足在鼎内。铜爵 1 件,出土于棺室东南角,口朝北,腿与鼎腿相对侧放。铜戈 1 件,出土于棺室中间东侧,内西锋东,上刃朝北放置。玉簪、鸟各 1 件,出土于墓主头骨朽痕范围内,应分别为装饰和口含之物。

　　2.随葬品

　　共 6 件,种类有铜器、玉器、石器(彩版五二 –2)。

　　(1)铜器

　　4 件。器形有鼎、瓠、爵、戈。

　　鼎　1 件。属 A 型 I 式。标本 M43:3,双立耳,方唇,窄折沿,盆形深腹,圜底,

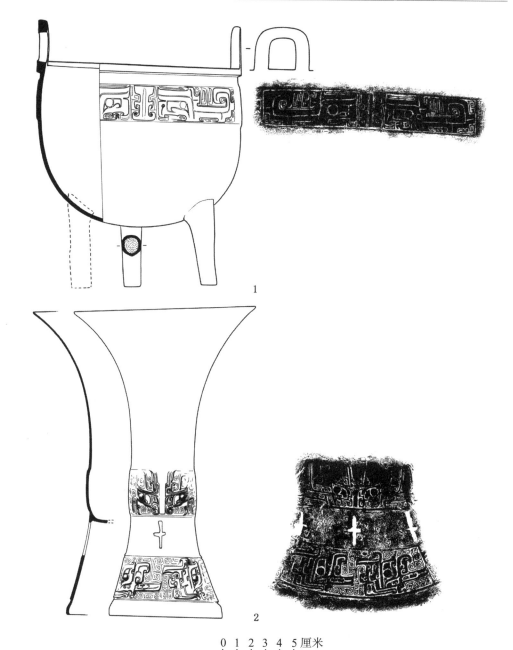

图一〇四　M43 出土铜鼎与铜觚
1. 鼎（M43 : 3）　2. 觚（M43 : 4）

三足，一足呈锥状，另两足略成圆柱状。上腹有三道小扉棱。上腹以范线为界，饰对
夔纹三组，每组有对夔纹两个，以扉棱为中线，两两头相对，每个夔纹均为"臣"字眼，
尾部上内卷。三足和底部有范线痕迹，除一足范线较明显似未经打磨外，其余范线均
经过打磨，底部范线呈三叉状，与三足范线相连，全器由三块外范和一块内范扣合倒

置一次浇铸而成。底部外壁有一明显的圆形垫片，直径 1.4 厘米。一足外侧范线与腹范线不相连，且相应的鼎内壁有远大于足径的圆形凸起，应经过补铸。出土时保存完好。底部有烟炱痕，实用器。通高 14.5、口径 17.9、耳高 2.9、足高 5.8、壁厚 0.25 厘米。重 1270 克（图一〇四 -1，彩版五三 -2）。

觚　1 件。属 A 型 I 式。标本 M43：4，喇叭形口，腹较直，圜底近平，喇叭形圈足，圈足下盘座不明显。圈足上有四个"十"字形镂孔。下腹饰两个云雷纹地兽面纹，兽面纹为"臣"字眼，圆睛和鼻梁稍凸出，无瞳孔；圈足饰四个顺列云雷纹地怪异兽面纹，臣字眼，圆睛凸出，无瞳孔。腹及圈足有两条范线，腹内范和圈足内范之间无支钉。十字形镂孔孔壁由内向外倾斜，因此镂孔泥芯应是刻在圈足内范上的。底外壁有不规则形凸起，面积 2.2×1.9 平方厘米，应是补铸或垫片痕迹。出土时上部锈蚀较为严重。高 21.5、口径 13.0、足径 8.1、壁厚 0.1 厘米。重 543.5 克（图一〇四 -2，彩版五三 -3）。

爵　1 件。属 Aa 型 I 式。标本 M43：2，窄流略上扬，尾上翘，卵形深腹微鼓，菌状柱立于流折处，半环形鋬，三棱形锥状足外撇。三足中，鋬下一足截面为等腰三角形，另两足为不等边三角形。柱顶饰涡纹，铭文两侧各饰一个"三"字形凸纹。鋬内有铭文"舌"字，阴文。铸造工艺不清楚。出土时保存完好，腹外壁有布纹痕迹。褚红色底子。通高 20.3、流至尾长 17.3、最大腹径 6.9、柱高 2.9、足高 10.0 厘米。重 805 克（图一〇五 -1，彩版五三 -1）。

戈　1 件。属 B 型 II 式。标本 M43：1，三角形援，尖舌状前锋，援中脊棱线不明显，长方形内前端有椭圆形銎。出土时保存完好。銎内有朽木。通长 19.6、援长 13.9、援宽 5.5、中厚 0.8、銎长径 2.4、銎短径 1.8 厘米。重 247.8 克（图一〇五 -2，彩版五四 -1）。

（2）玉器

2 件。器形有鸟、管。

鸟　1 件。标本 M43：6，保存完好。浅米黄色，有白色沁，圆雕。鸟作栖息状，尖喙圆眼，短翅长尾，尾末端有斜刃。腹下两爪之间有穿孔，两端施钻，但钻的位置不在一条直线上，有些偏；下腹也有一个钻孔，但未钻透。长 3.3、宽 1.8、厚 0.8 厘米。重 4.9 克（图一〇五 -4，彩版五五 -1）。

管　1 件。标本 M43：5，保存完好。白色玉，有白色沁。表面抛光。一端稍粗，一端稍细，截面略成梨形，中心有穿孔，为两端施钻。细端饰有弦纹。两端均有豁口形坠痕。长 3.7、直径 1.7、孔径 0.5 厘米。重 14.1 克（图一〇五 -3，彩版五四 -2）。

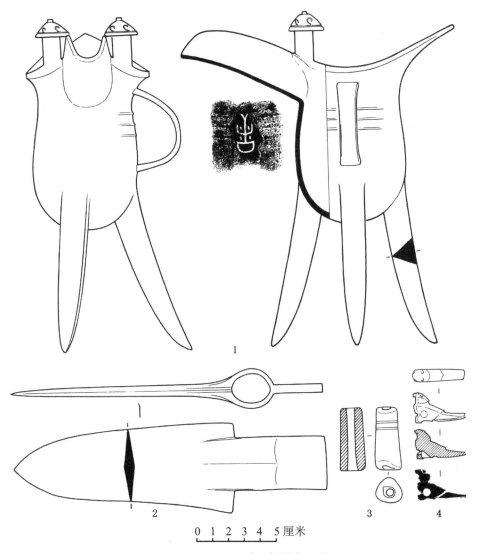

图一〇五 M43 出土铜器与玉器
1.铜爵（M43:2） 2.铜戈（M43:1） 3.玉管（M43:5） 4.玉鸟（M43:6）

（四二）M46

墓葬资料

位于墓地一级台地的中部，东南邻 M47，相距约 3.0 米，东北邻 M48，相距约 10.0
米。墓葬直接开口于耕扰层下，距离地表约 0.85 米。现存墓葬由墓室、二层台及腰坑
等几部分组成。

墓室为圆角长方形土坑竖穴式，凿建于生土层内。方向为南北向，185 度。口底
同大。南北长 2.60、东西宽 1.0、现存深度 0.90 米。面积 2.60 平方米。墓室内填土为
黄褐色五花土，上部填土经过夯打，下部土较松软，因此，该墓只是填满土后在表层施

夯。夯窝直径0.06、深0.04米，夯层不明显。墓底四周有生土二层台，台高0.20、宽0.10米。墓底有长方形腰坑，长0.40、宽0.16、深0.14米（图一〇六）。

葬具已严重腐朽，只发现少量灰痕，推测应有一棺。生土二层台所围之范围大约就是棺室，南北长2.38、东西宽0.80、高约0.20米。

人骨保存较差，只剩牙齿几颗和下肢骨，从现状看，墓主应头向南，直肢葬式。

腰坑内有殉牲，朽为粉末，种类难辨。

无随葬品。

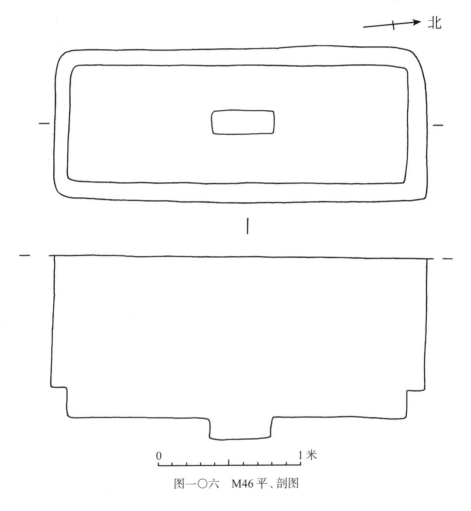

图一〇六　M46平、剖图

（四三）M47

墓葬资料

位于墓地的中部，西北邻M46，相距约3.0米，北邻M48，相距约10.0米。墓葬直接开口于耕扰层下，距离地表约0.85米。现存墓葬由墓室、二层台及腰坑等几部分组成。

墓室为圆角长方形土坑竖穴式,凿建于生土层内。方向为南北向,3 或 183 度。口大底小。墓口南北长 2.40、东西宽 0.80 米,墓底南北长 2.36、东西宽 0.80 米,现存深度 1.60 米。面积 1.92 平方米。墓室内填土为黄褐色五花土,上部填土经过夯打,下部土较松软,因此,该墓只是填满土后在表层施夯。夯窝直径 0.06、深 0.04 米,夯层不明显。墓底四周有生土二层台,台高 0.10、东、西宽 0.12、南宽 0.20、北宽 0.30 米。墓底有长方形腰坑,长 0.56、宽 0.20、深 0.16 米(图一〇七)。

葬具已严重腐朽,只发现少量灰痕,推测应有一棺。生土二层台所围之范围大约就是棺室,南北长 1.90、东西宽 0.54、高约 0.10 米。

未见人骨和随葬品。

腰坑内有小型动物骨末,种类不明。

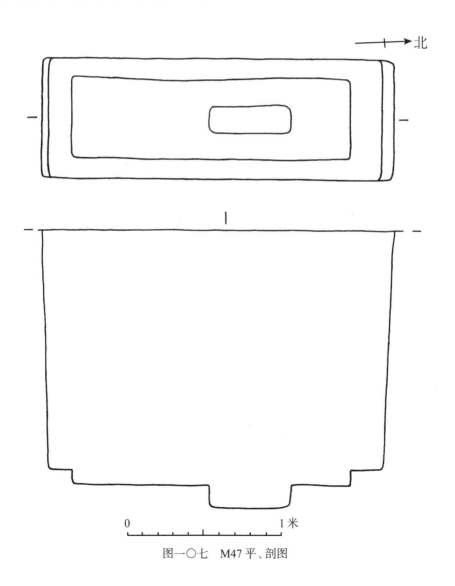

图一〇七　M47 平、剖图

（四四）M48

墓葬资料

严重盗扰。

位于墓地的中部,南邻 M47,相距约 10.0 米。墓葬直接开口于耕扰层下,距离地表约 0.70 米。墓室北端正中有一圆形盗洞打穿墓底,盗洞直径约 0.60、深 3.30 米。现存墓葬由墓室和二层台两部分组成。

墓室为圆角长方形土坑竖穴式,凿建于生土层内。方向为南北向,3 或 183 度。口底同大。南北长 2.30、东西宽 0.90、现存深度 1.80 米。面积 2.07 平方米。墓室内填

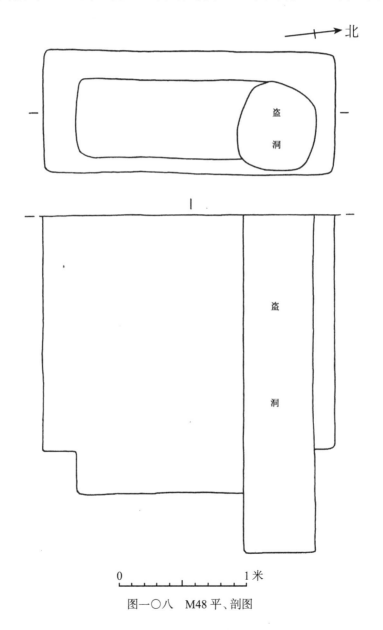

图一〇八　M48 平、剖图

土为黄褐色五花土，上部填土经过夯打，下部土较松软，因此，该墓只是填满土后在表层施夯。夯窝直径 0.06、深 0.04 米，夯层不明显。墓底四周有生土二层台，台高 0.34、宽 0.10~0.20 米。墓底无腰坑（图一〇八）。

葬具已严重腐朽，只发现少量灰痕，推测应有一棺。生土二层台所围范围大约就是棺室，南北长 1.90、东西宽 0.60、高约 0.34 米。

无人骨和随葬品。

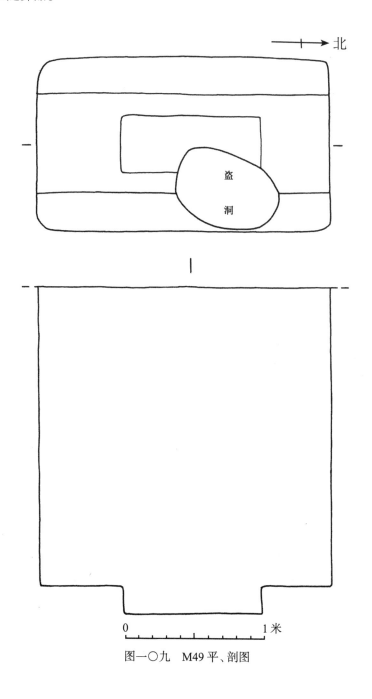

图一〇九　M49 平、剖图

（四五）M49

墓葬资料

位于墓地中部偏东，东邻 M50，相距约 0.40 米，西邻 M52，相距约 4.5 米。墓葬直接开口于耕扰层下，距离地表约 0.70 米。墓室北端东侧有一圆形盗洞打至墓底，盗洞直径约 0.70 米，深 2.80 米。现存墓葬由墓室、二层台及腰坑等几部分组成。

墓室为圆角长方形土坑竖穴式，凿建于生土层内。方向为南北向，0 或 180 度。口底同大。南北长 2.10、东西宽 1.20、现存深度 2.10 米。面积 2.52 平方米。墓室内填土为黄褐色五花土，上部填土经过夯打，下部土较松软，因此，该墓只是填满土后在表层施夯。夯窝直径 0.06、深 0.04 米，夯层不明显。墓底东、西两面有生土二层台，台高 0.40、宽 0.24 米。墓底有长方形腰坑，长 1.0、宽 0.40、深 0.20 米（图一〇九）。

葬具已严重腐朽，只发现少量棺木朽痕。生土二层台所围范围大约就是棺室，南北长 2.10、东西宽 0.68、高约 0.40 米。

无人骨和随葬品。

（四六）M50

墓葬资料

严重盗扰。

位于墓地中部略偏东，东距槐树林约 4.0 米，西邻 M49，相距约 0.40 米。墓葬直接开口于耕扰层下，距离地表约 1.30 米。一圆形盗洞自墓室外西侧斜着打入墓室，进入墓室后沿墓室西壁打至腰坑中部，且越靠近底部直径越大，墓底四周被全部掏空。盗洞内出有生产日期为 2006 年 6 月 4 日的纯净水瓶和"金许昌"牌烟盒等。现存墓葬由墓室和腰坑两部分组成。

墓室为圆角长方形土坑竖穴式，凿建于生土层内。方向为南北向，0 或 180 度。口大底小。墓口南北长 2.70、东西宽 1.40 米，墓底南北长 3.10、东西宽 1.80 米，现存深度 3.70 米。墓口面积 3.78 平方米。墓室内填土为黄褐色五花土，土质坚硬，经过夯打。夯窝直径 0.06~0.08、深 0.04 米，夯层厚 0.15~0.20 米。墓底有长方形腰坑，长 0.90、宽 0.32、深 0.40 米（图一一〇）。

由于墓底四周被全部掏空，所以二层台、葬具、人骨和随葬品等情况已经不明。

腰坑内尚有狗牙 2 颗。

（四七）M51

1. 墓葬资料

严重盗扰。

位于墓地中部，东邻 M116，相距约 4.5 米，西邻 M52，相距约 1.20 米。墓葬直接

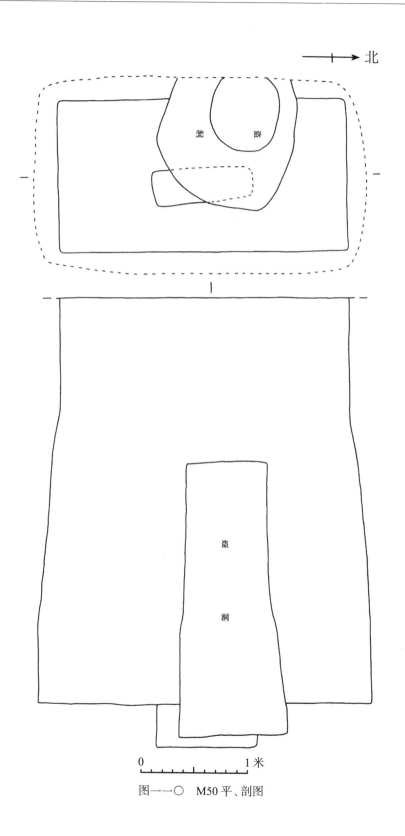

图一一〇 M50 平、剖图

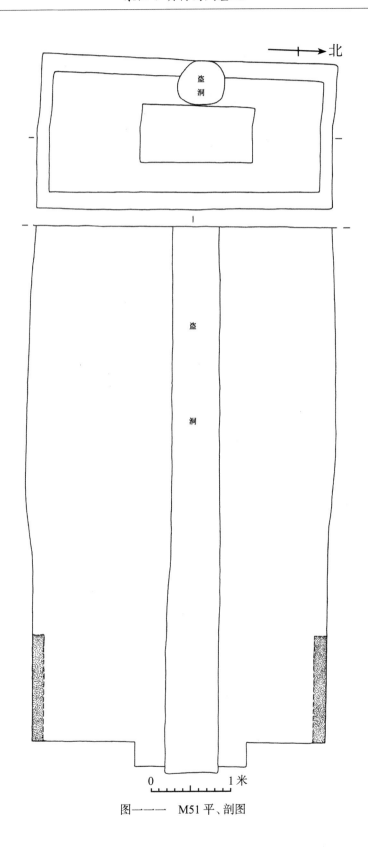

图一一一　M51 平、剖图

开口于耕扰层下, 距离地表约 0.70 米。一圆形盗洞紧贴墓葬西壁中部自墓口打穿腰坑底部, 盗洞直径约 0.60 米, 深 7.40 米。盗洞内出有生产日期为 2006 年 5 月 9 日的矿泉水瓶等。现存墓葬由墓室、二层台及腰坑等几部分组成。

墓室为圆角长方形土坑竖穴式, 凿建于生土层内。方向为南北向, 0 或 180 度。墓壁不规整, 局部有塌陷现象。墓口短于墓底而又宽于墓底。墓口南北长 3.50、东西宽 1.80 米, 墓底南北长 3.70、东西宽 1.70 米, 现存深度 6.30 米。墓口面积 6.30 平方米。墓室内填土为黄褐色五花土, 土质坚硬, 经过夯打。夯窝直径 0.05~0.07、深 0.05 米, 夯层厚 0.14~0.16 米。墓底四周有熟土二层台, 台高 1.30、宽 0.20 米。墓底有长方形腰坑, 长 1.40、宽 0.60、深 0.30 米 (图一一一)。

未见葬具, 二层台所围范围应为椁室, 南北长约 3.30、东西宽约 1.20、存高 1.30 米。

未见人骨。

椁室内被盗扰一空, 未发现剩余随葬品。填土中出土铜铃 2 件, 1 件距墓口 2.80 米。1 件距墓口 3.50 米。

2. 随葬品

共 2 件。均为铜铃。

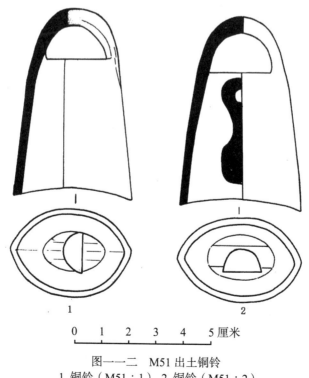

图一一二　M51 出土铜铃
1. 铜铃 (M51∶1)　2. 铜铃 (M51∶2)

　　铃　2件。属B型。标本M51：1，整体呈扁桶形，口缘微内凹，无顶，上有半环形钮，内有铃舌。铃舌整体似蒜头形，一面平，上端有环形钮以供系绳。素面。铃身应是两块外范和一块内范扣合一次浇铸而成；铃舌是两块外范扣合浇铸而成，一块形范，一块平范，浇铸口在下端。保存完好。通高6.6、口宽4.4、上孔口宽2.5、壁厚0.2厘米。重89.8克（图一一二-1，彩版八〇-2）。标本M51：2，形制同标本M51：1铜铃。保存完好。通高6.7、口宽4.5、上孔口宽2.4、壁厚0.2厘米。重80克。（图一一二-2，彩版八〇-3）

　　（四八）M52

　　1. 墓葬资料

　　位于墓地中部，东邻M51，相距约1.20米，南邻M38，相距约8米。墓葬直接开口于耕扰层下，距离地表约0.70米。现存墓葬由墓室、二层台及腰坑等几部分组成。

　　墓室为圆角长方形土坑竖穴式，凿建于生土层内。方向为南北向，180度。墓壁不规整。墓口短于墓底而又宽于墓底。墓口南北长3.40、东西宽2.0米，墓底南北长3.50、东西宽1.80、现存深度3.58米。墓口面积6.80平方米。墓室内填土为黄褐色五花土，土质坚硬，经过夯打。夯窝直径0.05~0.07、深0.05米，夯层厚0.12~0.16米。墓底四周有生土二层台，台高0.80米，东、南两面台宽0.30米，西、北两面台宽0.50米。墓底有长方形腰坑，长1.30、宽0.34、深0.25米（图一一三，彩版七-1、3）。

　　葬具为一棺一椁，均已腐朽。椁朽痕围成长方形，椁板厚度为0.10米，椁室南北长约2.50、东西宽约0.80、存高0.80米。棺为长方形盒式，板灰痕厚度为0.06米。棺室北窄南宽，南北长2.0、南宽0.58、北宽0.56、存高0.60米。棺朽痕内有大量红色漆皮，说明棺板应通体髹有红漆。棺内有大量席子痕迹，朽痕为灰褐色，"人"字形。

　　棺底铺有一层朱砂。

　　人骨保存较差，盆骨以下已朽为粉末，盆骨以上尚依稀可辨。从现状看，墓主头向南，面向东，仰身直肢。

　　腰坑内有动物骨末。

　　随葬品均出土于棺室内。共11件（套），其中铜器5件，玉石器4件（套），海贝串饰1套，漆木器1件。棺室东侧自北向南依次出土有铜鼎1、铜觚1、漆木瓢1、玉簪1套、铜爵1。铜器和漆木器均为口朝南足向北侧放。棺室西侧南端自南而北依次放置铜戈和玉圭，这两件器物尚存有朽柲痕迹，戈柲朽痕直径约2厘米，残长约1.0，玉圭柲朽痕直径约2厘米，残长0.98米。棺室西侧中部出土铜刀1件。墓主胸部出土海贝串饰1套、玉璧1件。海贝串饰由43枚海贝穿成，其中三枚已坠落入腰坑内。墓主口内出土玉鸟1件，当为口含之物。

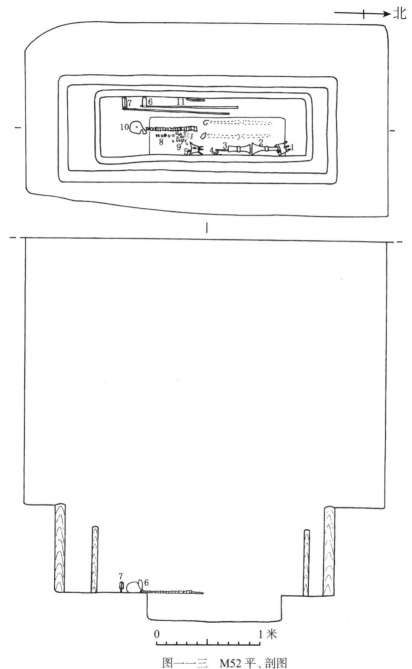

图一一三　M52 平、剖图

1. 铜鼎　2. 铜瓿　3. 玉簪体　4. 玉簪套　5. 铜爵　6. 玉钺　7. 铜戈
8. 海贝　9. 玉璧　10. 玉鸟　11. 铜刀　12. 漆木瓢

2. 随葬品

11 件（套）。种类有铜器、玉器、海贝、漆木器（彩版四七 -3）。

（1）铜器

5件。器形有鼎、瓢、爵、刀、戈。

鼎　1件。属A型Ⅲ式。标本M52：1，口微敛，三柱状足内聚，足下端稍细。上腹饰简化兽面纹三足，每个兽面纹均只有竖鼻和双眼，圆眼凸出。鼎底内壁铸有铭文"己"字。鼎底外壁有明显的三角形范线痕迹，与足、腹范线相连，全器由三块腹外范、一块三角形底外范与一块内范扣合倒置一次浇铸而成。出土时保存完好。器表有三层布纹痕迹，最外层为暗黄色，中层为白色，内层为红色，也有席纹痕迹。器底及腹外壁有较厚的烟炱，实用器。通高16.4、口径13.5、耳高2.9、足高7.0、壁厚0.2厘米。重1310.0克（图一一四-1，彩版四八-1、3）。

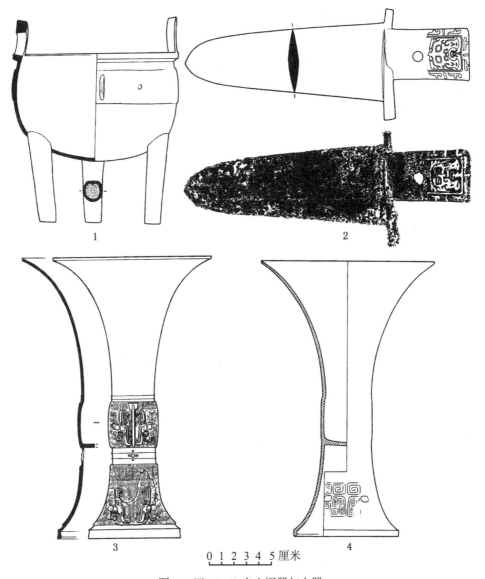

0 1 2 3 4 5厘米

图一一四　M52出土铜器与木器

1.铜鼎（M52：1）　2.铜戈（M52：7）　3.铜瓢（M52：2）　4.木瓢复原图（M52：12）

　　觚　1件。属A型Ⅱ式。标本M52∶2，喇叭形口，下腹外鼓，喇叭形圈足，有盘座。下腹有两道扉棱；圈足有对称镂孔，一个为"十"字形镂孔，一个为横置"T"字形镂孔。下腹饰两个兽面纹，兽面纹圆睛凸出，内眼角下垂构成上颚，扉棱为鼻梁中线，两侧饰"T"字形纹，双角，内角倒立，外角角根粗壮，向外弯折，下颚短而内勾，空白处填以云雷纹；兽面纹上为一周云雷纹，云雷纹上为两周凸弦纹；圈足上部饰两周凸弦纹，凸弦纹在扉棱的对应位置有缺口，圈足面饰两个兽面纹，构图和下腹兽面纹基本相同，空白处填以云雷纹。从纹饰部位来看，对应镂孔处有两道范线痕迹，应是两块外范和一块腹内范，一块圈足内范扣合浇铸而成。底外壁有两个圆锥形支钉，用以支撑圈足内范。圈足的一个兽面纹有修补痕迹，是采用范模法浇铸而成，内外壁均留有明显的痕迹，浇铸口在内壁，尚留有凸起的浇铸痕迹，修补范围4.4×4.4厘米，浇铸痕迹长2、厚0.15、高0.28厘米。出土时保存完好。外壁有布纹痕迹，至少有两层，层每平方厘米经纬线各20根，一层每平方厘米经线14根、纬线15根。高22.3、口径13.0、足径7.6、壁厚0.2厘米。重750克（图一一四-3，彩版四九-1、3）。

　　爵　1件。属B型Ⅰ式。标本M52∶5，窄流，流尾均上扬，卵形深腹，菌状双柱立于流折处，兽首形鋬，三棱形锥状足外撇。柱呈四棱柱形。腹与鋬相对一侧有扉棱。

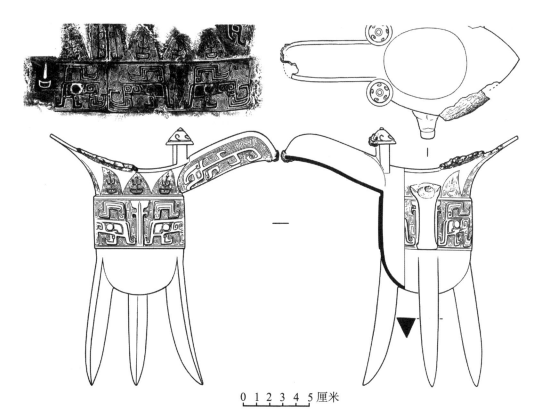

0　1　2　3　4　5厘米

图一一五　M52出土铜爵（M52∶5）

柱顶饰圆涡纹，流下饰两个雷纹地背对倒夔纹，尾下饰蕉叶纹，口沿下饰五个三角形云雷纹地"舌"字形纹，腹饰两组由对夔组成的雷纹地兽面纹，鋬和扉棱分别为对夔的中线，夔纹为"臣"字眼，圆睛突出，粗角向外弯折，后半身下折着地，下颚外翻，尾部上卷。鋬内腹部有铭文"舌"字，阴文。出土时底外壁有编织物痕迹。流、尾两侧，三足锈蚀较为严重。实用器。通高19.1、流至尾长17.2、最大腹径6.9、柱高2.6、足高9.5厘米。重720.0克（图一一五，彩版四八-2）。

戈　1件。属A型I式。标本M52：7，宽三角形援，中脊漫圆不起棱线，援脊厚于内，长方形内中部有一圆形穿孔，后端两面均有兽面纹，有上下栏。内两面兽面纹内有铭文"舌"字，阴文。出土时援及栏锈蚀严重。实用器。通长22.9、援长16.0、援宽6.1厘米。重413.1克（图一一四-2，彩版五〇-2）。

刀　1件。属C型。标本M52：11，弧背与柄相连，柄扁平末端有环形首，有三个乳凸。柄两面均有叶脉纹。出土时保存完好。出土时刀柄一面粘有席纹痕迹。制作较精致。实用器。通长20.6、柄长8.6、刃宽2.2厘米。重61.2克（图一一六-1）。

（2）玉器

4件（套）。器形有钺、璧、簪、鸟。

钺　1件。标本M52：6，保存完好。出土时有清晰的木柲痕迹，朽痕直径约2厘米，残长0.98米，圭体有穿一端也有装柲痕迹，刃部一面有布纹痕迹。应为石质，整体为白色，有烟絮状黑色纹，有白色沁，通体磨光。整体近梯形，略宽的一端为刃部，双面刃，窄端有一圆形穿孔，单面钻。长16.5、宽0.7、孔径0.95厘米。重122.6克（图一一六-8，彩版四九-2）。

璧　1件。标本M52：9，保存完好。青玉质，温润细腻。通体磨光，一面有破损后又经磨制的痕迹。有白色、黄褐色和灰褐色沁。圆形，中心有圆形穿孔。直径6.3、厚0.45、孔径2.25厘米。重27.6克（图一一六-2，彩版五一-2）。

簪　1套。由簪体和簪套两部分组成。标本M52：4，簪套，姜白色，局部有烟絮状黑色沁和黄褐色土沁。通体磨制精细，细腻润泽。整体略呈圆锥状，粗端有錾和穿孔。长5.8、直径1.3、孔径0.6厘米。重13.8克（图一一六-6）。M52：3，簪体，保存完好。豆青色，有白色沁。通体磨光。呈锥形。长10.9、直径0.8厘米。重9.8克（图一一六-7，彩版五〇-1）。

鸟　1件。标本M52：10，保存完好。白玉质，局部有白色水沁和黄褐色土沁。晶莹剔透，温润细腻。整体为一正在栖息的鸟，胸部有一小穿孔，双面钻，双面刻。长2.1、宽1.2、厚0.6厘米。重1.9克（图一一六-3，彩版五二-1）。

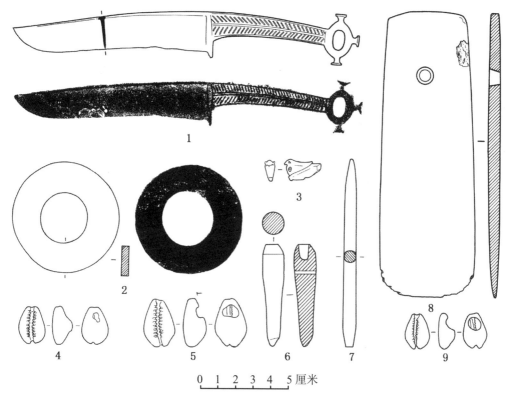

图一一六　M52 出土铜、玉与海贝

1. 铜刀（M52：11）　2. 玉璧（M52：9）　3. 玉鸟（M52：10）　4. 海贝（M52：8-2）
5. 海贝（M52：8-1）　6. 玉簪套（M52：4）　7. 玉簪体（M52：3）
8. 玉钺（M52：6）　9. 海贝（M52：12）

（3）海贝

1 套。43 枚海贝组成一套串饰（彩版五一 -1）。

属 I 式。标本 M52：8-1，背部有一穿孔（图一一六 -5）。M52：8-2，背部有一穿孔（图一一六 -4）。M52：12-1，背部有一穿孔（图一一六 -9）。

（4）漆木器

觚　1 件。标本 M52：12。高 21.8、口径 13.9、足径 8.5（图一一四 -3、4）。

（四九）M53

墓葬资料

位于墓地中西部的三级台地中部，其东邻 M43，相距约 2.0 米。墓葬直接开口于耕扰层下，距离地表约 0.80 米。现存墓葬由墓室和腰坑两部分组成。

墓室为圆角长方形土坑竖穴式，凿建于生土层内。方向为南北向，170 或 350 度。口底同大。南北长 2.50、东西宽 1.10、现存深度 0.40 米。面积 2.75 平方米。墓室内填土为黄褐色五花土，质地松软。墓底有长方形腰坑，长 1.0、宽 0.25~0.30、深 0.15 米（图一一七）。

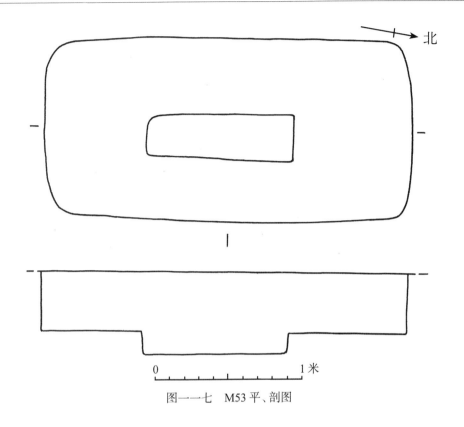

图一一七　M53 平、剖图

葬具为一棺,仅有少量灰痕,形制不明。

未见人骨和随葬品。

(五○) M89

1. 墓葬资料

位于墓地北端,其西邻 M90,相距约 3.0 米,东邻 M88,相距约 6.0 米。墓葬直接开口于耕扰层下,距离地表约 0.50 米。现存墓葬由墓室、二层台及腰坑等几部分组成。

墓室为圆角长方形土坑竖穴式,凿建于生土层内。方向为南北向,3 度。口底同大。南北长 2.30、东西宽 1.0、现存深度 0.70 米。面积 2.30 平方米。墓室内填土为黄褐色五花土,经过夯打,但夯打质量不高。夯窝直径 0.06~0.08、深 0.04 米,夯层不明显。无二层台。墓底有长方形腰坑,长 0.70、宽 0.36、深 0.20 米(图一一八)。

墓室内有白色朽痕,形制、尺寸等情况不明,可能为葬具朽痕。

人骨保存较好,头向北,面向东,俯身直肢葬式。

随葬品为 1 件玉戈,出土于腰坑内。

2. 随葬品

1 件。

玉戈　1 件。属 B 型小型玉戈。标本 M89：1,保存较好。青色玉,但大部分已

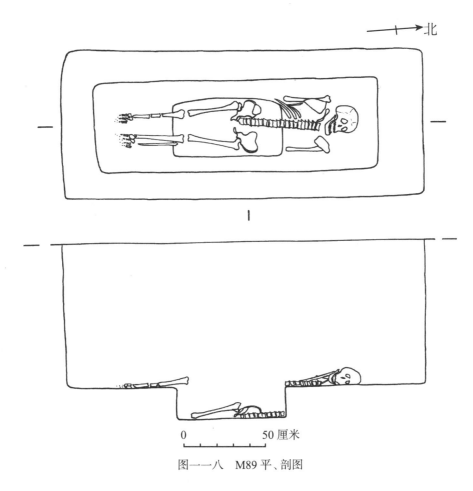

图一一八 M89 平、剖图

被沁成白色。窄长援，前锋较尖，援有脊线和上下刃线贯通内，援、内分界明显，内较短。援、内接合处有圆穿，双面钻成。长 4.90、宽 1.10、厚 0.25、孔径 0.20 厘米。重 2克（图一一九，彩版九〇 -1）。

（五一）M90

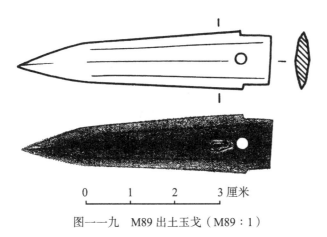

图一一九 M89 出土玉戈（M89：1）

1. 墓葬资料

位于墓地北端, 其东邻 M89, 相距约 3.0 米。墓葬直接开口于耕扰层下, 距离地表约 0.40 米。现存墓葬由墓室、二层台及腰坑等几部分组成。

墓室为圆角长方形土坑竖穴式, 凿建于生土层内。方向为东西向, 92 度。口小底大。墓口东西长 2.78、南北宽 1.42 米, 墓底东西长 2.82、南北宽 1.46 米, 现存深度 0.66 米。墓口面积 3.95 平方米。墓室内填土为黄褐色五花土, 经过夯打。墓底四周有熟土二层台, 台残高 0.12、宽 0.25~0.40 米。墓底有长方形腰坑, 长 0.80、宽 0.32、深 0.20 米（图一二〇, 彩版七 -2）。

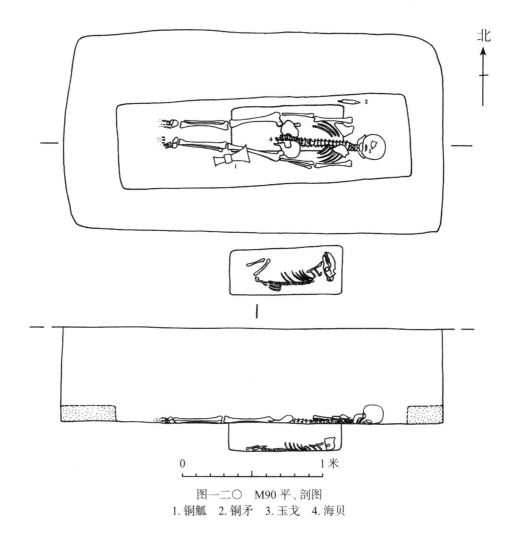

图一二〇　M90 平、剖图
1. 铜瓠　2. 铜矛　3. 玉戈　4. 海贝

葬具为一棺, 已腐朽, 形制为长方形盒式, 板灰痕厚度不明。棺室东西长 2.10、南北宽 0.60、残高 0.12 米。

人骨保存较好, 头向东, 面向下, 俯身直肢葬式。

腰坑内殉狗 1 条，骨架保存较好，头东尾西、背南腿北侧卧。

随葬品中铜觚出土于墓主南侧股骨上，口斜向东北。铜矛出土于墓主头骨北侧，锋斜向下。玉戈 1 件，出土于墓主口中。海贝 1 枚，出土于墓主手部。

2. 随葬品

共 4 件。种类有铜器、玉器、海贝（彩版七四 -1）。

（1）铜器

2 件。器形为觚、矛。

觚　1 件。属 B 型。标本 M90：1，喇叭形敞口，下腹略鼓，喇叭形圈足。圈足上部有两个对称的近长方形镂孔。下腹以上有两周凸弦纹；圈足上部有两周凸弦纹。出土时保存完好。黄灰色底子，有亮泽。器表磨的较光滑，使用时间较长。高 24.8、口径14.3、足径 8.5、壁厚 0.15 厘米。重 810.0 克（图一二一 -1，彩版七四 -2）。

矛　1 件。属 Ⅱ 式。标本 M90：2，矛身呈三角形，截面呈扁菱形，锋较尖，叶末

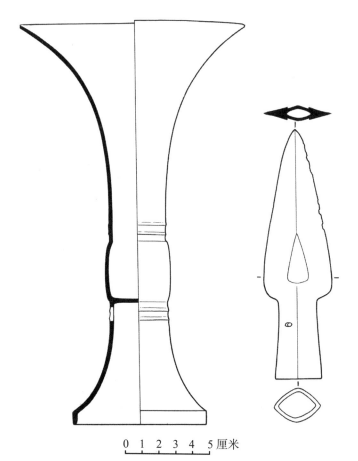

0　1　2　3　4　5 厘米

图一二一　M90 出土铜觚与矛
1. 觚（M90：1）　2. 矛（M90：2）

圆转，身近骹处两面有三角形凹槽，骹中空，截面近菱形，一面有一小孔。应是两块外范和一块骹芯扣合浇铸而成。保存较好。通长 15.3、骹长 5.0、叶宽 4.2、銎长径 3.0、銎短径 2.1 厘米。重 129.2 克（图一二一 –2，彩版七四 –3）。

（2）玉器

1 件。

戈　1 件。属 A 型小型玉戈。标本 M90：3，保存较好。青玉质，温润细腻。通体磨光。直援，援中有棱线，上下皆有刃，三角形前锋，直内窄于援，内后端有圆形穿孔，双面钻，内后缘有破损。长 3.3、宽 1.2、厚 0.3、孔径 0.3 厘米。重 1.8 克（图一二二 –1，彩版七五 –1）。

（3）海贝

1 枚。属 Ⅱ 式。标本 M90：4，保存较好。背部有一穿孔（图一二二 –2，彩版七五 –2）。

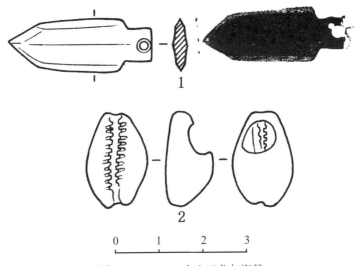

图一二二　M90 出土玉戈与海贝
1. 玉戈（M90：3）　2. 海贝（M90：4）

（五二）M103

墓葬资料

位于墓地北端，其西邻 M104，相距约 1.0 米。墓葬直接开口于耕扰层下，距离地表约 1.0 米。墓葬南部被一晚期沟打破。现存墓葬由墓室、二层台及腰坑等几部分组成。

墓室为圆角长方形土坑竖穴式，凿建于生土层内。方向南北向，0 度。口底同大。南北长 2.40、东西宽 1.0、现存深度 0.80 米。面积 2.40 平方米。墓室内填土为黄褐色五花土，未经夯打。墓底四周有熟土二层台，台高 0.20、东台宽 0.20、西台宽 0.20、北台宽0.30米。墓底有长方形腰坑，长0.60、宽0.36、深0.10米（图一二三）。

未见葬具痕迹，但因为有熟土二层台，推测应有一棺，二层台所围范围应为棺室，残长1.40、宽0.45、残高0.20米。

人骨已朽为粉末，但大致能辨出墓主头向北，仰身直肢葬式。

腰坑内殉狗1条，已朽。

无随葬品。

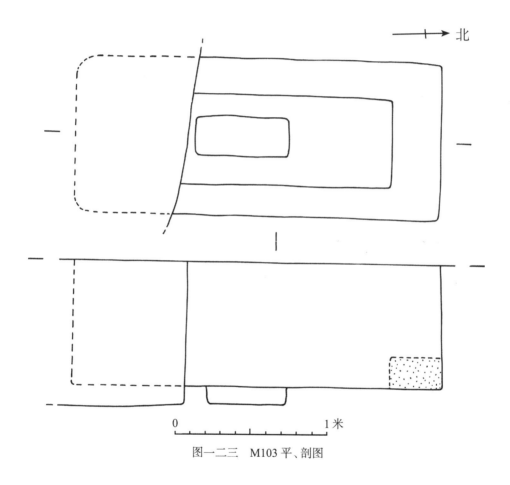

图一二三　M103平、剖图

（五三）M104

1.墓葬资料

位于墓地北端，其西邻M105，相距约0.5米，东邻M103，相距约1.0米。墓葬直接开口于耕扰层下，距离地表约1.0米。现存墓葬由墓室、二层台及腰坑等几部分组成。

墓室为圆角长方形土坑竖穴式，凿建于生土层内。方向南北向，0度。口小底大。墓口南北长2.50、东西宽1.0米，墓底南北长2.56、东西宽1.06米，现存深度1.40米。墓口面积2.50平方米。墓室内填土为黄褐色五花土，经过夯打。夯窝直径0.04~0.06、深 0.05 米, 夯层厚 0.12~0.14 米。墓底四周有生土二层台, 台高 0.20 米, 东、西、南台宽 0.20 米, 北台宽 0.30 米。墓底有长方形腰坑, 长 0.70、宽 0.30、深 0.20 米（图一二四）。

葬具为一棺, 已腐朽, 形制为长方形盒式, 板灰痕厚度为 0.06 米。棺室长 2.0、宽 0.60、残高 0.20 米。棺内有席纹痕迹。

人骨已朽为粉末, 仅存墓室北端的头骨朽痕, 因此墓主应头向北, 其他情况不祥。腰坑内有动物骨末。

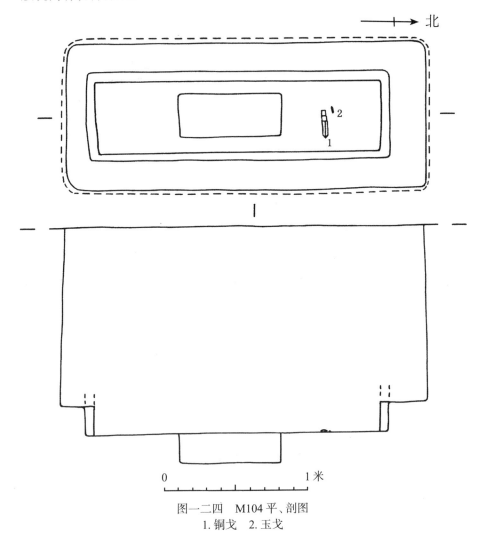

图一二四　M104 平、剖图
1. 铜戈　2. 玉戈

随葬品均出土于墓主头骨朽痕附近, 铜戈 1 件, 锋东内西, 上刃朝北。玉戈 1 件, 应为墓主口含之物。

2. 随葬品

共 2 件。种类有铜器、玉器（彩版九一 -1）。

（1）铜器

1件。

戈 1件。属B型Ⅱ式。标本M104：1，三角形援，舌状前锋，援中脊有棱线，内前端有椭圆形銎。内部范线痕迹明显。出土时保存完好。援中部稍弯曲。銎内有朽木。通长19.1、援长12.8、援宽6.0、銎长径2.3、銎短径2.2厘米。重299.9克（图一二五-1，彩版九一-2）。

（2）玉器

1件。

戈 1件。属C型小型玉戈。标本M104：2，援中部断裂，修复完整。青玉质，布满白色沁。通体磨制光滑。整体弧形，似是瑗、璜、玦之类的玉器损坏后加工而成。曲援，援中有棱线，上下皆有刃，三角形前锋，内窄于援，有一圆形穿孔，双面钻。长5.1、宽1.5、厚0.3、孔径0.2厘米。重3.4克（图一二五-2，彩版九〇-2）。

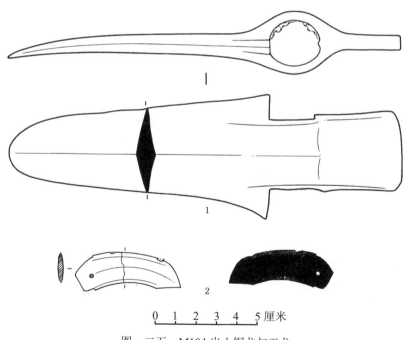

0 1 2 3 4 5厘米

图一二五 M104出土铜戈与玉戈
1.铜戈（M104：1） 2.玉戈（M104：2）

（五四）M105

1.墓葬资料

位于墓地北端，其东邻M104，相距约0.5米。墓葬直接开口于耕扰层下，距离地表约0.80米。现存墓葬由墓室、二层台及腰坑等几部分组成。

　　墓室为圆角长方形土坑竖穴式,凿建于生土层内。方向南北向,180度。口小底大。墓口南北长2.92、东西宽1.68米,墓底南北长3.0、东西宽1.74米,现存深度2.25米。墓口面积4.91平方米。墓室内填土为黄褐色五花土,质地较硬,应经过夯打,但夯窝、夯层不明显。墓底四周有熟土二层台,台高0.78米,宽度不一致,东台宽0.35、西台宽0.35、北台宽0.20、南台宽0.18米。墓底有长方形腰坑,长1.20、宽0.48、深0.38米(图一二六,彩版八-1)。

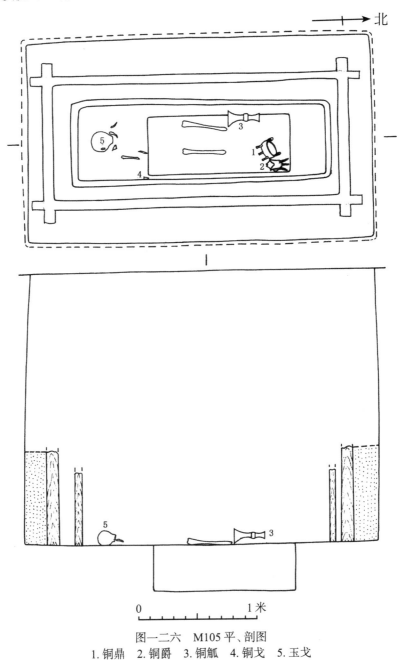

图一二六　M105平、剖图
1. 铜鼎　2. 铜爵　3. 铜觚　4. 铜戈　5. 玉戈

葬具为一棺一椁，均已腐朽。椁为"井"字形，边板和堵板各长出对方约 0.10 米，板灰痕厚度为 0.06~0.10 米。椁室南北长 2.40、东西宽 1.0、现存高度 0.78 米。棺为长方形盒式，板灰痕厚度 0.06 米。朽痕范围内有红色漆皮痕迹。棺内有席纹痕迹。棺室南宽北窄，南北长 2.10、南端宽 0.60、北端宽 0.50 米。

人骨保存较差，仅存头骨朽痕和下肢骨，从现状看，墓主头向南，直肢葬式。

墓室填土中出有殉狗 1 条，西侧二层台南端有殉狗 1 条，骨骼凌乱，腰坑内有殉狗 1 条，朽为粉末，仅剩狗牙 1 颗。

随葬铜器出土于棺室内，玉器出土于墓主口中。铜鼎、瓿、爵各 1 件，出土于棺室北端，铜戈 1 件出土于棺内南端东侧。玉戈 1 件，位于墓主口中。

2. 随葬品

共 5 件。种类有铜器、玉器（彩版五五 –2）。

（1）铜器

4 件。器形有鼎、瓿、爵、戈。

鼎　1 件。属 A 型Ⅲ式。标本 M105：1，窄沿，方唇，立耳，深腹，圜底近平，三柱状足。上腹有一周圆泡纹（席纹未清理，圆泡数量不清），圆泡上下各有一周凸弦纹。鼎底有三角形范线，与三足内侧范线相连，腹有三道范线等分鼎腹，与足外侧范线相连，可知全器有三块腹外范、一块底外范与一块内范扣合一次浇铸而成。制作较粗糙，器壁较薄，使用过程中有损坏，器壁有八处经过修补的痕迹，且有两个圆形孔尚未修补。出土时一侧粘有席纹痕迹，一侧有布纹痕迹，布纹上有黄、红、黑三色彩图案。鼎底有烟炱痕，实用器。通高 20.0、口径 15.7、耳高 3.2、足高 9.0、壁厚 0.15 厘米。重 1785.0 克（图一二七 –1，彩版五六）。

瓿　1 件。属 A 型Ⅲ式。标本 M105：3，喇叭形大敞口，下腹微鼓，平底，喇叭形高圈足。下腹有两道扉棱，圈足有两道"1"字形镂孔。下腹饰两个怪异兽面纹，扉棱为兽面纹的鼻梁中线，"臣"字眼，圆睛凸出，以云雷纹和羽状纹抽象地表示兽面纹的躯体。除兽目外，其他器官均不明显。兽面纹上下各有两周凸弦纹，已经磨得不太明显；圈足弦纹下饰一周云雷纹；云雷纹下饰四个顺列怪异兽面纹，兽面纹的构图和下腹兽面纹的一半基本相同。圈足弦纹部位及下腹和圈足纹饰部位尚能看出不太明显的范线痕迹。应是两块外范和一块腹内范、一块圈足内范扣合浇铸而成。器底外壁未发现支钉痕迹。出土时保存完好。口沿外壁有大面积布纹痕迹，内壁也有布纹痕迹，外壁布纹痕迹外有小范围绢痕迹，布纹每平方厘米经线 17 根、纬线 16 根，绢每平方厘米经纬线各 40 根。器表使用时磨得较光滑，实用器。高 26.0、口径 15.2、足径 8.8、壁厚 0.2 厘米。重 930.0 克（图一二八，彩版五七 –2）。

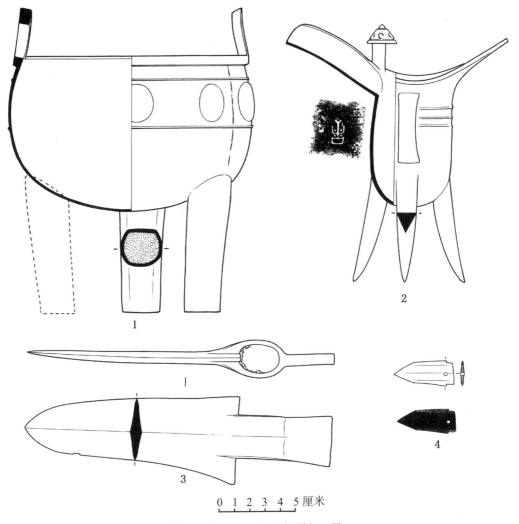

图一二七　M105 出土铜器与玉器

1.铜鼎（M105：1）　2.铜爵（M105：2）　3.铜戈（105：4）　4.玉戈（105：5）

　　爵　1件。属 Aa 型 I 式。标本 M105：2，窄流，流、尾均上翘，直腹，卵形底，菌状双柱立于流折处，半环形鋬，三棱形锥状足外撇。柱顶饰顺时针圆涡纹；腹上部有三周凸弦纹。鋬内腹外壁有铭文"舌"字，阴文。出土时保存完好。褚红色底子，有亮泽。通高 16.8、流至尾长 14.8、最大腹径 5.4、柱高 2.8、足高 7.0 厘米。重 502.0 克（图一二七 –2，彩版五七 –1）。

　　戈　1件。属 B 型 II 式。标本 M105：4，三角形援，弧线聚锋，锋尖锐，援中脊有棱线贯通前锋和鋬，下刃略显弧度，内前端有椭圆形鋬。出土时保存完好。内一面粘有粉红色布纹痕迹，布纹经线明显，纬线极细，几乎看不见。实用器。通长 20.4、

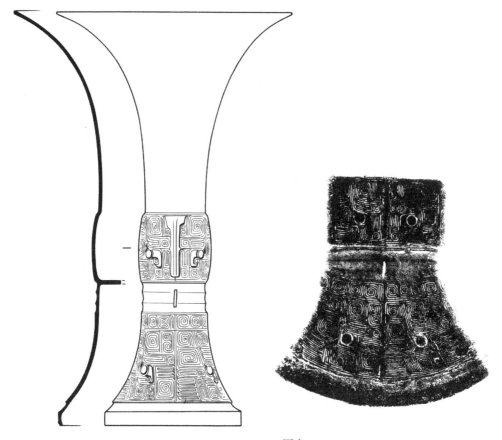

0 1 2 3 4 5 厘米

图一二八　M105 出土铜觚（M105：3）

援长 14.0、援宽 5.8、銎长径 2.6、銎短径 2.0 厘米。重 285.0 克（图一二七 -3，彩版五八 -1）。

（2）玉器

1 件。

戈　1 件。属 A 型小型玉戈。标本 M105：5，保存完好。白色玉质，有黄色沁。宽短援，三角形前锋，援上下皆有刃，援中脊有棱线贯通前锋和内，内窄于援，内后侧斜直，前端有圆形小穿孔，双面钻。长 3.9、宽 1.6、厚 0.3、孔径 0.2 厘米。重 2.0 克（图一二七 -4，彩版五七 -3）。

（五五）M116

1. 墓葬资料

位于墓地中部，西邻 M51，相距约 2 米。墓葬直接开口于耕扰层下，距离地表约

0.60 米。墓葬规模较小,结构简单,只有墓室,未见二层台和腰坑。

　　墓室为长方形土坑竖穴式,凿建于生土层内。方向为南北向,175 度。墓壁较直,口底同大。南北长 2.20、东西宽 0.70、现存深度 1.40 米。面积 1.54 平方米。墓室内填土为浅黄褐色五花土,略泛红,质地较硬,应经过夯打,但未见夯窝、夯层(图一二九)。

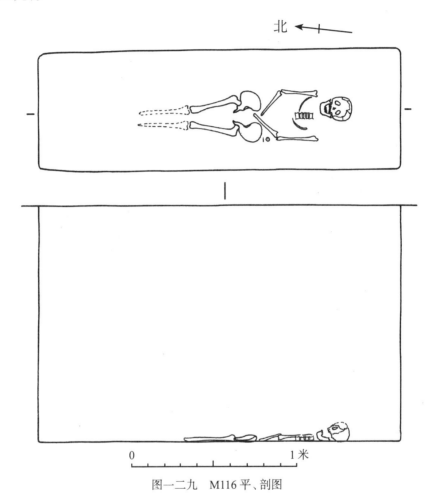

图一二九　M116 平、剖图

无葬具。

人骨保存较好,墓主头向南,面向上,仰身直肢葬式。

随葬品为 1 枚贝,出土于墓主腰间。

2. 随葬品

海贝 1 枚。属 Ⅱ 式。标本 M116：1,保存完好。个体较小。背部有一穿孔(图一三○,彩版九二)。

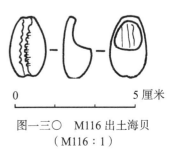

图一三○　M116 出土海贝
（M116：1）

（五六）M117

墓葬资料

位于墓地一级台地中部偏西，其西北邻 M40。墓葬直接开口于耕扰层下，距离地表约 0.60 米。现存墓葬由墓室、二层台及腰坑等几部分组成。

墓室为圆角梯形土坑竖穴式，凿建于生土层内。方向为南北向，20 度。口底同大，南窄北宽。南北长 2.30、南端宽 0.80、北端宽 0.90、现存深度 1.30 米。面积 1.96 平方米。墓室内填土为浅黄褐色五花夯土。墓底四周有熟土二层台，台高 0.20、宽 0.10~0.22 米。墓底有近长方形腰坑，长 0.90、宽 0.40、深 0.20 米（图一三一）。

葬具为一棺，已腐朽。形制为长方形盒式，板灰痕厚度为 0.06 米。棺室北宽南窄，

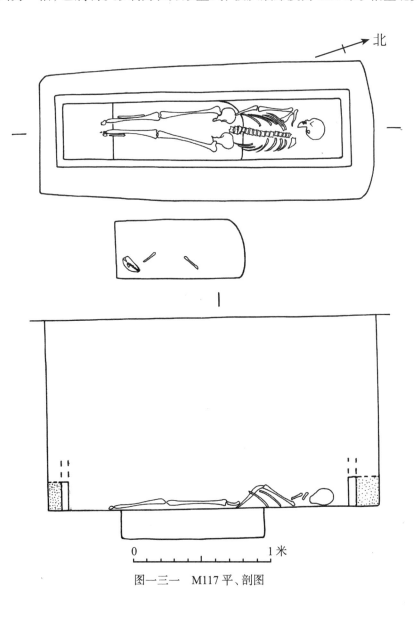

图一三一　M117 平、剖图

长 1.92、南宽 0.38、北宽 0.40、现存高度 0.20 米。

　　人骨保存较好,墓主头向北,面向下,俯身直肢葬式。

　　填土中出有殉狗 1 条,腰坑内殉狗 1 条,头向南。

　　无随葬品。

　　(五七) M118

　　1. 墓葬资料

　　位于墓地南端的一处突出台地上。墓葬直接开口于耕扰层下,距离地表约 2.0 米。墓葬西北部被一现代墓葬打破,东南角被一现代水井打破。现存墓葬由墓室、二层台及腰坑等几部分组成。

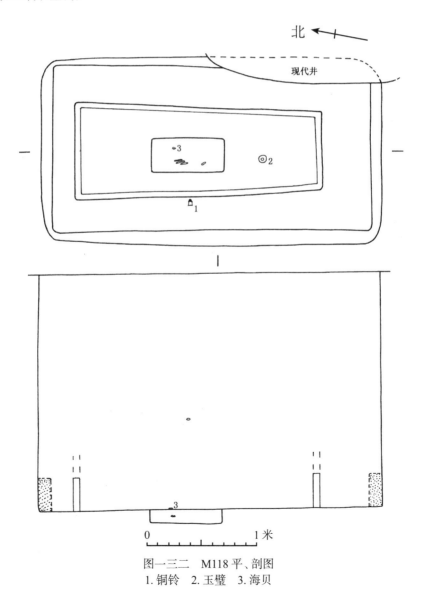

图一三二　M118 平、剖图
1. 铜铃　2. 玉璧　3. 海贝

墓室为圆角长方形土坑竖穴式，凿建于生土层内。方向南北向，170 或 350 度。口底同大。南北长 3.1、东西宽 1.60、现存深度 2.10 米。面积 4.96 平方米。墓室内填土为黄褐色五花土，质地较硬。墓底四周有熟土二层台，台高 0.30 米，宽 0.10~0.12 米。墓底有长方形腰坑，长 0.65、宽 0.30、深 0.12 米（图一三二）。

葬具为一棺一椁，均已腐朽。椁形制已不清。棺为长方形盒式，板灰痕厚度 0.05 米。棺室南窄北宽，南北长 2.25、南端宽 0.70、北端宽 0.90 米。

棺底铺有厚约 2 厘米的朱砂一层。

人骨已朽为粉末，详细情况不明。

墓室填土中和腰坑内各出殉狗 1 条，骨骼已朽，凌乱。

随葬品共 3 件。铜铃 1 件，出土于填土中，为殉狗颈部之物，玉璧 1 件，出土于棺内南部。海贝 1 枚，出土于腰坑内。

2. 随葬品

共 3 件。种类有铜器、玉器和海贝（彩版九三 -1）。

（1）铜器

1 件。

铃　1 件。属 B 型。标本 M118：1，内有铃舌。保存较好，口部略残。合瓦形口，平顶，半环形钮。素面。铃两侧范线明显，是两块外范一块内范扣合浇铸而成，但浇铸口不清楚，口部有铸造缺陷。通高 5.1、口宽 3.5、上孔口宽 1.0、壁厚 0.15 厘米。重 38.2 克（图一三三 -1，彩版九三 -2）。

（2）玉器

1 件。

璧 1 件。标本 M118：2，保存完好。青玉，浅豆青色，微泛黄，周缘布满鸡骨白水沁，通体抛光，体薄，微透明。圆形，孔较大。单面钻。直径 5.8、厚 0.4、孔径 2.3 厘米。重 21.2 克（图一三三 -3，彩版九四 -1）。

（3）海贝

1 枚。属 I 式。标本 M118：3，保存较好。背面一端有穿孔（图一三三 -2，彩版九四 -2）。

（五八）M027

墓葬资料

严重盗扰。

位于墓地一级台地中部。墓葬直接开口于耕扰层下，距离地表约 0.30 米。一与墓口大小几乎相等的长方形盗洞打穿墓底。现存墓葬只能看出墓室和腰坑。

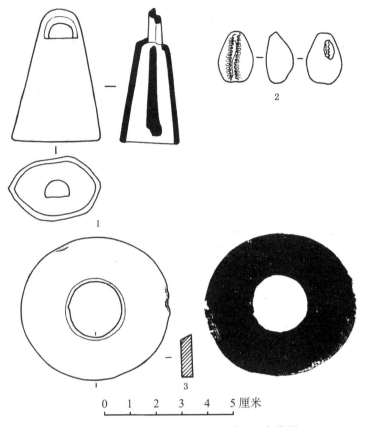

图一三三　M118 出土铜、玉与海贝
1. 铜铃（M118∶1）　2. 海贝（M118∶3）　3. 玉璧（M118∶2）

　　墓室为圆角长方形土坑竖穴式，凿建于生土层内。方向南北向，5 或 185 度。口底同大。南北长 2.60、东西宽 1.30、现存深度 1.30 米。面积 3.38 平方米。墓室内填土为黄褐色五花土。墓底有长方形腰坑，长 0.80、宽 0.30、深 0.10 米（图一三四）。

　　葬具情况不明。

　　人骨凌乱，清理出有肋骨、股骨等。

　　腰坑内殉狗 1 条，头向南。

　　未发现随葬品。

　　（五九）小胡村墓地流散商代晚期器物

　　由于盗掘、工程施工破坏等原因，造成小胡村墓地商代晚期器物流散，其中，郑州市博物馆馆藏的 15 件器物和荥阳市文物管理所收藏的 2 件器物，明确出自小胡村墓地，现将有关资料收录如下。

　　1. 郑州市博物馆馆藏小胡村墓地器物

　　1993 年 1 月 3 日，郑州博物馆从位于市区西北郊黄河大观项目筹建处征集到一

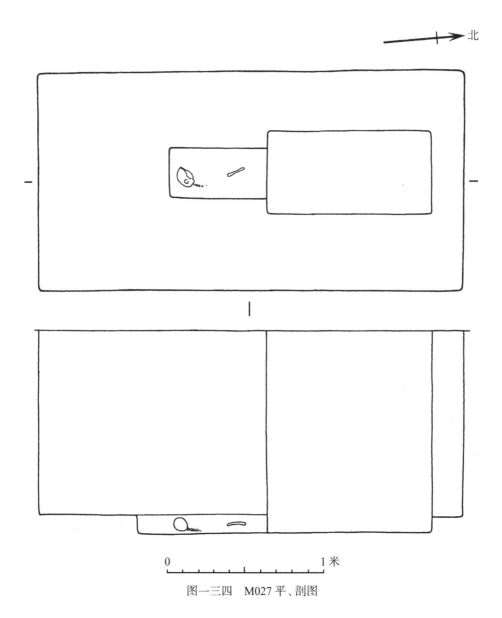

图一三四 M027 平、剖图

批商代晚期遗物，包括鼎2、爵4、瓿2、刀2、戈3等13件铜器，以及1件玉戈，青铜器中铸有铭文的共6件，5件铸有"舌"字。这14件器物为黄河大观项目施工过程中发现的，小胡村墓地位于该项目范围内，因此，这些器物应是出自小胡村墓地。另外，1974年，当时的郑州博物馆于本地废品公司拣选到一件"舌"铭铜铙。根据现有资料分析，此铙也应出自小胡村墓地。

铜鼎（5993，此编号为郑州市博物馆器物档案编号，下同）

属C型。双立耳，方唇，窄折沿，分档，三柱状足。口沿下饰云雷纹地对夔纹三组，每组以扉棱为中线，两两相对。鼎内腹壁铸有铭文"舌"字。保存完好。通高20.2、口径

16.0、耳高 7.2、足高 3.5、壁厚 0.2 厘米。重 2144.0 克。容积 1440.0 毫升（彩版九五 -3）。

铜鼎（3086）

属 A 型 II 式。征集时破碎，修复完整。双立耳，方唇，窄折沿，腹呈盆形，腹较浅，圜底，三足稍内聚。足内侧较平。腹饰二周凸弦纹。通高 19.3、口径 15.3、耳高 3.1、足高 9.0、壁厚 0.15 厘米。重 1245.7 克。容积 1210.0 毫升（彩版九五 -2）。

铜觚（5994）

属 A 型 III 式。喇叭形大敞口，下腹略鼓，中腹以上外侈，高圈足。下腹有两道扉棱。下腹以范线为界饰两个兽面纹，扉棱为兽面纹的鼻中线，兽面纹为"臣"字眼，圆睛凸出，除眼睛外，其余器官用云雷纹代替，表现不明显，兽面纹以上饰两周凸弦纹；圈足上饰两周不太明显的凸弦纹，其下为一周云雷纹，云雷纹下为四个顺列怪异兽面纹，兽面纹为"臣"字眼，圆睛凸出，其余器官用云雷纹代替，空白处填以列刀纹。保存较好，实用器。高 25.8、口径 15.1、足径 8.9、壁厚 0.15 厘米。重 925.6 克。容积 520.0 毫升（彩版九六 -1）。

铜觚（6001）

属 A 型 II 式。喇叭形大敞口，下腹略鼓，中腹以上外侈，高圈足。下腹有两道扉棱，圈足上部有两个对称竖线镂孔。下腹以范线为界饰两个兽面纹，扉棱为兽面纹的鼻中线，兽面纹为"臣"字眼，圆睛凸出，除眼睛外，其余器官用云雷纹代替，表现不明显，兽面纹以上饰两周凸弦纹；圈足上饰两周不太明显的凸弦纹，其下为一周云雷纹，云雷纹下为四个顺列怪异兽面纹，兽面纹为"臣"字眼，圆睛凸出，其余器官用云雷纹代替，空白处填以列刀纹。保存较好，实用器。圈足内壁有铭文"举"字，阴文。内壁底有两个加强筋。高 24.6、口径 14.2、足径 8.5、壁厚 0.15 厘米。重 661.8 克。容积 460.0 毫升（彩版九九 -1）。

铜爵（5996、6002）

属 Ab 型。窄流，流、尾均上翘，卵形深腹，菌状双柱立于口沿近流折处，半环形鋬，三棱形锥状足外撇。柱顶饰圆涡纹，上腹饰一周云雷纹，云雷纹上下各饰一周圆圈纹。腹部纹饰带有明显的范线痕迹。5996 爵鋬内侧腹外壁有铭文"舌韦亚"三字，阴文。保存完好。实用器。通高 18.6、流至尾长 15.5、最大腹径 6.3、柱高 2.7、足高 8.9 厘米。重 630.1 克。容积 230.0 毫升（彩版九六 -3）。6002 爵鋬内腹外壁有铭文"韦舌"二字，阴文。保存完好。实用器。通高 19.2、流至尾长 15.2、最大腹径 6.0、柱高 3.1、足高 8.8 厘米。重 597.1 克。容积 190.0 毫升（彩版九九 -2）。

铜爵（5995）

属 Aa 型 I 式。窄长流略上扬，宽尾上翘，卵形深腹略鼓，菌状双柱立于流折处，半环形鋬，三棱形锥状足外撇，三足截面为等腰三角形。柱顶饰圆形涡纹，上腹铭文两侧饰两个"三"字形凸线纹。鋬内侧有铭文"舌"字，阴文。保存较好，实用器。通高 18.4、流至尾长 17.5、最大腹径 6.6、柱高 2.2、足高 9.2 厘米。重 631.2 克。容积 230.0 毫升（彩版九六 -2）。

铜爵（6003）

属 Aa 型 Ⅱ 式。窄流，流、尾均上翘，直腹，卵形底，菌状双柱立于流折处，半环形鋬，三棱形锥状足外撇。柱顶饰顺时针圆涡纹；腹上部有三周凸弦纹。保存完好。通高 18.0、流至尾长 16.1、最大腹径 6.3、柱高 3.0、足高 8.3 厘米。重 476.3 克。容积 205 毫升（彩版九九 -3）。

铜戈（5997、6004）

长条形援，弧线聚锋，援中脊有脊线，长方形内。5997 戈属 A 型 Ⅱ 式。内后端两面均有铭文"舌"字，阴文，其中一面的文字在铸造时字模曾移位。保存完好。实用器。通长 24.4、援长 17.7、内长 5.9、援宽 4.8、内宽 3.8、中厚 0.7 厘米。重 298.6 克（彩版九七 -1）。6004 戈属 A 型 Ⅰ 式，内部有圆形穿孔，下栏残。通长 22.0、援长 15.3、内长 5.8、援宽 5.3、内宽 3.2 厘米。重 289.2 克（彩版一〇〇 -1）。

铜戈（5998）

属 C 型。器物较轻薄，制作粗糙，援下侧有铸造缺陷，应为冥器。长条形援，扁平，中间有棱线，弧线聚锋，鸟形曲内，歧冠。内后端两面有鸟形纹。通长 26.4、援长 17、内长 8.5、援宽 5.4、内宽 6.9、中厚 0.3 厘米。重 265.0 克（彩版九七 -2）。

铜刀（5999、6000）

属 B 型。刀背与刀柄相连，连线呈弧形，刀身薄于刀柄，刃微凹，刀柄末端有环形首。5999 刀柄上下侧厚，中间薄。通长 25.3、柄长 10.2、刃宽 3.2 厘米。重 130.8 克（彩版九八 -1）。6000 刀柄扁平，刃部有铜刀出土后砍硬物留下的豁口。通长 24.9、柄长 9.5、刃宽 3.6 厘米。重 150.1 克（彩版九八 -2）。

玉戈（7606）

保存较好。灰白色，双面光滑。长直援，三角形前锋，上下刃线贯通内，援、内分界明显，内窄于援，后缘略斜，内前端有单面钻孔。通长 10.7、宽 2.8、厚 0.55、孔径 0.9 厘米。重 24.0 克（彩版一〇〇 -2）。

铜铙（1664）

铙体略呈扁桶形，口宽于顶，口稍内凹呈弧形，平顶，顶中部有管状柄，柄中空与顶相通。体两面均饰回字形凸弦纹，口外壁有铭文"舌"字。通高 21.4、甬高 8.5、下口宽 16.6、下口短径 11.8 厘米（彩版九五 -1）。

2.荥阳市文物管理所收藏的小胡村墓地器物

2006年，荥阳市文物管理所从荥阳市公安局接收2件小胡村墓地被盗铜器，1件铜觚，1件铜爵。

铜觚（0872）

属B型。喇叭形敞口，下腹略鼓，喇叭形圈足。下腹以上有两周凸弦纹，圈足上部有两周凸弦纹。高24.2、口径14.6、足径8.4厘米。

铜爵（0910）

属B型Ⅰ式，纹饰同M16：3铜爵。宽流，尖尾，均上翘，深直腹，卵形底，菌状双柱立于口沿近流折处，半环形鋬，三棱形锥状足外撇，三足呈不均匀分布，鋬下一足截面为等边三角形，另两足截面为等腰三角形。腹部与鋬相对一侧有扉棱。柱顶饰圆形涡纹，腹部以范线为界饰两个雷纹地分解兽面纹，扉棱和鋬各为兽面纹的鼻中线，兽面纹为圆角方形眼，有瞳孔。鋬内腹外壁有铭文"舌"字，阴文。通高19.1、流至尾长16.4、最大腹径6.1、柱高3.1、足高9.1厘米。

三 随葬器物

在58座晚商墓葬中，出土随葬品的墓葬有35座，共出土遗物430件。按质地来分主要有陶器、铜器、玉器、石器、蚌器及海贝等。现分类介绍于下。

（一）陶器

出土于2座墓葬中，共3件。器形有簋、圆陶片。

1.簋 1件。标本M36：1。

2.圆陶片 2件，均出土于M3盗洞中。标本M3：2、M3：3（原编号为7）。

（二）铜器

出土于27座墓葬中，共154件，其中有3件为器物残片（墓葬被盗掘），2件为残铜条。种类主要有容器、兵器、工具等3种，其他还有铃、弓形器、策、策末、簪等。现分类介绍于下。

1.铜容器

出土于19座墓葬中，共49件。器形有鼎、簋、卣、觚、爵。

（1）鼎 9件。出自9座墓。根据腹部的不同可分三型。

A型 7件。盆形鼎。形制为双立耳，方唇，窄折沿，腹呈盆形，三足呈柱状或略上粗下细。根据鼎足、耳及腹部的变化可分三式。

Ⅰ式：1件。深腹，圜底较圆，三足较矮，上粗下细。标本M43：3。

Ⅱ式：2件。腹较上式浅，圜底弧收，三柱状足有的还有上粗下细的迹象，三足比上式高。标本 M30∶2、M33∶4。

Ⅲ式：4 件。腹较浅，圜底近平，三柱状足较高。标本 M21∶14、M24∶2、M52∶1、M105∶1。

B 型　1 件。罐形鼎。形制为双立耳，方唇，侈口，束颈，鼓腹，呈罐形，圜底，三柱状足。标本 M22∶1。

C 型　1 件。分裆鼎。形制为双立耳，方唇，窄折沿，分裆，三柱状足较矮。标本 M28∶2。

（2）簋　3 件。出自 3 座墓。根据腹、圈足及装饰的差别可分两型。

A 型　2 件。腹斜直，圈足下有盘座；有装饰。标本 M8∶3、M21∶15。

B 型　1 件。侈口，卷沿，微束颈，鼓腹，高圈足；素面。标本 M22∶3。

（3）卣　1 件。标本 M28∶4。

（4）瓿　18 件。出自 18 座墓葬。根据瓿的整体装饰风格可分三型。

A 型　13 件。下腹及圈足有兽面纹装饰。根据瓿体粗矮、高低可分四式。

Ⅰ式：2 件。体相对较粗矮。标本 M43∶4、M16∶2。

Ⅱ式：4 件。较上式高。标本 M8∶2、M33∶2、M28∶7、M52∶2。

Ⅲ式：7 件。较上式细高。标本 M24∶5、M6∶2、M22∶2、M25∶1、M34∶6、M42∶1、M105∶3。

B 型　4 件。素面或下腹饰简化兽面纹。标本 M30∶3、M90∶1、M27∶1、M31∶4。

C 型　1 件。下腹和圈足有扉棱。标本 M21∶3。

（5）爵　18 件。出自 18 座墓葬。根据腹、鋬及器表装饰的不同，可分两型。

A 型 13 件。半环形鋬；器表装饰较简单。可分两亚型。

Aa 型　素面或仅饰几周凸弦纹。根据流、柱的变化可分三式。

Ⅰ式：6 件。流较窄，流、尾略上翘；柱较矮，双柱立于流折处；多卵形深腹。标本 M21∶4、M28∶5、M43∶2、M8∶1、M24∶6、M105∶2。

Ⅱ式：1 件。流、尾较上式上翘。标本 M6∶1。

Ⅲ式：3 件。宽流，流、尾上翘较甚；双柱较高，离流折有距离；多直腹，卵形底。标本 M7∶1、M25∶2、M27∶2。

Ab 型 3 件。腹部饰一周云雷纹，云雷纹上下各有一周圆珠纹。标本 M22∶7、M34∶5、M42∶2。

B 型 5 件。鋬多有牛首形装饰；器表纹饰华丽。根据流、柱、腹的变化可分两式。

Ⅰ式：2 件。窄流，流、尾略上扬；双柱较矮，立于流折处；腹略鼓。标本

M33：1、M30：5、M52：5。

Ⅱ式：3件。流较上式宽，流尾上扬较甚；双柱较高，离流折有距离；直腹，卵形底。标本 M16：3、M31：5。

2. 铜兵器

出土于 20 座墓葬中，共 53 件。器形有钺、戈、矛、镞等。

（1）钺 1件。标本 M13：6。

（2）戈 30件。出自 19 座墓葬。根据内部的不同可分三型（M38 盗洞内出土一件，仅剩内部，无法分型）。

A 型 7件。直内戈。可分三式。

Ⅰ式：3件。援较宽。标本 M28：6、M52：7、M13：11。

Ⅱ式：4件。窄长援。标本 M13：7、M22：4、M16：6、M31：3。

B 型 14件。銎内戈。可分两式。

Ⅰ式：3件。宽援，较厚重。标本 M13：13、M21：6、M21：5。

Ⅱ式：11件。 标本 M43：1、M33：3、M30：4、M1：1、M34：4、M42：5、M24：1、M27：8、M10：1、M104：1、M105：4。

C 型 8件。曲内歧冠戈。较轻薄，应是冥器。鸟形曲内，歧冠发达的有 4 件。标本 M21：8、M21：9、M21：11、M21：18。简化鸟首形曲内 4件。标本 M21：7、M21：10、M21：13、M21：17。

（3）矛 2件。出自 2 座墓葬。可分两式。

Ⅰ式：1件。叶末弧线内收，中脊两面有长三角形火焰状浅凹槽。标本 M13：16。

Ⅱ式：1件。叶末圆转，身近骹处两面有三角形凹槽。标本 M90：2。

（4）镞 21枚。出自 4 座墓葬。可分两型。

A 型：1枚。脊不出本。出自 M21，标本 M21：16-1。

B 型：20枚。脊出本。出自 3 座墓，13 枚双翼约与关齐。标本 M13：12-1、M13：12-2、M28：11。7 枚双翼较舒展，长于关。标本 M21：16—2、M38：3-1。

3. 铜工具

出土于 13 座墓葬中，共 27 件。器形有刀、斧、锛、凿等。

（1）刀 7件。出自 6 座墓葬。根据刀身、柄、首的差异可分四型。

A 型 1件。刀身较宽，刀尖上翘，有椭圆形銎以装木柄。标本 M13：4。

B 型 2件。刀身较窄，刀背与柄连线呈弧形，柄末有环形首。标本 M28：1、M13：8。

C 型 2 件。刀身较窄，柄末环首有三乳凸。标本 M21：19、M52：11。

D 型 2 件。刀身宽度介于 A、B 型之间，柄末有环首。标本 M42：5、M22：5。

（2）斧　2 件。出自 2 座墓葬。标本 M22：8、M42：3。

（3）锛　11 件。出自 11 座墓葬。根据刃部的不同可分两型。

A 型 7 件。弧形刃，刃尖外侈。标本 M7：3、M16：5、M28：8、M30：1、M31：2、M34：2、M42：4。

B 型 4 件。刃部近平，刃尖不外侈。标本 M13：14、M22：9、M24：4、M33：5。

（4）凿　7 件。出自 7 座墓葬。可分两型。

A 型 4 件。单面刃。标本 M13：10、M24：3、M30：6、M31：6。

B 型 3 件。双面刃。标本 M16：4、M22：6、M34：3。

4. 其他

主要有铃、弓形器、策、策末、簪等，还有器物残条、残片等。

（1）铃　12 件。出自 10 座墓葬，其中 M38 和 M52 各出 2 件。扁桶形身，无顶，上有拱形纽。根据有无扉棱可分两型。

A 型 1 件。铃身两侧有扉棱。标本 M38：1。

B 型 11 件。铃身两侧无扉棱。出自 10 座墓葬，标本 M16：1、M21：1、M22：10、M31：1、M34：1、M51：1、M51：2、M8：11、M24：1、M38：2、M118：1。

（2）弓形器　4 件。出自 4 座墓葬。根据弓臂的差异可分两型。

A 型 2 件。弓臂较矮，内臂较短，外臂斜伸。标本 M13：2、M28：3。

B 型 2 件。弓臂弓起较高，内外臂的长度相当。分两式。

Ⅰ式：1 件。臂端连线低于弓身连线。标本 M21：12。

Ⅱ式：1 件。臂端连线略高于弓身连线。标本 M8：4。

（3）策　1 件。标本 M8：5。

（4）策末　1 件。标本 M28：9。

（5）簪　1 件。标本 M28：10。

（6）器物残条　2 条。标本 M28：12-1、M28：12-2。

（7）器物残片　3 片。标本 M3：5（原编号为 2）、M3：6（原编号为 3）、M13：3。

（三）玉器

出土于 23 座墓葬中，共 44 件（套）。器形主要有璧、钺、戈、刀、柄形器、坠、珠、簪、鸟、鱼、璜、棒形饰等 12 种。现分类介绍于下。

1. 璧　2 件。出自 2 座墓葬。标本 M52：9、M118：2。

2. 钺 2件。出自2座墓葬。根据肩的有无可分两型。

A型 1件。有肩。标本M27：3。

B型 1件。无肩。标本M52：6。

3. 戈 17件。可分两类，一类为大型玉戈，应是仪仗用戈。一类为小型玉戈，应是口含或装饰用戈。

（1）大型玉戈 1件。标本M30：1。

（2）小型玉戈 16件。出自14座墓葬，其中M2、M42各出2件。根据援、内等的差异可分三型。

A型 11件。出自10座墓葬。援宽短，内后侧多斜削。标本M2：2、M2：3、M7：2、M19：1、M21：2、M24：7、M25：3、M27：7、M42：9、M90：3、M105：5。

B型 4件。出自4座墓葬。援窄长。标本M1：2、M13：5、M42：8、M89：1。

C型 1件。援曲为弧形。标本M104：2。

4. 刀 3件。出自2座墓葬。标本M25：5、M27：4、M27：6。

5. 柄形器 3件。出自3座墓葬。标本M27：5、M14：1、M36：2。

6. 坠 2件。出自2座墓葬。标本M3：1、M13：15。

7. 珠 2件。出自1座墓葬。标本M2：1、M2：4。

8. 簪 1套。由簪和簪套两部分组成。标本M52：4，簪套；M52：4，簪体。

9. 鸟 2件。出自2座墓葬。标本M52：10、M43：6。

10. 鱼 1件。标本M32：1。

11. 璜 2件。出自2座墓葬。标本M25：4、M22：11。

12. 棒形饰 2件。出自1座墓葬。标本M13：19、M13：18。

（四）石器

出土于3座墓葬中，共4件。器形主要有磬、刀、三角形器和石片等。

1. 磬 1件。标本M13：7。

2. 刀 1件。标本M42：7。

3. 三角形器 1件。标本M13：15。

4. 片 1件。标本M3：7（原编号为4）。

（五）其他

主要有原始瓷片、蚌器和海贝等。

1. 原始瓷片 3片。出自M13。标本M13：20-1、M13：20-2、M13：20-3。

2. 蚌器 1件。标本M22：12。

3. 海贝 228 枚。出自 9 座墓葬，其中 M3 出土 55 枚，M13 出土 100 枚，M32 出土 25 枚，M52 出土 43 枚，M6、M18、M90、M116、M118 各出 1 枚。均为货贝（又名齿贝）。表面多呈淡黄色或瓷白色。根据穿孔的大小可分两式。

Ⅰ式：穿孔较小。标本 M118：3、M3：4-1、M3：4-2、M3：4-3、M6：3、M13：1-1、M32：2、M32：4、M52：8-1、M52：8-2、M52：12-1。

Ⅱ式：穿孔较大。标本 M18：1、M90：4、M116：1。

四 分期与年代

（一）分期标准

该墓地现存地层堆积较为简单，墓口以上只有一层，即耕扰层。因此所有墓葬均直接开口于耕扰层下。打破生土。除 M38 打破一龙山灰沟外，其余墓葬均直接打破生土，和其他遗迹不发生关系。因此地层关系对于我们进行墓葬分期和年代判定基本没有意义。

陶器是器形演化较快的一种器物，也是考古学进行分期断代的主要参照物。但是荥阳小胡村墓地的这批商代墓葬，出土的陶器极少，除 M36 出土的 1 件陶簋和 M13 出土的 2 件圆陶片外，其他墓葬均不见陶器。因此，我们进行墓葬分期和年代的判定也基本无法利用陶器。

囿于以上两点，我们主要依靠铜器和玉器等来分析这批墓葬的年代。通过考察，我们发现该墓地出土的铜器和安阳殷墟出土的铜器无论在造型还是装饰风格上都保持着高度的一致性。因此，我们可以参照殷墟铜器的分期来考察这批铜器的年代。

关于殷墟青铜器的分期，主要有三期说和四期说，且每种分期说里各家期段的划分也有差异。我们在和殷墟铜器进行对照时，采用划大期的方法来进行对照。根据这批铜器自身的演化序列和阶段性特征，本报告青铜器分期主要采纳岳红彬《殷墟青铜礼器研究》一书的分期标准。小胡村墓地出土的这批铜器和殷墟各期的典型铜器相比有时候也会表现出稍早或稍晚的特征，特别是属于殷墟二期的器物早晚段变化明显，我们亦进行了早晚段的划分，属于殷墟三期的器物早晚段变化不明显，暂不作段划分。在对比材料的选取上，主要是选取殷墟年代比较明确的典型墓葬材料出土的器物。

需要说明的是由于铜器具有传世的特质，所以我们在说到青铜器的年代时，应考虑到青铜器自身的生产年代、使用年代和埋藏年代。我们以铜器来判定墓葬的年代时，主要的是考虑铜器埋藏年代，而某件铜器的埋藏年代和其同类器的流行年代是不一致的。换句话说，同一座墓葬出土的铜器，并不是每一件器物的流行年代和墓葬的时代相同，个别器物的同类器流行年代有时候要晚于墓葬的年代。因此，我们在根据铜器来断墓葬的时代时，主要考虑铜器群的年代，即根据同一座墓葬的多数铜器的年代来考虑墓葬的年代，而不仅仅局限于某一件器物，特别是不局限于发现数量较少还不清楚其同类器流行年代的器物。

某类铜器的流行年代跨越两个时期，如果在两座墓葬中均出有同类器物，我们并不能单单依靠这件器物就说两个墓葬是一个时期，因为该类器物有可能在其流行的前期被埋入墓葬，也有可能在其流行的后期被埋入墓葬。

（二）主要器类分析

现根据本书第三部分的器物型式划分来分析主要器类的年代。

1. 陶簋　M36 出土的陶簋属典型的商式陶器。与殷墟郭家庄商代墓葬出土的 A 型Ⅱ式簋（郭家庄 M230：3）形制相同，因此时代也应相当，同属殷墟三期。

2. 铜鼎　A 型Ⅰ式鼎为锥形足，和殷墟武官村北 M1：3 铜鼎[①]，花园庄东地M60：1 铜鼎形制相近[②]，这两座墓葬的年代被发掘者定为殷墟一期，朱凤瀚和岳洪彬将武官村北 M1 和花园庄东地 M60 的年代定为殷墟二期早段[③]。也和殷墟小屯村北M17：4 铜鼎[④]形制相近而略显早。小屯村北 M17 为殷墟二期。小胡村墓地出土的Ⅰ式铜鼎（M43：1）的时代应和其年代相当，即殷墟二期早段。另外其腹部有三叉形范线，根据郭宝钧的研究，这种铸造工艺是时代较早的特征。

A 型Ⅱ式鼎双耳均直立，不外撇，鼎腹较深且直，鼎足还有上粗下细的迹象，这些都是时代较早的特征。具体来说，M33：4 铜鼎及 M30：2 铜鼎与殷墟范家庄 M4：7铜鼎形制相近[⑤]，年代应为殷墟二期晚段。

A 型Ⅲ式鼎鼎腹较Ⅱ式鼎浅，年代比上式晚，但时代距离拉不开。该式中的M21：14 鼎与殷墟妇好墓出土的Ⅴ式铜鼎（M5：819）形制相近[⑥]，M52：1 铜鼎和M105：1 铜鼎与殷墟小屯村北 M18：12 铜鼎[⑦]、郭家庄东南 M26：34 铜鼎形制相近[⑧]，年代应同为殷墟二期晚段。

① 中国社会科学院考古研究所安阳工作队：《安阳武官村北的一座殷墓》，《考古》1979 年第 3 期。

② 中国社会科学院考古研究所：《安阳殷墟花园庄东地商代墓葬》，科学出版社 2007 年。

③ 朱凤瀚：《中国青铜器综论》，上海古籍出版社 2009 年，第 952 页；岳红彬：《殷墟青铜礼器研究》，中国社会科学出版社 2006 年，第 139 页。

④ 中国社会科学院考古研究所安阳工作队：《安阳小屯村北的两座殷代墓葬》，《考古学报》1981 年第 4 期。

⑤ 中国社会科学院考古研究所安阳工作队：《河南安阳市殷墟范家庄东北地的两座商墓》，《考古》2009 年第 9 期。

⑥ 中国社会科学院考古研究所：《殷墟妇好墓》，文物出版社 1980 年，第 43 页文，图版一一（ⅩⅠ）。

⑦ 中国社会科学院考古研究所安阳工作队：《安阳小屯村北的两座殷代墓》，《考古学报》1981 年第 4 期。

⑧ 中国社会科学院考古研究所安阳工作队：《河南安阳市郭家庄东南 26 号墓》，《考古》1998 年第 10 期。

B 型罐形铜鼎和殷墟孝民屯 M17∶11 铜鼎 ① 及 1982 年殷墟西区第三墓区发掘出土的 M875∶3 铜鼎形制相近 ②。发掘者将孝民屯 M17 年代定为殷墟三期,《殷墟青铜器》中将 M875∶3 铜鼎定为第三期。据此, B 型铜鼎年代也应为殷墟三期。

C 型分裆鼎和安阳郭家庄东南 26 号墓出土的 M26∶29 铜鼎及花园庄东地 M54∶166 铜鼎形制相同, 仅花纹有差别, 年代应该一致, 同为殷墟二期晚段。

3. 铜簋　属于 A 型的 M8∶3、M21∶15 铜簋和殷墟范家庄 M4∶5 铜簋及妇好墓 848 号铜簋形制极为相近, 殷墟这两座墓的年代均为殷墟二期晚段。同时, 小胡村 M8∶3 铜簋器底铸有铭文, 而“亚”字内腔较小, 族徽置于“亚”字框外。有学者认为将族徽置于“亚”字框外的铭文年代较早, 一般属二期晚段以前 ③。因此我们将 A 型铜簋的年代定在殷墟二期晚段。

B 型簋和殷墟郭家庄 M1 ④、小屯西地 M248 出土铜簋形制相近 ⑤, 但圈足较后者矮, 年代可能略早。后两者的年代被发掘者定为殷墟三期, B 型簋的年代至迟应与此同时, 或略早。

4. 铜卣　该墓地出土的铜卣和安阳大司空村 M539 出土的铜卣形制相同 ⑥, 只是花纹和器耳有别, 年代应该一致, 为殷墟二期晚段。

5. 铜瓿　A 型 Ⅰ 式铜瓿较粗矮, 年代明显较早。其形制和殷墟武官村北 M1∶7 铜瓿、花园庄东地 M60∶2 铜瓿、YM232∶R2005 铜瓿相近,《殷墟青铜礼器研究》一书将后三者的年代定为殷墟二期早段, 小胡村墓地 A 型 Ⅰ 式铜瓿的年代应与其相当。M43 所出铜瓿, 圈足下尚无明显盘座, 具有殷墟一期青铜器的遗风, 但腹部已外鼓, 呈现三段的形式。

从殷墟出土铜器来看, A 型 Ⅱ、Ⅲ 式铜瓿流行的年代较长, 自殷墟二期晚段至殷墟四期均较常见, 形制演化规律不明显。具体来说, A 型 Ⅱ 铜瓿与花园庄东地 M42、小屯村北 M17、郭家庄东南 M5 ⑦ 出土的铜瓿形制一致, 后三者年代均为殷墟二期晚段;

① 殷墟孝民屯考古队:《河南安阳市孝民屯商代墓葬 2003-2004 年发掘简报》,《考古》2007 年第 1 期。
② 资料未发表, 可参见中国社会科学院考古研究所:《殷墟青铜器》, 文物出版社 1985 年, 图版六八、七六, 第 450、452 页图版说明。
③ 岳洪彬:《殷墟青铜礼器研究》, 中国社会科学出版社 2006 年, 第 148、151-152 页。
④ 中国社会科学院考古研究所:《安阳殷墟郭家庄商代墓葬》, 中国大百科全书出版社 1998 年, 第 36、38 页。
⑤ 中国社会科学院考古研究所:《殷墟发掘报告(1958-1961)》, 文物出版社 1987 年, 第 237、239 页。
⑥ 中国社会科学院考古研究所安阳工作队:《1980 年河南安阳大司空村 M539 发掘简报》,《考古》1992 年第 6 期。
⑦ 安阳市文物考古研究所:《河南安阳市殷墟郭家庄东南五号商代墓葬》,《考古》2008 年第 8 期。

A 型Ⅲ式铜觚与郭家庄 M1、孝民屯东南地 M1327[①]等殷墟三期墓葬出土的铜觚形制相近，年代也应相当。

B 型铜觚流行时间也较长，自殷墟青铜器第二期晚段至第四期均能见到。B 型铜觚的形制和安阳殷墟苗圃北地 M80[②]、郭家庄 M248、孝民屯东南地 M1260 等殷墟发掘的墓葬出土铜觚一致，年代为殷墟二期晚段至殷墟四期。

C 型铜觚盛行于殷墟二期晚段，在殷墟妇好墓中出土有较多该型铜觚，1986 年发掘的安阳大司空村南地的两座殷墓（M25、M29）中出有三件该型铜觚[③]，也与范家庄 M4 出土铜觚形制一致，年代为殷墟二期晚段。

6. 铜爵　各型式铜爵的演化规律较为一致，腹由浅变深，流、尾上翘越来越甚，菌状双柱离流折越来越远。Aa 型Ⅰ式铜爵柱较矮，立于流折处，其形态较早，主要盛行于殷墟青铜器第二期晚段。在安阳殷墟 1986 年发掘的大司空村南地的两座殷墓（M25、M29）[④]、郭家庄东南 M26[⑤]等殷墟二期晚段的墓葬中均发现有该型式铜爵。Aa 型Ⅲ式铜爵流、尾均上翘较为严重，柱较高且远离流折，年代明显较晚，主要流行于殷墟青铜器第三、四期，具体来说，小胡村墓地出土的该式铜爵与郭家庄 M53：8、M202：4 等殷墟四期墓葬出土的铜爵形制相近。Aa 型Ⅱ式铜爵的形态处于 Aa 型Ⅰ式和 Aa 型Ⅲ式铜爵之间，主要流行于殷墟青铜器第三期，形制和安阳苗圃北地发掘的 M80：1 铜爵[⑥]、郭家庄 M248：3 铜爵相近，后两者的年代发掘者定为殷墟三期。Ab 型铜爵的形制和 Aa 型Ⅰ、Ⅱ式铜爵相近，只是腹部纹饰不同，年代应该一致，流行于殷墟二期晚段至三期。结合同墓共出的其他铜器，可将小胡村墓地 Ab 型铜爵的年代定在殷墟三期。

B 型Ⅰ式铜爵和大司空村南 M539：24[⑦]、郭家庄东南 M26：18、范家庄 M4：10 铜爵形制相近，年代应该一致，流行于殷墟二期晚段。B 型Ⅱ式铜爵流、尾均上翘，年代较Ⅰ式晚，主要流行于殷墟三、四期，与郭家庄墓地三期墓葬 M135：14 铜爵形制相近。

7. 铜钺　小胡村墓地出土的 1 件铜钺（M13：6）与陕西洋县谢村镇范坝村出土的

① 中国社会科学院考古研究所安阳工作队：《河南安阳市殷墟孝民屯东南地商代墓葬 1989–1990 年的发掘》，《考古》2009 年第 9 期。

② 中国社会科学院考古研究所安阳工作队：《1980–1982 年安阳苗圃北地遗址发掘简报》，《考古》1986 年第 2 期。

③ 中国社会科学院考古研究所安阳工作队：《1986 年安阳大司空村南地的两座殷墓》，《考古》1989 年第 7 期。

④ 中国社会科学院考古研究所安阳工作队：《1986 年安阳大司空村南地的两座殷墓》，《考古》1989 年第 7 期。

⑤ 中国社会科学院考古研究所安阳工作队：《河南安阳市郭家庄东南 26 号墓》，《考古》1998 年第 10 期。

⑥ 中国社会科学院考古研究所安阳工作队：《1980–1982 年安阳苗圃北地遗址发掘简报》，《考古》1986 年第 2 期。

⑦ 中国科学院考古研究所安阳工作队：《1980 年河南安阳大司空村 M539 发掘简报》，《考古》1992 年第 6 期。

同类器形制相近。曹玮认为后者的年代与殷墟一期相当[①]。结合小胡村墓地 M13 出土的其他器物的年代，我们将 M13∶6 铜钺的年代定为殷墟二期晚段。

8. 铜戈　A 型直内铜戈出现的年代要早于其他各型铜戈，但在殷墟晚期共存了较长时间，在晚商时代主要流行于殷墟二、三期。且援宽短厚重的要早于援窄长轻薄的。B 型銎内戈是该墓地出土铜戈中的大宗，在安阳殷墟地区也主要流行于殷墟二、三期。C 型曲内歧冠铜戈主要流行于殷墟二期晚段，如殷墟妇好墓、大司空村南 M539[②]、大司空村南地的两座殷墓（M25、M29）[③]、郭家庄东南 M26 等殷墟二期晚段的墓葬中均出土有该型式铜戈。

9. 铜矛　Ⅰ式铜矛叶末弧线内收，其形制与大司空 M539∶6 铜矛相近；Ⅱ式铜矛叶末圆转，其形制与殷墟郭家庄东南 M7∶4 铜矛形制相近[④]。小胡村出土铜矛与殷墟铜矛的差异在于，这里的两件铜矛骹两侧均没有穿，而殷墟及其他地方出土同时期铜矛多带穿。大司空 M539 的年代为殷墟二期，郭家庄东南 M7 的年代为殷墟三期。

10. 铜镞　A 型铜镞脊不出本，形制与郭家庄东南 M26、大司空东南 M663[⑤]、花园庄东地 M54 等殷墟二期晚段墓葬出土的铜镞形制近同。B 型铜镞脊出本，形制与殷墟大司空 M539、花园庄东地 M54 等墓葬出土的铜镞近同。

11. 铜刀　A 型铜刀的刀身形制和殷墟妇好墓出土的 M5∶1169 铜刀近似[⑥]，也与郭家庄东南 M26 出土的铜刀形制及背部纹饰一致（M26∶20），只是柄部不同[⑦]。A 型刀的年代应和上述两铜刀的年代一致，流行于殷墟二期晚段。B 型铜刀柄部上、下缘较厚，中间薄平，在安阳殷墟地区主要流行于殷墟二期晚段，年代比此晚的铜刀，刀柄变厚，截面呈橄榄形或枣核形。在安阳殷墟地区，C 型铜刀主要见于殷墟二期的墓葬中，如大司空 M539、小屯 M164[⑧] 等墓葬。荥阳小胡村墓地出土的该类铜刀应与殷墟出土的该类铜刀同时代，也为殷墟二期晚段。而在安阳以北的北方地区，此形制铜刀出现的时代更早，如山西石楼后兰家沟出土的铜器群中就包含有此形制铜刀，该铜器群的

① 曹玮主编：《汉中出土商代青铜器》（第一卷），巴蜀书社 2006 年，第 29—36 页。

② 中国科学院考古研究所安阳工作队：《1980 年河南安阳大司空村 M539 发掘简报》，《考古》1992 年第 6 期。

③ 中国社会科学院考古研究所安阳工作队：《1986 年安阳大司空村南地的两座殷墓》，《考古》1989 年第 7 期。

④ 中国社会科学院考古研究所安阳工作队：《1987 年夏安阳郭家庄东南殷墓的发掘》，《考古》1988 年第 10 期。

⑤ 中国社会科学院考古研究所安阳工作队：《安阳大司空村东南的一座殷墓》，《考古》1988 年第 10 期。

⑥ 刘一曼：《殷墟青铜刀》，《考古》1993 年第 2 期。

⑦ 中国社会科学院考古研究所安阳工作队：《河南安阳市郭家庄东南 26 号墓》，《考古》1998 年第 10 期。

⑧ 见刘一曼：《殷墟青铜刀》，《考古》1993 年第 2 期。

年代相当于殷墟一期晚段①。因此，有学者认为此形制铜刀应是通过战争、纳贡等形式从北方传入的。D 型铜刀应是从 B 型演变而来，刀身变宽，年代晚于 B 型，主要流行于殷墟二、三期，其形制与殷墟西区 M372、梅园庄 M118 出土的同类器近似。

　　12. 铜斧　只有 2 件，M22：8 铜斧形制与殷墟花园庄东地残铜斧 M60：29 相近，M42：3 铜斧与郭家庄 M160：253 铜斧近同。

　　13. 铜锛　形制演化规律不明显。A 型铜锛与安阳文源绿岛 M5②、大司空 M539 等殷墟二、三期墓葬出土铜锛形制近同。

　　B 型铜锛能在安阳文源绿岛 M5、花园庄东地 M54、郭家庄东南 M26 等殷墟二期墓葬中找到同类器，时代应该相近。

　　14. 铜凿　形制演化规律不明显。A 型铜凿与殷墟郭家庄东南 M26：54、范家庄 M4：34、郭家庄 M160：254 铜凿形制近同，年代为殷墟二期晚段至三期。

　　B 型铜凿与殷墟花园庄东地 M54、刘家庄北 M508③ 等墓葬中出土的同类器形制相近。

　　14. 铜铃　A 型铜铃与殷墟范家庄 M4、戚家庄 M260④、苗圃北地 M80 等殷墟二、三期墓葬出土的带扉棱铜铃形制近同，年代大致在殷墟二期晚段至三期。B 型铜铃与殷墟郭家庄 M75、孝民屯东南 M1228 出土的铜铃形制相近。小胡村墓地出土的 B 型铜铃与殷墟出土铜铃的差别主要在于，这里的铜铃均无顶，而殷墟出土的此类铜铃多数有顶。

　　15. 弓形器　A 型和 B 型 I 式弓形器的两臂端连线低于弓身连线。有学者研究认为，这是年代较早的特征，此类弓形器主要流行于殷墟二期⑤。在安阳殷墟地区主要见于妇好墓、大司空村东南 M663⑥、范家庄 M4 等殷墟二期的墓葬中。B 型 II 式弓形器最为流行的年代为殷墟三期，但殷墟二期时即已出现。

　　另外，有些器物在本墓地出土量较少，但在殷墟等地以往考古发掘中曾经发现过，年代较明确。这样的器物有 M3：1 玉坠。其形制与殷墟妇好墓 M5：940 玉坠饰几乎相同。

---

① 郭勇：《石楼后兰家沟发现商代青铜器简报》，《文物》1962 年第 4、5 期。

② 安阳市文物考古研究所：《安阳殷墟徐家桥郭家庄商代墓葬——2004-2008 年殷墟考古报告》，科学出版社 2011 年，第 52-56 页。

③ 中国社会科学院考古研究所安阳工作队：《河南安阳市殷墟刘家庄北地 2008 年发掘简报》，《考古》2009 年第 7 期。

④ 安阳市文物考古研究所：《安阳殷墟戚家庄东商代墓地发掘报告》，中州古籍出版社 2015 年，第 132-134 页。

⑤ 郜向平：《略论商周青铜弓形器的形制演变》，《华夏考古》2007 年第 1 期。

⑥ 中国社会科学院考古研究所安阳工作队：《安阳大司空村东南的一座殷墓》，《考古》1988 年第 10 期。

荥阳小胡村墓地出土铜器与殷墟铜器类型学比较图表

器物名称	型式	荥阳小胡村墓地出土器物	其他墓地出土器物		
			殷墟二期早段	殷墟二期晚段	殷墟二期晚段
铜鼎	A I	M43 : 3	武官村北 M1 : 3　花东 M60 : 1		
	A II	M52 : 2　M105 : 1　M30 : 2　M33 : 4　3086（郑）		范家庄 M4 : 7　小屯村北 M17 : 4	
	A III	M52 : 2　M105 : 1　M21 : 14　M24 : 2			小屯村北 M18 : 12　郭家庄东南 M26 : 34　妇好墓 819

续表

器物名称	型式	荥阳小胡村墓地出土器物	其他墓地出土器物	时代
铜鼎	B	M22：1	GM875：3　孝民屯 M17：11（三期）	殷墟三期
铜鼎	C	M28：2　5993（郑）	郭家庄东南 M26：29　花东 M54：166	殷墟二期晚段
铜簋	A	M8：3　M21：15	范家庄 M4：5	殷墟二期晚段

续表

器物名称	型式	荥阳小胡村墓地出土器物	其他墓地出土器物	时代
铜簋	B	M22：3	郭家庄 M1：2　小屯西地 M248：4	殷墟三期
铜卣		M28：4	大司空村 M539：32	殷墟二期晚段
铜觚	A I	M16：2　M43：4	YM232：R2005（一期）　花东 M60：2　武官村北 M1：7	殷墟二期早段

续表

器物名称	型式	荣阳小胡村墓地出土器物				其他墓地出土器物	时代
铜觚	A Ⅱ	M8：2	M33：2	M28：7	M52：2	花东 M42：3　小屯村北 M17：5　郭家庄东南 M5：7M17：5	殷墟二期晚段
		M34：6	M42：1	M105：3	6001（郑）		

续表

器物名称	型式	荥阳小胡村墓地出土器物				其他墓地出土器物		时代
铜觚	A Ⅲ	5994（邦） M24：5	M6：2	M22：2	M25：1	郭家庄 M1：1	孝民屯东南地 M1327：11（三期）	殷墟三期

续表

器物名称	型式	荥阳小胡村墓地出土器物	其他墓地出土器物	时代
铜觚	B	M30:3　M90:1　M27:1　M31:4　0872(荥)	苗圃北地M80:2　孝民屯东南M1260:3（三期）　郭家庄M248:2（三期）	殷墟二期晚段至殷墟三期
	C	M21:3	大司空村南地M29:7　范家庄M4:6　妇好墓625（殷墟青铜器）	殷墟二期晚段

续表

器物名称	型式	荥阳小胡村墓地出土器物	其他墓地出土器物	时代
铜爵	Aa I	M21:4　M28:5　M43:2　M8:1 M24:6　M105:2　5995（郑）	大司空村南地 M25:17　郭家庄东南 M26:19	殷墟二期晚段
	Aa II	6003（郑）　M6:1	郭家庄 M248:3（三）　安阳苗圃北地 M80:1	殷墟三期

续表

器物名称	型式	荥阳小胡村墓地出土器物				其他墓地出土器物		时代
铜爵	Aa Ⅲ	M7 : 1	M25 : 2	M27 : 2		郭家庄 M202 : 4（四晚）	郭家庄 M53 : 8（四晚）	殷墟四期
	Ab	M22 : 7	M34 : 5	M42 : 2	6002（郑）			殷墟三期
	B Ⅰ	M33 : 1	M30 : 5	M52 : 5	0910（荥）	大司空村南 M539 : 24	郭家庄东南 M26 : 18（二晚）	范家庄东北地 M4 : 10	殷墟二期晚段

续表

器物名称	型式	荥阳小胡村墓地出土器物	其他墓地出土器物	时代
铜爵	B Ⅱ	M31：5　M16：3	郭家庄 M135：14（三）	殷墟三期
钺		M13：6	洋县谢村镇范坝村	殷墟二期晚段
铜戈	A Ⅰ	M52：7　M28：6　6004（郑）　M13：11	民屯 M17：18（三期）孝　郭家庄 M38：2（二）　郭家庄 M232：3（三）	殷墟二、三期

续表

器物名称	型式	荥阳小胡村墓地出土器物		其他墓地出土器物		
						时代
铜戈	A Ⅱ	M13:7	M16:6	武官村北 M1:13 (一)	大司空村东南 M663:32	殷墟二三期
		M31:3	5997 (郑)	郭家庄东南 M26:3		
	B Ⅰ	M13:13	M21:5	郭家庄东南 M26:55 (二)	郭家庄 M160:322 (三)	殷墟二三期
	B Ⅱ	M1:1	M24:1	郭家庄 M64:4 (二)	花东 M54:256	殷墟二三期

续表

器物名称	型式	荥阳小胡村墓地出土器物	其他墓地出土器物	时代
铜戈	C	M21 : 11 M21 : 9 5998（郑）	郭家庄东南 M26 : 58（二晚） 大司空村南 M539 : 7 大司空南地 M25 : 3	殷墟二期晚段
矛	I	M13 : 16	戚家庄 M269 : 20（三） 大司空 M539 : 6（二）	殷墟二三期
矛	II	M90 : 20	郭家庄东南 M7 : 4（三） 苗圃北地 M54 : 7（三）	殷墟二三期

续表

器物名称	型式	荥阳小胡村墓地出土器物	其他墓地出土器物	时代
镞	A	M21:16—1	郭家庄东南 M26:22　大司空村东南 M663:42　花东 M54:116—1	殷墟二期晚段
	B	M21:16—2　M13:12—1　M28:11　M38:3—1	大司空 M539:36（二晚）　花东 M54:116—2	
铜刀	A	M13:4	妇好墓 M5:1169　郭家庄东南 M26:20	

续表

器物名称	型式	荥阳小胡村墓地出土器物	其他墓地出土器物	时代
铜刀	B	M28：1　　5999（郑）	戚家庄东 M265：3（二）	殷墟二期晚段
	C	M52：11	小屯 M164：4　　大司空 M539：37	殷墟二期晚段
	D	M42：5　　M22：5　　6000（郑）	西区 M372：7　　梅园庄 M118：10	殷墟三期
斧		M22：8　　M42：3	花东 M60：29　　M160：253	殷墟三期

续表

器物名称	型式	荥阳小胡村墓地出土器物	其他墓地出土器物	时代
铲	A	M16：5　　M30：1	大司空 M539：12（二）　梅园庄 M67：3（三）　文源绿岛 M5：9（二）	殷墟二、三期
铲	B	M22：9　　M13：14（同见 M22：4、M33：5）	花东 M54：178　文源绿岛 M5：24（二）　郭家庄东南 M26：59（二晚）	殷墟二、三期
凿	A	M24：3　　M31：6（同见 M13：10、M30：6）	郭家庄 M160：254（三）　范家庄 M4：34（二）　郭家庄东南 M26：54（二晚）	殷墟二、三期

续表

器物名称	型式	荥阳小胡村墓地出土器物	其他墓地出土器物	时代
凿	B	M16：4　　M22：6（同见M34：3）	花东M54：176　殷墟西区M73：8（三）　刘家庄北M508：11	殷墟二、三期
铙		1664（郑）	妇好墓839	殷墟二期
铃	A	M38：1	范家庄M4：1　戚家庄M260：7（三）　苗圃北地M80：8（三）	殷墟二、三期

续表

器物名称	型式	荥阳小胡村墓地出土器物			其他墓地出土器物			时代
弓形器	B	M16：1	M21：1	M24：01	孝民屯东南 M1228：4	郭家庄 M75：1	郭家庄 M75：10	殷墟二、三期
	A	M28：3			大司空村东南 M663：37			殷墟二期晚段
	B I	M21：12			花园庄东地 M54：393	范家庄东北地 M4：14		殷墟二期晚段
	B II	M8：4			郭家庄 M160：214（三）	郭家庄 M1：4（三）		殷墟二期

墓葬分期与年代对照表

墓葬分期		墓号	年代	《殷墟青铜礼器研究》	
第一期	早段	M43	武丁早期	早段	第二期
	晚段	M3、M8、M13、M21、M24、M28、M30、M33、M52	武丁晚期、祖庚、祖甲	晚段	
第二期		M6、M16、M22、M31、M34、M36、M42、M90、M105	禀辛、康丁、武乙、文丁	早段	第三期
				晚段	
第三期		M7、M25、M27	帝乙、帝辛	第四期	

（三）墓葬分期与年代

从上述主要器类分析可以看出，铜容器及弓形器的演化规律及各时期时代特征相对明显，而其他兵器和工具类在晚商时期有个大的流行区间，器物演化规律、时代特征不显著，因此，我们在根据墓葬出土铜器来对小胡村墓地墓葬进行分期时，主要依据铜容器的分析结果。在这 58 座晚商墓葬中，能够根据陶、铜容器进行分期的墓葬有 20 座。根据以上陶器和铜器器类分析，我们初步把这 20 座晚商墓葬分为三期四段。

第一期：可分早、晚两段。

早段：铜容器主要有 A Ⅰ 式鼎、A Ⅰ 式瓿、A Ⅰ 式爵、B Ⅱ 式戈。铜容器组合形式为鼎、瓿、爵。出土铜器形制在本墓地中均表现出时代较早的特征，只有 1 座 M43。和殷墟青铜器相比照，铜容器具有殷墟二期早段的特征，年代相当于武丁早期。

晚段：铜容器主要有 A Ⅱ、Ⅲ 式和 C 型鼎，A 型簋、卣，A Ⅱ 式和 C 型瓿，Aa Ⅰ 和 B Ⅰ 式爵；工具类主要有 A 型、B 型、C 型刀和弓形器等。铜容器组合主要有鼎、簋、瓿、爵，鼎、卣、瓿、爵，鼎、瓿、爵等三种形式。有 M8、M21、M24、M28、M30、M33、M52，共 7 座墓葬。和殷墟青铜器相比照，铜容器、刀和弓形器均具有殷墟二期晚段的特征，年代相当于武丁晚期和祖庚、祖甲时期。M3、M13 被盗扰严重，本次发掘未发现铜容器，但从 M3 出土的玉坠，M13 出土的铜钺、弓形器等器物形制来看，年代也应属于这一时期。

第二期：陶器为 1 件簋；铜容器主要有 A Ⅲ 式和 B 型鼎，B 型簋、卣，A Ⅲ 式和 B 型瓿，Aa Ⅱ 式、Ab 型和 B Ⅱ 式爵；工具类主要有 D 型刀等。铜容器组合主要有鼎、簋、瓿、爵，鼎、瓿、爵，瓿、爵，瓿等四种形式。主要有 M6、M16、M22、M31、M34、M36、M42、M90、M105，共 9 座墓葬。陶簋腹外壁饰三角划纹一周，其上饰凹弦纹三周，下饰凹弦纹一周，典型的殷墟三期陶簋特征；和殷墟青铜器相比照，铜容器也具有殷墟三期的特征，年代相当于禀辛、康丁、武乙、文丁时期。这期墓葬中，

M16 出土的铜觚属 A Ⅰ 式觚，从形制来看，属殷墟二期早段，应是早期流传下来的器物。

第三期：铜容器主要有 A Ⅲ 式和 B 型觚、Aa 型 Ⅲ 式爵。铜容器组合有觚、爵，爵等两种形式。主要有 M7、M25、M27，共 3 座墓葬。和殷墟青铜器相比照，铜容器具有殷墟四期的特征，年代相当于帝乙、帝辛时期。

另外，M3、M13 从出土海贝、玉器、铜兵器来看，具有殷墟二期晚段的特征，年代可定为殷墟二期晚段。M1、M10、M104 所出铜戈为銎内戈，銎内戈始见于殷墟二期早段，主要流行于殷墟二期晚段和三期，这 3 座墓葬的年代应该在这一时间区间内，下限可到殷墟四期。

五　墓葬等级分析

（一）青铜器组合分析

1. 青铜器组合形式

在 58 座晚商墓葬中，有 27 座墓葬出有铜器。其中有 6 座墓葬因被盗掘，原始的铜器组合情况已经不清楚。这 6 座墓葬出土铜器的情况为：

M3：片 2

M6：觚 1 爵 1

M8：觚 1 爵 1 簋 1 弓形器 1 策 1 铃 1

M13：戈 3 刀 2 锛 1 凿 1 镞 11 弓形器 1 戚 1 矛 1 片 1

M38：戈 1 镞 4 铃 2

M51：铃 2

另外 21 座墓葬，未被盗掘，器物组合完整。共有 16 种铜器组合方式，具体组合情况如下：

1.M21：鼎 1 簋 1 觚 1 爵 1 戈 10 刀 1 镞 4 弓形器 1 铃 1

2.M22：鼎 1 簋 1 觚 1 爵 1 戈 1 刀 1 斧 1 锛 1 凿 1 铃 1

3.M28：鼎 1 卣 1 觚 1 爵 1 戈 1 刀 1 镞 2 锛 1 弓形器 1 龙形器 1 镦形器 1 条 2

4.M24：鼎 1 觚 1 爵 1 戈 1 锛 1 凿 1 铃 1

5.M30：鼎 1 觚 1 爵 1 戈 1 锛 1 凿 1

6.M33：鼎 1 觚 1 爵 1 戈 1 锛 1

7.M52：鼎 1 觚 1 爵 1 戈 1 刀 1

8.M43：鼎 1 觚 1 爵 1 戈 1

　　M105：鼎 1 觚 1 爵 1 戈 1

9.M42：觚 1 爵 1 戈 1 刀 1 斧 1 锛 1

10.M16：觚 1 爵 1 戈 1 锛 1 凿 1 铃 1

　　M31：觚 1 爵 1 戈 1 锛 1 凿 1 铃 1

　　M34：觚 1 爵 1 戈 1 锛 1 凿 1 铃 1

11.M27：觚 1 爵 1 戈 1

12.M25：觚 1 爵 1

13.M90：觚 1 矛 1

14.M7：爵 1 锛 1

15.M1：戈 1

　　M10：戈 1

　　M104：戈 1

16.M118：铃 1

这 16 种铜器组合方式如果以铜容器为中心来进行划分，又可以分为七大类。

第一类组合：组合形式为鼎 1 簋 1 觚 1 爵 1 + 其他器物。包括 1、2 两种组合方式。有 2 座墓葬。

　　M21：鼎 1 簋 1 觚 1 爵 1 戈 10 刀 1 镞 4 弓形器 1 铃 1

　　M22：鼎 1 簋 1 觚 1 爵 1 戈 1 刀 1 斧 1 锛 1 凿 1 铃 1

第二类组合：组合形式为鼎 1 卣 1 觚 1 爵 1 + 其他器物。只有第 3 一种组合方式。有 1 座墓葬。

　　M28：鼎 1 卣 1 觚 1 爵 1 戈 1 刀 1 镞 2 锛 1 弓形器 1 龙形器 1 镦形器 1 条 2

第三类组合：组合形式为鼎 1 觚 1 爵 1 + 其他器物。包括第 4–8 种组合方式。有 6 座墓葬。

　　M43：鼎 1 觚 1 爵 1 戈 1

　　M105：鼎 1 觚 1 爵 1 戈 1

　　M52：鼎 1 觚 1 爵 1 戈 1 刀 1

　　M33：鼎 1 觚 1 爵 1 戈 1 锛 1

　　M30：鼎 1 觚 1 爵 1 戈 1 锛 1 凿 1

　　M24：鼎 1 觚 1 爵 1 戈 1 锛 1 凿 1 铃 1

第四类组合：组合形式为觚 1 爵 1 + 其他器物。包括第 9–12 种组合方式。有 6 座墓葬。

　　M42：觚 1 爵 1 戈 1 刀 1 斧 1 锛 1

　　M16：觚 1 爵 1 戈 1 锛 1 凿 1 铃 1

M31：瓿 1 爵 1 戈 1 锛 1 凿 1 铃 1

M34：瓿 1 爵 1 戈 1 锛 1 凿 1 铃 1

M27：瓿 1 爵 1 戈 1

M25：瓿 1 爵 1

第五类组合:组合形式为瓿 1 + 其他器物。只有第 13 一种组合方式。共 1 座墓葬。

M90：瓿 1 矛 1

第六类组合:组合形式为爵 1 + 其他器物。只有第 14 一种组合方式。共 1 座墓葬。

M7：爵 1 锛 1

第七类组合：组合中没有铜容器。包括第 15、16 两种组合方式。共 4 座墓葬。

M1：戈 1

M10：戈 1

M104：戈 1

M118：铃 1

2. 各时期各等级墓葬青铜器组合形式考察

结合本报告四（三）墓葬的分期与年代,可对本墓地出土青铜器组合进行考察。

第一期早段（殷墟二期早段）：

只有 1 座墓葬,组合形式为上述第三类组合（第 8 种）,铜容器为鼎、瓿、爵。墓葬等级属本墓地第二等级。这一铜容器组合形式在殷墟同时期墓葬中占比较小,殷墟墓葬组合形式一般再配以卣或瓿。

第一期晚段（殷墟二期晚段）：

组合形式主要为上述第一类（M21）、第二类（M28）和第三类（M24、M30、M33、M52）。铜容器组合主要为鼎、簋、瓿、爵,鼎、卣、瓿、爵,鼎、瓿、爵等三种形式。墓葬均属于本墓地第二等级。第一类和第二类组合的墓葬各 1 座,第三类组合的墓葬 4 座。组合形式以"鼎、瓿、爵"为核心,加入了簋。在殷墟商代墓葬中,这一阶段铜器组合中,在以"鼎、瓿、爵"为核心的墓葬中,一般在加入簋的同时,也会配以甗和其他器物。

第二期（殷墟三期）：

组合形式主要为第一类（M22）、第三类（M105）、第四类（M16、M31、M34、M42）和第五类（M90）。铜容器组合主要为鼎、簋、瓿、爵,鼎、瓿、爵,瓿、爵,瓿等四种形式。墓葬均属于本墓地第二等级。第一类、第三类和第五类组合的墓葬各 1 座,第四类组合的墓葬 4 座。这一阶段第四类组合墓葬较多,第三类组合墓葬明显减少,新出现了单瓿的组合形式。

第三期（殷墟四期）：

组合形式主要为第四类（M25、M27）和第六类（M7）。铜容器组合主要为觚、爵，爵等两种形式。墓葬均属于本墓地第二等级。新出现了单爵的组合形式。

从以上分析可以看出，小胡村墓地遵循了自殷墟一期开始形成的"觚、爵"相配定制，但在以"鼎、觚、爵"为核心，加入簋的同时不加入别的器物，与殷墟墓葬存在明显差异。自第二期（殷墟三期）开始出现了单觚或单爵的组合形式，这一现象在殷墟墓葬中同样存在，应该是对传统"觚、爵"配制的反叛[①]。另外，该墓地从组合来看，前两期铜容器数量多，组合形式多样，而到第三期（殷墟四期）明显减少，这或许反映了使用该墓地的族群当时地位的一种变化。

（二）墓葬等级划分

根据墓室面积，并结合随葬品、殉牲等情况，我们初步把这.58座晚商墓葬分成三个等级。

第一等级：墓室面积在8平方米以上（M38墓口面积为7.2平方米）。这样的墓葬有3座，即M3、M13、M38。三座墓葬均遭严重盗掘，破坏较甚。M3盗洞中出土有2个彩绘圆陶片。彩绘圆陶片是一种比较特别的随葬器物，虽然现在对其用途还不太确定，但有一点是可以肯定的，出土这种器物的墓葬一般规格都比较高，如殷墟王陵区的M1001、M1002、M1004，小屯M5（妇好墓）等高等级的墓葬中均出有这类圆陶片，而在规格较低的墓葬却很少出土圆陶片。因此，虽然M3的精美铜器我们已经无法看到，但根据其墓室面积和出土的圆陶片，我们把其归为该墓地的第一等级墓葬，应无问题。M13二层台上出有特磬，根据考古发现和文献记载，特磬不是一般的乐器，而是自龙山时代至东周时期王室和方国（或诸侯）专用的大型礼乐器。殷墟武官村大墓出土的虎纹石磬、小屯宫殿区采集到的龙纹石磬以及山东滕州前掌大、山西灵石旌介村等方国首领墓出土的特磬，都是极有力的证明材料。该墓出土特磬，表明墓主人身份非同一般。因此，我们把M13也归为该墓地第一等级墓葬。M38墓口面积低于8平方米，但是墓底面积却达10.5平方米，且殉狗数量多达7条，因此，其规格应较高，可归为第一等级墓葬。这一等级的墓葬墓室都较深，现存深度都在4.5米以上。

第二等级：墓室面积在3~8平方米之间。这类墓葬葬具一般都使用了一棺一椁。一般都出有铜器或玉器。但是这一等级里面的墓葬也有很大差别，还可以随葬铜器的情况进行细致划分。随葬有第一至第三类铜器组合的墓葬规格要稍高于其他墓葬。当然，这种划分法存在很大的缺陷，特别是随葬有第四类铜器组合的墓葬，和第一至第

① 岳洪彬：《殷墟青铜礼器研究》，中国社会科学出版社2006年，第286页。

三类铜器组合墓葬的墓主在生前的社会地位上也可能是一样的,只是富有程度上有所差别。另外,有一些墓葬虽然面积在 3~8 平方米的范围内,但是随葬品却较为贫乏,这类墓葬的规格应相对低些,或许和第三等级墓葬的规格相差无几。属于这一等级的墓葬数量较多,共 25 座。主要有 M5、M6、M7、M8、M16、M20、M21、M22、M24、M25、M27、M28、M30、M31、M32、M33、M34、M36、M42、M43、M51、M52、M90、M105、M118。有多座被盗。

第三等级:墓室面积一般在 3 平方米以下。这类墓葬葬具一般只使用木棺而没有木椁。随葬品往往只有一枚海贝。规格较低。共 30 座。主要有 M1、M2、M4、M9、M10、M11、M12、M14、M15、M17、M18、M19、M23、M26、M29、M35、M39、M40、M46、M47、M48、M49、M50、M53、M89、M103、M104、M116、M117、M027。

以上以墓室面积为主进行的墓葬等级的划分,只是相对的,相邻各等级之间的墓葬或许原本没有这么严格的界限。另外第二等级的墓葬中也还有细致划分的可能。

结合墓葬分期与年代,我们能够看到第一等级的墓葬,年代多为第一期晚段(殷墟二期晚段),第二等级的墓葬年代也多集中在第一期晚段(殷墟二期晚段)和第二期(殷墟三期),第三期(殷墟四期)墓葬占比较少。这或许反映了使用该墓地的族群鼎盛时期应在殷墟三期以前,至殷墟四期已呈现出衰落的状态,这一情况在铜器组合的阶段差异中也同样有所反映。

六　墓地性质

(一)铜器铭文考释

共有铭文单字九个,即舌、秉、册、亚、弓、韦、𤔔、𠄔、己。其中后七个字均与舌字同墓共出;"秉册"、"亚韦舌"为一器同铭。另有两个"舌"为装饰字,起到纹饰的作用。带有铭文的器物有铜戈 7 件,铜爵 12 件,铜觚 3 件,铜鼎 1 件,铜簋 1 件,铜卣 1 件,铜锛 1 件。

1. 舌

21 件。爵 11 件,觚 3 件,鼎 1 件,卣 1 件,锛 1 件,戈 4 件。其中 M13:14 锛銎口两侧面和 M52:5 爵口沿外壁的"舌"字属于图案性质,具有装饰效果。其余的"舌"字均较为清晰,有两种写法。一种为最常见的,如图一〇一;另一种为𠄔,如图一一五。第二种写法和第一种差别较大,我们认为这是"舌"字的一种省写,也应隶定为舌字。我们这样隶定的另外一条依据是该字所在的 M52:5 铜爵口沿外壁有五个三角"舌"字形装饰性图案,他族铜器一般不会把"舌"族图徽装饰在自己铜器上的。

因此铜爵为"舌"族铜器确定无疑,那么作为图徽铸在铜爵銎内腹外壁的该字最有可能的就应是"舌"字,或为舌字省写。具有相同写法的铭文也见于"王□"尊[1]。

舌字在甲骨卜辞中也存在,如"…舌…"[2](□),"…贞,王舌來…"[3](□),"…贞,王业舌□"(□)[4]。但多作动词使用,有"说或表达"的意思。有人解"舌"字为"皆像舌出于口,小点为口液"[5]。

舌族铜器以往发现较多,但无一器有明确的出土地点。我们从以往著录的铜器中初步搜集了大约 20 件舌族铜器铭文拓本,铭文写法均与该墓地出土的铭文相同。

2.亚韦舌

2 件。爵 1 件,簋 1 件。其中 M8∶3 铜簋由于残破较为严重,字口已经不全,根据其所剩下的铭文以及笔划,参照 M22∶7 铜爵铭文,我们把其铭文也隶定为"亚韦舌"。"亚"比较确定,在晚商铜器铭文中比较常见。如殷墟妇好墓"亚其"组铜器铭文中的"亚"字均为此种写法。亚,是武职官名,其身份有大有小,有的较高,有的较低,但无论身份高低,都具有一定的军事指挥权。

"韦"字在以往铜器铭文中也能见到,如"韦"鼎[6]等。该字在甲骨卜辞中较常见,且有一贞人的名字就叫韦。如己丑卜,韦,贞今日其雨[7]。"亚韦舌"中"韦舌"连在一起可有两种解释,一种解释是"韦舌"有可能是复合族氏名。有学者认为复合族氏名乃某一族氏的分支,此分支在铭其自身名号的同时还铭其所从出的族氏名号,不仅为了表示与之相区别,也是为了标明自己的出身[8]。诚如是,那么舌族当和韦族有着密切的关系,或许具有宗族和支族的血缘关系。另一种解释,我们认为族名前面所加之字也可能和地名有关,即表明该族所居之地,而不表示该族所出之宗族。据《左传·隐公八年》记载:"公问族于众仲。众仲对曰:'天子建德,因生以赐姓,胙之土而命之氏。'"意思是说天子封诸侯,封以土地而命之氏。这种因地而命族氏的现象在商代应该也存在。如果推测不错的话,即使按照第一种解释即"韦舌"是复合族氏名,韦为宗族,那么"韦"这一宗族名的由来也应和其族人被封于韦地有关。因此,在这里不论是按第一种解释"韦"字表示宗族族名,还是按照第二种解释"韦"字表示"舌"

① 罗振玉:《三代吉金文存》卷十一·三十,中华书局 1983 年,第 1165 页。

② 中国社会科学院历史研究所编:《甲骨文合集》(第六册),中华书局 1982 年,第 2172 页。

③ 中国社会科学院历史研究所编:《甲骨文合集》(第六册),中华书局 1982 年,第 919 页。

④ 中国社会科学院历史研究所编:《甲骨文合集》(第六册),中华书局 1982 年,第 2127 页。

⑤ 刘兴隆:《新编甲骨文字典》,国际文化出版公司 2005 年,第一一五页。

⑥ 罗振玉:《三代吉金文存》卷三·二,中华书局 1983 年,第 267 页。

⑦ 中国社会科学院历史研究所《甲骨文合集》(第五册),中华书局 1982 年,第 1711 页。

⑧ 朱凤瀚:《商周家族形态研究》,天津古籍出版社 1990 年,第 100 页。

族所居的地名,"韦"都应和"韦"地有关。根据文献和甲骨文材料记载,位于夏王朝东境的方国有韦、顾、昆吾以及有缗、有仍、戈、商等,汤讨伐夏桀时曾灭顾、韦。其中的韦、顾两地古代学者多认为在河、济之间而近于今濮阳地区,近代学者则认为韦、顾就在今郑州市区及其附近①。近年,考古工作者发现的大师姑夏代城址和早商环壕位于荥阳市广武镇大师姑村和杨寨村南,离郑州市区很近,正与近代学者考证的韦、顾地望接近,极有可能就是韦②。小胡村商代晚期贵族墓地位于大师姑城址以北约6公里处,两者相距较近,应该属于从夏代晚期、早商一直延续下来的韦地范围。而舌族就应是生活在这一地域的族属。

综合以上分析,我们认为"亚韦舌"当解释为韦宗族下的舌族或居于韦地的舌族人担任了"亚"这一官职。

3.

1件。出在 M13:13 铜戈内部。为一复合族徽名。两侧刀形笔画,还见于殷墟西区墓地M692:14铜戈铭文③,山西石楼褚家峪出土的一件铜戈铭文④。应该是装饰性笔画。中间上部可释为秉字,下部为一图形文字。上部释"秉"应无疑问,该字在商周金文中较常见。下部的图形文字,在《殷周金文集成·引得》中,均释为"册"⑤。"秉册"族铜器发现较多,在《殷周金文集成》中就多达 12 件。

4.

1件。出自 M42:5 铜戈内部。有学者将其释为"宆",孳乳为宾⑥。

5. 弓

1件。出自 M21:6 铜戈内部。为弓的象形字,可释为"弓"。甲骨文和金文常见,应为族名。

(二)墓地性质

1.该墓地出土的铜器铭文中,以舌字最多,凡是出有铜器铭文的墓葬都有舌字铭文。其他、、"弓"也都是族名,但在该墓地不占主体,均只出土一件,且和具有"舌"字铭文的铜器同墓共出。应是他族铜戈通过一定的方式为舌族所拥有的。因此,该墓地当为舌族墓地。

---

① 邹衡:《夏文化分布区域内有关夏人传说的地望考》,《夏商周考古学论文集》,文物出版社1980年,219—252页。
② 李锋:《郑州大师姑城址商汤韦亳之我见》,《考古与文物》2007年第1期。
③ 中国社会科学院考古研究所安阳工作队:《1969–1977 年殷墟西区墓葬发掘报告》,《考古学报》1979年第1期。
④ 杨绍舜:《山西石楼褚家峪、曹家垣发现商代铜器》,《文物》1981年第8期。
⑤ 有学者将此字的甲骨文释为"贯"字。见刘兴隆:《新编甲骨文字典》,国际文化出版公司2005年。
⑥ 容庚:《金文编》卷七1210,中华书局1985年,529页。

在这片舌族墓地中,有些墓葬在空间上较为集中,又可以区分为许多墓组。

2. 墓组

根据墓葬在墓地所处的位置和墓葬间的相互排列关系,我们初步把这57座(M25离各组均较远,暂不归组)晚商墓葬按照从南至北分为11个墓组。每组墓葬数量不等,少则两座,多者十几座。见图总平面图二。

第一组:3座,包括M1、M2、M118。位于墓地的最南端,分布较为稀疏。M2为南向,M1为北向。

第二组:11座。包括 M3、M4、M5、M6、M7、M8、M9、M13、M14、M15、M17。该组墓葬数量较多,年代跨度也大,其中属于第一期晚段的有 M3、M8、M13;属于第二期的有 M6;属于第三期的有 M7。墓葬规模也不一致。属于第一等级的有M3、M13;属于第二等级的有 M5、M6、M7、M8。属于第三等级的有 M4、M9、M14、M15、M17。

第三组:5座。包括M18、M19、M20、M21、M22。年代属于第一期晚段的有M21;属于第二期的有 M22。墓葬规模属于第二等级的有 M20、M21、M22;属于第三等级的有 M18、M19。

第四组:3座。包括M16、M23、M24。年代属于第二期。墓葬规模属于第二等级的有 M16、M24;M23 属于第三等级。

第五组:5座。包括 M10、M11、M12、M32、M33。可确定年代的只有 M33,年代属于第一期晚段。墓葬规模属于第二等级的有 M32、M33;属于第三等级的有 M10、M11、M12。

第六组:7座。包括 M28、M29、M30、M31、M39、M40、M117。年代属于第一期晚段的有 M28;属于第二期的有 M30、M31。墓葬规模属于第二等级的有 M28、M30、M31;属于第三等级的有 M29、M39、M40、M117。

第七组:13座。包括 M34、M35、M36、M38、M46、M47、M48、M49、M50、M51、M52、M116、M027。墓葬数量较多,但多遭盗掘。属于第一期晚段的有 M52;属于第二期的有 M34、M36。墓葬规模属于第一等级的为 M38;属于第二等级的有M34、M36、M51、M52;属于第三等级的有 M35、M46、M47、M48、M49、M50、M116、M027。

第八组:2座。包括 M26、M27。年代属于第三期。M27 属于墓葬规模第二等级;M26 属于第三等级。

第九组:3座。包括 M42、M43、M53。M43 属于第一期早段;M42 属于第二期。墓葬规模属于第二等级的有 M42、M43。M53 属于第三等级。

　　第十组：3座。包括M103、M104、M105。M105属于第二期。墓葬规模属于第二等级的有M105；属于第三等级的有M103、M104。

　　第十一组：2座。包括M89、M90。M90年代属于第二期，墓葬规模属于第二等级；M89属于第三等级。

　　需要说明的是商代以后该墓地周围有许多较深的断崖，我们不清楚这些断崖形成的年代。如果这些断崖是商代以后形成的，那么不排除有些墓葬在断崖形成时已被破坏得荡然无存。如第一组和第八组墓葬现在都分布在断崖边上，这两组有些墓葬可能先前已经被完全破坏。据附近村民回忆，在前些年整修枯河河道时曾经在第一组墓葬附近发现铜鼎等铜器。所以，有些墓组的墓葬数量和排列方式可能已经不是墓地使用时期的原始形态。

　　在以上所分的11个墓组中，除第一组和第八组墓葬数量较少，不便于归纳外，从其他9个墓组中能看出如下一些信息：

　　a. 每组都有年代较早的墓葬，也有年代较晚的墓葬。在规模上也不一致，有高等级的墓葬，也有低等级墓葬。这一信息说明，每个墓组都可以自成一个小的单元，而这一小单元的形成主要不是因为和别的墓组在年代或规模上有差异，应是因为血缘上的亲疏关系所致。因此，每个小单元即每个墓组可能是族墓地中的家族"私地域"，即家族墓地。

　　这种族墓地中又可分出不同的墓组的现象，这在安阳殷墟也比较常见[1]。如后冈3个墓区或可分为8组[2]。郭家庄191座墓葬可分为19组[3]。

　　b. 第二组和第八组墓葬数量较多，第一等级的墓葬都属于这两个墓组。高等级的墓葬都位于墓组的南端，且和别的墓葬有一定距离。如M3位于第二组的南端，M38位于第八组的南端，这是一个值得关注的现象。

　　c. 发现一些相距很近，东西并排的墓葬，如M18和M19，M23和M24，M28和M29，M49和M50，M51和M52等。这些墓葬有可能是夫妻并穴合葬墓，但由于人骨都已朽为粉末，性别等情况均已无法鉴定。

① 葛英会：《殷墟墓地的区与组》，《考古学文化论集（二）》，文物出版社1989年，152—183页。

② 刘一曼、徐广德：《论安阳后冈殷墓》，《中国商文化国际讨论会论文集》，中国大百科全书出版社1998年，182—207页。

③ 中国社会科学院考古研究所：《安阳殷墟郭家庄商代墓葬》，中国大百科全书出版社1998年，第152页。

第三章 周代墓葬

小胡村墓地有西周墓葬 2 座（M37、M70），东周墓葬 62 座。西周墓葬数量较少，只在墓葬详述部分予以介绍，本章墓葬概况部分只介绍东周墓葬的情况。

一 墓葬概况

（一）形制

东周墓葬均为土坑竖穴墓。墓口形状多为规整的长方形，头、足两端宽窄不一的仅 6 座，为 M45、M58、M81、M96、M98、M99。口大底小的墓葬 32 座，口底同大的墓葬 30 座。墓葬墓壁多较为规整、斜直。

在 62 座东周墓葬中，能够确定方向的墓葬有 52 座，其中东向的仅有 M54、M55、M58、M60、M71 等 5 座墓葬，南向的仅 M86 一座墓葬，北向的有 M41、M56、M57、M59、M61、M62、M63、M64、M65、M66、M72、M73、M74、M75、M76、M78、M79、M80、M81、M82、M84、M85、M87、M88、M91、M92、M93、M94、M95、M96、M97、M98、M100、M102、M106、M107、M108、M109、M110、M111、M112、M113、M114、M115、M017、M018 等 46 座墓葬。另外 M44、M45、M67、M68、M69、M77、M83、M99、M101、M023 等 10 座墓葬虽然具体方向不能确定，但墓室均为南北向。显然，这批墓葬的方向比较一致，多数头向朝北。

墓葬结构：包括墓室、二层台、头龛和器物坑。

墓室 墓室开口的长度，最长者为 4.3 米，最短的为 1.8 米，多数墓室的长度在 2.5~3.5 米之间。墓室的宽度，最宽的为 3 米，最窄的为 0.6 米，多数墓室的宽度在 1.4~2.5 米之间。墓室的长宽之比的比值最大为 2.5，最小为 1.27，多数在 1.35~1.9 之间。墓葬的现存深度，最深的为 6.5 米，最浅的为 0.3 米，多数墓的深度在 1.5~4.0 米之间。墓室的面积，最大的为 12.9 平方米，最小的为 2.42 平方米，多数墓的面积在 4~9 平方米之间。

二层台 二层台有生土和熟土两种形式。在 62 座东周墓葬中，有熟土二层台的墓葬有 30 座，有生土二层台的墓葬有 7 座。另有 25 座墓葬由于盗扰、后代破坏等原因，二层台的情况不明。

由于盗扰或墓室坍塌等原因，二层台的高度数据可能已不准确。在这批东周墓葬中，二层台保存最高的为 1.30 米，最低的仅 0.10 米。

壁龛　有 20 座墓葬带有壁龛。壁龛的位置，都设在人头方向的壁上，所以也可称之为"头龛"。壁龛的形状，一般为不规则的半圆形。龛的底部较平，上部略呈弧形，龛内后壁凹入也呈弧形。壁龛的底部最长的为 1.10 米，最短的为 0.50 米，最高的为 0.60 米，最低的为 0.30 米，最深的为 0.50 米，最浅的为 0.20 米，壁龛底部距墓底最高的为 1.40 米，最低的为 0.66 米。这一高度均高于壁龛所在墓葬二层台的高度，也就是说壁龛高于墓葬椁室。

器物坑　仅 M69 一座墓葬有器物坑，较为特殊。器物坑位于墓葬底部，坑内放置随葬陶器和牲肉。

另外，有 2 座墓葬（M69、M109）在墓室内一角的两壁上挖有脚窝。脚窝的多少是根据墓的深浅而定。上下两脚窝的距离一般在 0.40~0.50 米之间。两壁脚窝并不是对称的，而是交错排列。形状、大小没有一定的规律，进深在 0.15 米左右，呈不规则的圆形。这些脚窝应都是在开挖墓室时为了方便上下所挖。

（二）填土

墓葬填土为红褐色或黄褐色五花土，内涵较为纯净。一部分墓葬填土经过夯打，但夯层、夯窝不明显。

（三）葬具

葬具均已腐朽，从朽痕观察，葬具主要为木质椁、棺。由于棺椁腐朽、墓室坍塌等原因，有些葬具已分不清棺椁，所以在下面的墓葬详述中，我们有时候会根据尺寸来确定葬具是棺还是椁，如我们一般把长度超过 2 米的定为椁。不可否认，其中肯定会有些不准确的地方。

（四）人骨情况

有 22 座墓葬由于盗扰等原因，致使人骨零乱或不见，其余 40 座墓葬的人骨多数保存较好。从能够判断葬式的墓葬来看，墓主双手均放于腹部靠近盆骨的位置，葬式主要有仰身直肢和仰身曲肢两种形式。其中仰身直肢的墓葬有 18 座，仰身曲肢的墓葬有 22 座。在采用仰身曲肢葬式的墓葬中，有 11 座墓葬的墓主是下肢向右蜷曲的，另 11 座是下肢向左蜷曲，这是有意识的还是无意识的，是否和时代或性别等有关，尚待考察。

（五）殉牲

在 M57、M58、M76、M78、M80、M97、M107、M108、M109 等 9 座墓葬内发现有牛、猪、羊等动物骨骼。这些应是下葬时放置的牲肉，只是因年代久远血肉腐烂而仅剩下骨骼。当时选用牲肉是有所讲究的，从统计结果来看，最常选用牛、猪、羊等动物的肩胛、肋、腿等部位作为牲肉。这些牲肉均和随葬陶器放置在一起，一般放置在陶鼎内，个别块头较大的牲肉则放置在器物外。

（六）随葬品放置

铜器均出土于棺内，铜带钩或出土于墓主腰部，或位于棺内两端；铜璜放置于棺内两端。陶器的放置情况较为复杂，凡有头龛或器物坑的墓葬，随葬陶器则一律放置于头龛或器物坑内，没有头龛或器物坑的墓葬，随葬陶器则或放置于填土中，或放置于棺椁之上，或放置于棺下，或放置于棺椁之间，或放置于墓主头端的二层台上。

二　墓葬分述

（一）M37（西周）

1.墓葬资料

位于墓地中部偏南，紧邻槐树林西南角，其东邻 M36，相距 0.10~0.30 米，其西邻 M38，相距约 6.0 米。墓葬直接开口于耕土层下，距离地表约 0.30 米。现存墓葬由墓室和腰坑两部分组成。

墓室为长方形土坑竖穴式，凿建于生土层内。方向为南北向，5 度。墓壁未经修整，口底同大。南北长 2.60、东西宽 1.20、现存深度 1.50 米。面积 3.12 平方米。墓室填土为红褐色五花土，质地较松，未经夯打。包含有绳纹碎陶片、碳粒等。墓底正中有长方形腰坑，南北长 0.84、东西宽 0.38、深 0.10 米（图一三五）。

未见葬具。

人骨保存较好。头向北，面向西，侧身曲肢，右手放于胸前，未见左上肢。

墓室中部填土中出有狗头骨一颗，距地表 0.70 米。腰坑内殉狗 1 条，头南尾北。

随葬陶器放置于墓室北端的填土中，距地表 0.7 米。上肢下出土海贝 1 枚，原先可能握于手中。

2.随葬品

共 3 件。种类为陶器和海贝。

（1）陶器

2 件。器形有簋、罐（彩版一〇一 –2）。

簋　1 件。标本 M37：1，放置于墓室东北的填土中，紧贴东壁，距地表 0.70 米，其西北放置 M37：2 陶罐，出土时口朝西北，圈足向东南。保存完好，内壁有少量水垢。泥质灰陶。方唇，卷沿，敞口，上腹斜直，下腹斜向内收，平底，喇叭状高圈足。轮制。腹外壁尚有轮制划痕。口径 21.6、圈足径 14.8、通高 16.4 厘米（图一三六 –1，彩版一〇二 –2）。

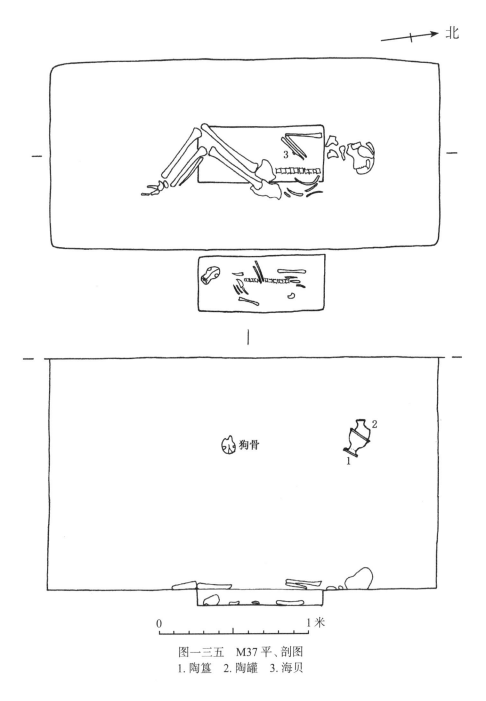

图一三五　M37 平、剖图
1.陶簋　2.陶罐　3.海贝

　　罐　1件。标本 M37：2，放置于墓室东北的填土中，距地表 0.70 米，其东南放置 M37：1 陶簋。保存完好。泥质灰陶。轮制。方唇，卷沿，侈口，束颈，宽斜肩微折，斜直腹，平底微凹。素面。口径 11.2、肩径 14.4、底径 10.0、通高 13.6 厘米（图一三六-3，彩版一〇二-1）。

（2）海贝

1枚。标本 M37：3，表面瓷白色，背部有一不规则形穿孔。长 2.1 厘米，宽 1.6 厘米（图一三六 -2）。

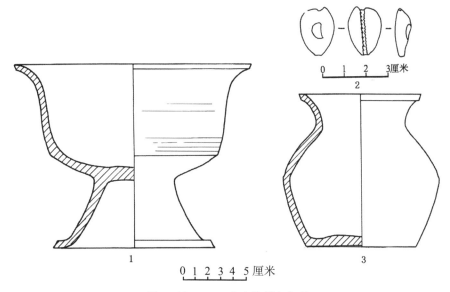

图一三六 M37 出土陶器与海贝
1. 陶簋（M37：1） 2. 海贝（M37：3） 3. 陶罐（M37：2）

3. 年代

该墓所出的陶簋和陶罐，分别和河南温县陈家沟西周晚期墓出土的 M43：2 陶簋与 M11：1 陶罐形制近似[①]。年代可定在西周晚期偏早。

（二）M41

1. 墓葬资料

位于墓地中部偏西二级台地的东端，其北紧邻 M017，相距约 2.0 米。墓葬直接开口于耕扰层下，距离地表约 0.6 米。墓葬上部已被扰去，所以原始结构我们已无法得知。现存墓葬由墓室、二层台、壁龛三部分组成。

墓室为长方形土坑竖穴式，凿建于生土层内。方向为南北向，5 度。墓壁规整，口底同大。南北长 2.9、东西宽 1.7、现存深度 1.5 米。面积 4.93 平方米。填土为黄褐色五花土。墓底四周有熟土二层台，台高 0.4 米，宽度不一致，东宽 0.43、西宽 0.34、南宽 0.4、北宽 0.4 米。墓室北壁有头龛，位于北壁正中，上部已被扰去，长 0.9、残高 0.3、进深 0.3 米，头龛底部距墓底 1.2 米（图一三七，彩版八 -2）。

① 河南省文物考古研究所：《河南温县陈家沟遗址发现的西周墓》，《华夏考古》2007 年第 2 期。

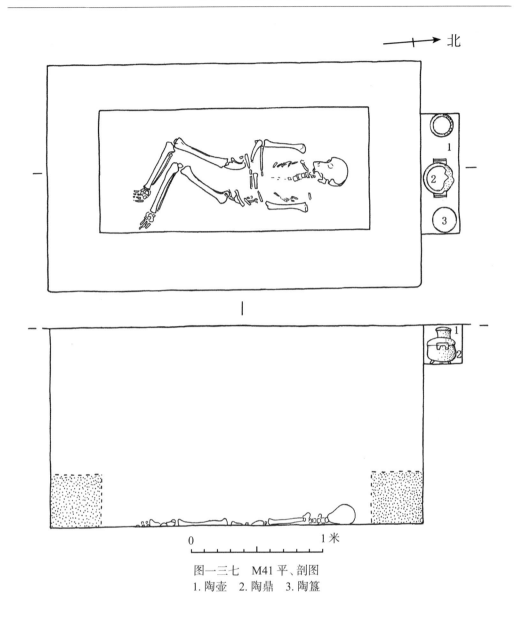

图一三七 M41 平、剖图
1. 陶壶　2. 陶鼎　3. 陶簋

葬具已朽，紧贴四周二层台有白灰朽痕，从现状看，应有一棺。棺室即为二层台所围之范围，南北长 2.1、东西宽 0.92、残高 0.4 米。

人骨保存较好。头向北，面向西，仰身曲肢，双手放于腹前，下肢向西弯曲。

随葬品放置于头龛内，自西向东依次放置陶壶、陶鼎、陶簋。均口向上放置。

2. 随葬品

共 3 件。均为陶器，器形有鼎、簋、壶（彩版一○六 -1）。

鼎　1 件。属 Ba 型Ⅲ式。标本 M41：2，火候高，硬度大。泥质灰陶。全器由器盖和器体两部分组成。器盖为母口，顶端圆隆。器体为子口，口缘内卷斜出，方唇，鼓腹，上有对称双附耳, 且耳中间内曲, 上端外斜, 有近长方形穿孔, 圜底, 下有刮削成棱柱状的三实足。器体和盖均轮制, 耳、足手制, 有刮削痕迹。盖面饰六周凹弦纹, 底饰斜向粗绳纹。出土时破碎, 修复完整。口径 18.8、通高 26.8 厘米 (图一三八 -1, 彩版一〇六 -2)。

　　壶　1件。属 A 型Ⅳ式。标本 M41：1, 火候高, 硬度大。泥质灰陶。盖、器体均轮制。盖为子口, 口缘内收下折而为子舌, 盖面稍隆起, 周缘下垂。器体为母口, 侈口, 方唇, 溜肩, 鼓腹, 平底微凹。腹外壁有手指按捺出的纹饰, 下腹近底处有不规则划纹。保存完好。口径 10.8、腹径 21.2、底径 10.0、通高 33.2 厘米。(图一三八 -3, 彩版一〇七 -2)

　　簋　1件。标本 M41：3, 火候高, 硬度大。泥质灰陶。器、盖均轮制。盖为母口, 周缘下垂, 顶部隆起。器体为子口, 口缘向内斜出, 方唇, 深鼓腹, 圜底, 矮圈足, 足缘外侈。盖素面, 器体内外壁均饰瓦纹。保存完好。口径 12.8、腹径 18.4、圈足径 9.2、通高 17.0 厘米 (图一三八 -2, 彩版一〇七 -1)。

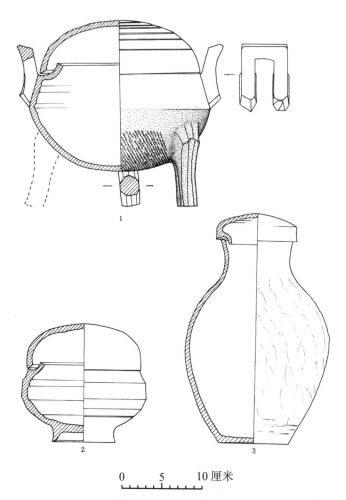

0　　5　　10 厘米

图一三八　M41 出土陶器

1. 鼎 (M41：2)　2. 簋 (M41：3)　3. 壶 (M41：1)

（三）M44

1. 墓葬资料

位于墓地中西部三级台地上，其东紧邻 M45。墓葬直接开口于耕扰层下，距离地表 0.4 米。现存墓葬仅有窄小的墓室。

墓室为长方形土坑竖穴，凿建于生土层内。方向为南北向，15 或 195 度。墓壁规整，口底同大。南北长 1.9、东西宽 0.62、现存深度 0.75 米。面积 1.18 平方米。填土为黄褐色五花土（图一三九）。

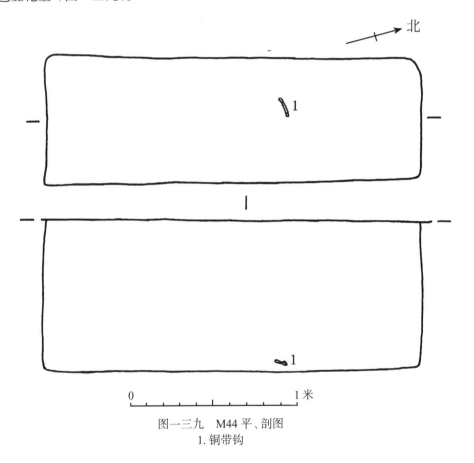

图一三九　M44 平、剖图
1. 铜带钩

未见葬具和人骨。

随葬品为 1 铜带钩，出土于墓室中部。

2. 随葬品

共 1 件。

铜带钩　1 件。属 A 型 I 式。标本 M44：1，器身细长，靠尾部较宽，截面略呈六边形，背面略内弧；细端有钩，背面近中部有圆形纽。长 10.1、最宽 1.6、厚 0.5 厘米（图一四〇）。

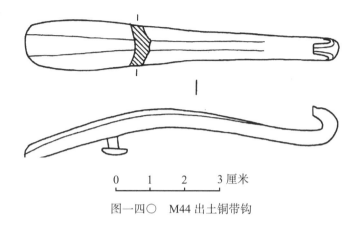

图一四〇　M44 出土铜带钩

（四）M45

1. 墓葬资料

位于墓地中西部三级台地上，其西紧邻 M44。墓葬直接开口于耕扰层下，距离地表 0.40 米。现存墓葬仅有窄小的墓室。

墓室为长方形土坑竖穴，凿建于生土层内。方向为南北向，15 或 195 度。墓壁规整，口底同大。南北长 1.90、北端宽 0.80、南端宽 0.82、现存深度 0.75 米。面积 1.54 平方米。填土为浅黄褐色五花土（图一四一）。

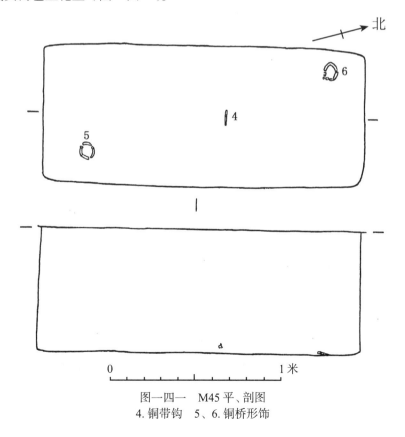

图一四一　M45 平、剖图
4. 铜带钩　5、6. 铜桥形饰

未见葬具和人骨。

随葬品中,铜桥形饰出土于墓室西北角、东南角,带钩出土于中部。陶器出土于填土中。

2. 随葬品

共 8 件。种类有陶器、铜器。

(1)铜器

5 件。器形有带钩、桥形饰。

带钩　1 件。属 A 型 I 式。标本 M45:4 形制同标本 M44:1。长 10.1 厘米,最宽 1.5 厘米,厚 0.5 厘米(图一四二 -1)。

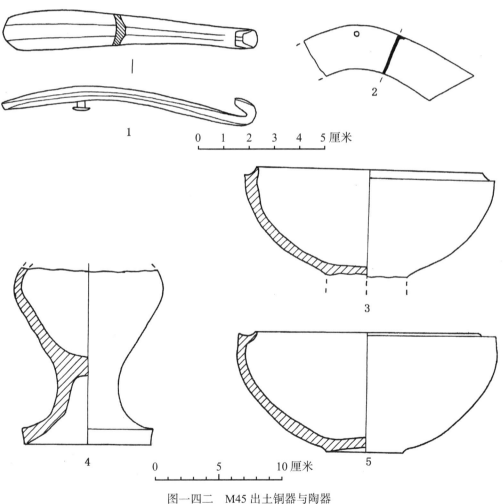

图一四二　M45 出土铜器与陶器
1.铜带钩(M45:4) 2.铜桥形饰(M45:5) 3.陶豆(M45:2)
4.陶高足小壶(M45:1) 5.陶盒(M45:3)

桥形饰　4件。属 A 型 II 式。标本 M45：5，残。一面平，外侧边向另一面折起。素面。两边内侧夹角为钝角。残宽 6.8、高 2.9、厚 0.17 厘米（图一四二 –2）。

（2）陶器

3件。器形有豆、盒、高足小壶。

其中 M45 出土陶豆（M45：2）、高足小壶未修复。

豆　1件。标本 M45：2，仅存豆盘。泥质灰陶，盘为子口，口缘平折，然后斜上出，深弧腹，下腹内收成圜底。口径 18.0、残高 18.0 厘米（图一四二 –3）。

盒　1件。属 A 型。标本 M45：3，盖缺失，仅剩下半部分。器体为子口，舌较短，弧腹，小平底内凹。素面。口径 17.6、底径 6.0、高 9.2 厘米（图一四二 –5）。

高足小壶　1件。标本 M45：1，仅剩下半部分。泥质灰陶，残高 13.6、足径 10.2 厘米（图一四二 –4）。

（五）M54

1. 墓葬资料

位于墓地一级台地中部偏北，其北邻 M55，相距约 2.5 米。墓葬直接开口于耕扰层下，距离地表约 0.80 米。现存墓葬由墓室、二层台、头龛三部分组成。

墓室平面为长方形，凿建于生土层内。方向为东西向，105 度。墓壁斜直，口大底小。墓口东西长 3.0、南北宽 2.1 米，墓底东西长 2.8、南北宽 1.6 米，现存深度 2.8 米。墓口面积 6.3 平方米。墓室内填土为红褐色五花土，质地坚硬，经过夯打。夯窝直径 0.05~0.08 米，夯层厚约 0.18 米。墓底四周有生土二层台，台高 0.20 米，宽度不一致，南、北两台宽 0.10、西台宽 0.30、东台宽 0.35 米。墓室东壁中部有头龛，长 1.0、高 0.56、进深 0.58 米，底部距墓底 1.10 米（图一四三）。

葬具为一棺一椁，均已腐朽。形制均为长方形。椁板朽痕厚 0.10 米。椁室东西长 2.20、南北宽 1.20、现存高度 0.20 米。棺形制不明。

人骨保存较差，盆骨以上部分均已朽为末。从现状看，墓主头向东，仰身曲肢，双手放于腹部，下肢向南蜷曲。

随葬品放置于头龛内。中间放置陶鼎，其南放置陶豆，其北放置壶、盘、匜、高足小壶等（图一四四，彩版八 –3）。

2. 随葬品

共 6 件。均为陶器，器形有鼎、豆、壶、盘、匜、高足壶（彩版一〇八 –1）。

鼎　1件。属 Da 型。标本 M54：2，放置于头龛中部，其南为 M54：3 陶盖豆，其北为 M54：1 陶壶，东北为 M54：6 陶高足小壶，向上正置，一足朝向墓室。保存完

图一四三　M54平、剖图
1.陶高足小壶　2.陶鼎　3.陶豆　4.陶匜
5.陶盘　6.陶高足小壶

好。火候高，硬度大，但制作不甚精致，应是冥器。泥质灰陶。盖、器体轮制，双耳、三足手制，双耳制作不甚规整，插于腹部，鼎内壁与三足相应位置有刮削出的凹槽。盖为母口，覆盘形，周缘下垂，有三羊形纽，平顶，中心有一穿孔。器体为子口，口缘向内平折，然后上出，直腹，双对称直立附耳，耳有近长方形穿孔，圜底近平，三兽形实足，且内侧有一竖向划痕。盖面饰两周凸弦纹，器腹饰一周凹弦纹。口径 18.4、通高 22.8 厘米（图一四四 -1，彩版一〇八 -2）。

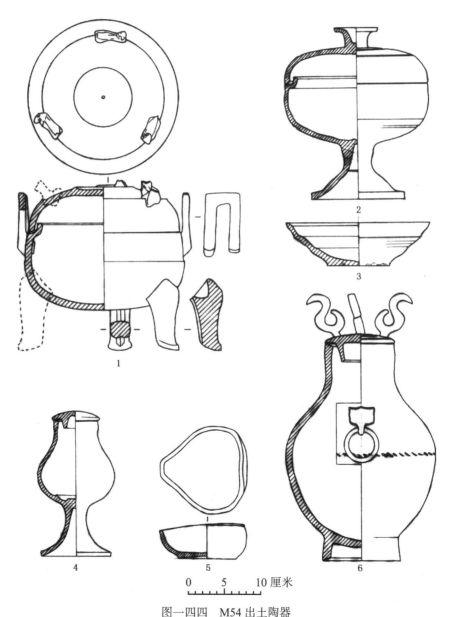

图一四四　M54 出土陶器
1.鼎（M54：2）　2.豆（M54：3）　3.盘（M54：5）
4.高足小壶（M54：6）　5.匜（M54：4）　6.壶（M54：1）

豆　1件。属B型Ⅰ式。标本M54：3，泥质浅灰陶，局部为褐色。轮制。盖为母口，覆盘形，周缘下垂，顶有圆形握纽。盘为子口，口缘平折，然后斜上出，深腹，下腹内收成圜底，喇叭形圈足。盖顶饰两周凹弦纹，腹部有轮制划痕。保存完好。火候较高，但颜色不均，应为冥器。口径17.2、腹径20.0、圈足径12.8、高23.2厘米（图一四四-2，彩版一〇九-1）。

壶　1件。属甲类A型Ⅲ式。标本M54：1，泥质浅灰陶，局部为褐色。轮制。盖为子口，下有子舌，顶有三"S"形纽。器体为母口，喇叭形圈足。器体腹部有一周附加堆纹。保存完好。火候较高，但颜色不均，应为冥器。口径17.2、腹径20.0、圈足径12.8、高23.2厘米（图一四四-6，彩版一一〇-3）。

盘　1件。属B型Ⅳ式。标本M54：5，泥质红褐陶，外壁局部为浅灰色。轮制。敞口，窄折沿，尖唇，腹部有多道折线，小平底。保存完好。火候不高，颜色不均。口径20.0、底径8.8、高5.8厘米（图一四四-3，彩版一〇九-2）。

匜　1件。属D型Ⅲ式。标本M54：4，泥质灰陶。整体轮制完成后用手修出流和尾，底部有轮旋痕迹。桃形口，短方流，尾部微凹入，深腹，平底微内凹。保存完好。火候高，硬度大。口径11.6、底径8.0、高4.8厘米（图一四四-5，彩版一一〇-1）。

高足小壶　1件。标本M54：6，放置于头龛中部，紧贴头龛内壁，其西南为M54：2陶鼎，北为M54：4陶匜，向上正置。保存完好。盖烧制颜色不均，局部浅褐色，器体为泥质灰陶。器、盖均轮制。盖为子口，下有子舌，盖面微隆起。器体为母口，直口，方唇，圆鼓腹，喇叭状高圈足。素面。口径6.0、腹径10.8、圈足径9.6、通高19.4厘米（图一四四-4，彩版一一〇-2）。

（六）M55

1. 墓葬资料

位于墓地一级台地中部偏北，其南邻M54，相距约2.5米。墓葬直接开口于耕扰层下，距离地表约0.80米。现存墓葬由墓室、二层台和头龛三部分组成。

墓室平面为长方形，凿建于生土层内。方向为东西向，95度。墓壁斜直，口大底小。墓口东西长2.50、南北宽1.60米，墓底东西长2.10、南北宽1.20米，现存深度1.50米。墓口面积4.0平方米。墓室内填土为红褐色五花土，质地松软，较纯净。墓底四周有生土二层台，台高0.10米，宽度不一致，南、北、西三台宽0.20、东台宽0.10米。墓室东壁有头龛，长1.10、高0.40、进深0.40米，底部距墓底0.90米（图一四五）。

葬具已腐朽，朽痕为白色。分不清棺椁，板灰厚0.12米。二层台所围成的范围为椁（棺）室。东西长2.0、南北宽1.0、现存高度0.10米。

人骨已朽为末。从现状看，墓主头向东，仰身曲肢，双手放于腹部，下肢向北蜷曲。

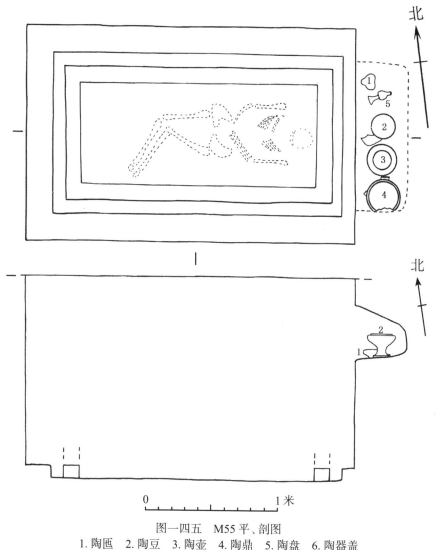

图一四五　M55平、剖图
1.陶匜　2.陶豆　3.陶壶　4.陶鼎　5.陶盘　6.陶器盖

随葬品放置于头龛内。自南而北依次放置陶鼎、壶、豆、盘、匜、器盖。

2.随葬品

共6件。均为陶器,器形为鼎、豆、壶、盘、匜、器盖(彩版一一一-1)。

鼎　1件。属Da型。标本M55:4,泥质灰褐陶。鼎身、鼎盖轮制,耳、足手制。盖为母口,周缘垂折,面微隆起,平顶。器体为子口,口缘向内平折,而后斜上出,扁鼓腹,对称双附耳外撇,方形穿孔,平底,三实心兽形足,内侧有一道竖线。盖面饰两周凸弦纹,腹中部饰一周凸弦纹。鼎盖破碎,修复完整。火候低,硬度一般,冥器。口径21.2、通高24.6厘米(图一四六-1,彩版一一一-2)。

豆　1件。属B型I式。标本M55:2,泥质浅灰陶,柄部露出红褐色胎。轮制。形制为子口,口缘向内斜出,弧腹,喇叭形圈足。出土时破碎,器盖未能修复。火候低,硬度小,烧制不均。口径18.4、足径11.8、高16.4厘米(图一四六-4,彩版一一二-1)。

壶　1件。属A型Ⅲ式。标本M55:3,泥质灰陶,局部浅褐色。轮制。盖为子口,下有子舌,盖面隆起。器体为母口,微侈口,方唇,束颈,溜肩,鼓腹,圜底,矮圈足。素面。出土时壶身破碎,盖完整。火候低,硬度小,烧制颜色不均匀,应为冥器。口径12.0、腹径21.6、通高33.2厘米(图一四六-6,彩版一一三-2)。

盘　1件。属B型Ⅳ式。标本M55:5,泥质浅褐陶,局部露出红褐色胎。轮制,底部有轮旋痕迹。形制为敞口,斜折沿,尖唇,曲壁,平底内凹。素面。出土时破碎,修复完整。火候低,硬度小,冥器。口径19.4、底径8.4、高4.2厘米(图一四六-3,彩版一一二-2)。

匜　1件。属D型Ⅲ式。标本M55:1,泥质浅褐陶。轮制,底部有轮旋痕。窄短流,尾部凹入,弧壁,平底内凹。素面。保存完好。火候低,硬度小,冥器。口长径12.8、

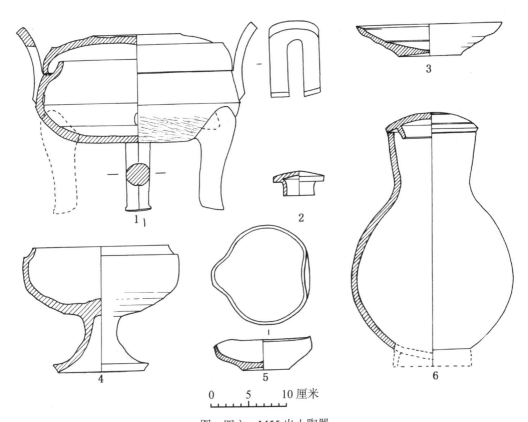

0　　5　　10厘米

图一四六　M55出土陶器
1.鼎(M55:4) 2.器盖(M55:6) 3.盘(M55:5)
4.豆(M55:2) 5.匜(M55:1) 6.壶(M55:3)

口短径 10.0、底径 6.1、高 4.2 厘米（图一四六 –5，彩版——三 –1）。

器盖　1件。标本 M55：6，形制为子口，下有子舌，盖面隆起。径 7.0、高 3.0 厘米（图一四六 –2）。

（七）M56

1. 墓葬资料

位于墓地一级台地中部偏北，其东邻 M57，相距约 1.50 米。墓葬直接开口于耕扰层下，距离地表约 1.20 米。现存墓葬由墓室、二层台和头龛三部分组成。

墓室平面为长方形，凿建于生土层内。方向为南北向，20 度。墓壁斜直，口大底小。墓口南北长 2.70、东西宽 1.70 米，墓底南北长 2.60、东西宽 1.60 米，现存深度 1.95 米。墓口面积 4.59 平方米。墓室内填土为红褐色五花土，质地松软，较纯净。墓底四周有熟土二层台，台高 0.20 米，宽度 0.20~0.30 米。墓室北壁有头龛，长 0.80、高 0.54、进深 0.50 米，底部距墓底 0.78 米（图一四七）。

葬具已腐朽，朽痕为白色。分不清棺椁，二层台所围成的范围为椁（棺）室。南北长 2.05、东西宽 0.84、现存高度 0.20 米。

人骨保存较差，大部分已朽。从现状看，墓主头向北，仰身曲肢，双手放于腹部，下肢向西蜷曲。

随葬品放置于头龛内。自东向西依次放置陶鼎、豆、盘、匜、壶等。

2. 随葬品

共 6 件。均为陶器，器形为鼎、豆、壶、盘、匜（彩版——四 –1）。

鼎　1件。属 C 型 Ⅱ 式。标本 M56：1，泥质灰褐陶。轮制。盖周缘垂折，盖面斜坡隆起。器体为子口，口缘内折斜出，扁鼓腹，中部微显折线，对称双附耳外侈，长方形穿孔，平底，三空心柱状足。盖面饰瓦纹。破碎，修复完整。火候低，硬度小，冥器。口径 24.2、通高 21.6 厘米（图一四八 –1，彩版——四 –2）。

豆　2件。属 B 型 Ⅱ b 式。标本 M56：3，泥质浅褐陶。轮制。盖为母口，周缘下折，盖面隆起。器体为子口，口缘内折，折腹，上腹较直，下腹斜收，喇叭形圈足。盖面饰瓦纹。出土时豆盖破裂，修复完整，器体保存完好。制作较精细，但火候低，硬度小，应为冥器。口径 15.2、足径 16.0、通高 19.6 厘米（图一四八 –4，彩版——五 –1）。标本 M56：4，泥质浅褐陶。盖为母口，周缘垂折，盖面微隆起。器体为子口，口缘内折斜出，折腹，上腹较直，下腹弧收，喇叭形圈足。腹外壁有一周弦纹。盖破碎，修复完整。火候低，硬度小，应为冥器。口径 15.2、足径 13.6、通高 18.0 厘米（图一四八 –2，彩版——五 –2）。

壶　1件。属甲类 A 型 Ⅳ 式。标本 M56：5，器体为泥质浅灰陶，盖为泥质浅褐陶。轮制。盖为子口，口缘内折而为子舌，盖面周缘下折，顶微隆起。器体为母口，侈口，

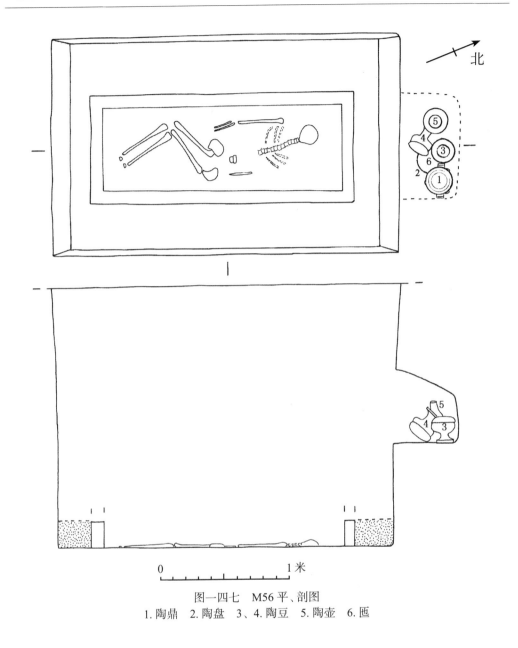

图一四七　M56 平、剖图
1. 陶鼎　2. 陶盘　3、4. 陶豆　5. 陶壶　6. 匜

斜方唇，束颈，溜肩，鼓腹，下腹斜收，平底。盖面饰瓦纹，壶肩、腹外壁有多周明显的轮旋痕迹。保存完好。器体火候高，硬度大，似为实用器，壶盖火候低，硬度小，应为冥器。口径 13.4、腹径 20.6、通高 35.0 厘米（图一四八 -6，彩版一一三 -3）。

盘　1件。属 A 型 V 式。标本 M56：2，泥质浅褐陶。轮制。形状似一器盖，形制为敞口，方唇，弧壁，小平底微内凹。素面。破裂，修复完整。火候低，硬度小，冥器。口径 19.2、底径 7.2、高 8.4 厘米（图一四八 -3，彩版一一六 -1）。

匜　1件。标本 M56：6，倒扣于 M56：2 陶盘内。破碎，修复完整。火候低，硬

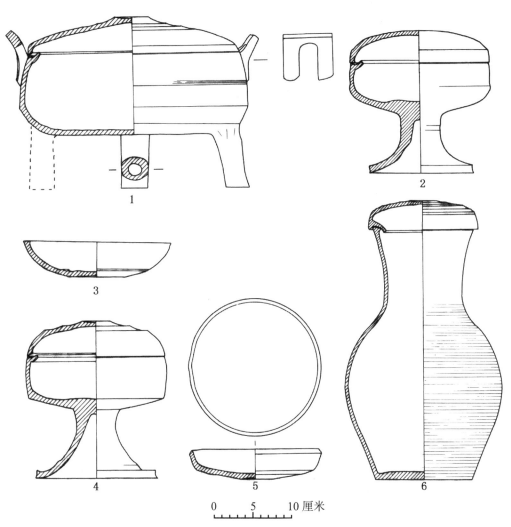

图一四八　小胡村东周墓 M56 出土陶器
1. 鼎（M56：1）　2. 豆（M56：4）　3. 盘（M56：2）
4. 豆（M56：3）　5. 匜（M56：6）　6. 壶（M56：5）

度小，冥器。泥质浅褐陶。轮制。形状似一器盖，惟边缘有一不太明显的流。形制为敞口，
斜方唇，曲腹，小平底内凹。素面。口径 17.2、底径 3.6、高 3.8 厘米（图一四八 –5，彩
版一一六 –2）。

（八）M57

1. 墓葬资料

盗扰。

位于墓地一级台地中部偏北，其西邻 M56，相距约 1.50 米，东邻 M58，相距约 4.5

米。墓葬直接开口于耕扰层下，距离地表约 1.50 米。紧贴西壁中部有一圆形盗洞打至墓底，且越接近底部直径越大，墓底被盗扰一空。盗洞开口直径 0.42、底部直径 0.90 米。现存墓葬由墓室和头龛两部分组成。

墓室平面为长方形，凿建于生土层内。方向为南北向，10 度。墓壁斜直，口大底小。墓口南北长 2.90、东西宽 1.80 米，墓底南北长 2.70、东西宽 1.60 米，现存深度 2.50 米。墓口面积 5.22 平方米。填土为红褐色五花土，质地略硬，较纯净。墓室北壁有头龛，长 0.83、高 0.60、进深 0.50 米，底部距墓底 0.80 米。

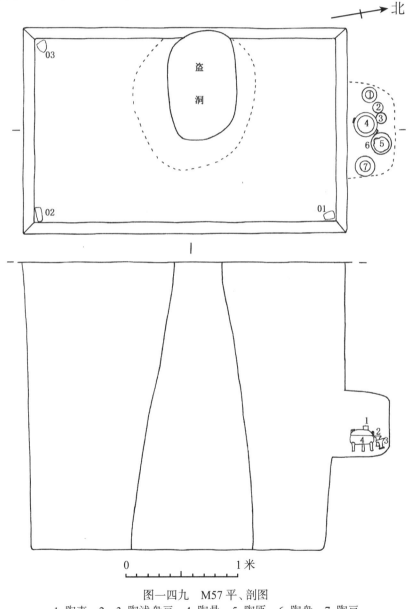

图一四九　M57 平、剖图

1. 陶壶　2、3. 陶浅盘豆　4. 陶鼎　5. 陶匜　6. 陶盘　7. 陶豆
01. 石斧　02. 残石笛　03. 石斧

由于墓底被完全扰乱，所以未见二层台、葬具、人骨等（图一四九）。

随葬品放置于头龛内。中间放置陶鼎，其西放置陶浅盘豆、壶，其东放置陶豆、盘、匜等，匜置于盘内。

在墓室东北角、东南角、西南角距墓口 2 米的填土中各出土石器 1 件。

2. 随葬品

共 10 件。分为陶器和石器。

（1）陶器器形有鼎、浅盘豆、豆、壶、盘、匜（彩版一一七 -1）。

鼎　1 件。属 Ba 型Ⅳ式。标本 M57：4，泥质灰陶。盖，器体轮制，耳、足手制。盖为母口，弧形隆起，器体为子口，口缘内折，而后斜上出，扁鼓腹，对称双附耳，长方形穿孔，圜底，三兽形足，实心，有刮削痕。盖面饰两周凸弦纹，腹中部饰一周凸弦纹。出土时鼎内有兽骨，原来应放置有牲肉。保存完好。火候高，硬度大，制作较精细，但无使用痕迹，应为冥器。口径 21.6、通高 23.4 厘米（图一五〇 -1，彩版一一七 -2）。

浅盘豆　2 件。属 A 型Ⅶ式。标本 M57：2，泥质灰陶。轮制。浅盘，敞口，圆方唇，壁外折内弧，圆柱状豆柄，自下而上中空至四分之三处，喇叭形足。豆盘内壁有多周弦纹。保存完好。火候高，硬度大，制作较精细。口径 11.6、足径 7.4、高 13.6 厘米（图一五〇 -7，彩版一一八 -1）。标本 M57：3 陶质陶色、制法、形制等均同于标本M57：2。口径 11.6、足径 7.4、高 14.0 厘米（图一五〇 -4，彩版一一八 -2）。

豆　1 件。属 B 型Ⅱa 式。标本 M57：7，泥质灰陶。轮制。盖为母口，盖面弧形隆起，顶有圆形握纽。器体为子口，口缘向内斜出，弧腹近折，喇叭形圈足。盖素面，器体上腹有一周弦纹。器体保存完好，盖破裂，修复完整。火候高，硬度大。口径 18.4、足径14.0、通高 26.0 厘米（图一五〇 -8，彩版一一八 -3）。

壶　1 件。属甲类 A 型Ⅴ式。标本 M57：1，泥质灰陶。轮制。盖为子口，下有子舌，盖面斜坡隆起，平顶。器体为母口，侈口，方唇，束颈，微耸肩，弧腹，下腹斜收，平底微凹。盖素面，颈饰暗弦纹，肩、腹饰三周弦纹。保存完好。火候高，硬度大，制作较精细。口径 12.2、肩径 20.0、底径 10.8、通高 30.4 厘米（图一五〇 -9，彩版一一九 -1）。

盘　1 件。属 B 型Ⅴ式。标本 M57：6，泥质灰陶。轮制。敞口，窄折沿，方唇，弧腹，平底微凹。上腹有不太明显的数周磨光弦纹（应为轮制痕迹，非有意而为）。保存完好。火候高，硬度大，冥器。口径 20.4、底径 10.8、高 6.8 厘米（图一五〇 -2，彩版一一九 -2）。

匜　1 件。属 D 型Ⅳ式。标本 M57：5，泥质灰陶。整体轮制完成后用手捏出流和尾。心形口，窄短流，尾部凹入，弧腹，平底微凹。素面。保存完好。火候高，硬度大，冥器。口长径 15.2、口短径 15.0、底径 7.0、高 6.8 厘米（图一五〇 -3，彩版一二〇 -1）。

（2）石器器形有斧等。

标本石斧 M57：01，长 9.8、宽 7.2 厘米（图一五〇 -5）。

标本残石笛 M57：02，长 12.2、宽 5.2 厘米（图一五〇 -10）。

标本石斧 M57：03，长 8.0、宽 9.7 厘米（图一五〇 -6）。

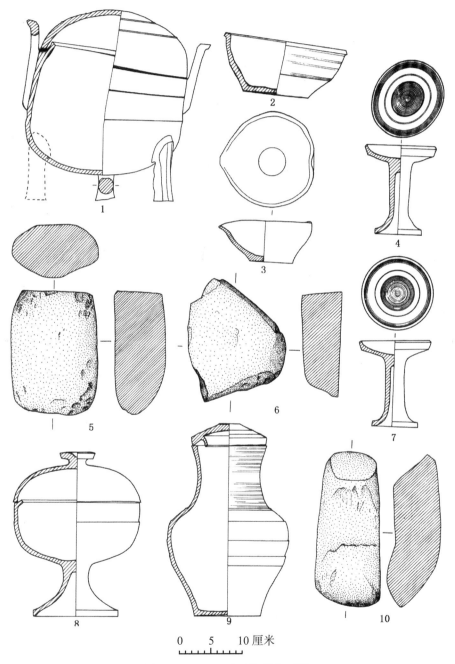

图一五〇　M57 出土陶器与石器

1. 陶鼎（M57：4）　2. 陶盘（M57：6）　3. 陶匜（M57：5）　4. 陶浅盘豆（M57：3）
5. 石斧（M57：01）　6. 石斧（M57：53）　7. 陶浅盘豆（M57：2）　8. 陶豆（M57：7）
9. 陶壶（M57：1）　10. 石斧（M57：02）

（九）M58

1.墓葬资料

盗扰。

位于墓地中部偏北，其西邻 M57，相距约 4.50 米，东邻 M74，相距约 2.0 米。墓葬直接开口于耕扰层下，距离地表约 1.20 米。墓室中部有一南北向长方形盗洞打至墓底，墓底被盗扰一空。盗洞长 1.60、宽 0.47~0.67 米。现存墓葬由墓室和头龛两部分组成。

墓室平面为梯形，凿建于生土层内。方向为东西向，100 度。墓壁斜直，口大底小。墓口东西长 3.40、东宽 1.80、西宽 1.96 米，墓底东西长 3.0、东宽 1.60、西宽 1.74

图一五一　M58 平、剖图
1.陶匜　2.陶盘　3.陶鼎　4、5.陶豆　6、7.陶壶

米，现存深度 2.0 米。墓口面积 6.39 平方米。填土为红褐色五花土，质地略松，较纯净。墓室东壁有头龛，长 0.90、高 0.50、进深 0.37 米，底部距墓底 0.80 米（图一五一）。

由于墓底被完全扰乱，所以二层台、葬具、人骨等情况不明。

随葬品放置于头龛内。自南向北依次放置陶壶、豆、鼎、盘、匜等，匜置于盘内（彩版九 –1）。

2. 随葬品

共 7 件。均为陶器，器形有鼎、豆、壶、盘、匜（彩版一二〇 –2）。

鼎　1 件。属 C 型 Ⅱ 式。标本 M58：3，盖为母口，周缘向下斜折，盖面弧形隆起。器体为子口，口缘内折，而后斜上出，扁鼓腹，对称双附耳稍外侈，长方形穿孔，圜底，三兽形足，中空，外有刮削痕。盖素面，上腹有一周弦纹，下腹有两周米粒状戳印纹。出土时鼎内有兽骨，原来应放有牲肉。保存较好。火候高，硬度一般，制作较精细，但无使用痕迹，应为冥器。口径 21.0、通高 21.0 厘米（图一五二 –1，彩版一二一 –1）。

豆　2 件。属 B 型 Ⅱ a 式。标本 M58：4，泥质灰褐陶。轮制。盖为母口，周缘向下斜折，盖面微隆起，顶有圆形握纽。器体为子口，口缘向内平折，而后斜上出，弧腹，喇叭形圈足。盖素面，上腹饰一周弦纹。保存较好。火候、硬度一般，冥器。口径 19.2、足径 14.8、通高 24.8 厘米（图一五二 –6，彩版一二一 –2）。标本 M58：5 形制、制法、陶质陶色等情况同于标本 M58：4 陶豆，惟放置位置不同，放置于 M58：4 陶豆西侧，出土时豆内有一小个体动物的完整骨骼，但已严重腐朽为骨末，种属难辨。口径 19.2、足径 16.0、通高 27.0 厘米（图一五二 –3，彩版一二一 –3）。

壶　2 件。属甲类 A 型 Ⅳ 式。标本 M58：6，泥质灰陶。轮制。盖为子口，下有子舌，盖面隆起。器体为母口，形制为微侈口，方唇，束颈，溜肩，鼓腹，平底。盖面饰瓦纹，器体外表饰暗弦纹。保存完好。火候高，硬度大。口径 11.6、腹径 20.8、底径 11.4、通高 29.9 厘米（图一五二 –5，彩版一二二 –1）。标本 M58：7 放置于 M58：6 陶壶西侧，形制、制法等情况基本同于标本 M58：6。口径 12.0、腹径 20.8、底径 11.4、通高 30.2 厘米（图一五二 –7，彩版一二二 –2）。

盘　1 件。标本 M58：2，因出土时是和匜扣在一起的，且墓中没有另外出土陶盘，故把这件器物定名为陶盘，但其形状为一陶器盖，推测在下葬前原本就是一个器盖，只是当作陶盘来随葬，以组成完整的器物组合。火候高，硬度大。泥质灰陶。轮制。形制为直口，方唇，弧壁，小圈足（应是盖顶之握纽敲去边缘）。素面。保存较好（下葬时已故意敲去器盖握纽周缘）。口径 21.2、高 5.8 厘米（图一五二 –4，彩版一二二 –3）。

匜 1件。属 D 型Ⅳ式。标本 M58∶1，泥质灰陶。轮制好后用手修出流和尾，底部有切削痕迹。窄短流，尾部凹入，弧腹，平底。素面。保存完好。火候高，硬度大，冥器。口长径 13.5、口短径 12.6、底径 7.0、高 4.8 厘米（图一五二 -2，彩版一二三 -1）。

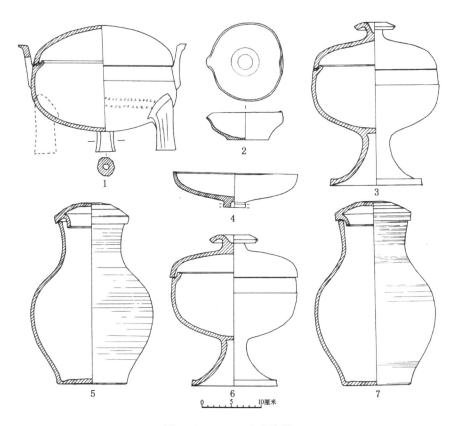

图一五二 M58 出土陶器
1.鼎（M58∶3） 2.匜（M58∶1） 3.豆（M58∶5） 4.盘（M58∶2）
5.壶（M58∶6） 6.豆（M58∶4） 7.壶（M58∶7）

（一〇）M59

1.墓葬资料

位于墓地中部偏北，其西邻 M74，相距约 1.0 米。墓葬直接开口于耕扰层下，距离地表约 1.0 米。墓室壁龛以上部分已被扰去，所以其原始结构，已经无法确知。现存墓葬由墓室和头龛两部分组成。

墓室平面为长方形，凿建于生土层内。方向为南北向，0 度。墓壁斜直，口大底小。墓口南北长 2.70、东西宽 1.70 米，墓底南北长 2.62、东西宽 1.62 米，现存深度 1.40 米。墓口面积 4.59 平方米。填土为红褐色五花土，质地略松，较纯净。墓室北壁有头龛，长 0.70、残高 0.30、进深 0.30 米，底部距墓底 1.10 米（图一五三）。

未见二层台、葬具、人骨等。

随葬品放置于头龛内。西边放碗，东边放壶，陶碗出土时口向下倒扣（参考M74随葬品的放置位置，这件陶碗原来应放置于陶壶口上，墓葬遭破坏时落下）。

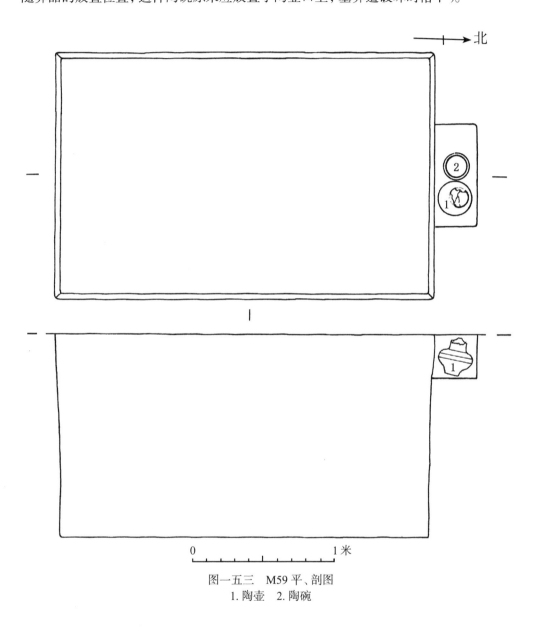

图一五三　M59平、剖图
1.陶壶　2.陶碗

2. 随葬品

共2件。均为陶器，器形为碗、壶（彩版一二三-2）。

碗　1件。标本M59：2，泥质灰陶。轮制。敞口，方圆唇，弧腹内收，平底微内凹。腹外壁有几周凹纹（应为轮制痕迹，非有意而为）。保存完好。火候高，硬度大。口径

15.6、底径 7.2、通高 14.0 厘米（图一五四 –1，彩版一二四 –2）。

壶 1 件。属乙类 C 型。标本 M59∶1，泥质灰陶。轮制。口微侈，方唇，唇部加厚，外侧有一周凹槽，内侧稍向内勾，束颈，圆肩微耸，弧腹内收，平底，底缘外凸。肩部饰有一周暗纹，图案由 "S" 纹和波折纹组成；暗纹上方饰一凹弦纹，下方饰两周凹弦纹；上腹饰两周凹弦纹，下腹有多周凹线纹（可能为轮制痕迹）。破碎，修复完整。火候高，硬度大，制作精致，应为实用器。口径 13.0、肩径 19.2、底径 9.2、高 24.6 厘米。（图一五四 –2，彩版一二四 –1）

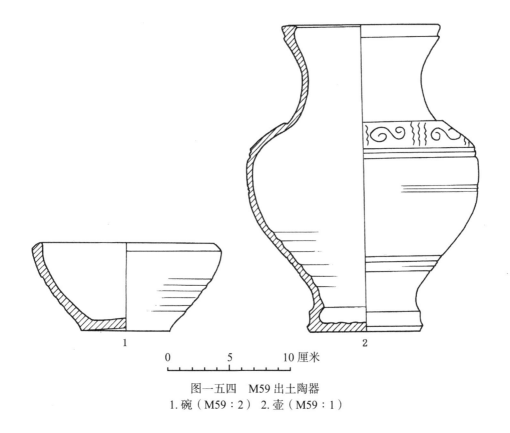

图一五四 M59 出土陶器
1. 碗（M59∶2）2. 壶（M59∶1）

（一一）M60

1. 墓葬资料

盗扰。

位于墓地中部偏北，其南邻 M58，相距约 2.50 米，北邻 M61，相距约 5.5 米。墓葬直接开口于耕扰层下，距离地表约 1.20 米。墓室东端中部有一直径约 0.47 米的圆形盗洞打穿墓底。现存墓葬由墓室、二层台和头龛三部分组成。

墓室平面为长方形，凿建于生土层内。方向为东西向，92 度。墓壁斜直，口大底小。墓口东西长 3.0、南北宽 1.76 米，墓底东西长 2.60、东西宽 1.40 米，现存深度 2.20

米。墓口面积 5.28 平方米。墓室内填土为红褐色五花土，质地略硬，较纯净。墓底四周有熟土二层台，台高 0.30、宽 0.20 米。墓室东壁有头龛，长 0.80、高 0.50、进深 0.50 米，底部距墓底 1.10 米（图一五五）。

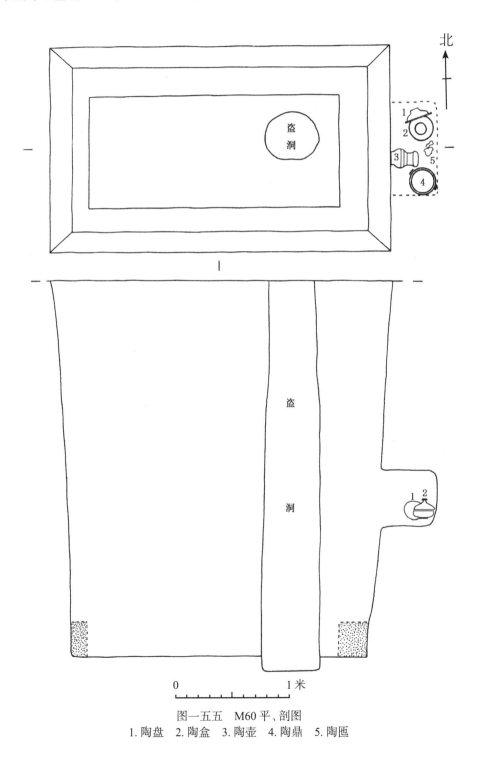

图一五五　M60 平、剖图
1. 陶盘　2. 陶盒　3. 陶壶　4. 陶鼎　5. 陶匜

葬具为一棺一椁，均已腐朽，朽痕为白色。椁室东西长 2.2、南北宽 0.96、现存高度 0.30 米。棺已被完全破坏。

未见人骨。

随葬品放置于头龛内。自南向北依次放置陶鼎、壶、匜、盒、盘。

2. 随葬品

共 5 件。均为陶器，器形为鼎、盒、壶、盘、匜（彩版一二五 -1）。

鼎　1 件。属 Ba 型Ⅳ式。标本 M60∶4，泥质灰陶。轮制。盖弧形隆起。鼎为子口，口缘向内斜出，方唇，圆鼓腹，对称双附耳，外侈，有长方形穿孔，圜底，三近四方体状

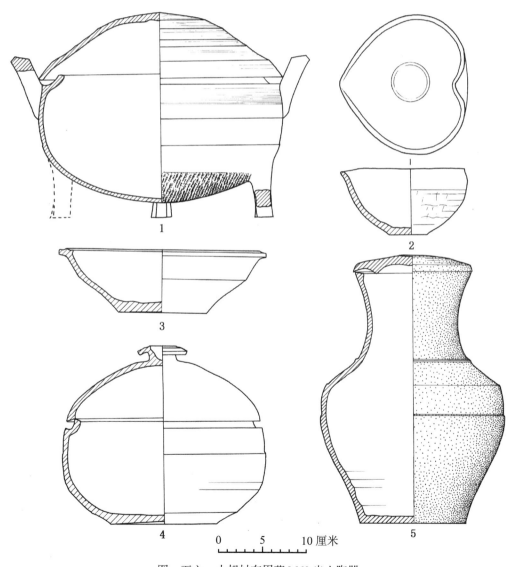

图一五六　小胡村东周墓 M60 出土陶器
1. 鼎（M60∶4）　2. 匜（M60∶5）　3. 盘（M60∶1）　4. 盒（M60∶2）　5. 壶（M60∶3）

短实足。盖和腹部有多周轮旋痕迹,腹部有两周弦纹,底饰粗绳纹。破裂,修复完整。火候、硬度一般,制作不甚精细,冥器。口径23.2、通高22.8厘米(图一五六 -1,彩版一二五 -2)。

盒　1件。属 A 型。标本 M60:2,泥质灰陶。轮制。盖为母口,盖面弧线隆起,顶有圆形握纽。器体为子口,口缘内折,然后斜上出,扁鼓腹,下腹内收为小平底,微内凹。盖素面;上腹有一周弦纹,下腹有轮制痕迹。保存完好。火候高,硬度大。口径20.4、腹径23.2、底径6.0、通高19.8厘米(图一五六 -4,彩版一二六 -1)。

壶　1件。属甲类 A 型 V 式。标本 M60:3,泥质灰陶。轮制。盖磨光,子口,有舌,盖面斜坡状,平顶。器体为母口,侈口,方唇,微束颈,溜肩,鼓腹,下腹斜收,平底。盖面饰不甚明显的瓦纹(应为轮制痕迹);肩上部饰一周凸弦纹,下部饰一周弦纹;腹部饰一周弦纹,下腹内壁有轮制痕迹。保存完好。火候高,硬度大。口径13.2、腹径21.2、底径12.4、通高31.4厘米(图一五六 -5,彩版一二六 -2)。

盘　1件。属 B 型 V 式。标本 M60:1,泥质灰陶。轮制。敞口,窄折沿,沿面有一周凸棱,方唇,折腹,下腹内收为小平底,微凹。素面。保存完好。火候高,硬度大,制作较精细,冥器。口径23.6、底径10.0、高7.0厘米(图一五六 -3,彩版一二七 -1)。

匜　1件。属 D 型 V 式。标本 M60:5,泥质灰陶。轮制。心形口,短尖流,尾部凹入,弧腹内收为小平底。外壁有轮旋痕。素面。破碎,修复完整。火候高,硬度大,冥器。口长径14.2、短径12.8、底径4.4、高7.4厘米(图一五六 -2,彩版一二七 -2)。

(一二)M61

1.墓葬资料

位于墓地中部偏北,其东北邻 M64。墓葬直接开口于耕扰层下,距离地表约0.80米。现存墓葬由墓室、二层台和头龛三部分组成。

墓室平面为长方形,凿建于生土层内。方向为南北向,0度。墓壁斜直,口大底小。墓口南北长2.60、东西宽1.40米,墓底南北长2.40、东西宽1.40米,现存深度2.40米。墓口面积3.64平方米。墓室内填土为红褐色五花土,质地松软,较纯净。墓底四周有熟土二层台,台高0.26、宽度0.14~0.20米。墓室北壁有头龛,长0.68、高0.40、进深0.30米,底部距墓底0.90米(图一五七,彩版九 -2)。

葬具已腐朽,朽痕为白色。分不清棺椁,二层台所围成的范围为椁(棺)室。南北长2.06、东西宽1.0、现存高度0.26米。

人骨保存较差,大部分已朽。从现状看,墓主头向北,仰身曲肢,双手放于腹部,下肢向西蜷曲。

图一五七　M61 平、剖图

1、2.铜桥形饰　3.陶壶　4.陶鼎　5.陶豆　6.陶豆盖

随葬陶器放置于头龛内，中间放置陶鼎，其西放置陶壶，其东放置陶豆。棺朽痕范围内出土有铜桥形饰，分别位于棺室西侧的南北两端。

2. 随葬品

共 7 件。种类有铜器和陶器（彩版一二八 –1）。

（1）铜器

4 件。均为桥形饰。

桥形饰　4 件。2 件属 A 型 I 式。标本 M61：2–2，呈顶端凸起的圆拱形，在拱起的顶端中部有圆穿，一面平，外侧边向另一面折起。素面。宽 8.8、高 3.8、厚 0.18 厘米。2 件属 B 型。标本 M61：2–1，呈顶端凸起的圆拱形，在拱起的顶端中部有圆穿，拱起的外侧边向两面折起，截面呈"T"形，两端为兽头形。两面均有蝶须纹。宽 10.5、高 4.6 厘米。

（2）陶器

3 件。器形为鼎、豆、壶（彩版一二八 –1）。

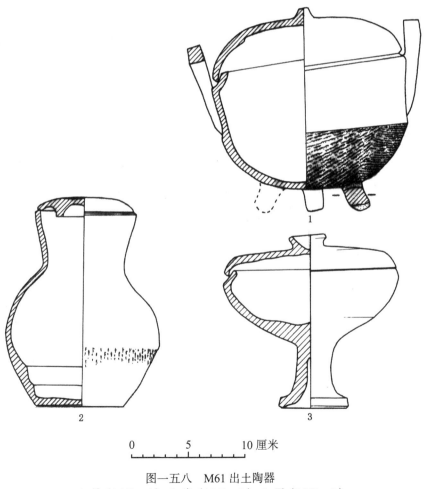

图一五八　M61 出土陶器
1. 鼎（M61：4）　2. 壶（M61：3）　3. 豆（M61：5）

鼎　1件。属 Ba 型 II 式。标本 M61：4，泥质灰陶。器体、盖轮制，鼎耳、鼎足为手捏制。盖为母口，覆盘形，顶近平，中间有一片状尖纽。器体为子口，口缘向内斜出，方唇，上腹较直，有对称双附耳，稍外侈，不规则长方形穿孔，下腹弧线内收为圜底，三实心小矮足。盖素面；下腹及底饰交错中绳纹。器体保存完好，鼎盖破碎，修复完整。火候、硬度一般，制作较粗糙，由于一足位置不正，使整器显得不甚规整。口径 17.4、通高 20.4 厘米（图一五八 –1，彩版一二八 –2）。

豆　1件。属 A 型 IV 式。标本 M61：5，盖（M61：6）为泥质浅灰陶，器体为泥质浅红褐陶。轮制。盖为母口，周缘弧线下垂，顶近平，中间有一空心圆形握纽。器体为浅盘，口缘向内斜出，圆唇，斜弧腹内收为圜底，豆柄上部实心，下部为喇叭形。盖、器皆素面。破碎，修复完整。火候、硬度一般，制作较粗糙。口径 23.6、底径 10.0、高 7.0 厘米（图一五八 –3，彩版一二九 –1）。

壶　1件。属甲类 A 型 III 式。标本 M61：3，泥质灰陶。轮制。盖为子口，口舌较短，盖面周缘弧形，顶部较平。器体为母口，侈口，方唇，束颈，溜肩，鼓腹，下腹内收，小平底微内凹。盖素面；器体下腹外壁有饰而被抹的竖向绳纹，内壁有瓦纹（应是轮制痕迹，并非有意而为）。保存完好。火候、硬度一般，制作较粗糙。口径 10.4、腹径 16.2、底径 9.2、通高 21.0 厘米（图一五八 –2，彩版一二九 –2）。

（一三）M62

墓葬资料

位于墓地中部偏北，其北邻 M63，相距约 2.0 米。墓葬直接开口于耕扰层下，距离地表约 1.20 米。现存墓葬由墓室和二层台两部分组成。

墓室平面为长方形，凿建于生土层内。方向为南北向，0 度。墓壁斜直，口大底小。墓口南北长 2.68、东西宽 1.60 米，墓底南北长 2.50、东西宽 1.10 米，现存深度 1.90 米。墓口面积 4.29 平方米。墓室内填土为浅黄褐色五花土，质地松软，较纯净。墓底四周有生土二层台，台高 0.10、宽度 0.10~0.12 米。

葬具已腐朽，朽痕为白色。椁板灰痕厚度为 0.12 米，二层台所围成的范围为椁室。南北长 2.2、东西宽 0.94、现存高度 0.10 米（图一五九）。

人骨保存较好。墓主头向北，面向西，仰身曲肢，双手放于腹部，下肢向西蜷曲。

无随葬品。

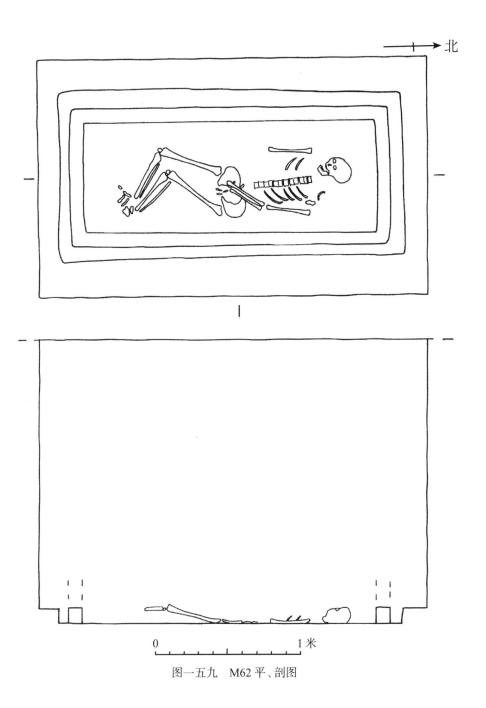

北

0　　　　　　　　1 米

图一五九　M62 平、剖图

（一四）M63

1. 墓葬资料

位于墓地中部偏北，其南邻 M62，相距约 2.0 米。墓葬直接开口于耕扰层下，距离地表约 0.30 米。墓葬上部已被扰去，所以其原始结构我们已经不得而知，现存墓葬只有窄小的墓室。

墓室平面为长方形，凿建于生土层内。方向为南北向，5 度。墓室南北长 2.50、东西宽 0.84、现存深度 0.60 米。面积 2.10 平方米。墓室内填土为浅黄褐色五花土，质地松软，较纯净（图一六〇）。

未见葬具。

人骨保存一般。墓主头向北，仰身曲肢，双手放于腹部，下肢向东蜷曲。

随葬品出土于墓主头端。

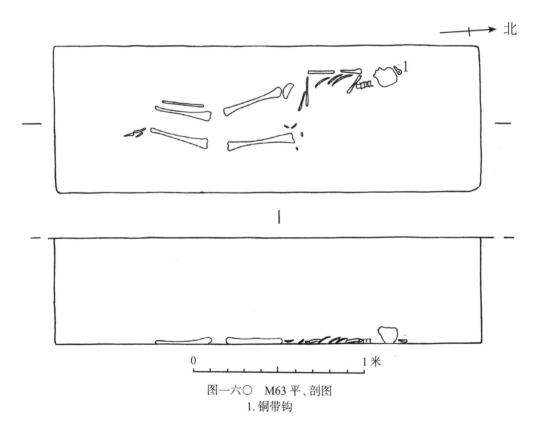

图一六〇　M63 平、剖图
1. 铜带钩

2. 随葬品

1 件。

铜带钩　1 件。属 B 型。标本 M63：1，器身较短，尾端圆弧，平面半圆形，颈截面呈五边形；细端有短钩，尾端背面有圆纽。长 5.3 厘米，尾宽 2.0 厘米，厚 0.8 厘米（图一六一）。

（一五）M64

1. 墓葬资料

位于墓地北部，引水渠的南岸，其南邻
M61。墓葬直接开口于耕扰层下，距离地表约
1.20 米。

墓室平面为长方形，凿建于生土层内。方
向为南北向，350 度。墓室口大底小。墓口南
北长 2.20、东西宽 1.10 米，墓底南北长 2.13、
东西宽 1.10 米，现存深度 0.85 米。墓口面积
2.42 平方米。墓室内填土为浅黄褐色五花土，
质地松软，较纯净（图一六二）。

葬具为一棺（仅见部分朽痕，具体情况不明）。

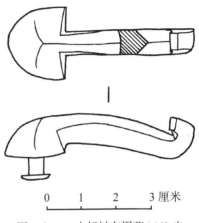

图一六一　小胡村东周墓 M63 出
土铜带钩（M63：1）

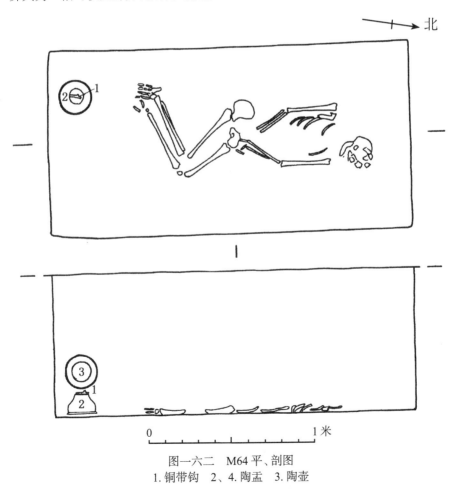

图一六二　M64 平、剖图
1. 铜带钩　2、4. 陶盂　3. 陶壶

人骨保存较好。墓主头向北,面向东,仰身曲肢,双手放于腹部,下肢向东蜷曲。

随葬陶器放置于填土中,陶盂出土于墓底西南角,口向下倒扣,陶壶出土于墓室南端的填土中,距墓底 0.25 米,出土时口东底西侧置,铜带钩置于陶盂上。

2. 随葬品

共 4 件。种类有铜器和陶器。

（1）铜器

1 件。

带钩 1 件。属 A 型 Ⅱ 式。标本 M64：1,器身截面呈梯形,细端有短钩,背面近尾部有圆纽。长 6.4、最宽 0.7、厚 0.5 厘米。

（2）陶器

3 件。（彩版一三〇 –1）

盂 2 件。属 A 型 Ⅳ 式。标本 M64：2,泥质灰陶。轮制。口微敛,沿面外斜,方唇,折腹,上腹较直,下腹斜收,小平底微内凹。素面。保存较好。火候高,硬度大,似为实用器。口径 19.2、底径 9.4、高 11.2 厘米（图一六三 –1,彩版一三一 –2）。标本 M64：4,形制基本同 M64：2。口径 16.2 、底径 8.4、高 12.2 厘米（图一六三 –2,彩版一三一 –1）。

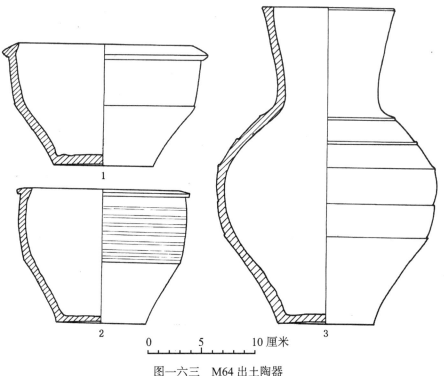

图一六三 M64 出土陶器
1. 盂（M64：2） 2. 盂（M64：4） 3. 壶（M64：3）

　　壶　1件。属乙类 B 型 I 式。标本 M64：3，泥质灰陶。侈口，方唇，束颈，溜肩，鼓腹，下腹斜收，小平底微凹。肩饰两周凸弦纹，腹饰三周弦纹。保存完好。火候高，硬度大，制作较精细，似为实用器。口径 12.6、腹径 20.8、底径 9.2、高 29.0 厘米（图一六三 –3，彩版一三〇 –2）。

　　（一六）M65

　　1. 墓葬资料

　　位于墓地中部偏北。墓葬直接开口于耕扰层下，距离地表约 1.60 米。现存墓葬由墓室、二层台和头龛三部分组成。

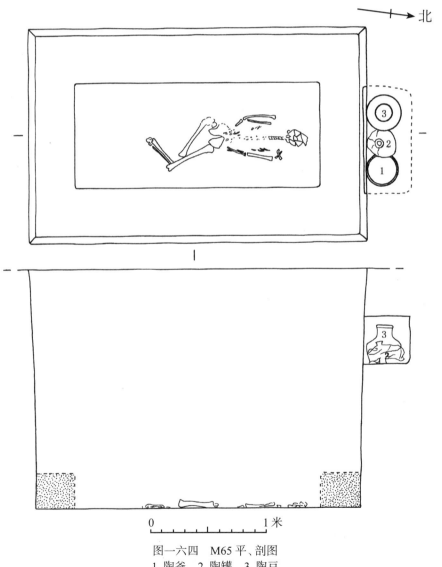

图一六四　M65 平、剖图
1. 陶釜　2. 陶罐　3. 陶豆

　　墓室平面为长方形,凿建于生土层内。方向为南北向,352度。墓壁斜直,口大底小。墓口南北长2.90、东西宽1.80米,墓底南北长2.78、东西宽1.68米,现存深度2.0米。墓口面积5.22平方米。墓室内填土为浅黄褐色五花土,质地较硬,经过夯打。墓底四周有熟土二层台,台高0.30米,东西台宽0.40、南北两台宽0.34米。墓室北壁有头龛,长0.90、高0.40、进深0.40米,底部距墓底1.20米(图一六四)。

　　葬具已腐朽,朽痕为白色。分不清棺椁,二层台所围成的范围为椁(棺)室。南北长2.10、东西宽0.88、现存高度0.30米。

　　人骨保存较差,大部分已朽。从现状看,墓主头向北,曲肢葬式,下肢向东蜷曲。

　　随葬品放置于头龛内,中间放置陶豆,其西放置陶罐,其东放置陶釜。

　　2. 随葬品

　　共3件。均为陶器,器形有豆、罐、釜(彩版一三二-1)。

　　豆　1件。属A型V式。标本M65:3,泥质灰陶。轮制。盖面周缘微下折,顶部隆起,有喇叭形握纽。器体为圆唇,折腹,上腹较直,下腹斜收为圜底,喇叭形矮圈足。

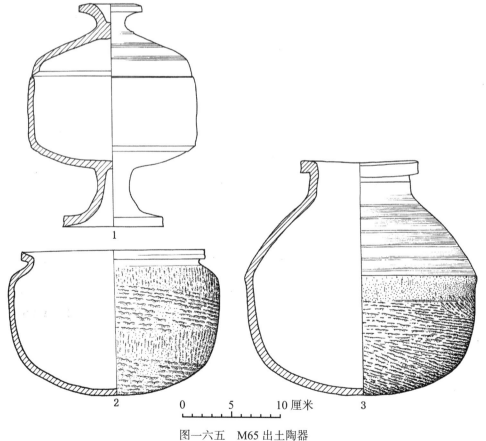

图一六五　M65出土陶器
1.豆(M65:3) 2.釜(M65:1) 3.罐(M65:2)

盖面饰三组划纹，腹外壁有一周凹槽（似为轮制时上下泥坯套接痕迹）。盖保存完好，器体破碎，修复完整。火候高，硬度大，似为实用器。口径 16.8、圈足径 10.4、通高 22.4 厘米（图一六五 -1，彩版一三二 -2）。

罐　1件。属 A 型 Ⅱ 式。标本 M65：2，泥质灰陶。轮制。小直口，窄平沿，方唇，高领，宽斜肩，肩腹接合处有折棱，弧腹下收为圜底。肩部有多周轮旋痕迹，腹、底饰中绳纹。保存完好。火候高，硬度大，应为实用器。口径 12.2、肩径 24.0、高 23.6 厘米（图一六五 -3，彩版一三三 -1）。

釜　1件。标本 M65：1，泥质红陶。轮制。卷沿，圆方唇，束颈，窄肩，弧腹下收为圜底。腹底满饰横向粗绳纹和竖向细绳纹。保存完好。火候、硬度一般。口径 19.2、肩径 22.2、高 14.6 厘米（图一六五 -2，彩版一三三 -2）。

（一七）M66

1. 墓葬资料

位于墓地北部，引洪渠南岸。墓葬直接开口于耕扰层下，距离地表约 0.40 米。墓葬上部已被扰去，所以其原始结构我们已经不得而知，现存墓葬只有窄小的墓室。

墓室平面为长方形，凿建于生土层内。方向为南北向，5 度。南北长 2.06、东西宽 0.65、现存深度 0.50 米。面积 1.34 平方米。墓室内填土为浅黄褐色五花土，质地松软，较纯净（图一六六）。

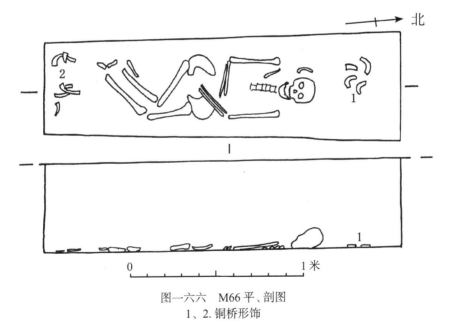

图一六六　M66 平、剖图
1、2. 铜桥形饰

未见葬具。

人骨保存一般。墓主头向北，面向东，仰身曲肢，双手放于腹部，下肢向东蜷曲。

随葬品为铜桥形饰。出土时分两组，一组位于头端，8件；另一组位于脚端，10件。

2. 随葬品

18件，均为铜桥形饰。

8件属A型I式。标本M66：1-1，呈顶端凸起的圆拱形，在拱起的顶端中部有圆穿，一面平，外侧边向另一面折起。两边内侧夹角为锐角。素面。宽9.7、高4.6、厚0.18厘米（图一六七 -2）。

10件属A型II式。标本M66：2-1，形制基本同M66：1-1，惟两边内侧夹角为钝角。宽10.7、高4.4、厚0.18厘米（图一六七 -1）。

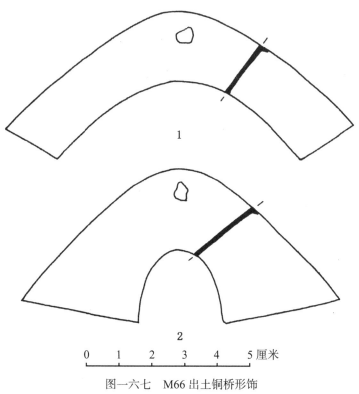

图一六七　M66出土铜桥形饰
1. 桥形饰（M66：2-1）　2. 桥形饰（M66：1-1）

（一八）M67

墓葬资料

位于墓地北部，引洪渠南岸，其东邻M68，相距约1.50米。墓葬直接开口于耕扰层下，距离地表约1.20米。墓葬北部已被引洪渠切去，且有一盗洞自河岸打进墓室，将墓室内全部扰乱，所以其原始结构我们已经不得而知。

墓室平面为长方形，凿建于生土层内。方向为南北向，20或200度。墓口南北残长 2.40、东西宽 1.92 米，墓底南北残长 2.20、东西宽 1.32 米，现存深度 2.60 米。墓室内填土为红褐色五花土，由于风干严重，质地较硬，内涵纯净。墓底有生土二层台，台高 0.80、宽 0.20 米（图一六八）。

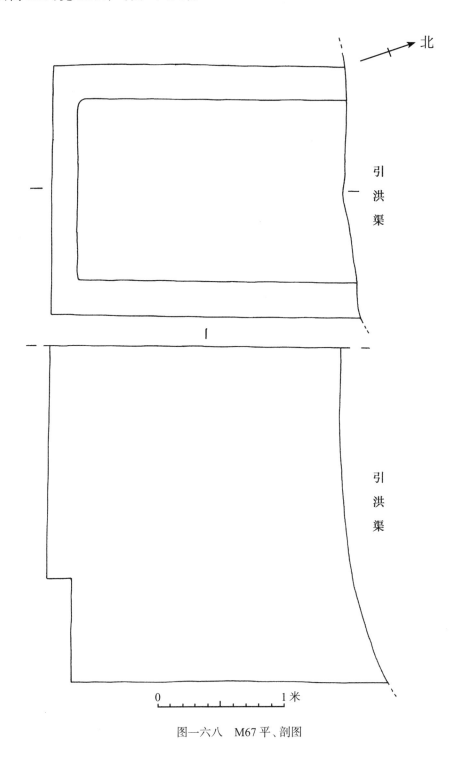

图一六八　M67 平、剖图

未见葬具、人骨和随葬品。

（一九）M68

墓葬资料

位于墓地北部，引洪渠南岸，其西邻 M67，相距约 1.50 米。墓葬直接开口于耕扰层下，距离地表约 1.70 米。墓葬北部已被引洪渠切去，且有一盗洞自河岸打进墓室，

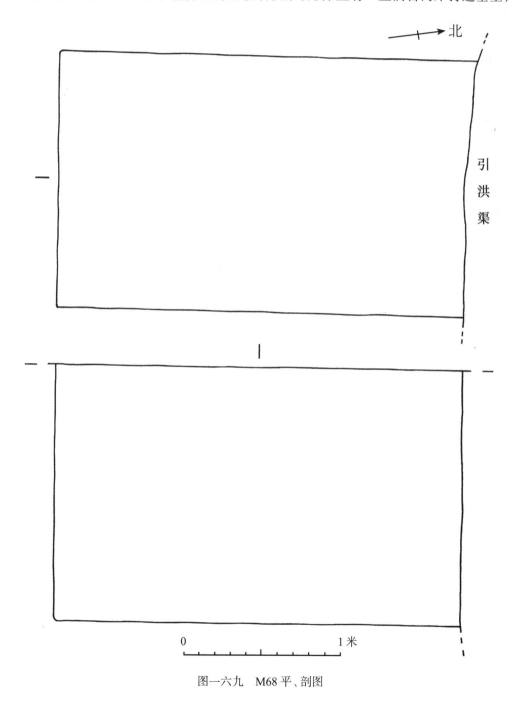

图一六九　M68 平、剖图

将墓室内全部扰乱，所以其原始结构我们已经不得而知。

墓室平面为长方形，凿建于生土层内。方向为南北向，10 或 190 度。南北残长 2.60、东西宽 1.60、现存深度 1.60 米。墓室内填土为红褐色五花土，由于风干严重，质地较硬，内涵纯净（图一六九）。

未见葬具、人骨、随葬品等。

（二〇）M69

墓葬资料

盗扰。

位于墓地北部。其北紧邻现代引洪渠。墓葬直接开口于耕扰层下，距离地表约 0.80 米。墓室东南角有一圆形盗洞自墓口打穿墓底，墓室底部被扰乱。现存墓葬由墓室、二层台和器物坑三部分组成。

墓室平面为长方形，南壁上部打破一圆形龙山灰坑，北端东、西两壁打破一东西向龙山灰坑，其余壁、底均凿建于生土层内。方向为南北向，10 或 190 度。墓壁斜直，口大底小。墓口南北长 3.30、东西宽 2.30 米，墓底南北长 3.0、东西宽 2.15 米，现存深度 6.50 米。墓口面积 7.59 平方米。墓室内填土为红褐色五花土，由于靠近渠岸，风干严重，质地较干硬。墓室东南角的东壁和南壁各有 7 个脚窝，每个壁上的脚窝并不在一条直线上，上下两脚窝间距在 0.40~0.50 米，每个脚窝的形状近圆形，大小相近，长 0.12、高 0.80、进深 0.10 米。墓底四周有熟土二层台，台高 0.70、宽 0.20 米。墓底西侧中部略偏北有长方形器物坑，东西长 1.0、南北宽 0.70、深 0.15 米（图一七〇，彩版一〇 –1）。

葬具已被破坏，仅发现少量白灰朽痕，具体情况不明。

人骨已被扰乱，在被盗扰的虚土中，清理出有股骨、盆骨等。葬式不明。

随葬器物上放置有牛肋骨和牛肩胛骨。

随葬品放置于器物坑内，自西而东依次放置陶鼎、壶、豆等，盘放置于陶鼎之上，匜散落鼎旁。

2. 随葬品

共 5 件。均为陶器，器形为鼎、豆、壶、盘、匜（彩版一三四 –1）。

鼎　1 件。属 Db 型 I 式。标本 M69：4，泥质灰陶。轮制。盖为母口，覆盘形，周缘下折，顶微隆起，上有三片状纽。器体子口，口缘平折，然后上出，浅腹微鼓，对称双附耳，有长方形穿孔，圜底近平，三简化兽形足外撇。盖面饰两周凹弦纹；盖、器体外表均施彩绘，多已脱落，根据观察可知，彩绘方法是先在器表涂一层白垩，而后用红彩绘制出图案，盖面图案有波折纹、三角纹和逗点纹，器体图案已脱落不清。出土

图一七〇　M69平、剖图
1.陶豆　2.陶壶　3.陶盘　4.陶鼎　5.陶匜

时破碎, 修复完整。火候高, 硬度大, 制作较精, 冥器。口径 18.8、通高 18.8 厘米 (图
一七一 -1, 彩版一三四 -2)。

　　豆　1件。属 A 型 I a 式。标本 M69∶1, 泥质灰陶。轮制。盖为母口, 盖面周缘

0　　　　　5　　　　10 厘米

图一七一　M69 出土陶器

1. 鼎 (M69∶4)　2. 盘 (M69∶3)　3. 豆 (M69∶1)　4. 匜 (M69∶5)　5. 壶 (M69∶2)

下折，顶微隆起，有喇叭形握纽。器体为子口，口缘内折，而后斜出，弧腹，平底，空心柄，喇叭形足。盖面有两周凹弦纹；盖、器体外表通体施彩绘，多已脱落，根据观察可知，彩绘方法是先在器表涂一层白垩，而后用红彩绘制图案，盖缘绘一周三角形纹，内填三个卷须纹，柄饰窗棂纹。出土时盖破碎，修复完整；器体保存完好。火候高，硬度大，制作较精，冥器。口径 15.2、足径 9.6、通高 22.4 厘米（图一七一 -3，彩版一三六 -1）。

壶　1 件。属甲类 A 型 I 式。标本 M69：2，泥质灰陶。轮制。盖有短舌，盖面斜坡隆起，周缘有五个穿孔，中间一个穿孔。器体侈口，口缘内侧有一周凹槽，斜方唇，束颈，溜肩，鼓腹，平底微凹。盖面饰两周凹弦纹，颈部饰一周凹弦纹，肩部饰两周凹弦纹，腹部饰一周凹弦纹；盖、器体通体施彩绘，多已脱落，根据观察可知，彩绘方法是先在器表涂一层白垩，而后用红彩绘制图案，图案内容已不清。出土时破碎，修复完整。制作较精致，火候高，硬度大，冥器。口径 13.6、腹径 20.0、底径 12.0、通高 26.4 厘米（图一七一 -5，彩版一三六 -2）。

盘　1 件。属 B 型 II 式。标本 M69：3，泥质灰陶。轮制。平折沿，尖圆唇，腹壁外折内弧，平底。盘内外通施彩绘，多已脱落，彩绘方法是先在器表涂一层白垩，而后用红彩绘制图案，图案多已不清。出土时破碎，修复完整。火候高，硬度大，制作较精，冥器。口径 19.4、底径 9.4、高 3.0 厘米（图一七一 -2，彩版一三五 -1）。

匜　1 件。属 C 型 III 式。标本 M69：5，泥质灰陶。先轮制，而后用手修出流和尾。曲口，短流，片状尾，浅弧腹内收为小平底。器表施彩绘，图案已不清，彩绘方法是先在器表涂一层白垩，而后用红彩绘出图案。火候高，硬度大，冥器。口长径 14.4、短径 13.4、底径 6.4、高 3.9 厘米（图一七一 -4，彩版一三五 -2）。

（二一）M70（西周）

1. 墓葬资料

位于墓地北部，其北紧邻 M69，相距约 2.0 米。墓葬直接开口于耕扰层下，距离地表约 0.80 米。现存墓葬由墓室和二层台两部分组成。

墓室平面为圆角长方形土坑竖穴式，凿建于生土层内。方向为东西向，280 度。墓壁不规整，口底同大。墓室东西长 2.15、南北宽 0.80、现存深度 0.80 米。面积 1.72 平方米。墓室内填土为红褐色五花土。墓底四周有熟土二层台，台高 0.10 米，宽度不一致，南、北两台宽 0.10、西台宽 0.40、东台宽 0.16 米（图一七二）。

未见葬具，但由于四周有熟土二层台，推测应有一棺。

人骨保存较好。从现状看，墓主头向西，面微向南，仰身曲肢，双手交叉放于胸前，下肢向南卷曲。

随葬陶器放置于墓主头端的墓室填土中，距墓口约 0.44 米，海贝放置于墓主口内。

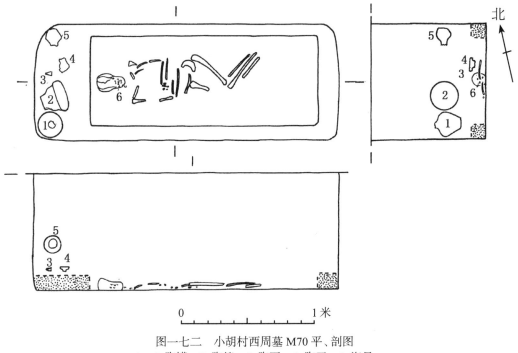

图一七二　小胡村西周墓 M70 平、剖图
1、5.陶罐　2.陶簋　3.陶鬲　4.陶豆　6.海贝

2.随葬品

共 14 件。种类有陶器和海贝两类。

（1）陶器

5 件。器形为鬲、簋、豆、罐（彩版一〇三 -1）。

鬲　1 件。标本 M70：3，放置于墓室西端的填土中，其南为 M70：2 陶簋，其北为 M70：4 陶豆和 M70：5 陶罐。出土时破碎，修复完整。制作较精制，火候高，硬度大，应为实用器。夹砂灰褐陶。轮制。形制为方唇，折沿，侈口，束颈，鼓腹，平裆，三矮实足根。沿面饰凹弦纹三周，腹、裆饰中绳纹。口径 16.0、通高 9.6 厘米（图一七三 -1，彩版一〇四 -1）。

簋　1 件。标本 M70：2，放置于墓室西端的填土中，其南为 M70：1 陶罐，其北为 M70：3 陶鬲，出土时口向东北，圈足向东北。保存较好。制作精致，火候高，硬度大，实用器。泥质灰陶。轮制。圆唇，卷沿微折。上腹斜直，下腹内收成圜底，近直筒状矮圈足。沿、腹外壁有饰而被抹的斜竖向中绳纹，中部有两周凹弦纹；圈足靠下部饰一周凹弦纹。口径 24.0、圈足径 9.0、通高 15.2 厘米（图一七三 -3，彩版一〇五 -1）。

豆　1 件。标本 M70：4，放置于墓室西端的填土中，其西南为 M70：3 陶鬲和 M70：2 陶簋，其北为 M70：5 陶罐。破损，豆柄缺失。制作较精，但火候较低。红褐

色内胎，外施黑色陶衣，多脱落。轮制。豆盘为方唇，直口，弧壁，平底。素面。盘口
径 14.4、残高 6.7 厘米（图一七三 -2，彩版一〇三 -2）。

罐　2件。标本 M70：1，放置于墓室西南角的填土中，其北为 M70：2 陶簋，出
土时口向上正置。口沿破损，局部缺失。制作精致，火候高，硬度大，为实用器。泥
质灰陶。轮制。双唇，卷沿，侈口，束颈，宽斜肩微折，斜直腹，小平底微内凹。肩部
饰 16 组篦纹，其上饰三周凹弦纹，下饰两周凹弦纹；腹部饰有一周断续凹弦纹；腹内
壁饰五周瓦棱纹。口径 11.4、肩径 19.8、底径 9.8、通高 20.8 厘米（图一七三 -5，彩版
一〇五 -2）。标本 M70：5，放置于墓室西北角填土中，其南为 M70：4 陶豆，出土时

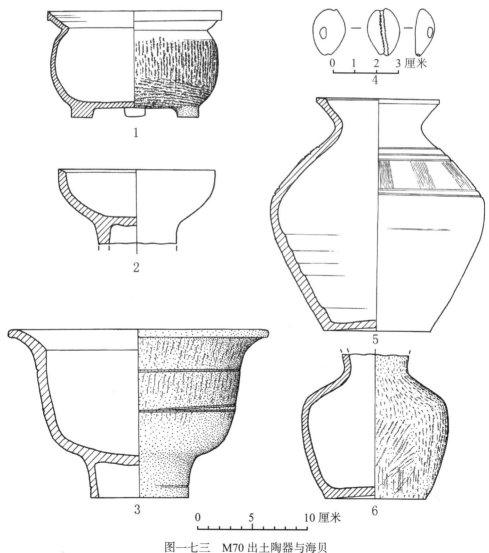

图一七三　M70 出土陶器与海贝
1. 陶鬲（M70：3）　2. 陶豆（M70：4）　3. 陶簋（M70：2）
4. 海贝（M70：6-1）　5. 陶壶（M70：1）　6. 陶罐（M70：5）

口南底北侧放。口沿破损，缺失。火候高，硬度大，实用器。夹砂黄褐陶。轮制。卷沿，鼓肩，微鼓腹，平底微内凹。沿、腹、底外壁满饰交错细绳纹。肩径 13.6、底径 9.2、残高 13.0 厘米（图一七三 -6，彩版一〇四 -2）。

（2）海贝

9 枚。标本 M70∶6-1，表面瓷白色，背部有一小圆穿孔。长 2.0 厘米，宽 1.5 厘米（图一七三 -4）。

3. 年代

该墓出土的陶鬲与洛阳北窑西周墓出土的 M333∶10 陶鬲形制相近；陶簋和罐与河南温县陈家沟 M32、M43 出土的同类器形制相同。年代可定在西周晚期偏早。

（二二）M71

1. 墓葬资料

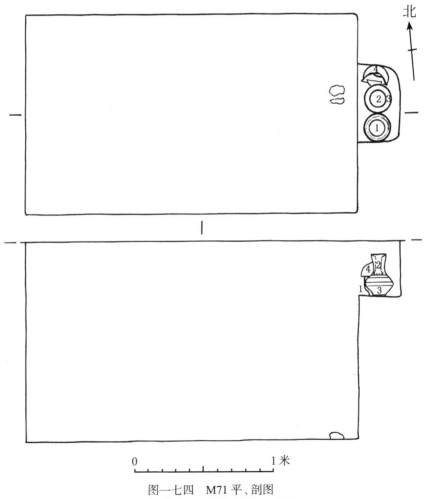

图一七四　M71 平、剖图
1、4. 陶合碗　2. 陶浅盘豆　3. 陶壶

　　位于墓地东部槐树林的北端西侧，其北邻 M72，相距约 5.0 米。墓葬直接开口于
耕扰层下，距离地表约 0.70 米。现存墓葬由墓室和头龛两部分组成。

　　墓室为长方形土坑竖穴式，凿建于生土层内。方向为东西向，95 度。墓壁较直，
口底同大。东西长 2.40、南北宽 1.40、现存深度 1.40 米。面积 3.36 平方米。墓室内填
土为浅黄褐色五花土，经过夯打。墓室东壁有头龛，长 0.70、残高 0.40、进深 0.30 米，
底部距墓底 1.0 米（图一七四）。

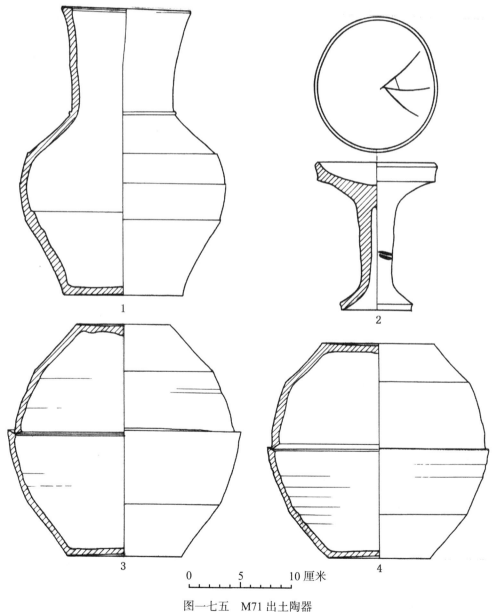

0　　　5　　　10 厘米

图一七五　M71 出土陶器
1. 壶（M71：3）　2. 豆（M71：2）　3. 合碗（M71：4）　4. 合碗（M71：1）

未见葬具痕迹。

人骨保存较差,仅在墓底发现2片人头骨碎片。

随葬陶器放置于头龛内,中间放置陶壶,壶口内放置一陶豆,陶壶南北两侧各放置2个陶碗,陶碗两两相扣,组成合碗。

2. 随葬品

共4件套(其中合碗2套,每套由2件陶碗相扣组成)。均为陶器,器形为壶、浅盘豆、合碗(彩版一三六 -3)。

壶　1件。属乙类B型Ⅱ式。标本M71:3,泥质灰陶。轮制。侈口,方唇,束颈,溜肩,鼓腹,下腹斜收,小平底微凹。颈肩接合处饰一周凸弦纹,肩、腹饰三周弦纹。保存完好。火候高,硬度大,似为实用器。口径12.6、腹径20.2、底径11.8、高25.8厘米(图一七五 -1,彩版一三七 -4)。

浅盘豆　1件。属A型Ⅶ式。标本M71:2,泥质灰陶。轮制。浅盘,敞口,圆唇,壁外折内弧,空心柱状豆柄,喇叭形小圈足。素面。盘内壁及豆柄中部有刻划符号。保存完好。火候高,硬度大,应为实用器。口径12.2、足径7.0、高14.0厘米(图一七五 -2,彩版一三七 -1)。

合碗　2套。属甲类。标本M71:1,泥质灰陶。轮制。全器由两碗上下扣合而成,下半部分口径略大于上半部分。上下两部分形制基本相同,均为敞口,斜方唇,腹中部微折,小平底微凹。全器素面。保存完好。火候高,硬度大。上半部分口径21.0、底径11.0、高10.0厘米,下半部分口径21.8、底径9.8、高10.4厘米,全器通高20.4厘米(图一七五 -4,彩版一三七 -4)。标本M71:4,陶质陶色、制法、形制等均同于M71:1,惟大小、放置位置有差异。出土时上下两部分位置有移动。上半部分口径21.6、底径9.2、高10.4厘米,下半部分口径22.8、底径11.2、高12.0厘米,全器通高22.0厘米(图一七五 -3,彩版一三七 -4)。

(二三)M72

1. 墓葬资料

位于墓地东部槐树林的北端西侧,其南邻M71,相距约5.0米。墓葬直接开口于耕扰层下,距离地表约0.70米。现存墓葬由墓室、二层台和头龛三部分组成。

墓室为长方形土坑竖穴式,凿建于生土层内。方向为南北向,3度。墓壁较直,口底同大。南北长3.0、东西宽1.70、现存深度1.60米。面积5.10平方米。墓室内填土为浅黄褐色五花土,经过夯打。墓底四周有生土二层台,台高0.20、东台宽0.20、其余台宽0.30米。墓室北壁有头龛,长0.80、高0.40、进深0.30米,底部距墓底0.90米(图一七六)。

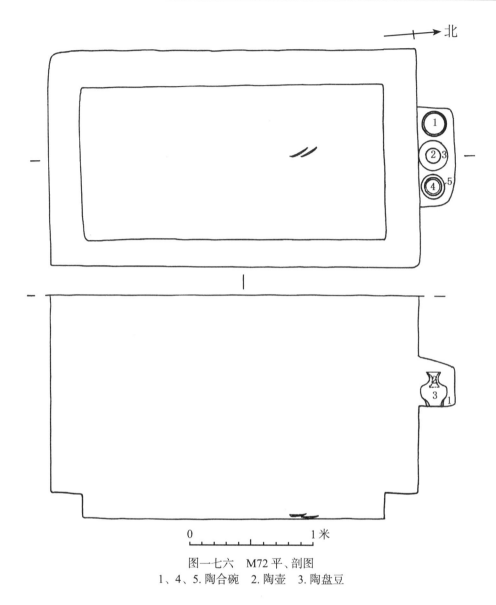

图一七六　M72 平、剖图
1、4、5.陶合碗　2.陶壶　3.陶盘豆

　　葬具为一棺一椁，均已腐朽。椁为长方形，仅有白灰朽痕，具体形制不明。二层台所围成的椁室南北长 2.46、东西宽 1.22、现存高度 0.20 米。棺情况不明。

　　人骨保存较差，仅在墓底发现几块碎骨。

　　随葬陶器放置于头龛内，中间放置陶壶，壶口内放置一陶豆，陶壶南北两侧各放置 1 套合碗。

　　2.随葬品

　　共 5 件。均为陶器，器形为壶、浅盘豆、合碗（彩版一三八 –1）。

　　壶　1 件。属乙类 B 型 Ⅱ 式。标本 M72：2，泥质灰陶。轮制。侈口，方唇，束颈，折肩,上腹微鼓,下腹斜收,小平底微凹。肩饰一周凸弦纹,肩、腹接合处及腹部有三周弦纹。保存完好。火候高,硬度大。口径11.6、腹径20.8、底径10.8、高26.6厘米（图一七七 -1,彩版一四一 -1）。

　　浅盘豆　1件。属 B 型Ⅱ式。标本 M72：3,泥质灰陶。轮制。浅盘,敞口,方圆唇,弧壁,空心柱状豆柄,喇叭形小圈足。素面。盘内壁有刻划符号,足边缘也有刻划符号。出土时破裂,修复完整。火候高,硬度大,应为实用器。口径11.8、足径7.8、高13.4厘米（图一七七 -2,彩版一三八 -2）。

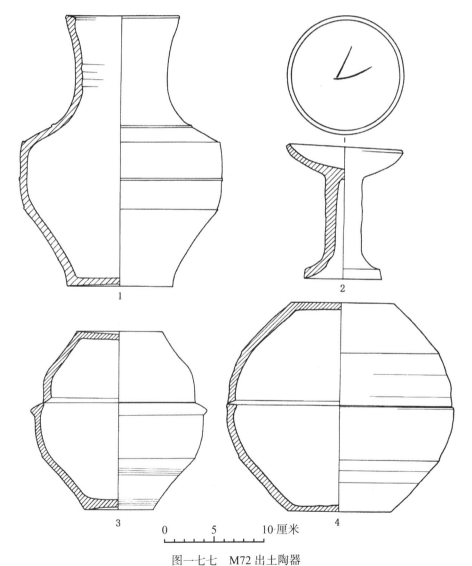

图一七七　M72 出土陶器
1.壶（M72：2）2.浅盘豆（M72：3）3.合碗（上 M72：4 下 M72：5）4.合碗（M72：1）

合碗　2套。1套属甲类。标本M72∶1，泥质，外壁为灰色，内壁为红褐色。全器由两碗上下扣合而成，下半部分口径略大于上半部分。上下两部分形制基本相同，均为敞口，方唇，腹中部微显折线，小平底。全器素面。保存完好。火候、硬度一般。上半部分口径22.6、底径10.4、高10.3厘米，下半部分口径23.0、底径10.4、高10.3厘米，全器通高20.6厘米（图一七七-4，彩版一三九）。

1套属乙类。出土时盂和碗扣合在一起，应是组合为一套合碗（原当做两件盂分别编号为M72∶4、M72∶5）。均为泥质灰陶，火候高，硬度大，应是实用器，轮制。标本M72∶4陶盂，倒扣于M72∶5陶碗上，形制为直口，方唇，折腹，上腹较直，下腹斜收，小平底微凹。素面。口径14.8、底径8.0、高7.0厘米。标本M72∶5陶碗，上承M72∶4陶盂，形制为口微敛，窄斜沿，圆唇，折腹，上腹微鼓，下腹斜收，小平底微凹。素面（下腹有轮旋痕迹）。口径15.6、底径7.0、高10.6厘米（图一七七-3，彩版一四〇）。

（二四）M73

1. 墓葬资料

位于墓地东部槐树林的北端东侧。墓葬直接开口于耕扰层下，距离地表约1.10米。现存墓葬由墓室、二层台和头龛三部分组成。

墓室为长方形土坑竖穴式，凿建于生土层内。方向为南北向，5度。墓壁斜直，口大底小。墓口南北长2.80、东西宽1.80米，墓底南北长2.72、东西宽1.70米，现存深度2.0米。墓口面积5.04平方米。墓室内填土为浅黄褐色五花土，经过夯打。墓底四周有生土二层台，台高0.40、宽0.20米。墓室北壁有头龛，长0.84、高0.50、进深0.40米，底部距墓底0.90米（图一七八）。

葬具为一棺一椁，均已腐朽。二层台所围成的范围为椁室，南北长2.40、东西宽1.40、现存高度0.40米。棺的情况不明。

未发现人骨。

随葬陶器放置于头龛内，自西而东依次放置鼎、豆、壶。

2. 随葬品

共3件。均为陶器，器形为鼎、豆、壶（彩版一四一-3）。

鼎　1件。属C型Ⅲ式。标本M73∶1，泥质灰陶。轮制。盖为母口，覆盘状，周缘微折垂，斜直壁，平顶。器体为子口，口缘向内斜出，微鼓腹，有对称双附耳，微侈，有倒"U"形穿孔，圜底，三空心柱状足。腹部有一周凸弦纹。保存完好。火候高，硬度大，冥器。口径11.6、通高24厘米（图一七九-1，彩版一四二-1）。

豆　1件。属B型Ⅲ式。标本M73∶2，盖、器颜色不一致，应是下葬时用别的器

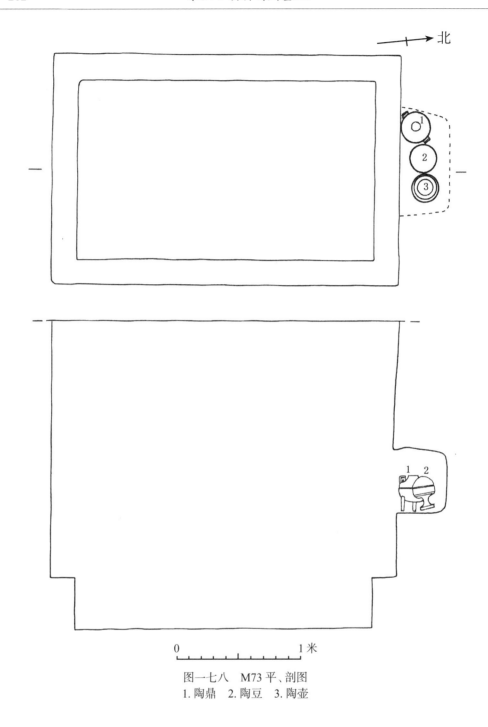

图一七八　M73 平、剖图
1. 陶鼎　2. 陶豆　3. 陶壶

盖代替豆盖来随葬。盖保存完好，器体破碎，修复完整。器盖烧制火候高，硬度大，泥
质灰陶，轮制。器体烧制火候低，硬度小，泥质红褐陶，轮制。盖为母口，周缘微下折，
盖面隆起。器体为子口，口缘向内斜出，弧腹，喇叭形矮圈足。盖为素面；器体腹外
壁饰瓦纹。盖径 19.6、高 5.0 厘米。器体口径 18.0、足径 12.0、高 14.4 厘米（图一七九

-2，彩版一四二 -2）。

壺　1件。属甲类 A 型Ⅵ式。标本 M73：3，泥质灰陶。轮制。盖有短舌，盖面斜坡隆起，平顶。壺体侈口，方唇，束颈，折肩，上腹微鼓，有三周折线，下腹斜收，小平底。素面。保存完好。火候高，硬度大。口径 11.6、肩径 18.8、底径 10.6、高 26.6 厘米（图一七九 -3，彩版一四一 -2）。

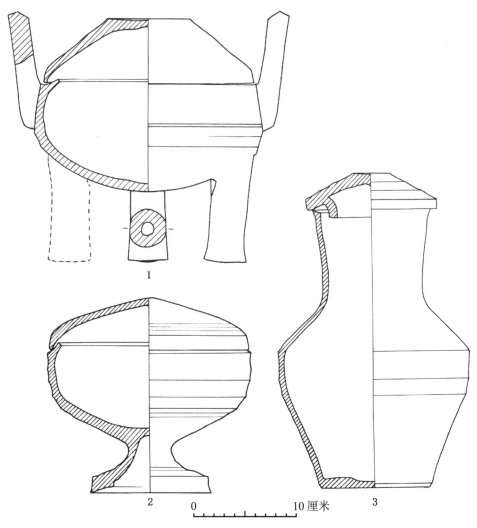

图一七九　小胡村东周墓 M73 出土陶器
1.鼎（M73：1）　2.豆（M73：2）　3.壺（M73：3）

（二五）M74

1.墓葬资料

位于墓地中部偏北，其东邻 M59，相距约 1.0 米，西邻 M58，相距约 2.0 米。墓葬直接开口于耕扰层下，距离地表约 0.70 米。由于上部全被扰去，所以原始结构已经不明。现存墓葬由墓室和残存头龛两部分组成。

　　墓室为长方形土坑竖穴式，凿建于生土层内。方向为南北向，5 度。墓壁斜直，口底同大。南北长 2.70、东西宽 1.70、现存深度 1.0 米。面积 4.59 平方米。墓室内填土为红褐色五花土，质地略松。墓室北壁有头龛，长 0.60、残高 0.34、进深 0.20 米，底部距墓底 0.66 米（图一八〇）。

　　未发现葬具和人骨。

　　随葬陶器放置于头龛内，中间放置陶壶，壶口上和西侧各放置 1 件陶碗。

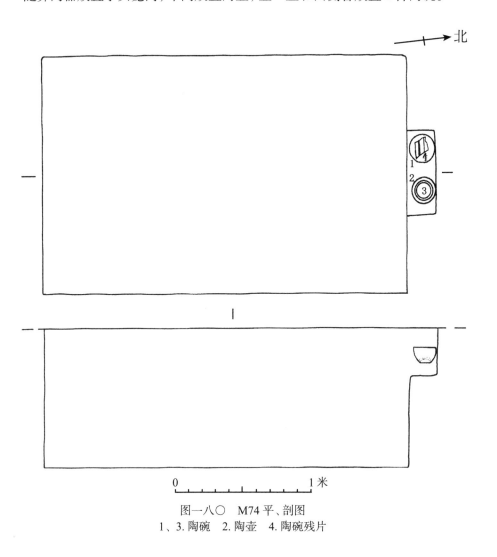

图一八〇　M74 平、剖图
1、3. 陶碗　2. 陶壶　4. 陶碗残片

2. 随葬品

　　共 4 件。均为陶器，器形为壶、碗（彩版一四三 -1）。

　　壶　1 件。属乙类 C 型。标本 M74：2，泥质灰陶。轮制，口部变形为椭圆形。侈口，方唇,唇部加厚,下缘外突,束颈,圆肩,鼓腹,小平底,底部外缘外突。上肩部饰一周凸弦纹,两周凹弦纹,下肩部饰两周凹弦纹;下腹内壁有瓦纹(应为轮制痕迹,非有意而为)。保存完好。火候高,硬度大。口径 13.6、肩径 20.4、底径 8.4、高 25.3 厘米(图一八一 –1)。

碗 2 件。标本 M74:1,泥质灰陶。轮制。口微敛,圆方唇,斜弧腹,平底微凹。素面。保存完好。火候高,硬度大。出土时碗内发现有 1 件陶碗残片,推测其和现存之陶碗应组合为一套"合碗"。口径 20.6、底径 8.6、高 9.7 厘米(图一八一 –2,彩版一四三 –2)。标本 M74:3,泥质灰陶。轮制。口近直,圆方唇,弧腹,平底微凹。素面。出土时放置于陶壶口内。保存较好。火候高,硬度大。口径 14.8、底径 6.8、高 6.8 厘米(图一八一 –3,彩版一四四 –1)。

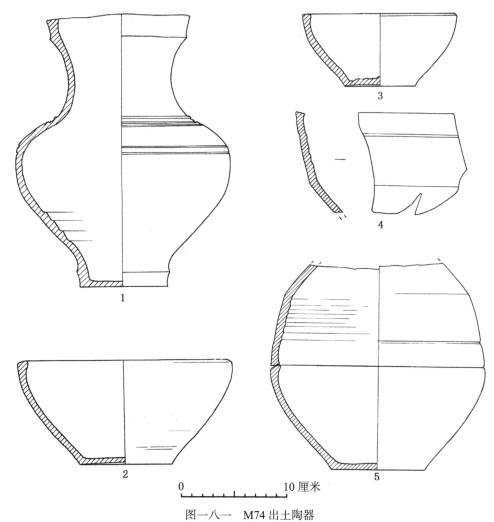

图一八一 M74 出土陶器
1. 壶(M74:2) 2. 碗(M74:1) 3. 碗(M74:3)
4. 碗残片(M74:4) 5. 合碗复原图(上 M74:1 下 M74:4)

碗残片　1件。标本 M74：4，出土于 M74：1 陶碗内。应是"合碗"上半部分残片。泥质灰陶（图一八一 -4、5）。

（二六）M75

1. 墓葬资料

位于墓地中部偏北，其东南邻 M62，相距约 2.0 米。墓葬直接开口于耕扰层下，距离地表约 0.70 米。现存墓葬由墓室和二层台两部分组成。

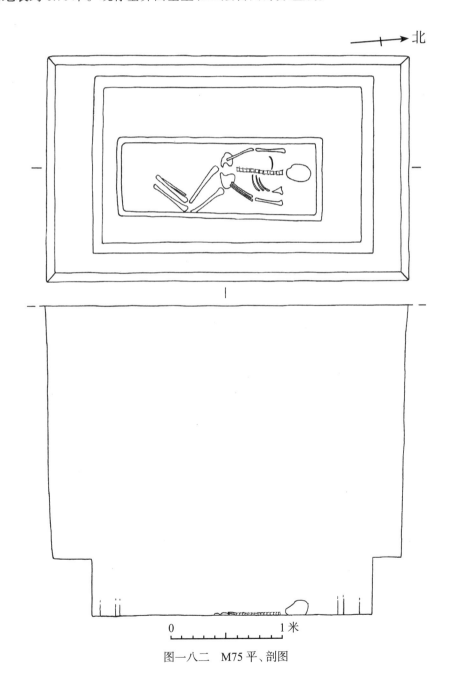

图一八二　M75 平、剖图

墓室平面为长方形,凿建于生土层内。方向为南北向,5 度。墓壁斜直,口大底小。墓口南北长 3.26、东西宽 1.96 米,墓底南北长 3.06、东西宽 1.76 米,现存深度 2.70 米。墓口面积 6.39 平方米。墓室内填土为浅黄褐色五花土,质地松软,较纯净。墓底四周有熟土二层台,台高 0.60 米,宽度不一致,东台宽 0.18、西台宽 0.10、南台宽 0.34、北台宽 0.24 米(图一八二,彩版一〇 -2)。

葬具为一棺一椁,均已腐朽,朽痕为白色。椁形制为长方形,板灰朽痕厚度为 0.10 米。朽痕所围成的椁室南北长 2.31、东西宽 1.34、现存高度 0.60 米。棺也为长方形盒式,板灰朽痕厚度为 0.06 米。朽痕所围成的棺室南北长 1.74、东西宽 0.60、现存高度 0.20 米。

人骨保存较差,大部分已朽。从现状看,墓主头向北,仰身曲肢,下肢向东蜷曲。

椁(或棺)上东南角放置有牛肋骨和肩胛骨。

随葬品放置于椁(或棺)上,均已残破,每件器物的具体位置已无法知晓。

2. 随葬品

5 件。均为陶器,器形有鼎、豆、壶、盘、匜(彩版一四五 -1)。

鼎 1 件。属 E 型。标本 M75∶2,泥质灰陶。盖、器体轮制,耳、足及盖上之纽手制。盖为母口,弧形隆起,上有三片状纽。器体为子口,口缘向内平折,而后上出,扁球形腹,有两对称直立附耳,形状为倒 “U” 形,圜底,三兽形矮足,足内侧内凹款空呈弧形。盖饰两周凹弦纹,器体腹饰两周凸弦纹,底饰中绳纹。盖、器体表面均施彩绘,鼎盖彩绘以两周凹弦纹为界限可分三组,最内一组为波浪纹,内线用黄彩,外用红色彩线包围,水珠用黄彩;中间一组为用红、黄、白三种颜色彩线所绘的波折纹;最外一组为用红彩和白彩所绘的三角形勾雷纹。器体彩绘也可分三组,最上一组由用红彩所绘的正三角勾雷纹和用白彩所绘的倒三角勾雷纹组成,倒三角勾雷纹内填以用黄彩所绘的波折纹;中间一组和最上一组彩绘相同;最下一组为用红、黄、白三种颜色所绘的菱形雷纹。鼎耳彩绘已模糊不清,鼎足为黄、红、白彩绘的水波纹。出土时破碎,修复完整。火候、硬度一般。口径 16.6、通高 19.0 厘米(图一八三 -1,彩版一四五 -2)。

豆 1 件。属 A 型 Ⅱ 式。标本 M75∶4,泥质灰陶。轮制。盖为母口,周缘向下折垂,壁弧形隆起,顶有喇叭形握纽。器体为子口,口缘向内平折,而后上出,折壁,上壁较直,下壁弧收为圜底,喇叭形矮圈足。盖、器表面均施彩绘,盖纽用红彩绘出粗折线纹,折线纹之间用黄、白彩绘细线条波折纹;盖面彩绘可分两组,用粗红线隔开,两组彩绘图案相同,均由用红彩所绘的正三角勾雷纹和用白彩所绘的倒三角勾雷纹组成,倒三角内填以黄彩所绘的波折纹。器体上腹周壁用红色彩线绘出三角形,内填以分别用红、黄、白三种颜色彩绘的波折纹;豆柄用红彩绘出菱形,内填以白点;圈足彩绘图案和盖面彩绘图案略相同，只是倒三角形内不填波折纹。出土时破碎，修复完整。火候高，硬度大，制作精致，冥器。口径 16.0、足径 12.8、通高 22.2 厘米（图一八三 -2，彩版一四七 -1）。

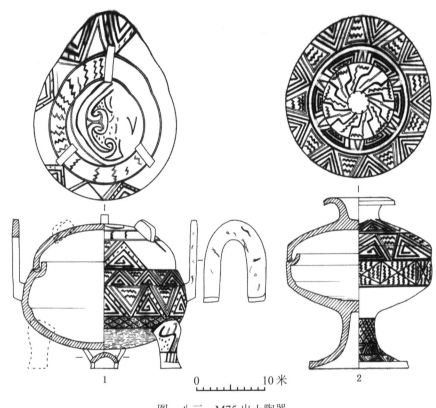

图一八三　M75 出土陶器
1. 鼎（M75：2）　2. 豆（M75：4）

　　壶　1件。属甲类 A 型Ⅱ式。标本 M75：3，泥质灰陶。轮制。盖为子口，盖面斜坡状，下有子舌，平顶，中心有一穿孔。器体为母口，口微侈，方唇，短束颈，溜肩，鼓腹，平底微凹。肩、腹部饰有较浅的瓦纹。盖、器表面均施彩绘，盖顶为红、黄、白三种颜色彩绘的水波、水珠纹，斜面图案由用红彩所绘的正三角勾雷纹、用白彩所绘的倒三角勾雷纹和用黄彩所绘的波折纹组成。器体颈上部用红、白彩绘出斜向三角形勾雷纹，颈中部有一周白点，颈下部用红彩绘出菱形，内填以白点；肩、腹以瓦纹为界分五周进行彩绘，图案有菱形勾雷纹、正三角形勾雷纹、倒三角形勾雷纹、波折纹等，其中菱形、正三角形用红彩勾绘，倒三角用白彩勾绘，波折纹用黄彩和白彩勾绘。出土时破碎，修复完整。火候高，硬度大，制作精致，冥器。口径 10.6、腹径 20.6、底径 13.8、通高 27.6 厘米（图一八四 -1，彩版一四七 -2）。

　　盘　1件。属 B 型Ⅲ式。标本 M75：1，泥质灰陶。轮制。敞口，窄折沿，尖唇，折壁，上壁较矮，下壁斜收，平底微凹。外上壁及盘内壁施彩绘，外上壁为一周红彩，沿面为红彩短线，每两条线之间填以白线，或白线"S"纹，或黄点。内壁以四周红彩为界，每两周红彩之间分别填以黄、白彩波折纹或锯齿状波折纹，最上壁一周红彩上有白点。出土时破裂，修复完整。火候高，硬度大，冥器。口径15.0、底径6.0、高3.2厘米（图一八四 –3，彩版一四六 –1）。

匜　1件。属D型Ⅱ式。标本M75：5，泥质灰陶。先轮制，而后手修出流和尾。桃形口，短流，尾部微凹入，折腹，下腹内收为小平底，微凹。器内壁及外上壁施彩绘，外上壁用红彩绘出菱形，内填以黄点；内壁以四周红彩为界，每两周红彩之间分别填以黄、白彩所绘的波折纹，其中底部一周红彩上有白点，最上一周红彩以上有红色斜线，并填以黄点。出土时破碎，修复完整。火候高，硬度大，制作较精致，冥器。口长径13、短径12.2、底径6.6、高5.9厘米（图一八四 –2，彩版一四六 –2）。

图一八四　M75 出土陶器
1.壶（M75：3）2.匜（M75：5）3.盘（M75：1）

（二七）M76

1．墓葬资料

位于墓地北部，其南紧邻引洪渠。墓葬直接开口于耕扰层下，距离地表约 0.50 米。墓葬上部已被破坏，原始结构已经不明。

墓室长方形土坑竖穴式，凿建于生土层内。方向为南北向，5 度。墓壁较直，口底同大。南北长 2.50、东西宽 1.50、现存深度 0.90 米。面积 3.75 平方米。墓室内填土为浅黄褐色五花土（图一八五）。

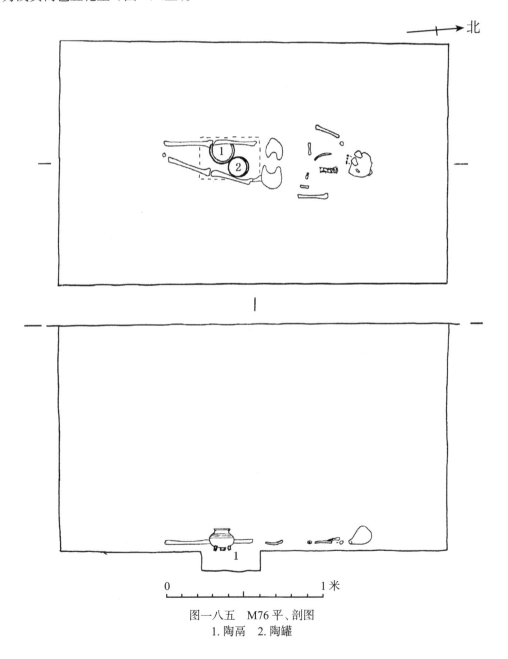

图一八五　M76 平、剖图
1.陶鬲　2.陶罐

未见葬具。

人骨保存较差。从现状看，墓主头向北，面向上，仰身直肢。

器物旁出土有动物肩胛骨和肋骨，原来应放有牲肉。

随葬品出土于墓主两股骨之间，原始位置应在棺下大腿部。

2. 随葬品

2 件。均为陶器，器形为盂、罐（彩版一四八 -1）。

盂　1 件。属 B 型 II 式。标本 M76：1，泥质灰陶。轮制。敛口，窄平沿，尖唇，束颈，斜折肩，弧腹，平底，底部刮削出三乳突状矮足。肩饰多周凹弦纹。保存完好。火候高，硬度大。口径 12.6、肩径 16.2、高 8.3 厘米（图一八六 -1，彩版一四八 -2）。

罐　1 件。属 B a 型 II 式。标本 M76：2，泥质灰陶。轮制。口微侈，平沿有一周凹槽，圆唇，束颈，折肩，斜腹内收，平底微凹。素面。保存完好。火候高，硬度大。口径 11.2、肩径 13.6、高 12.8 厘米（图一八六 -2，彩版一四八 -3）。

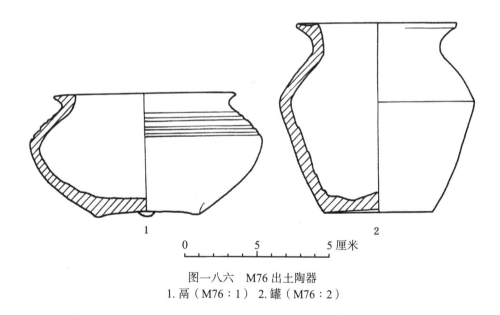

图一八六　M76 出土陶器
1. 盂（M76：1）　2. 罐（M76：2）

（二八）M77

墓葬资料

位于墓地北部，其南紧邻引洪渠，北邻 M78，相距约 2.0 米。墓葬直接开口于耕扰层下，距离地表约 2.40 米。墓葬南部被引洪渠扰去，并有一盗洞自渠岸打进墓底，墓葬被盗扰一空，原始结构已经不明。现存墓葬只有墓室。

墓室长方形土坑竖穴式，凿建于生土层内。方向为南北向，10 或 190 度。墓壁较直，口大底小。墓口南北长 3.50、东西宽 2.30 米，墓底南北长 3.10、东西宽 1.90 米，现存

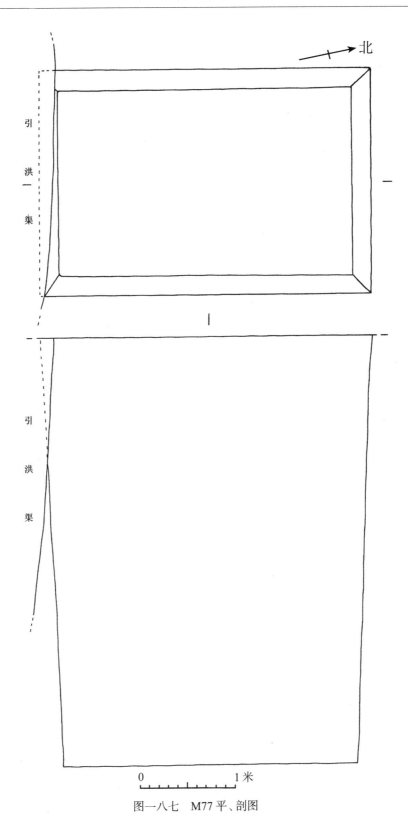

图一八七　M77 平、剖图

深度 2.0 米。墓口面积 8.05 平方米。墓室内填土为浅黄褐色五花土，由于风干，较硬实（图一八七）。

葬具已朽，并被扰乱，仅见部分板灰痕，形制不明。

未见人骨和随葬品。

（二九）M78

1. 墓葬资料

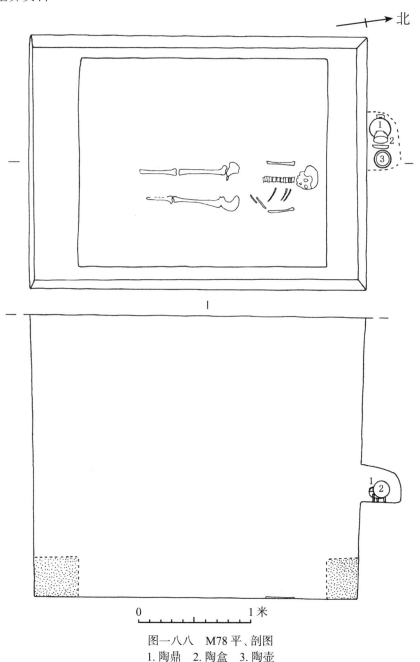

图一八八　M78 平、剖图
1. 陶鼎　2. 陶盒　3. 陶壶

　　位于墓地北部,引洪渠以北,其南邻 M77,相距约 2.0 米。墓葬直接开口于耕扰层下,距离地表约 1.20 米。现存墓葬由墓室、二层台和壁龛三部分组成。

　　墓室平面为长方形,凿建于生土层内。方向为南北向,15 度。墓壁斜直,口大底小。墓口南北长 3.10、东西宽 2.20 米,墓底南北长 3.0、东西宽 2.10 米,现存深度 2.50米。墓口面积 6.82 平方米。墓室内填土为红褐色五花土。墓底四周有熟土二层台,台高 0.36 米,宽度不一致,南、北两台宽 0.36、东、西两台宽 0.20 米。墓葬北壁有头龛,长 0.50、高 0.32、进深 0.34 米,底部距墓底 0.84 米(图一八八,彩版一一 −1)。

　　葬具为一棺一椁,均已腐朽,朽痕为白色。椁形制为长方形,朽痕所围成的椁室南北长 2.40、东西宽 1.80、现存高度 0.36 米。棺形制不明。

　　人骨保存较差。从现状看,墓主头向北,面向东,仰身曲肢,下肢向东蜷曲。

　　随葬品放置于头龛内。自西而东依次放置鼎、盒、壶。

2. 随葬品

3 件。均为陶器,器形为鼎、盒、壶(彩版一四九 −1)。

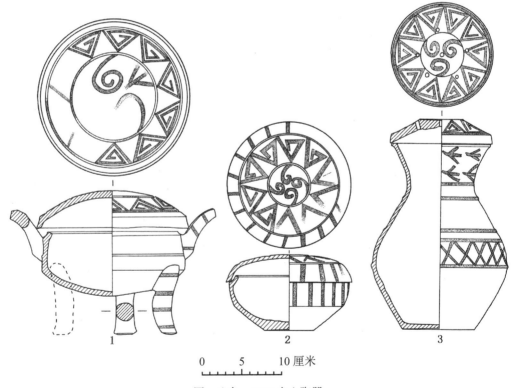

图一八九　M78 出土陶器
1. 鼎(M78:1) 2. 盒(M78:2) 3. 壶(M78:3)

鼎　1件。属Ｄｂ型Ⅲ式。标本 M78：1，泥质灰陶。盖、器体轮制，耳、足手制。盖径大于器体口径，使得扣合不太严密。盖为母口，盖面弧形隆起，周缘下折。器体为子口，口缘向内斜出，腹较直，有对称双附耳，外侈，有长方形穿孔，圜底，三实心足，下端外撇。盖饰两周凹弦纹；腹饰一周凸弦纹。盖及耳、足彩绘，彩绘方法是先在盖、耳、足外表涂一层白垩，而后用红彩绘制图案。盖以凹弦纹为界限分两组，盖顶绘涡纹，两周凹弦纹之间绘正三角形勾雷纹；耳及足绘红线纹。出土时破裂，修复完整。出土时鼎内有动物腿骨，原来应放有牲肉。火候高，硬度大，制作较精，冥器。口径 16.6、盖径 19.4、通高 17.8 厘米（图一八九 -1，彩版一五〇 -2）。

盒　1件。属Ｂ型。标本 M78：2，泥质灰陶。轮制。盖为母口，盖面微隆起。器体为子口，口缘向内斜出，上腹微鼓，下腹斜收，小平底微凹。盖面饰两周凹弦纹。盖及器体外上壁彩绘，彩绘方法同 M78：1 陶鼎。盖面彩绘以两周凹弦纹为界限分三组，盖顶绘涡纹，两周凹弦纹之间绘正三角勾雷纹，盖周缘绘竖向直线纹。器体外上壁也绘竖向直线纹。出土时盖、器分离。保存完好。火候高，硬度大，冥器。口径 13.4、盖径 15.8、底径 6.2、通高 9.4 厘米（图一八九 -2，彩版一五〇 -1）。

壶　1件。属甲类Ｂ型Ⅲ式。标本 M78：3，泥质灰陶。轮制。盖无子舌，盖面周缘斜坡状，平顶，中心有一穿孔，周围有五个穿孔。器体为侈口，束颈，溜肩，鼓腹，小平底微凹。肩饰两周凸弦纹，腹饰一周凸弦纹。盖及器体外壁彩绘，彩绘方法同鼎、盒。盖面彩绘图案与陶盒盖相同。器体颈部绘制树枝纹，肩腹部绘制网格纹。出土时破裂，修复完整。火候高，硬度大，制作较精细，冥器。口径 12.6、腹径 17.4、底径 9.0、通高 26.0 厘米（图一八九 -3，彩版一四九 -2）。

（三〇）M79

1. 墓葬资料

位于墓地北部，引洪渠以北，其东南邻 M78，相距约 1.50 米。墓葬直接开口于耕扰层下，距离地表约 1.60 米。现存墓葬由墓室和二层台两部分组成。

墓室平面为长方形，凿建于生土层内。方向为南北向，10 度。墓壁较直，口底同大。南北长 2.80、东西宽 2.10、现存深度 2.65 米。面积 5.88 平方米。墓室内填土为红褐色五花土，质地较硬。墓底四周有熟土二层台，台高 0.25 米，宽度不一致，南台宽 0.10、北台宽 0.16、东台宽 0.24、西台宽 0.20 米（图一九〇）。

葬具为一棺一椁，均已腐朽，朽痕为白色。椁形制为长方形，板灰朽痕厚度 0.06~0.10 米。朽痕所围成的椁室南北长 2.55、东西宽 1.65、现存高度 0.25 米。棺形制也为长方形，板灰痕厚度不明。棺板朽痕所围成的范围南北长 2.0、东西宽 1.12、现存高度 0.25 米。

北

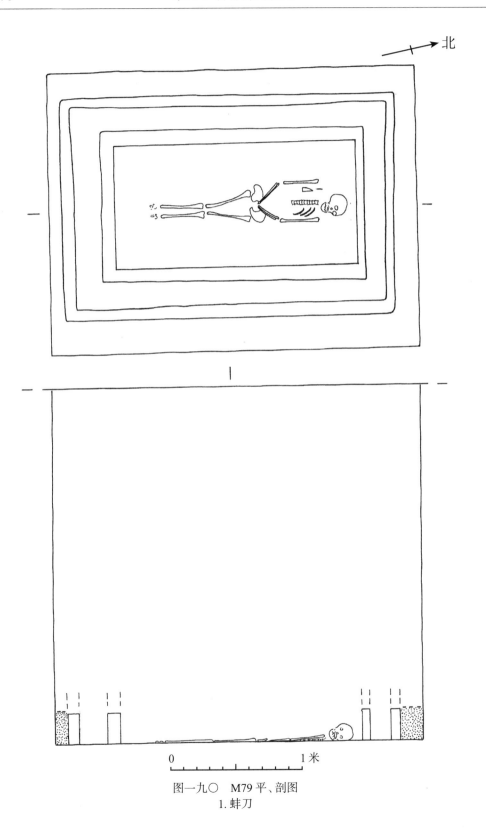

0　　　　　　　　　1米

图一九〇　M79平、剖图
1. 蚌刀

人骨保存较差。从现状看，墓主头向北，面向东，仰身直肢。

随葬品为一件蚌刀，出土于墓主西侧肩部。

2. 随葬品

1 件。蚌刀。

标本 M79：1，扁平长条形，一侧有刃，宽端下侧有圆形穿孔。长 10.4 厘米，宽 3.2 厘米，厚 0.1~0.6 厘米（图一九一）。

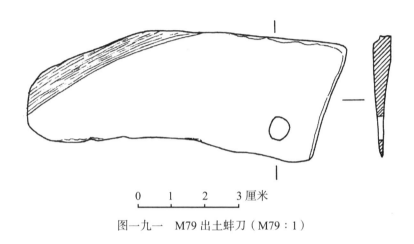

0　　1　　2　　3 厘米

图一九一　M79 出土蚌刀（M79：1）

（三一）M80

1. 墓葬资料

位于墓地北端，石榴树林中部。墓葬直接开口于耕扰层下，距离地表约 1.20 米。现存墓葬由墓室、二层台和头龛三部分组成。

墓室平面为长方形，凿建于生土层内。方向为南北向，0 度。墓壁较直，口大底小。墓口南北长 2.90、东西宽 2.10 米，墓底南北长 2.84、东西宽 2.04 米，现存深度 2.14 米。墓口面积 6.09 平方米。墓室内填土为黄褐色五花土，质地较硬，经过夯打。墓底四周有熟土二层台，台高 0.54 米，宽度不一致，南、北两台宽 0.30、东、西两台宽 0.24 米。墓室北壁有头龛，长 1.10、高 0.30、进深 0.20 米，底部距墓底 0.74 米（图一九二）。

葬具为一棺一椁，均已腐朽，朽痕为白色。椁形制为长方形，板灰痕厚度不明。朽痕所围成的椁室南北长 2.30、东西宽 1.60、现存高度 0.54 米。棺形制也为长方形，板灰痕厚度不明。棺板朽痕所围成的范围南北长 1.90、东西宽 1.08、现存高度 0.24 米。

人骨保存较好。墓主头向北，面向上，仰身直肢。

随葬陶器均放置于头龛内，自东而西依次为簋、罍、鼎、盘、匜，盘内放置陶舟。

2. 随葬品

6 件。均为陶器，器形有鼎、簋、罍、盘、匜、舟。

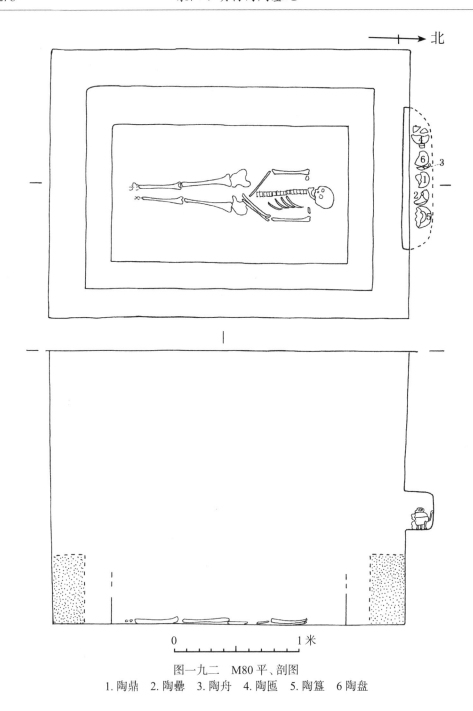

图一九二　M80 平、剖图
1. 陶鼎　2. 陶罍　3. 陶舟　4. 陶匜　5. 陶簋　6 陶盘

　　鼎　1件。属 A 型 Ⅱ 式。标本 M80：1，泥质褐陶。轮制。盖未修复，器体为子口，口缘向内斜出，浅鼓腹，双对称附耳，倒 “U” 形穿孔，圜底，三高实足，足缘外突。腹饰两周凹弦纹。出土时鼎内有动物肩胛骨和肋骨，原来应放有牲肉。破碎，基本能复原。火候低，硬度小，器物易破碎，但制作较精致，冥器。口径 15.2、高 17.2 厘米（图一九三 -1，彩版一五一 -1）。

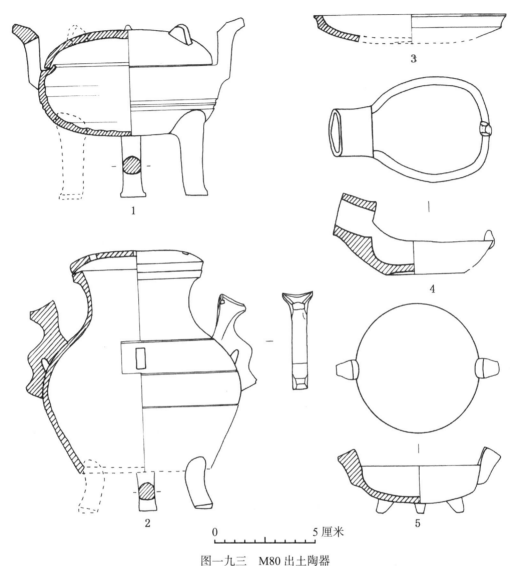

图一九三　M80 出土陶器

1.鼎（M80∶1）　2.罍（M80∶2）　3.盘（M80∶6）　4.匜（M80∶4）　5.舟（M80∶3）

　　簋　1件。标本 M80∶5，泥质褐陶。放置于头龛最东端，破碎较甚，未能修复。

　　罍　1件。标本 M80∶2，泥质褐陶。器体和盖轮制，三足及器耳、纽手制。缺口和底，残留部分形制为溜肩，肩有片状纽，鼓腹，三实足外撇。出土时较为破碎，基本能复原。火候低，硬度小，制作较精致，冥器。腹径 20.0、通高 25.0 厘米（图一九三-2，彩版一五一-2）。

　　盘　1件。属 B 型Ⅰ式。标本 M80∶6，泥质褐陶。破碎较为严重，未能修复。口径 19.4、残高 2.6 厘米（图一九三-3）。

　　匜　1件。属 A 型Ⅱ式。标本 M80∶4，泥质褐陶。轮制。管状流，尾部圆弧，弧腹，

凹底。出土时破裂，修复完整。火候低，硬度小，冥器。长 16.2、宽 10.4、底径 8.0、高
8.0 厘米（图一九三 -4，彩版一五二 -2）。

舟　1 件。属 A 型。标本 M80：3，泥质褐陶。轮制。出土时破碎，基本能复原。
火候低，硬度小，冥器。口径 12.4、高 6.2 厘米（图一九三 -5，彩版一五二 -1）。

（三二）M81

1. 墓葬资料

位于墓地最北端，石榴树林以东的三级台地上，南邻小断崖。墓葬直接开口于耕
扰层下，距离地表约 0.40 米。现存墓葬由墓室和头龛两部分组成。

墓室平面略呈梯形，凿建于生土层内。方向为南北向，3 度。墓壁较直，口底同大。
南北长 2.50、南端宽 1.40、北端宽 1.20、现存深度 1.50 米。面积 3.25 平方米。墓室内

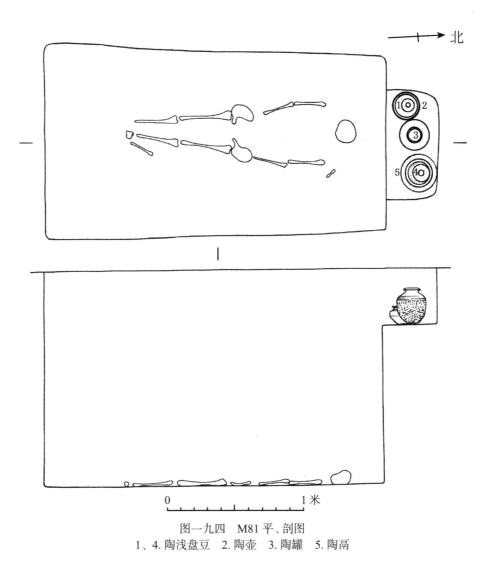

图一九四　M81 平、剖图
1、4.陶浅盘豆　2.陶壶　3.陶罐　5.陶鬲

填土为红褐色五花土,质地略松。墓室北壁有头龛,长 0.78、残高 0.40、进深 0.40 米,底部距墓底 1.14 米(图一九四)。

葬具为一棺,形制不明。

人骨保存一般。墓主头向北,面向上,仰身直肢。

随葬陶器均放置于头龛内。中间置一陶罐,东、西两侧分置鬲、盂,鬲、盂内各倒扣放置一件浅盘豆。

2. 随葬品

5 件。均为陶器(彩版一五三 -1)。

鬲　1 件。属 A 型。标本 M81:5,泥质灰陶。轮制。平折沿,方唇,束颈,圆肩,鼓腹,弧裆低矮,三袋状足极矮。上腹部饰竖向粗绳纹,又有两周弦纹压在绳纹之上,下腹、裆及足部饰横向粗绳纹。一袋足内壁有刻划符号。保存完好。火候高,硬度大。口径 20.5、腹径 23.5、高 17.6 厘米(图一九五 -1,彩版一五四 -2)。

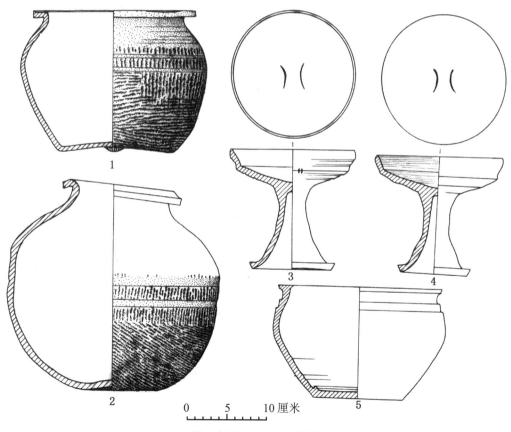

0　　　5　　　10 厘米

图一九五　M81 出土陶器

1. 鬲(M81:5)　2. 罐(M81:3)　3. 浅盘豆(M81:1)
4. 浅盘豆(M81:4)　5. 盂(M81:2)

盂　1件。属Ⅱ式。标本 M81：2，泥质灰陶。轮制。平折沿，方圆唇，束颈外壁有折棱，圆肩，斜直腹，平底。素面。保存完好。火候高，硬度大，有使用磨损，应是实用器。口径 20.8、肩径 22.0、底径 11.2、高 13.6 厘米（图一九五 -5，彩版一五五 -2）。

浅盘豆　2件。属 A 型Ⅲ式。标本 M81：1，泥质灰陶。轮制。浅盘，敞口，尖圆唇，折壁，圜底，喇叭状圈足。盘内壁底部有刻画符号。盘外壁有几周较浅的磨光弦纹。保存较好。火候高，硬度大，应为实用器。口径 15.6、足径 10.0、高 14.8 厘米（图一九五 -3，彩版一五三 -2）。标本 M81：4，形制等情况基本同标本 M81：1 浅盘豆，盘内、外壁各有刻划符号。口径 16.0、足径 8.4、高 14.8 厘米（图一九五 -4，彩版一五四 -1）。

罐　1件。属 A 型Ⅰ式。标本 M81：3，泥质灰陶。轮制。卷折沿，沿面下垂，方唇，束颈，圆肩，深弧腹，底内凹。上腹饰竖向粗绳纹，上压两周浅宽带凹弦纹，下腹及底饰斜向粗绳纹。保存完好。火候高，硬度大，应为实用器。口径 15.2、肩径 27.0、底径 9.4、高 25.7 厘米（图一九五 -2，彩版一五五 -1）。

（三三）M82

1. 墓葬资料

位于墓地北端，石榴树林东侧三级台地上，西邻 M83。墓葬直接开口于耕扰层下，距离地表约 1.0 米。现存墓葬由墓室和二层台两部分组成。

墓室为长方形土坑竖穴式，凿建于生土层内。方向为南北向，5 度。墓壁较直，口底同大。南北长 2.60、东西宽 1.40、现存深度 0.80 米。面积 3.64 平方米。墓室内填土为红褐色五花土，质地略松。墓底四周有熟土二层台，台高 0.40、宽 0.30 米（图一九六）。

葬具已经不明，有少量白色木板朽痕，应有木棺。二层台所围成的棺室南北长 2.0、东西宽 0.80、现存高度 0.40 米。

人骨保存较差。从现状来看，墓主头向北，仰身直肢。

随葬陶器均放置于墓室西北角二层台上，鼎紧贴北壁，盂紧贴西壁，罐放置于陶盆上，出土时口斜向西北，盘放置于陶鼎南侧，匜放置于陶盘之内，舟出土于陶盘旁。

2. 随葬品

6件。均为陶器，器形有鼎、盂、罐、盘、匜、舟（彩版一五六 -1）。

鼎　1件。属 A 型Ⅰ式。标本 M82：1，泥质灰陶。轮制，耳、足手制有刮削痕迹。平盖，周缘下折成母口。器体为子口，口缘内卷，而后斜上出，直腹，对称双直立附耳，上端外卷，长方形穿孔，平底，三多棱体状实足，有刮削痕。盖及器体外表施彩绘，方法是先涂一层白彩，而后用黑彩绘制图案，图案已剥落不清。出土时鼎内有动物肩胛骨、寰椎骨及肋骨，原来应放有牲肉。保存较好。火候高，硬度大，冥器。口径14.2、通高18.6厘米（图一九七-1，彩版一五六-2）。

盂 1件。属I式。标本M82：3，泥质灰陶。轮制。平盖。器体作平折沿，圆唇，折腹，上腹较直，下腹斜收，小平底微凹。下腹外壁有竖向细绳纹和刮削痕迹。盖及器体外壁施彩绘，方法同陶鼎彩绘，图案业已剥落不清。保存完好。火候高，硬度大。口径15.6、底径5.7、通高8.4厘米（图一九七-5，彩版一五七-2）。

罐 1件。属Bb型。标本M82：2，泥质灰陶。轮制。平盖，下有长子舌。器体作直口，斜方唇，折肩，斜直腹，平底。下腹有竖向细绳纹，且有明显的切削痕迹。盖及器体表面施彩绘，彩绘方法同陶鼎彩绘，图案多已脱落不清，只在肩部尚能隐约看出黑彩三角形图案。保存完好。火候高，硬度大，冥器。口径10.4、肩径16.4、底径10.8、通高13.2厘米（图一九七-6，彩版一五七-1）。

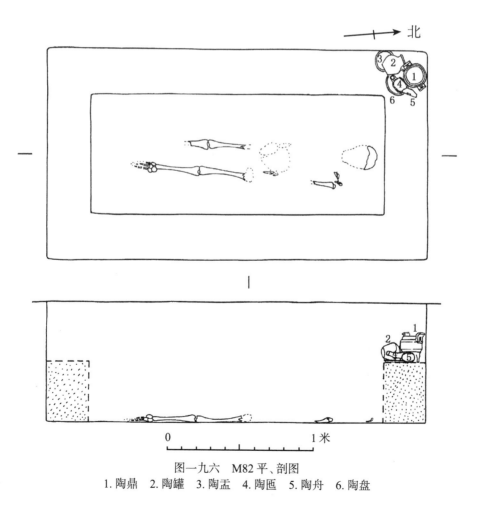

图一九六 M82 平、剖图

1. 陶鼎 2. 陶罐 3. 陶盂 4. 陶匜 5. 陶舟 6. 陶盘

　　盘　1件。属A型Ⅰ式。标本M82：6，泥质灰陶。轮制。敞口，平折沿微斜，圆唇，平底内凹。盘沿及内壁施彩绘，图案已剥落不清。保存完好。火候高，硬度大，冥器。口径20.2、底径17.6、高2.2厘米（图一九七–3，彩版一五八–3）。

　　匜　1件。属A型Ⅰ式。标本M82：4，泥质灰陶。手制。整体为兽形，管状流，片状尾，弧腹，下附三足。有刮削痕。局部尚能看出彩绘痕迹。保存完好。火候高，硬度大，冥器。长13.8、宽9.4、高7.2厘米（图一九七–2，彩版一五八–1）。

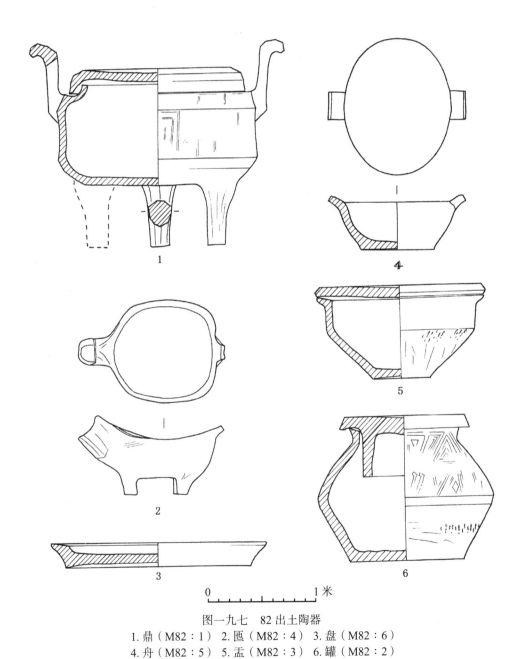

图一九七　82出土陶器

1.鼎（M82：1）　2.匜（M82：4）　3.盘（M82：6）
4.舟（M82：5）　5.盂（M82：3）　6.罐（M82：2）

舟　1件。属B型I式。标本M82：5，泥质灰陶。轮制，外壁有用手拿捏时留下的指印。椭圆形口，口沿有对称双侈耳，弧腹，平底。局部尚能看出彩绘痕迹。保存完好。火候高，硬度大，冥器。口长径12.0、口短径10.0、底径6.8、高4.95厘米（图一九七 –4，彩版一五八 –2）。

（三四）M83

墓葬资料

位于墓地北端，石榴树林东侧三级台地上，东邻M82。墓葬直接开口于耕扰层下，距离地表约0.60米。原始结构不明，现存墓葬只有墓室。

墓室为长方形土坑竖穴式，凿建于生土层内。方向为南北向，10或190度。墓壁较直，口底同大。南北长2.60、东西宽1.80、现存深度0.60米。面积4.68平方米。墓室内填土为红褐色五花土，质地略松（图一九八）。

未见葬具、人骨和随葬品。

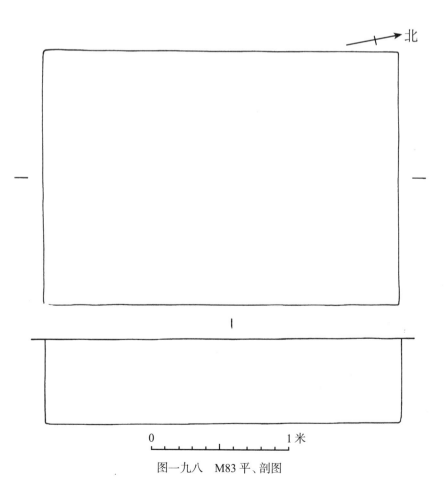

图一九八　M83平、剖图

（三五）M84

墓葬资料

位于墓地北端，石榴树林东侧三级台地上。墓葬直接开口于耕扰层下，距离地表约 0.90 米。上部遭严重破坏，原始结构不明。

墓室为长方形土坑竖穴式，凿建于生土层内。方向为南北向，0 度。墓壁较直，口底同大。南北长 2.90、东西宽 1.60、现存深度 0.30 米。面积 4.64 平方米。墓室内填土为红褐色五花土，质地略松。

葬具为一棺。朽痕围成的棺室南北长 2.10、东西宽 0.70、现存高度 0.30 米。

人骨保存较差。从现状来看，墓主头向北，面向上，仰身直肢（图一九九）。

无随葬品。

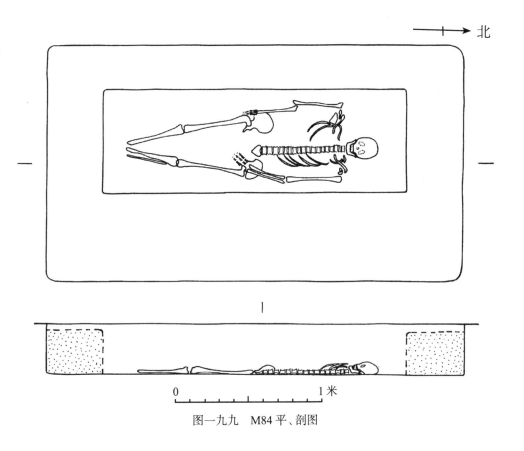

图一九九　M84 平、剖图

（三六）M85

1. 墓葬资料

位于墓地北端，石榴树林西南角，东北邻 M86。墓葬直接开口于耕扰层下，距离地表约 0.80 米。现存墓葬由墓室和二层台两部分组成。

　　墓室为长方形土坑竖穴式,凿建于生土层内。方向为南北向,350度。墓壁较直,口底同大。南北长 2.75、东西宽 1.52、现存深度 2.0 米。面积 4.18 平方米。墓室内填土为红褐色五花土,质地较硬,经过夯打。墓底四周有熟土二层台,台高 0.40 米。宽度不一致,东台宽 0.16、西台宽 0.22、北台宽 0.40、南台宽 0.20 米(图二〇〇)。

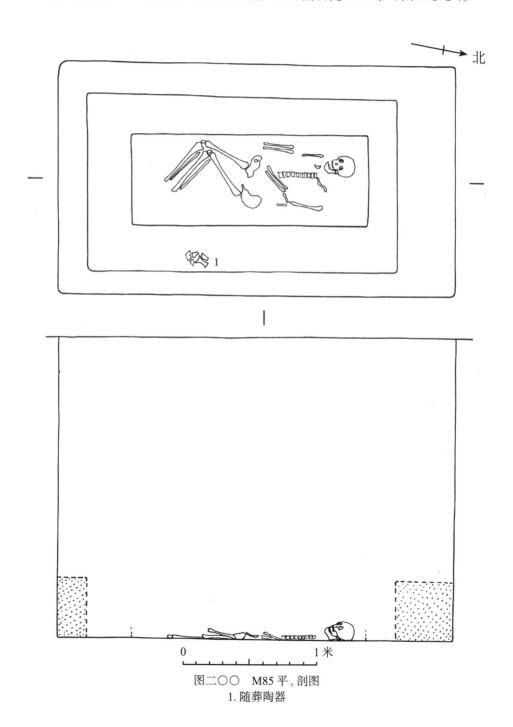

北

0　　　　　　　1 米

图二〇〇　M85 平、剖图
1. 随葬陶器

葬具为一棺一椁,均已腐朽。椁为长方形,灰痕厚度不明。椁室南北长2.10、东西宽1.16、现存高度0.40米。棺也为长方形,灰痕厚度不明。棺室南北长1.60、东西宽0.60、现存高度0.20米。

人骨保存较差。墓主头向北,面向上,稍侧西,仰身曲肢,双手放于腹部,下肢向西蜷曲。

随葬品放置于棺椁之间东侧偏南,均已破碎,具体位置不明。

2. 随葬品

7件。均为陶器,器形有鬲、盂、浅盘豆、盘、匜(彩版一五九)。

鬲 1件。属B型Ⅱ式。标本M85:6,泥质灰陶。轮制后刮削出三足。窄折沿,圆唇,束颈,耸肩,弧腹斜收,裆极矮,三乳突状足。肩饰两周凹弦纹。出土时破碎,基本复原。火候、硬度一般。口径11.8、肩径13.4、高8.0厘米(图二〇一 –1,彩版一六二 –1)。

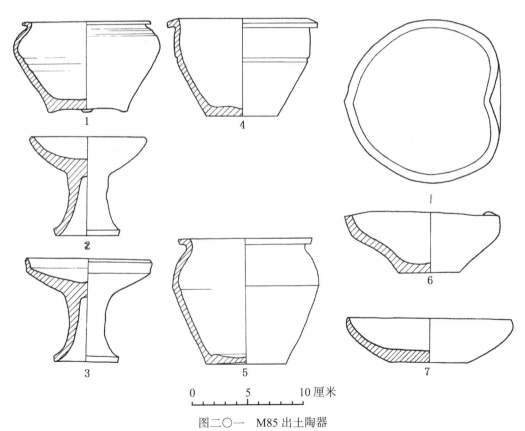

图二〇一 M85 出土陶器

1. 鬲(M85:6) 2. 浅盘豆(M85:1) 3. 浅盘豆(M85:2) 4. 盂(M85:4)
5. 盂(M85:3) 6. 匜(M85:7) 7. 盘(M85:5)

盂　2件。属Ⅱ式。标本 M85：3，泥质灰陶。轮制。微侈口，宽折沿，方圆唇，束颈，溜肩，斜直腹，平底微凹。素面。口径11.2、肩径13.3、底径7.2、高11.0厘米（图二〇一 –5，彩版一六〇 –2）。标本 M85：4，破碎，复原。火候高，硬度大。泥质灰陶。轮制。近直口，折沿下垂，方圆唇，肩部不明显，斜直腹，平底。上腹有一周凹弦纹。出土时破碎，基本复原。火候高，硬度大。口径13.6、底径6.4、高8.6厘米（图二〇一 –4，彩版一六一 –1）。

浅盘豆　2件。标本 M85：1，属 B 型Ⅰ式。泥质棕色陶。轮制。浅盘，敞口，圆唇，弧壁，短中空柱状豆柄，喇叭形座。素面。口径10.8、足径5.8、高8.6厘米（图二〇一 –2，彩版一五九 –2）。标本 M85：2，属 A 型Ⅱ式。破碎，复原。火候高，硬度大。泥质棕色陶。轮制。浅盘，敞口，圆唇，折壁，短中空柱状豆柄，喇叭形座。素面。出土时破碎，修复完整。火候高，硬度大。口径11.6、足径5.8、高9.0厘米（图二〇一 –3，彩版一六〇 –1）。

盘　1件。属 A 型Ⅱ式。标本 M85：5，泥质灰陶。轮制。敞口，圆唇，弧壁，平底。素面。出土时破碎，修复复原。火候高，硬度大。口径14.8、底径6.8、高4.0厘米（图二〇一 –7，彩版一六一 –2）。

匜　1件。属 D 型Ⅰ式。标本 M85：7，泥质灰褐陶。轮制。心形口，尖短流，尾部凹入，弧腹，平底。素面。出土时破碎，修复复原。火候高，硬度大。口长径14.4、口短径13.8、底径5.6、高5.4厘米（图二〇一 –6，彩版一六二 –2）。

（三七）M86

墓葬资料

位于墓地北端，石榴树林西南角，西南邻 M85，相距约1.50米。墓葬直接开口于耕扰层下，距离地表约1.10米。现存墓葬由墓室和二层台两部分组成。

墓室为长方形土坑竖穴式，凿建于生土层内。方向为南北向，170度。墓壁较直，口大底小。墓口南北长3.10、东西宽2.20米，墓底南北长3.0、东西宽2.10米，现存深度2.20米。墓口面积6.82平方米。墓室内填土为红褐色五花土，质地较硬，经过夯打。墓底四周有熟土二层台，台高0.50米。宽度不一致，东、北两台宽0.48，西、南两台宽0.40米（图二〇二）。

葬具为一棺一椁，均已腐朽。椁为长方形，灰痕厚度不明。椁室南北长2.24、东西宽1.40、现存高度0.50米。棺也为长方形，灰痕厚度不明。棺室南北长1.96、东西宽0.84、现存高度0.10米。

人骨保存较好。墓主头向南，面向上，仰身直肢，双手放于腹部，下肢微蜷曲。

未见随葬品。

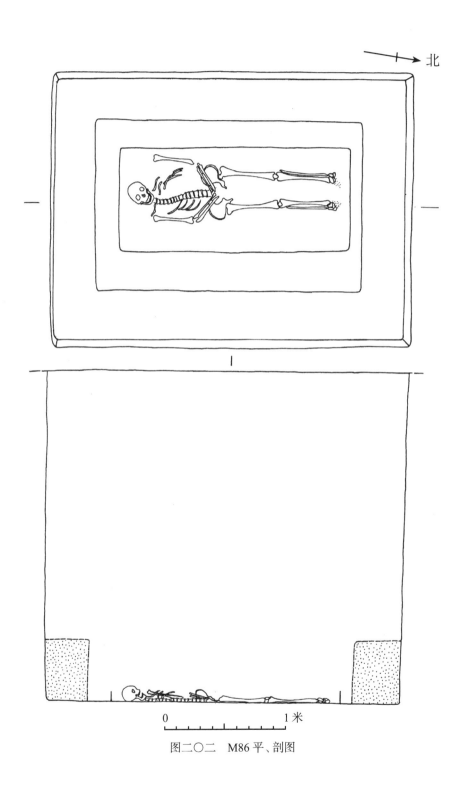

北

0　　　　　　　1 米

图二〇二　M86 平、剖图

（三八）M87

墓葬资料

位于墓地北端，石榴树林西南角。墓葬直接开口于耕扰层下，距离地表约 0.40 米。现存墓葬只有窄小的墓室。

墓室为长方形土坑竖穴式，凿建于生土层内。方向为南北向，10 度。墓壁较直，口底同大。南北长 2.0、东西宽 0.8、现存深度 1.0 米。面积 1.6 平方米。墓室内填土为红褐色五花土，质地略松（图二〇三）。

葬具不详，未见棺木痕迹。

人骨保存一般，头骨已朽。墓主头向北，仰身曲肢，双手放于腹部，下肢向西蜷曲。无随葬品。

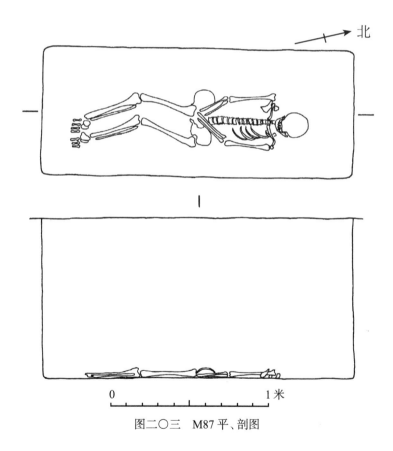

图二〇三　M87 平、剖图

（三九）M88

1. 墓葬资料

位于墓地北端，其东北邻石榴树林，东北临 M85。墓葬直接开口于耕扰层下，距离地表约 0.50 米。现存墓葬由墓室和二层台两部分组成。

　　墓室为长方形土坑竖穴式，凿建于生土层内。方向为南北向，350度。墓壁较直，口底同大。南北长2.50、东西宽1.40、现存深度1.60米。面积3.50平方米。墓室内填土为红褐色五花土。墓底四周有熟土二层台，台高0.10米。宽度不一致，东台宽0.12，西、北、南三台宽0.20米（图二〇四）。

　　葬具为一棺一椁，均已腐朽，朽痕为白色。椁为长方形，灰痕厚度不明。椁室南北长2.10、东西宽1.08、现存高度0.10米。棺形制不明。

　　人骨已朽为粉末，从现状看，墓主头向北，其余不明。

　　随葬品出土时压在人骨朽痕之上。原始位置应在棺或椁盖板上。陶盘出土于墓室中部偏北，其南为陶鼎，陶壶出土于墓室中部偏南，其西南为陶匜，东南为陶豆。

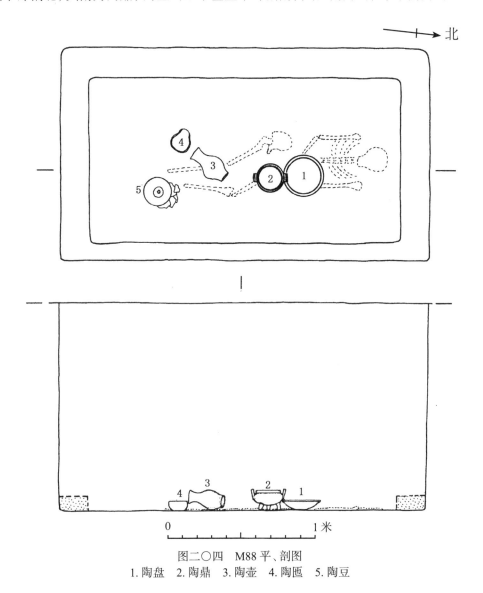

图二〇四　M88平、剖图
1.陶盘　2.陶鼎　3.陶壶　4.陶匜　5.陶豆

2. 随葬品

5 件。均为陶器,器形有鼎、豆、壶、盘、匜(彩版一六三 –1)。

鼎　1 件。属 Bb 型。标本 M88：2,泥质浅灰陶。盖、器体轮制,耳、足手制,盖顶刮削出片状纽。由于盖径稍小,使得盖、器扣合不甚严密。盖为母口,盖面微隆起,上有三片状纽,周缘下折。器体为子口,口缘上出,浅弧腹,双附耳外侈,无穿孔,底近平,外壁有刮削痕,三矮柱状实心足。素面。出土时口向上,盖破碎,修复完整。火候高,硬度大,制作较粗糙,冥器。口径 15.2、通高 12.5 厘米(图二〇五 –1,彩版一六四 –1)。

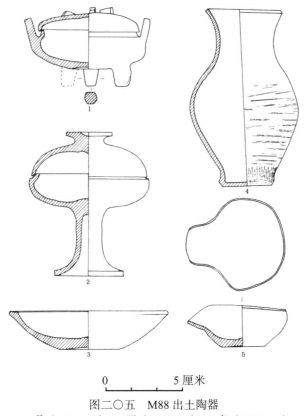

0　　　　5 厘米

图二〇五　M88 出土陶器

1. 鼎(M88：2)　2. 豆(M88：5)　3. 盘(M88：1)

4. 壶(M88：3)　5. 匜(M88：4)

豆　1 件。属 A 型 I a 式。标本 M88：5,泥质灰陶。轮制。盖为母口,弧形隆起,顶有圆形握纽。器体为子口,口缘内折,而后向上斜出,弧壁,底内壁不平,中空柱状柄,喇叭形足。素面。出土时口向上,破碎,修复完整。火候高,硬度大,但制作较粗糙,冥器。口径 17.2、足径 11.0、通高 22.6 厘米(图二〇五 –2,彩版一六五 –2)。

壶　1 件。属乙类 A 型。标本 M88：3,泥质灰陶。轮制。侈口,方唇,束颈,溜肩，鼓腹，平底。腹部有横向划纹，近底部有竖向中绳纹。出土时口部破碎，修复完整。火候高，硬度大，但制作较粗糙，冥器。口径12.4、腹径17.6、底径8.0、高28.2厘米（图二〇五 -4，彩版一六四 -2）。

　　盘　1件。属 A 型Ⅲ式。标本 M88：1，泥质灰陶。轮制。敞口，折沿，沿面微显凹槽，圆方唇，弧壁，平底微凹。素面。保存完好。火候高，硬度大，冥器。口径25.8、底径9.4、高 6.0 厘米（图二〇五 -3，彩版一六三 -2）。

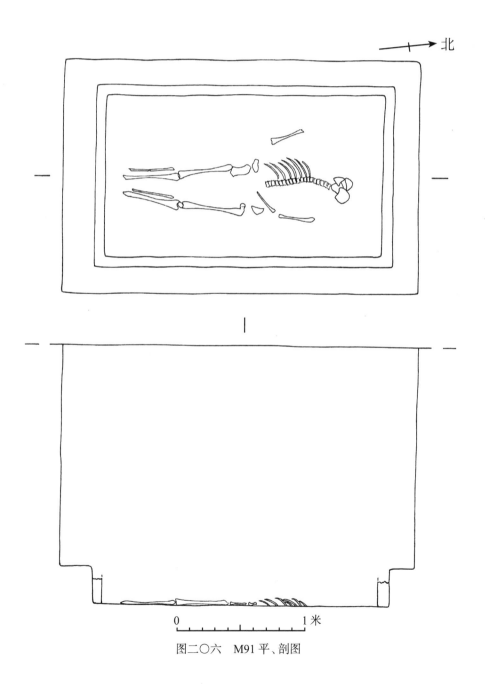

图二〇六　M91 平、剖图

匜　1件。属C型Ⅰ式。标本M88：4，泥质灰陶。轮制。近方形宽短流，尾部圆突，弧腹，平底微凹。素面。保存较好。火候高，硬度大，冥器。口长径16.2、口短径14.6、底径7.2、高6.6厘米（图二〇五–5，彩版一六五–1）。

（四〇）M91

墓葬资料

位于墓地北端，石榴树林东南角。墓葬直接开口于耕扰层下，距离地表约2.30米。现存墓葬由墓室和二层台两部分组成。

墓室为长方形土坑竖穴式，凿建于生土层内。方向为南北向，5度。墓壁较直，口底同大。南北长2.80、东西宽1.80、现存深度2.0米。面积5.04平方米。墓室内填土为红褐色五花土，质地较松。墓底四周有生土二层台，台高0.30米，宽度不一致，东、西、北三台宽0.20米，南台宽0.26米（图二〇六）。

葬具为一棺一椁，均已腐朽。椁为长方形，板灰痕厚度为0.06~0.08米。椁室南北长2.20、东西宽1.24、现存高度0.30米。棺形制不明。

人骨保存一般。墓主头向北，面向上，仰身直肢，双手放于腹部。

未见随葬品。

（四一）M92

1. 墓葬资料

位于墓地北端，石榴树林的南端，其南临M93。墓葬直接开口于耕扰层下，距离地表约1.70米。现存墓葬由墓室和二层台两部分组成。

墓室为长方形土坑竖穴式，凿建于生土层内。方向为南北向，12度。墓壁较直，口底同大。南北长3.00、东西宽1.60、现存深度1.40米。面积4.80平方米。墓室内填土为红褐色五花土。墓底四周有熟土二层台，台高0.14、宽0.20米。

葬具为一棺一椁，均已腐朽，朽痕为白色。椁为长方形，灰痕厚度不明。椁室南北长2.60、东西宽1.20、现存高度0.14米。棺形制不明。

人骨保存较好。墓主头向北，面向上，微侧西，仰身直肢，双手放于腹部。

随葬品出土于墓主头端的填土中，接近墓底。原始位置应在棺或椁盖板之上。陶鼎出土于墓主头端西北角，出土时口向上，其下压陶罐（图二〇七）。

2. 随葬品

2件。均为陶器，器形有鼎、罐（彩版一六六–1）。

鼎　1件。属Ｂａ型Ⅰ式。标本M92：1，泥质灰陶。轮制，耳、足手制。缺盖。器体为子口，口缘向内斜出，球形腹，双对称附耳，稍外侈，不规则形穿孔，圜底近平，三实心兽形足简化为棱柱状，有刮削痕。下腹及底饰中绳纹。保存完好。火候高，硬

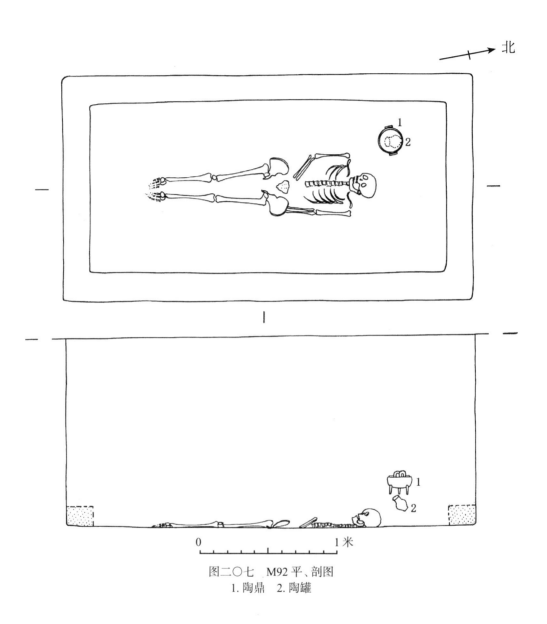

图二〇七　M92 平、剖图
1. 陶鼎　2. 陶罐

度大，制作较粗糙，冥器。口径 14.4、通高 17.8 厘米（图二〇八 –1，彩版一六六 –2）。

　　罐　1 件。属 B c 型。标本 M92：2，泥质灰陶。轮制。口微侈，圆方唇，折肩，斜直腹，平底内凹，底缘稍加厚。腹部有饰而被抹的竖向中绳纹。出土时破碎，修复完整。火候高，硬度大，底及下腹有烟炱痕，应为实用器。口径 10.0、肩径 16.0、底径 10.2 厘米（图二〇八 –2，彩版一六六 –3）。

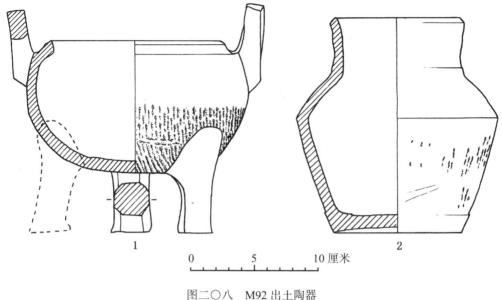

图二〇八 M92 出土陶器
1.鼎（M92：1） 2.罐（M92：2）

（四二）M93

1.墓葬资料

位于墓地北端，引洪渠北岸，其西邻 M102 约 2 米，东南邻 M94。墓葬直接开口于耕扰层下，距离地表约 2.70 米。现存墓葬由墓室和二层台两部分组成。

墓室为长方形土坑竖穴式，凿建于生土层内。方向为南北向，0 度。墓壁较直，口大底小。墓口南北长 2.80、东西宽 1.90 米，墓底南北长 2.74、东西宽 1.84 米，现存深度 1.40 米。墓口面积 5.32 平方米。墓室内填土为红褐色五花土。墓底四周有熟土二层台，台高 0.20 米，宽度不一致，东台宽 0.24、西台宽 0.40、南台宽 0.30、北台宽 0.20 米（图二〇九）。

葬具为一棺一椁，均已腐朽，朽痕为白色。椁南端堵板和北端堵板西北角各长出椁室约 0.10 米，板灰痕厚度为 0.14~0.18 米。椁室南北长 2.0、东西宽 1.02、现存高度 0.20 米。棺形制不明。

人骨保存较好。墓主头向北，面向上，仰身直肢，双手放于腹部。

随葬品出土于墓室东南角，部分器物压在椁板灰痕之上。从现状来看，这些随葬品原先应放置在椁盖板之上。

2.随葬品

5 件。均为陶器器形有鼎、豆、罐、盘、匜（彩版一六七 -1）。

鼎 1 件。属 Bb 型。标本 M93：2，泥质灰陶。盖、器体轮制，耳、足手制。盖为

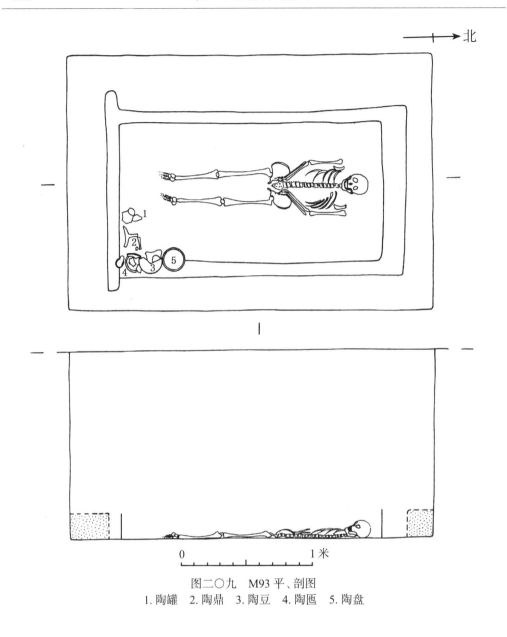

图二〇九　M93 平、剖图
1. 陶罐　2. 陶鼎　3. 陶豆　4. 陶匜　5. 陶盘

母口，微弧形隆起。器体为子口，口缘内折，而后上出，浅弧腹，对称双附耳，外侈，无穿孔，圈底，三棱柱状足外撇，有刮削痕。素面。出土时破碎，修复完整。火候高，硬度大，冥器。口径 15.6、通高 15.8 厘米（图二一〇 -1，彩版一六八 -1）。

豆　1件。属 A 型 I b 式。标本 M93：3，泥质灰陶。轮制，盖面上有多周轮旋痕迹。盖为母口，微弧形隆起。器体为子口，口缘内折，而后上出，浅弧壁，中空柱状柄，喇叭形足。素面。出土时破碎，修复完整。火候高，硬度大。口径 14.4、足径 8.8、通高 16.4 厘米（图二一〇 -5，彩版一六八 -2）。

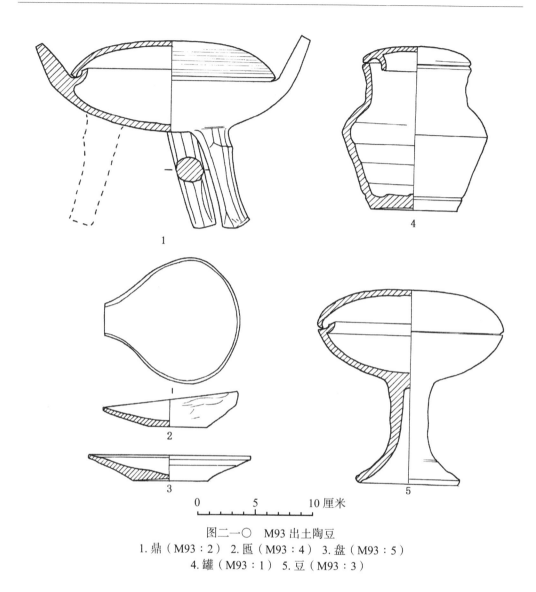

图二一〇　M93 出土陶豆
1. 鼎（M93：2）　2. 匜（M93：4）　3. 盘（M93：5）
4. 罐（M93：1）　5. 豆（M93：3）

　　罐　1件。属 Bc 型。标本 M93：1，泥质灰陶。轮制。盖为子口，下有子舌，盖面微隆起。器体为母口，口微侈，圆方唇，折肩，斜直腹，平底微凹。腹外壁近底处有一周凹弦纹，内壁有数周瓦纹（可能为轮制痕迹，非有意而为）。保存完好。火候高，硬度大。口径 9.6、肩径 12.8、底径 7.6、通高 14.0 厘米（图二一〇 -4，彩版一六七 -2）。

　　盘　1件。属 A 型 II 式。标本 M93：5，泥质灰陶。轮制。敞口，斜沿，方唇，斜腹靠上部有不明显的折线，平底微凹。出土时破碎，修复完整。火候高，硬度大，冥器。口径 14.2、底径 6.4、通高 2.2 厘米（图二一〇 -3，彩版一六九 -2）。

　　匜　1件。属 C 型 II 式。标本 M93：4，泥质灰陶。轮制，底有轮旋痕迹。整体为簸箕形，斜口，流端低尾端高，短流，圆尾，斜腹，平底。素面。保存完好。火候高，硬度大，冥器。口长径11.8、短径10.8、底径5.0、高3.2厘米（图二一〇 –2，彩版一六九 –1）。

（四三）M94

1.墓葬资料

位于墓地北端，引洪渠北岸，其西北邻M93。墓葬直接开口于耕扰层下，距离地表约2.70米。现存墓葬由墓室和二层台两部分组成。

墓室为长方形土坑竖穴式，凿建于生土层内。方向为南北向，350度。墓壁较直，口底同大。南北长2.70、东西宽1.60、现存深度1.40米。面积4.32平方米。墓室内填土为红褐色五花土。墓底四周有熟土二层台，台残高0.16米，宽度不一致，东台宽0.10~0.30、西台宽0.20、南台宽0.18、北台宽0.20米（图二一一）。

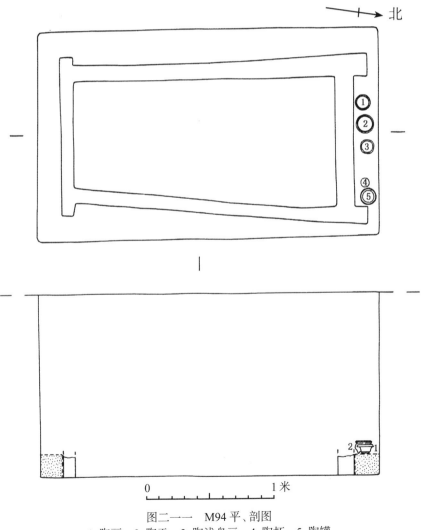

图二一一　M94平、剖图
1.陶鬲　2.陶盂　3.陶浅盘豆　4.陶杯　5.陶罐

葬具为一棺一椁,均已腐朽,朽痕为白色。椁南端堵板长过边板约 0.10 米,北端边板长过堵板约 0.10 米,板灰痕厚度为 0.10~0.14 米。椁室南北长 2.06、南端宽 0.80、北端宽 1.0、现存高度 0.16 米。棺形制不明。

人骨保存较差,已朽为粉末,具体情况不明。

随葬品出土于北端二层台内,自西而东依次放置鬲、盂、豆、杯、罐,均口向上放置。

2. 随葬品

5 件。均为陶器(彩版一七〇 -1)。

鬲　1 件。属 B 型 I 式。标本 M94:1,泥质灰陶。轮制。平折沿,圆唇,束颈,弧腹,裆极矮,底部刮削出三乳突状矮足。肩及上腹饰数周凸弦纹。保存较好。火候高,硬

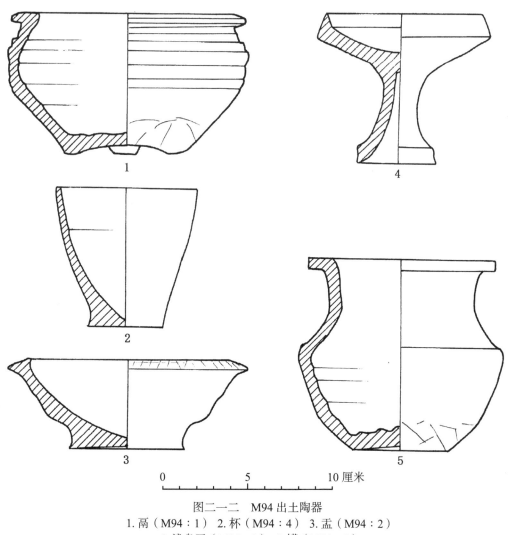

图二一二　M94 出土陶器
1. 鬲(M94:1)　2. 杯(M94:4)　3. 盂(M94:2)
4. 浅盘豆(M94:3)　5. 罐(M94:5)

度大。口径 14.0、高 8.2 厘米（图二一二 –1，彩版一七〇 –2 ）。

　　盂　1件。属Ⅱ式。标本 M94：2，泥质灰陶。轮制。敞口，宽折沿，尖唇，壁外曲内弧，平底微凹。保存完好。火候高，硬度大。口径 14.4、底径 6.8、高 5.2 厘米（图二一二 –3，彩版一七一 –1 ）。

　　浅盘豆　1件。属 A 型Ⅰ式。标本 M94：3，泥质灰陶。轮制。敞口，尖唇，折壁，

图二一三　M95 平、剖图
1. 陶豆

豆柄中空至盘底，喇叭形足。素面。保存完好。火候高，硬度大。口径 9.3、足径 4.6、高 7.8 厘米（图二一二 –4，彩版一七一 –2）。

杯　1件。标本 M94：4，泥质灰陶。轮制。敞口，圆唇，弧壁，平底。保存完好。火候高，硬度大。口径 8.4、底径 4.5、高 8.0 厘米（图二一二 –2，彩版一七二 –1）。

罐　1件。属 Ba 型 I 式。标本 M94：5，泥质灰陶。轮制。口微侈，平沿，方唇，折肩，弧腹，平底微凹。腹内壁有瓦纹（应是轮制痕迹，非有意而为），腹近底部外壁有切削痕迹。保存完好。火候高，硬度大。口径 11.2、肩径 12.4、底径 5.6、高 11.0 厘米（图二一二 –5，彩版一七二 –2）。

（四四）M95

1. 墓葬资料

位于墓地北端，引洪渠北岸，其西南邻 M79，相距约 4 米。墓葬直接开口于耕扰层下，距离地表约 1.10 米。现存墓葬由墓室和二层台两部分组成。

墓室为长方形土坑竖穴式，凿建于生土层内。方向为南北向，10 度。墓壁较直，口大底小。墓口南北长 2.70、东西宽 1.80 米，墓底南北长 2.50、东西宽 1.60 米，现存深度 2.35 米。墓口面积 4.86 平方米。墓室内填土为红褐色五花土，质地略松。墓底四周有熟土二层台，台高 0.35 米，宽度不一致，北、南、西三台宽 0.34、东台宽 0.44 米（图二一三）。

葬具已腐朽，朽痕为白色。具体情况不明。熟土二层台所围成的范围为椁或棺室，南北长 2.0、东西宽 1.02、现存高度 0.35 米。

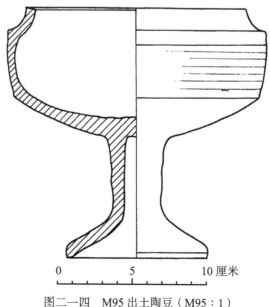

0　　　　　　5　　　　　10 厘米

图二一四　M95 出土陶豆（M95：1）

人骨比较凌乱，头骨在北，墓室中间有一堆乱骨。

随葬品出土于墓主头端，原始位置不明。

2. 随葬品

1件。器形为陶豆，属A型Ⅲ式。标本M95∶1，泥质灰陶。轮制。缺器盖。形制为子口，口缘内折，而后向上斜出，微折腹，上腹略鼓，下腹弧收，中空柱状柄，喇叭形足。上腹外壁及柄部有数周磨光弦纹。出土时破碎，基本复原。火候、硬度一般。口径14.8、足径9.6、高16.4厘米（图二一四，彩版一七三 -1）。

（四五）M96

1. 墓葬资料

位于墓地北端，石榴树林内，西南邻M80。墓葬直接开口于耕扰层下，距离地表约1.20米。现存墓葬由墓室和二层台两部分组成。

墓室平面为梯形，北宽南窄，凿建于生土层内。方向为南北向，355度。墓壁较直，口底同大。南北长2.60、南端宽1.80、北端宽2.0、现存深度1.70米。面积4.94平方米。墓室内填土为红褐色五花土。墓底四周有熟土二层台，现存高度0.10米，宽度不一致，东台宽0.40、西台宽0.30~0.38、南台宽0.12、北台宽0.30米（图二一五）。

葬具为一棺一椁，均已腐朽，朽痕为白色。椁南端堵板长过边板约0.10米，北端边板长过堵板约0.10米，板灰痕厚度为0.10~0.14米。椁室南北长1.94、南端宽0.90、北端宽1.0、现存高度0.10米。棺形制不明。

人骨保存较好。墓主头向北、面向上，微侧西，仰身直肢。双手放于腹部。

随葬品位于西侧棺椁之间，出土时均为口向上，较有规律，应是器物原始摆放位置。自南而北，依次放置鬲、浅盘豆、罐、盂，两件浅盘豆相扣，其余器物均口向上放置。

2. 随葬品

5件。均为陶器，器形为鬲、盂、浅盘豆、罐（彩版一七三 -2）。

鬲　1件。属B型Ⅰ式。标本M96∶4，泥质灰陶。轮制，三足为手捏制。近直口，窄平沿，尖圆唇，矮束颈，圆肩，弧腹，平裆，下附三乳突状实足。肩、腹饰多周凹弦纹。出土时破碎，修复完整。火候高，硬度大。口径13.4、肩径15.0、高10.4厘米（图二一六 -1，彩版一七五 -2）。

浅盘豆　2件。属A型Ⅰ式。标本M96∶3，出土时倒扣于M96∶5浅盘豆之上。泥质灰陶。轮制。敞口，尖唇，盘壁内弧外折，豆柄中空至盘底，喇叭形足。素面。口径10.2、足径5.6、高9.4厘米（图二一六 -3，彩版一七五 -1）。标本M96∶5，放置于西侧棺椁之间中部，上承M96∶3浅盘豆。破碎，修复完整。火候高，硬度大。泥质灰

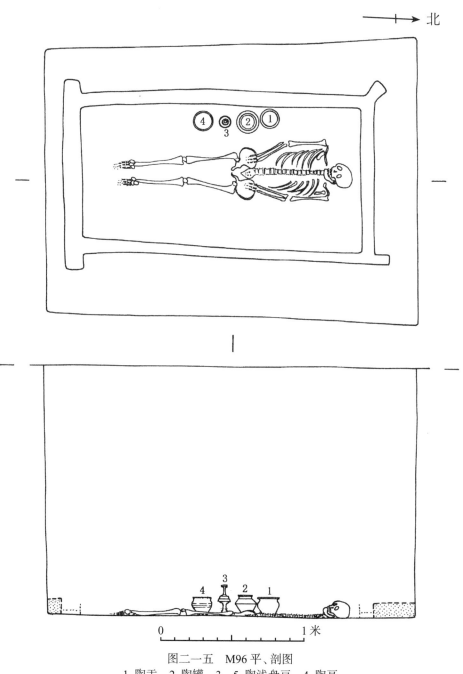

图二一五　M96平、剖图
1.陶盂　2.陶罐　3、5.陶浅盘豆　4.陶鬲

陶。轮制。敞口，圆唇，曲壁，豆柄中空至盘底，喇叭形足。素面。口径 9.6、足径 6.4、高 8.8 厘米（图二一六 -4，彩版一七五 -3）。

　　罐　1 件。属 Bb 型。标本 M96：2，泥质灰陶。轮制。口微敛，平折沿，尖圆唇，矮领，折肩，斜直腹，平底微凹。素面。保存完好。火候高，硬度大。口径 12.6、肩径 16.0、底径 8.4、高 11.6 厘米（图二一六 -2，彩版一七四 -2）。

　　盂　1 件。属 II 式。标本 M96：1，泥质灰陶。轮制。敛口，折沿，沿面微鼓，圆肩，斜直腹，平底微凹。肩饰一周凹弦纹。出土时破碎，修复完整。火候高，硬度大。口径 17.2、底径 8.8、高 10.7 厘米（图二一六 -5，彩版一七四 -1）。

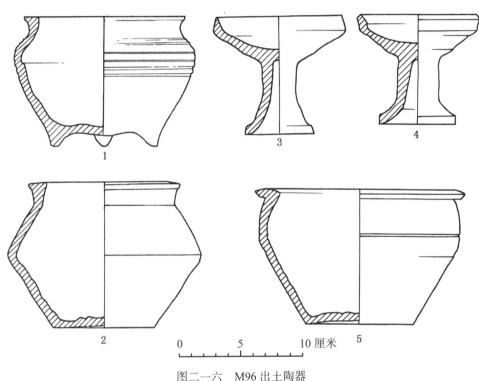

图二一六　M96 出土陶器
1. 鬲（M96：4）　2. 罐（M96：2）　3. 浅盘豆（M96：3）
4. 浅盘豆（M96：5）　5. 盂（M96：1）

（四六）M97

1. 墓葬资料

　　位于墓地北端，石榴树林西南角，西南邻 M86，相距约 5.0 米。墓葬直接开口于耕扰层下，距离地表约 1.20 米。现存墓葬由墓室和二层台两部分组成。

　　墓室平面为长方形，凿建于生土层内。方向为南北向，335 度。墓壁较直，口大底小。墓口南北长 2.90、东西宽 2.0、墓底南北长 2.75、东西宽 1.85、现存深度 1.90 米。

墓口面积 5.80 平方米。墓室内填土为红褐色五花土, 较硬实, 经过夯打。墓底四周有
熟土二层台, 现存高度 0.28 米, 宽度不一致, 东、南两台宽 0.20, 西、北两台宽 0.30 米
(图二一七)。

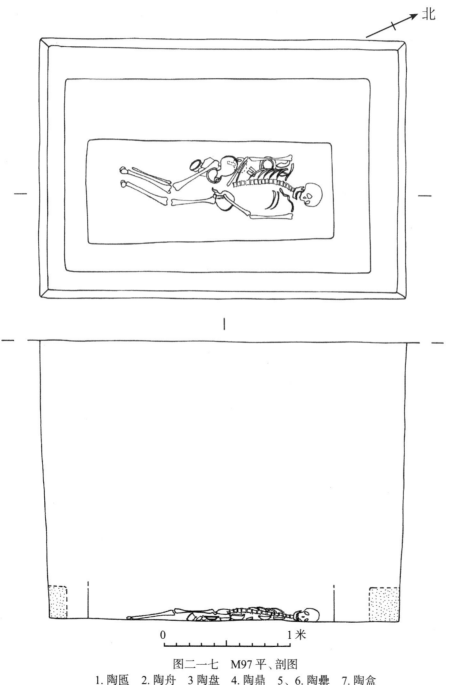

图二一七　M97 平、剖图
1. 陶匜　2. 陶舟　3 陶盘　4. 陶鼎　5、6. 陶罍　7. 陶盒

葬具为一棺一椁,均已腐朽,朽痕为白色。椁为长方形,板灰痕厚度不明。椁室南北长 2.40、东西宽 1.50、现存高度 0.28 米。棺亦为长方形,板灰痕厚度不明,棺室南北长 1.92、南端宽 0.80、北端宽 0.74、现存高度 0.28 米。

人骨保存较好。墓主头向北、面向东,仰身屈肢,双手放于腹部,下肢向东蜷曲。

随葬陶鼎内有动物肢骨。

随葬品出土于人骨下,原始摆放位置可能在棺下。

2. 随葬品

7 件。均为陶器,器形有鼎、盒、罍、盘、匜、舟(彩版一七六 -1)。

鼎　1 件。属 A 型 Ⅱ 式。标本 M97:4,泥质红褐陶。器体轮制,耳、足手制。盖为母口,弧形隆起,上有均匀分布的三片状纽。器体为子口,口缘内折而后上出,扁鼓腹,对称双附耳,耳上端外撇,倒 "U" 型穿孔,圜底,三个简化为圆柱状的实心兽形足。素面。破碎,修复完整。出土时鼎内有动物腿骨,原来应放有牲肉。火候高,硬度大。口径 14.4、高 17.6 厘米(图二一八 -1,彩版一七八 -1)。

盒　1 件。属 B 型。标本 M97:7,泥质红褐陶。轮制。盖为母口,盖面弧形隆起。器体为子口,口缘内折上出,微折腹,上腹较直,下腹弧收,平底。盖面有一周凹弦纹。破碎,修复完整。火候高,硬度大。口径 11.8、底径 5.8、通高 8.6 厘米(图二一八 -2,彩版一七九 -1)。

罍　2 件。标本 M97:5,泥质浅红褐陶。轮制。盖下无子舌,盖面弧形隆起,中心有一圆形穿孔,周缘均匀分布四个圆形穿孔。器体形制为口微侈,方唇,高领,溜肩,有对称片状耳,圆鼓腹,平底微凹。肩部有三周凹弦纹。颈部有红色网格纹彩绘。破碎,修复复原。火候、硬度一般。口径 12.4、腹径 19.8、底径 14.8、通高 21.0 厘米(图二一八 -3,彩版一七八 -2)。标本 M97:6,陶质陶色、制法、形制、纹饰、彩绘等同标本 M97:5。口径 13.2、腹径 19.6、底径 11.4、通高 22.6 厘米(图二一八 -7,彩版一七八 -3)。

盘　1 件。属 A 型 Ⅳ 式。标本 M97:3,出土于棺下西侧中偏东部,其内放置 M97:2 陶舟,北为 M97:1 陶匜,西为 M97:4 陶鼎,口向上正置。泥质灰陶。轮制。敞口,平折沿,微下垂,圆唇,弧壁,平底微凹。内壁有两周凹弦纹。沿面及盘内壁有红色彩绘,但图案已剥落不清。破碎,修复完整。火候高,硬度大,冥器。口径 18.0、底径 8.8、高 5.1 厘米(图二一八 -4,彩版一七七 -2)。

匜　1 件。属 B 型 Ⅰ 式。标本 M97:1,泥质红陶。手制。整体为簸箕形,槽状流,尾部圆突,弧腹,圜底。内壁有彩绘痕迹。保存完好。火候高,硬度大,但制作较粗糙,冥器。口长径 14.4、短径 8.4、底径 8.8、高 4.5 厘米(图二一八 -5,彩版一七六 -2)。

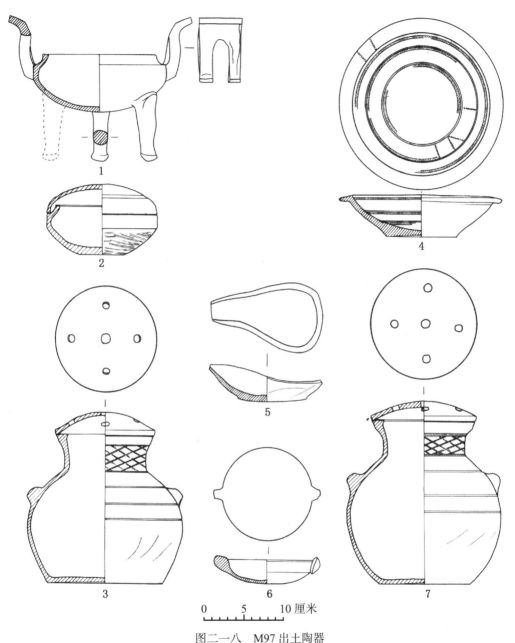

图二一八　M97 出土陶器

1. 鼎（M97∶4）　2. 盒（M97∶7）　3. 异形壶（M97∶5）
4. 盘（M97∶3）　5. 匜（M97∶1）　6. 舟（M97∶2）　7. 异形壶（M97∶6）

舟　1件。属 B 型 II 式。标本 M97∶2，出土于 M97∶3 陶盘内，口向下倒扣。泥质红陶。轮制。敞口，圆唇，弧壁，圜底，口缘有对称双片状耳。外上壁及内壁有彩绘痕迹。保存完好。火候高，硬度大，冥器。口径 8.4、高 3.6 厘米（图二一八 -6，彩版一七七 -1）。

（四七）M98

墓葬资料

位于墓地北端，石榴树林南端，南邻M99，相距约2米。墓葬直接开口于耕扰层下，距离地表约2.0米。上部已遭严重破坏，原始结构不明，现存墓葬只有墓室底部。

墓室为长方形土坑竖穴式，凿建于生土层内。方向为南北向，0度。墓壁较直，口底同大。南北长2.70、东西宽1.80、现存深度0.40米。面积4.86平方米。墓室内填土为浅灰色土，土质略硬，含少量木炭颗粒（图二一九）。

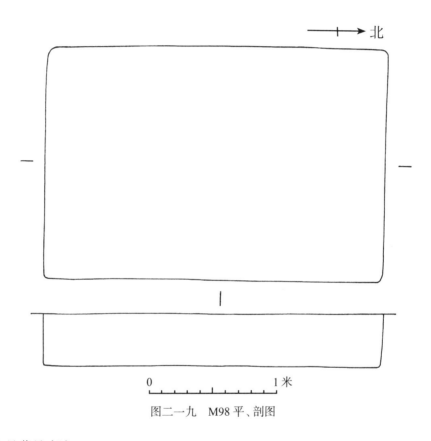

图二一九　M98平、剖图

未见葬具痕迹。

人骨保存极差，仅在墓室北端发现头骨痕迹。因此墓主应头向北，其余情况不明。

无随葬品。

（四八）M99

1. 墓葬资料

位于墓地北端，石榴树林南端，北邻M98，相距约2米。墓葬直接开口于耕扰层下，距离地表约0.55米。墓葬上部已遭严重破坏，原始结构不明，现存墓葬只是墓室底部。

墓室平面为梯形，北宽南窄，凿建于生土层内。方向为南北向，6或186度。墓壁较直，口底同大。南北长 2.90、南端宽 1.40、北端宽 1.20、现存深度 0.50 米。面积 3.77 平方米。墓室内填土为深灰色土，较松软，含少量木炭颗粒（图二二〇）。

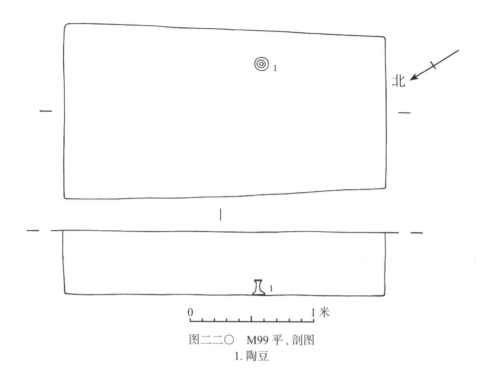

图二二〇　M99 平、剖图
1. 陶豆

未见葬具和人骨痕迹

随葬 1 件残陶浅盘豆，放置于墓室内东侧西南，出土时豆盘口向下柄朝上。

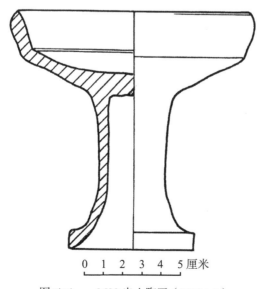

图二二一　M99 出土陶豆（M99∶1）

2. 随葬品

1件。(彩版一七九–2)

陶豆 1件。属 A 型 V 式。标本 M99：1，泥质灰陶。轮制。敞口，圆唇，折壁，中空柱状柄，喇叭形足。豆盘内壁有多周轮旋痕迹。内壁有刻划痕迹。出土时足破碎，修复完整。口径 11.2、足径 6.4、高 12.0 厘米(图二二一)。

(四九) M100

墓葬资料

位于墓地北端，石榴树林中部，东北邻 M80，东南邻 M101，西南邻 M98。墓葬直接开口于耕扰层下，距离地表约 1.70 米。现存墓葬由墓室和二层台两部分组成。

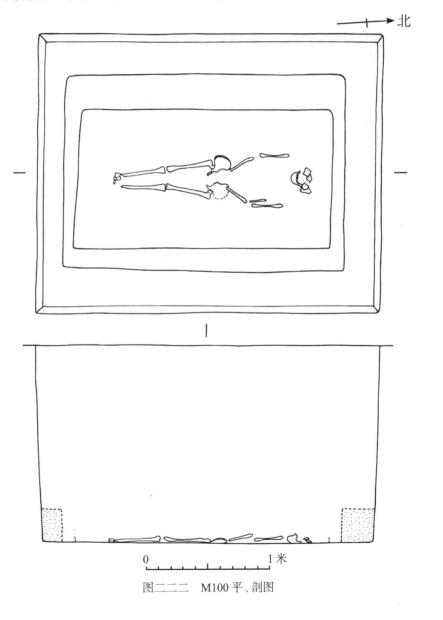

图二二二　M100 平、剖图

墓室为长方形土坑竖穴式，凿建于生土层内。方向为南北向，5度。墓壁较直，口大底小。墓口南北长2.80、东西宽2.20米，墓底南北长2.70、东西宽2.10米，现存深度1.56米。墓口面积6.16平方米。墓室内填土为黄褐色五花土，土质略硬，经过夯打。墓底四周有熟土二层台，台高0.26米，宽度不一致，东、西两台宽0.32、南台宽0.22、北台宽0.30米（图二二二）。

葬具为一棺一椁，均已腐朽成灰。椁朽痕为长方形，板灰痕厚度不明。椁室南北长2.28、东西宽1.32、现存高度0.26米。棺朽痕也为长方形，板灰痕厚度不明。棺室南北长2.06、东西宽1.10、现存高度0.10米。

棺底铺撒一层朱砂。

人骨保存较差，部分朽为粉末。从现状看，墓主头向北，仰身直肢，双手放于腹部。

无随葬品。

（五〇）M101

1. 墓葬资料

位于墓地北端，石榴树林东南部，西北邻M100。墓葬直接开口于耕扰层下，距离地表约2.0米。原始结构不明。

墓室平面为长方形，凿建于生土层内。方向为南北向，20或200度。墓壁较直，口底同大。南北长3.0、东西宽1.80、现存深度1.50米。面积5.40平方米。墓室内填土为红褐色五花土，较硬实，经过夯打（图二二三）。

未见葬具和人骨痕迹。

随葬品出土于墓室西侧。蚌器在西侧南端；陶器在墓室西侧中部，自南而北依次放置罐、鼎、器盖、匜，另有残陶豆柄1件、陶盘口沿残片1件、圆柱状纽3件，因此，该墓应被扰动过，器物遭到过破坏。

2. 随葬品

共6件。种类有陶器、蚌器。

（1）陶器

4件。器形有鼎、罐、匜、盘，另有盘口沿残片、残豆柄等（彩版一八〇–1）。

鼎　1件。属Bb型。标本M101:3，泥质灰陶，局部为浅红褐色。轮制。盖（M101:2）为母口，弧形隆起，上有三个方形孔，原来应有插纽。器体为子口，口缘内折上出，半球形腹，对称双附耳外侈，方形孔，圜底，下附三刮削而成的简化兽形足。器表有一层姜白色涂抹物，多已脱落。出土时已破碎，修复完整。火候、硬度一般，烧制颜色不均匀，冥器。口径15.0、通高15.5厘米（图二二四–1，彩版一八一–2）。

罐　1件。属Ba型Ⅲ式。标本M101:4，泥质陶，外施一层浅黑色陶衣，局部脱落，

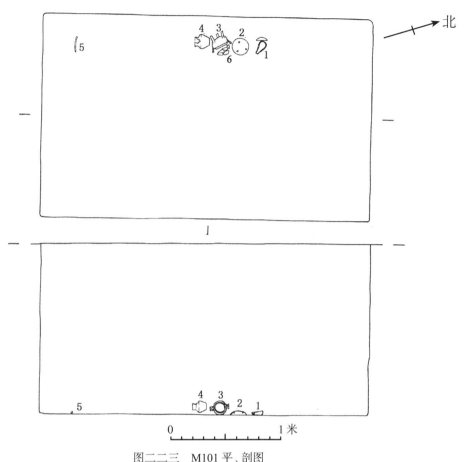

图二二三　M101 平、剖图
1. 陶匜　2. 陶鼎盖　3. 陶鼎　4. 陶罐　5. 蚌刀　6. 陶盘　7. 陶豆柄

露出浅黄色陶胎。轮制。近直口，方唇，折肩，斜直腹，平底微凹。器表有一层姜白色涂抹物，多已脱落。出土时口斜向南，破碎，修复完整。火候低，硬度小，冥器。口径10.0、肩径15.0、底径8.0、高14.4厘米（图二二四 -2，彩版一八二 -1）。

　　匜　1件。属 B 型 Ⅱ 式。标本 M101：1，泥质灰陶，局部浅褐色。轮制后修整出槽状流。整体呈簸箕形，斜口，流端底尾端高，槽形流，圆尾，弧腹，平底。外壁上部及内壁有一层姜白色涂抹物。保存较好。火候较低，硬度小，烧制颜色不均。口长15.4、宽10.0、底长径8.6、短径5.8、高3.5厘米（图二二四 -5，彩版一八〇 -2）。

　　盘　1件。属 B 型 Ⅰ 式。标本 M101：6，泥质灰陶。残高2.6、口径19.8厘米（图二二四 -3）。

　　豆柄　1件。标本 M101：7，泥质灰陶。残高6.4、足径7.4厘米（图二二四 -4）。

　　（2）蚌器

　　1件。

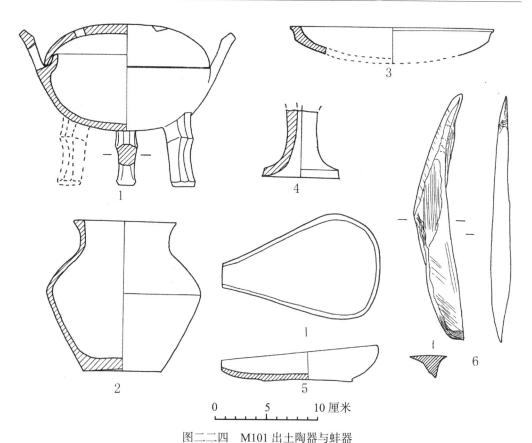

图二二四　M101 出土陶器与蚌器

1. 陶鼎（M101：3）　2. 陶罐（M101：4）　3. 盘（M101：6）　4. 陶豆柄（M101：7）
5. 陶匜（M101：1）　6. 蚌刀（M101：5）

刀　1 件。标本 M101：5，略呈三角形，一角较尖。长 11.7 厘米，宽 1.8 厘米，厚 0.2~1 厘米（图二二四 -6）。

（五一）M102

1. 墓葬资料

位于墓地北端，引洪渠北岸，其东邻 M93，相距约 2 米。墓葬直接开口于耕扰层下，距离地表约 1.20 米。墓葬原始结构不明。

墓室为长方形土坑竖穴式，凿建于生土层内。方向为南北向，0 度。墓壁较直，口底同大。南北长 2.40、东西宽 1.50、现存深度 0.80 米。面积 3.60 平方米。墓室内填土为红褐色五花土（图二二五）。

葬具已腐朽，朽痕为白色，具体情况不明。

人骨保存较好。墓主头向北，面向上，仰身直肢，双手放于腹部。

随葬品出土于墓主头端。

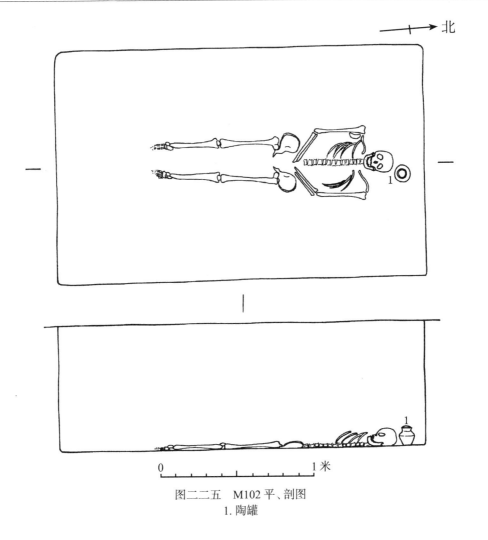

图二二五　M102 平、剖图
1. 陶罐

2. 随葬品

1 件。

陶罐 1 件。属 Ba 型 Ⅲ 式。标本 M102：1，泥质灰陶。轮制。盖隆起，无子舌。器体口微侈，卷沿，方唇，圆肩近折，斜直腹，平底。肩饰一周凹弦纹和饰而被抹的斜向细绳纹，上腹饰瓦纹，下腹有斜向细线划纹。盖面及器体上部有黑色彩绘痕迹，但图案已剥落不清。保存完好。火候高，硬度大。口径 11.4、肩径 16.2、底径 6.4、通高 17.3 厘米（图二二六，彩版一八二 –2）。

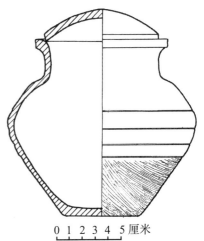

图二二六　M102 出土陶罐
（M102：1）

（五二）M106

1. 墓葬资料

严重盗扰。

位于墓地北端偏西，其东北邻 M88，西南邻 M107，相距约 1.50 米。墓葬直接开口于耕扰层下，距离地表约 1.50 米。墓室北端有一椭圆形盗洞打穿墓底，椁室被严重盗扰，盗洞长径 1.30、短径 0.82 米。现存墓葬由墓室和二层台两部分组成。

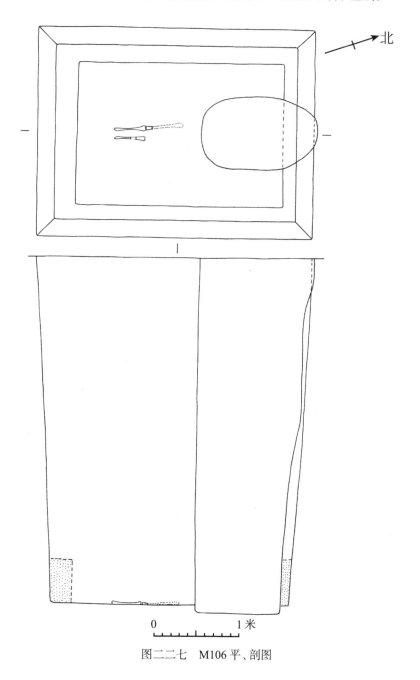

0　　　　　　1 米

图二二七　M106 平、剖图

　　墓室平面为长方形,凿建于生土层内。方向为南北向,20度。墓壁斜直,口大底小。墓口南北长 3.20、东西宽 2.40、墓底南北长 2.80、东西宽 2.0、现存深度 4.0 米。墓口面积 7.68 平方米。墓室内填土为红褐色五花土,质地较硬,经过夯打。墓底四周有熟土二层台,台高 0.50、宽 0.16~0.26 米(图二二七)。

　　葬具已腐朽,朽痕为白色,并遭扰乱,从现状来看,应为一棺一椁。椁为长方形,板灰痕厚度不明,椁室南北长 2.37、东西宽 1.62、现存高度 0.50 米。棺情况不明。

　　人骨遭扰乱,仅在棺室南端发现下肢骨。从现状来看,墓主头向北,直肢葬。

　　随葬品原始放置位置已经不明,只在盗洞和墓底清理出部分残碎陶片,可辨器形有浅盘豆、盘、器盖等。

　　2. 随葬品

　　4 件。出土时全为陶器残片,修复复原的有浅盘豆、盘、器盖等(彩版一八三 –1)。

　　盘　1 件。属 A 型Ⅲ式。标本 M106:1,泥质灰陶。轮制,外壁近底处有刮削痕迹。敞口,斜折沿,沿面微凹,圆唇,弧壁,平底微凹。盘内壁有彩绘,彩绘方法是先

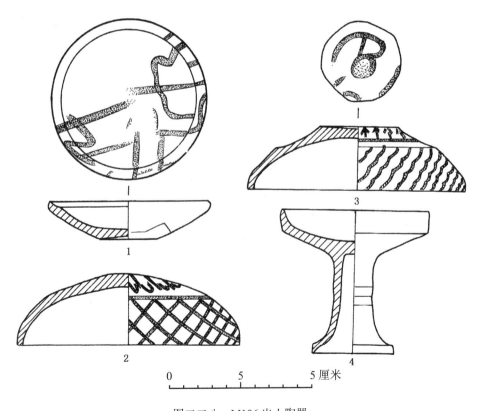

图二二八　M106 出土陶器
1. 盘(M106:1)　2. 器盖(M106:3)　3. 器盖(M106:4)
4. 浅盘豆(M106:2)

在内壁表面涂一层白垩,而后用红彩绘制曲线图案。出土时破碎,基本复原。火候高,硬度大,冥器。口径11.6、底径4.0、高2.6厘米(图二二八-1,彩版一八三-2)。

浅盘豆　1件。属A型V式。标本M106:2,泥质灰陶。轮制。敞口,尖唇,折壁,中空柱状柄,喇叭形足。柄中部有一周凹槽。出土时破碎,基本复原。火候高,硬度大。口径10.6、足径5.8、高9.9厘米(图二二八-4,彩版一八四-1)。

器盖2件。标本M106:3,盖面隆起,周缘弧形下折,顶圆突。器表通体彩绘。口径16.0、通高5.0厘米(图二二八-2,彩版一八四-2)。

标本M106:4,盖面隆起,周缘弧形下折,顶微凹。器表通体彩绘。口径16.0、通高6.0厘米(图二二八-3)。

(五三)M107

1.墓葬资料

位于墓地北端,东北邻M106,相距约1.50米。墓葬直接开口于耕扰层下,距离地表约1.30米。现存墓葬由墓室、二层台和头龛三部分组成。

墓室平面为长方形,凿建于生土层内。方向为南北向,15度。墓壁斜直,口大底小。墓口南北长3.70、东西宽2.70、墓底南北长3.10、东西宽2.10、现存深度4.50米。墓口面积9.99平方米。墓室内填土为红褐色五花土,较硬实。墓底四周有熟土二层台,台高0.65、宽0.14~0.24米。墓室北壁有头龛,长0.80、高0.60、进深0.36米,底部距墓底1.10米(图二二九)。

葬具为一棺一椁,均已腐朽,朽痕为灰白色。椁为长方形,板灰厚度为0.10米,底板为东西向,每根长1.80米,宽0.08~0.10米不等。椁室南北长2.50、东西宽1.60、现存高度0.60米。棺形制不明。

人骨保存较差。墓主头向北,面向上,仰身曲肢,双手放于腹部,下肢向东蜷曲。随葬品放置于头龛内。自西而东依次放置陶豆、舟、鼎、壶。

2.随葬品

共4件。均为陶器有鼎、豆、壶、舟(彩版一八五-1)。

鼎1件。属Db型Ⅱ式。标本M107:2,泥质灰陶。轮制,耳、足手制。盖为母口,盖面弧形隆起,周缘折垂,面有三片状纽。器体为子口,口缘内折,而后向上斜出,扁鼓腹,对称双附耳外侈,有不规则的小穿孔,平底微内凹,下附三简化兽形足,足下端外撇。盖面有两组凹弦纹,每组两周。器表通体彩绘,盖面以两组弦纹为界分三组图案,第一组弦纹涂红彩,第二组弦纹涂黄彩,盖顶用黄彩绘制"T"形图案,两组弦纹之间分布六个用红彩绘制的近三角形网格纹,盖周缘均匀分布六个用红彩绘制的近三角形网格纹;器腹中部有一周黄色彩带,彩带下为一周红彩波折纹,

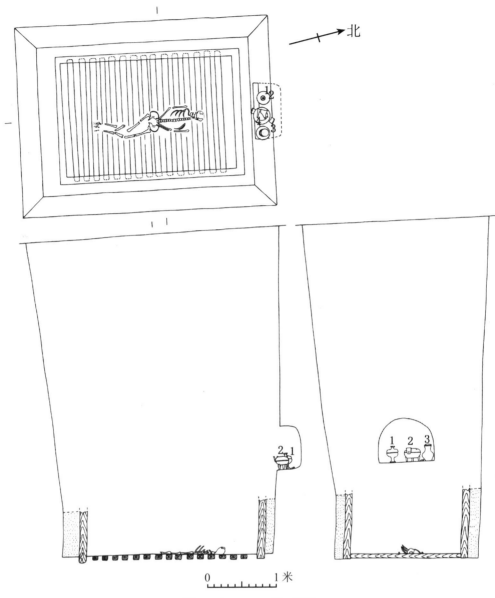

图二二九　M107 平、剖图
1. 陶豆　2. 陶鼎　3. 陶壶　4. 陶舟

鼎足为红彩网格纹，鼎耳图案已剥落不清。出土时破碎，修复完整。出土时鼎内有动物腿骨，原来应放有牲肉。火候高，硬度大，冥器。口径 21.2、通高 19.7 厘米（图二三〇 -1，彩版一八五 -2）。

　　豆　1件。属 A 型 I a 式。标本 M107：1，泥质灰陶。轮制。盖为母口，周缘折垂，盖面弧形隆起，顶有喇叭状握纽。器体为子口，口缘内折上出，弧壁，矮柱状柄，中空至盘底，喇叭形足。盖面饰两周凹弦纹。盖、器表面通体彩绘，盖纽用红彩绘短直线纹，

图二三〇　M107 出土陶器

1. 鼎（M107∶2）　2. 豆（107∶1）　3. 舟（M107∶4）　4. 壶（M107∶3）

第一周弦纹和盖纽之间用红彩绘波折纹，两周弦纹之间涂黄彩，盖面周缘不等距分布五个红彩绘制的近三角形网格纹；器体上壁涂一周黄彩，豆柄涂三周红彩，足图案不清。出土时破碎，修复完整。火候高，硬度大，冥器。口径17.0、足径10.2、通高22.3厘米（图二三〇-2，彩版一八六-1）。

　　壶　1件。属甲类B型I式。标本M107：3，泥质灰陶。轮制。盖下无子舌，盖面微隆起，中心站立一陶鸟，周缘均匀分布四个花瓣形插纽。器体为侈口，方唇，微束颈，溜肩，鼓腹，平底。盖面饰四周凹弦纹，肩、腹饰五周凹弦纹。器表通体彩绘，盖顶中心用红彩绘制"T"形纹，其外为一周黄彩，盖面周缘为六个红彩圆角三角形，花瓣插纽绘有红彩图案；器体颈部涂一周黄彩，其下以一周红彩为界限用红、白彩绘制圆角三角形两周，肩部两周弦纹之间涂黄彩，腹部以一周红彩为界，上部绘一周红彩圆角三角形，下腹为一周红彩波折纹。出土时破碎，出土时插纽已脱落，修复完整。火候高，硬度大，冥器。口径11.0、腹径18.9、底径13.0、高21.8厘米（图二三〇-4，彩版一八六-2）。

　　舟　1件。属B型III式。标本M107：4，直口，尖唇，腹较深，口两侧有小扳，平底。腹外壁有彩绘图案。保存较好。口径8.0、腹径8.4、底径5、高5.0厘米（图二三〇-3，彩版一八六-3）。

（五四）M108

1. 墓葬资料

　　位于墓地北端，南距引洪渠约4米，东北邻M110。墓葬直接开口于耕扰层下，距离地表约0.50米。现存墓葬由墓室和二层台两部分组成。

　　墓室平面为长方形，凿建于生土层内。方向为南北向，25度。墓壁斜直，口大底小。墓口南北长3.50、东西宽2.20、墓底南北长3.20、东西宽2.0、现存深度3.66米。墓口面积7.70平方米。墓室内填土为红褐色五花土，较硬实，经过夯打，夯窝直径0.06~0.08、深0.04米，夯层厚0.15~0.20米。墓底四周有熟土二层台，台高0.24、东、西两台宽0.20、南台宽0.30、北台宽0.34米（图二三一）。

　　葬具为一棺一椁，均已腐朽，朽痕为灰白色。椁为长方形，板灰厚度不明，二层台所围成的椁室南北长2.35、东西宽1.60、现存高度0.24米。棺板灰痕迹厚度不明，棺室南窄北宽，南北长1.90、南端宽0.45、北端宽0.56、现存高度0.10米。

　　人骨保存较差，部分已朽。从现状来看，墓主头向北，面向西，仰身曲肢，双手放于腹部，下肢向西蜷曲。

　　陶壶下发现有牛腿骨和肩胛骨，应为牲肉。

　　随葬品陶器放置于棺椁之间东侧。东北角东西并列放置陶壶2件，其南有陶鼎和

北

0　　　　　　　　1米

图二三一　M108平、剖面
1、2.陶壶

陶豆, 均破碎为陶片。

2. 随葬品

5 件, 均为陶器。器形有鼎、豆、壶 (彩版一八七 −1)。

鼎　1 件。属 C 型 I 式。标本 M108：4, 泥质灰陶。轮制, 耳、足手制。盖为母口, 周缘折垂, 顶隆起, 上有圆形穿孔。器体为子口, 口缘向内斜出, 半球形腹, 对称双直立附耳, 有长方形孔, 圜底, 下腹三简化兽形足, 中空。盖表面有两周凹弦纹, 并有多

图二三二　　M108 出土陶器

1. 鼎 (M108：4)　2. 豆 (M108：5)　3. 壶 (M108：1)

4. 豆 (M108：3)　5. 壶 (M108：2)

周轮旋痕迹,腹中部有一周凸弦纹。盖面及器体表面有红色彩绘,盖、鼎耳彩绘图案已不清,器体上腹有一周几何形红色彩绘,足表面有两周红彩。出土时破碎,修复完整。出土时鼎内有动物肩胛骨,原来应放有牲肉。火候高,硬度大,冥器。口径16.6、高17.0厘米(图二三二–1,彩版一八八–1)。

豆　2件。属A型Ⅲ式。标本M108∶3,泥质灰陶。轮制。盖为母口,周缘弧折,顶隆起,上有喇叭形握纽。器体为子口,口缘向内斜出,上壁较直,下壁弧收,矮柱状柄,中空,喇叭形足。盖面饰两周凹弦纹,腹部有一周凸弦纹。盖、上腹、柄、足施红色彩绘,盖面及上腹各绘一周网格纹,柄部绘两周红彩,足绘红色直线纹。出土时已破碎,修复基本完整。火候高,硬度大,冥器。口径14.8、足径10.4、通高21.0厘米(图二三二–4,彩版一八八–2)。标本M108∶5,盖为母口,周缘弧折,顶隆起,上有喇叭形握纽。器体为子口,口缘向内斜出,弧壁,矮柱状柄,中空,喇叭形足。豆盘外壁施瓦纹数周。彩绘图案同标本M108∶3陶豆。出土时已破碎,修复基本完整。口径15.6、足径12.4、通高22.6厘米(图二三二–2,彩版一八八–3)。

壶　2件。属甲类B型Ⅱ式。标本M108∶1,泥质灰陶。轮制。盖无子舌,盖面斜坡隆起,平顶,中心一圆穿孔,周缘五个圆穿孔。器体口外侈,近盘口,方唇,微束颈,溜肩,鼓腹,平底微凹。盖顶有割削痕迹,周缘有多周轮旋痕迹;肩、腹饰三周凸弦纹。盖、器表面施彩绘,盖彩绘图案已不清,器体颈上部绘一周菱形网格纹,肩部绘一周红色三角形勾雷纹,每两个三角形之间填以白色倒三角勾雷纹,腹部绘一周红色三角形网格纹。出土时口部及盖破碎,修复复原。火候高,硬度大,冥器。口径11.2、腹径19.7、底径9.2、通高26.6厘米(图二三二–5,彩版一八七–2)。标本M108∶2,除口部稍有差异外,其余均同标本M108∶1。口径12.0、腹径18.2、底径13.2、通高27.2厘米(图二三二–3,彩版一八七–3)。

(五五)M109

1.墓葬资料

位于墓地北端,其南距引洪渠仅2.0米。墓葬直接开口于耕扰层下,距离地表约1.40米。现存墓葬由墓室和二层台两部分组成。

墓室平面为长方形,凿建于生土层内。方向为南北向,5度。墓壁斜直,口大底小。墓口南北长4.30、东西宽3.0、墓底南北长3.70、东西宽2.50、现存深度5.40米。墓口面积12.9平方米。墓室西南角东西两壁上有脚窝,每壁有6个,每个脚窝宽0.14、高0.10、进深0.10米,上下相邻两脚窝之间的间距为0.40~0.50米。墓室内填土为红褐色五花土,较硬实。墓底四周有熟土二层台,台高1.12、东、西两台宽0.26、南、北两台宽0.30米(图二三三)。

图二三三　M109 平、剖图
1、2.陶壶　3、4.陶豆　5.陶鼎　6.词蚪　7.陶浅盘豆

葬具至少使用了一棺一椁，已腐朽，朽痕为灰白色。二层台所围成的范围为外椁，板灰厚度不清。椁室南北长 3.10、东西宽 2.0、现存高度 1.12 米。在外椁内清理出一周板灰痕，由于其空间比较大，有可能是内椁（也可能是棺），内椁（或棺）室南北长 2.40、东西宽 1.60、现存高度 0.20 米。

人骨保存较差。墓主头向北，面向上，仰身直肢，双手放于腹部。

随葬品放置于头端内、外椁（或棺椁）之间。自东而西依次放置陶鼎、豆、壶。另有一完整河蚌，放置于陶壶之南。

2. 随葬品

共 6 件。种类有陶器和蚌器（彩版一八九）。

（1）陶器

5 件。器形有鼎、豆、壶、浅盘豆。

鼎 1 件。属 C 型 I 式。标本 M109：5，盖径远大于器体口径，使得扣合不甚严密，且两者陶色不同，因此盖器盖可能并非原鼎盖，而是另一件器物的盖，下葬时临时代替鼎盖使用。盖为泥质磨光深灰陶，器体为泥质灰陶。轮制，耳、足手制。盖为母口，周缘折垂，顶隆起，上有均匀分布的三圆形穿孔。器体为子口，口缘向内斜出，半球形腹，对称双附耳外侈，有长方形耳孔，圜底，下附三简化兽形足，中空，耳、鼎腹为榫铆结构连接。盖饰两周凹弦纹，腹中部有一周凸弦纹。出土时盖破碎，耳破裂，修复完整。出土时鼎内有动物腿骨，原来应放有牲肉。火候高，硬度大。口径 16.0、高 19.6 厘米（图二三四 -1，彩版一九〇 -3）。

豆 2 件。属 A 型 III 式。标本 M109：3，泥质灰陶。轮制。盖为母口，周缘弧折，顶隆起，上有喇叭形握纽。器体为子口，口缘向内斜出，弧壁，矮柱状柄，中空，喇叭形足。豆盘下壁有一周凸弦纹（应为轮制时泥条套接不齐所致，非有意而为）。出土时器体完好，盖破碎，修复完整。火候高，硬度大。口径 16.8、足径 12.4、通高 24.2 厘米（图二三四 -3，彩版一九〇 -1）。标本 M109：4，盖为母口，周缘弧折，顶隆起，上有喇叭形握纽。器体为子口，口缘向内斜出，弧壁，矮柱状柄，中空，喇叭形足。口径 16.4、足径 12.8、通高 24.5 厘米（图二三四 -4，彩版一九〇 -2）。

壶 2 件。属甲类 B 型 II 式。标本 M109：1，泥质灰陶。轮制。盖无子舌，盖面斜坡隆起，小平顶，中心一圆穿孔，周缘四个圆穿孔。器体口稍外侈，方唇，微束颈，溜肩，鼓腹，平底，肩部有对称的四个穿孔，原来可能有铺首衔环之类的附件。盖面有斜线划纹，肩、腹有三周凸弦纹。盖、器表面施彩绘，盖彩绘图案已不清晰，颈上部绘用红彩绘一周菱形网格纹，每个菱形内填以白色圆圈纹，肩部绘一周红色三角形勾雷纹，每两个三角形之间填以白色倒三角勾雷纹，上腹部绘一周红色三角形网格

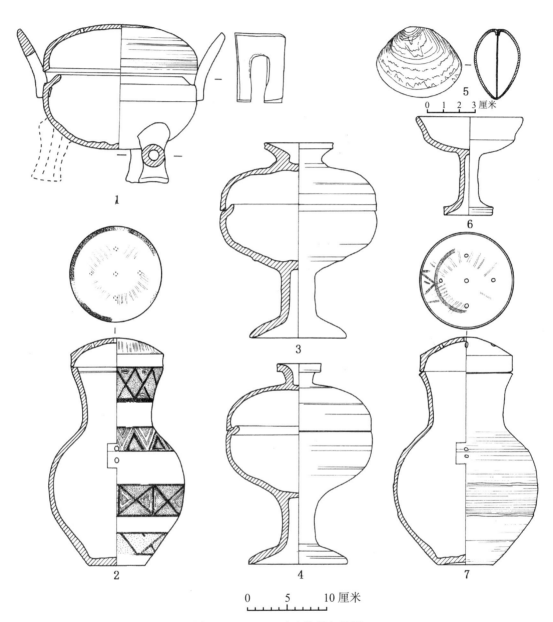

图二三四　M109 出土陶器与蚌器

1. 鼎（M109：5）　2. 壶（M109：1）　3. 豆（M109：3）　4. 豆（M109：4）

5. 河蚌（M109：6）　6. 浅盘豆（M109：7）　7. 壶（M109：2）

纹，每个大三角形内填以白色小三角形。出土时盖及口部破碎，基本修复完整。火候高，硬度大，冥器。口径 12.0、腹径 17.6、底径 7.2、通高 28.0 厘米（图二三四 -2，彩版一八九 -2）。标本 M109：2，形制基本同标本 M109：1。惟平底微内凹，未发现彩绘痕迹。口径 12.2、腹径 18.6、底径 7.0、通高 28.0 厘米（图二三四 -7，彩版一八九 -3）。

浅盘豆　1 件。属 A 型Ⅵ式。标本 M109：7，泥质灰陶。轮制。浅盘，敞口，圆唇，曲壁，圆柱状豆柄，中空，喇叭形足。素面。保存较好。火候高，硬度大。口径 13.8、足径 6.2、高 12.2 厘米（图二三四 -6，彩版一九一 -1）。

（2）蚌器

1 件。

河蚌 1 件。标本 M109：6，为一个完整的蚌壳。宽 5.3 厘米，扇径 4.3 厘米，腔径 2.9 厘米（图二三四 -5）。

（五六）M110

墓葬资料

位于墓地北端，其南距引洪渠仅 2.0 米，东邻 M111，相距约 2.0 米，西邻 M108，相距约 2 米。墓葬直接开口于耕扰层下，距离地表约 0.90 米。现存墓葬由墓室和二层台两部分组成。

墓室平面为长方形，凿建于生土层内。方向为南北向，7 度。墓壁斜直，口大底小。墓口南北长 3.30、东西宽 2.50、墓底南北长 3.10、东西宽 2.30、现存深度 3.60 米。墓口面积 8.25 平方米。墓室内填土为红褐色五花土，上层经过夯打。墓底四周有熟土二层台，台高 1.10、宽 0.30 米（图二三五）。

葬具为一棺一椁，已腐朽，朽痕为灰白色。椁为长方形，板灰痕厚度不明。二层台所围成的范围为椁室，南北长 2.50、东西宽 1.60、现存高度 1.10 米。棺也为长方形，板灰痕厚度不明。棺室南北长 2.0、东西宽 0.60 米。

人骨保存较差，大部分已朽，未见肱骨痕迹。从现状看墓主头向北，面向上，仰身直肢，双手放于腹部。

无随葬品。

（五七）M111

1. 墓葬资料

位于墓地北端，其南邻 M76，相距约 2.0 米，西邻 M110，相距约 2.0 米。墓葬直接开口于耕扰层下，距离地表约 0.30 米。现存墓葬由墓室、二层台和头龛三部分组成。

墓室平面为长方形，凿建于生土层内。方向为南北向，5 度。墓壁斜直，口大底小。墓口南北长 3.50、东西宽 2.40、墓底南北长 3.20、东西宽 2.0、现存深度 4.20 米。墓口

北

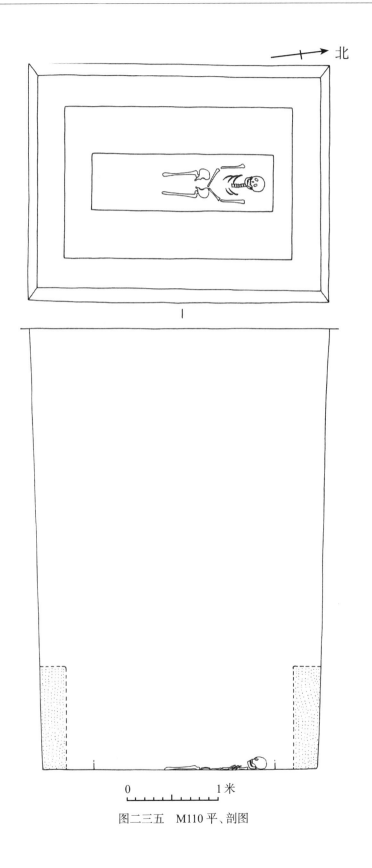

0　　　　　　　1米

图二三五　M110平、剖图

面积 8.40 平方米。墓室内填土为黄灰褐色五花土,质地略松。墓底四周有熟土二层台,台高 1.30、南台宽 0.30、其余台宽 0.26 米。墓室北壁有头龛,长 0.92、高 0.60、进深 0.24 米,底部距墓底 1.40 米(图二三六,彩版一〇 –3)。

葬具为一棺一椁,已腐朽,朽痕为灰白色。椁为长方形,板灰痕厚度为 0.10~0.12

图二三六　M111 平、剖图
1. 陶杯　2、4. 陶壶　3、6. 陶豆　5. 陶鼎

米。椁室南北长 2.28、东西宽 1.24、现存高度 1.30 米。棺也为长方形，板灰痕厚度为 0.06 米。棺室南北长 2.0、东西宽 0.68、现存高度 0.20 米。

人骨保存较好。墓主头向北，面向西，仰身曲肢，双手放于腹部，下肢向西蜷曲。

随葬品放置于头龛内。自东而西依次放置陶豆、鼎、壶、豆、壶、杯。

2. 随葬品

6 件。均为陶器，器形有鼎、豆、壶、杯（彩版一九一 -2）。

鼎　1 件。属 A 型Ⅲ式。标本 M111：5，泥质灰陶。轮制，耳、足手制。盖为母口，周缘下折，盖面弧形隆起，平顶。器体为子口，口缘向内斜出，扁球形腹，对称双附耳，无穿，圜底，下附三简化为柱状的兽足，足内侧削平，足缘外突。通体彩绘，盖面上部用黄彩绘制菱形网格纹，周缘用红彩绘制菱形网格纹，每个菱形内填以白点或白色 "S" 纹；鼎腹用红彩绘制菱形网格纹，内填以白色 "S" 纹，鼎耳内侧涂一层黄彩，而后点白点，外侧用红彩绘制菱形网格纹，内填以白色 "S" 纹，鼎足外侧用黄彩绘网格，填以白点。保存较好。出土时鼎内有动物脊椎骨，原来应放有牲肉。火候高，硬度大，冥器。口径 16.6、通高 23.0 厘米（图二三七 -1，彩版一九三 -3）。

豆　2 件。属 A 型Ⅰb 式。标本 M111：3，泥质灰陶。轮制。盖面隆起，周缘微下折，平顶。器体为子口，口缘向内斜出，弧壁，柱状柄，中空，喇叭形足。盖、器通体彩绘，盖面用黄、红、白彩绘制三叉纹，填以白点；器体盘外壁用红、黄、白彩绘 "S" 纹，柄、足用黄彩绘制菱形网格纹，内填以白色 "S" 纹。出土时盖破碎，基本复原，器体保存较好。火候高，硬度大，冥器。口径 13.2、足径 7.2、通高 18.4 厘米（图二三七 -4，彩版一九三 -1）。标本 M111：6 形制等均同标本 M111：3 陶豆，彩绘图案不同，盖用红彩绘制菱形网格纹，内填以白色 "S" 纹，器体盘壁及豆柄用红彩绘制菱形网格纹，足用黄彩绘制菱形网格纹，每个菱形内填以白色 "S" 纹，足缘涂一周黄彩。口径 13.6、足径 9.6、通高 18.6 厘米（图二三七 -3，彩版一九四 -1）。

壶　2 件。属 B 型Ⅰ式。标本 M111：4，泥质灰陶。轮制，花瓣、鸟手制。盖下无子舌，盖面斜坡隆起，顶圆突，有均匀分布的四个花瓣状插纽。器体口微侈，方唇，微束颈，溜肩，鼓腹，平底微凹。通体彩绘，盖面及器体外壁用红彩绘制菱形网格纹，内填以白彩或黄彩 "S" 纹，花瓣先涂一层黄彩，而后用红彩绘菱形网格，内填以白点，陶鸟背及头部涂一层黄彩，而后点白点，鸟腹部涂一层红彩，而后用黄彩绘制网格，内填以白点。保存较好，出土时花瓣尚在盖面上，陶鸟散落于 M111：3 陶豆下。火候高，硬度大，冥器。口径 10.0、腹径 16.4、底径 10.4、通高 31.2 厘米（图二三七 -6，彩版一九三 -2）。标本 M111：2，泥质灰陶。轮制。盖下无子舌，盖面斜坡隆起，顶近平，上有一鸟形纽。器体为侈口，方唇，束颈，溜肩，鼓腹，平底。通体彩绘，盖面先涂一层黄彩，而后用红彩绘制网格纹，内填以白色"S"纹，器体外壁用黄彩绘制菱形网格纹，内填以白色或红色"S"纹。出土时盖破碎，修复复原，器体保存完好。火候高，硬度大，冥器。口径 9.2、腹径 12.0、底径 7.0、通高 26.2 厘米（图二三七–5，彩版一九二–2）。

杯　1件。标本 M111∶1，泥质灰陶。轮制。盖面弧形隆起，平顶。器体为敞口，圆唇，

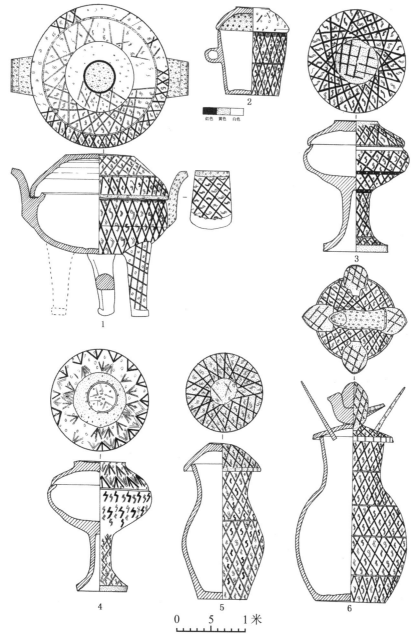

图二三七　M111 出土陶器
1.鼎（M111∶5）2.杯（M111∶1）3.豆（M111∶6）
4.豆（M111∶3）5.壶（M111∶2）6.壶（M111∶4）

斜直腹，腹中部有一环形把手，平底微凹。通体彩绘，盖内外壁先涂一层黄彩，而后施白点和红点，器体外壁用红彩绘制菱形网格纹，内填以白色或黄色"S"纹。出土时盖倒置，保存较好。口径 10.0、底径 7.8、通高 12.2 厘米（图二三七 –2，彩版一九二 –1）。

（五八）M112

1. 墓葬资料

位于墓地北端，引洪渠以北，东邻 M113。墓葬直接开口于耕扰层下，距离地表约

图二三八　M112 平、剖图
1. 陶鼎　2、4. 陶豆　3. 陶罍　5. 陶浅盘豆　6. 陶高足小壶

0.50 米。现存墓葬由墓室和二层台两部分组成。

墓室平面为长方形,凿建于生土层内。方向为南北向,5度。墓壁斜直,口大底小。墓口南北长 3.70、东西宽 2.58、墓底南北长 3.30、东西宽 2.14、现存深度 4.14 米。墓口面积 9.55 平方米。墓室内填土为黄灰褐色五花土,较硬实,经过夯打。墓底四周有熟土二层台,台高 1.06、东台宽 0.20、南、西两台宽 0.24、北台宽 0.32 米(图二三八)。

葬具为一棺一椁,已腐朽,朽痕为灰白色。椁为长方形,板灰痕厚度不明。椁室南北长 2.70、东西宽 1.70、现存高度 1.06 米。棺也为长方形,板灰痕厚度不明。棺室南北长 2.40、东西宽 1.20、现存高度 0.34 米。

人骨保存较差,大部分已朽。从现状来看,墓主头向北,面向上,仰身直肢。

随葬品放置于头端二层台上。自东而西依次放置陶豆、壶、鼎。

2. 随葬品

6件。均为陶器,器形有鼎、豆、壶、浅盘豆、高足小壶(彩版一九四 -2)。

鼎　1件。属 A 型 Ⅲ 式。标本 M112：1,泥质灰陶。轮制,耳、足手制。盖为母口,周缘下折,盖面弧形隆起。器体为子口,口缘向内斜出,扁鼓腹,对称双附耳,上端外撇,无穿孔,圜底,三棱柱状实心足向内聚,足有刮削痕。下腹及底饰斜向细绳纹。足有四周红彩。出土时已破碎,修复完整。火候、硬度一般。口径 18.8、通高 21.5 厘米(图二三九 -1,彩版一九五 -1)。

豆　2件。属 A 型 Ⅰ a 式。标本 M112：2,泥质灰陶。轮制。盖为母口,周缘向下垂折,盖面隆起,顶有喇叭形握纽。器体为子口,口缘向内斜直出,弧腹近折,柱状豆柄,半中空,喇叭形足。下腹近底饰一周凹弦纹。破碎,修复基本完整。火候高,硬度大。口径 14.0、足径 8.0、通高 20.2 厘米(图二三九 -5,彩版一九五 -2)。标本 M112：4,出土于该组陶器的东部。形制等情况基本同标本 M112：2,惟下腹无弦纹,豆柄以下部分缺失。素面。口径 13.6、残高 12.8 厘米(图二三九 -4)。

罍　1件。标本 M112：3,泥质灰陶。轮制,鸟、花瓣、三足手制。盖无子舌,斜坡状隆起,顶有鸟形纽,周缘有四个花瓣状插纽。器体为侈口,方唇,束颈,溜肩,肩部有四个花瓣形插纽,鼓腹,平底,下附三实心足。花瓣及鸟彩绘,图案均为红彩绘制的网格纹,花瓣点白点,鸟点黄点。出土时破碎,花瓣、鸟散落,修复完整。火候高,硬度大。口径 12.8、腹径 25.7、底径 15.0、通高 33.2 厘米(图二三九 -6 彩版一九五 -3)。

浅盘豆　1件。标本 M112：5,火候高,硬度大。泥质灰陶。轮制。形制为敞口,圆唇,弧壁。豆柄缺失。盘内壁有黄彩和白彩斑点痕迹,应有彩绘,但图案已不清晰。口径 12.4、残高 4.2 厘米(图二三九 -2)。

高足小壶　1件。标本 M112：6,泥质灰陶。仅剩喇叭状高圈足。素面。残高

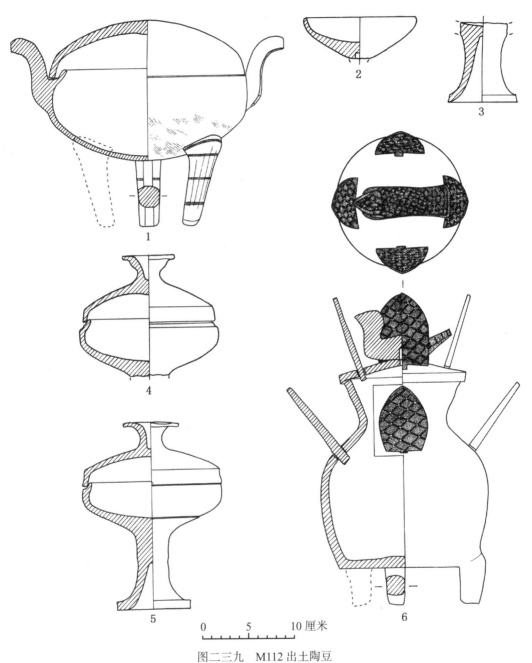

图二三九　M112 出土陶豆
1.鼎（M112：1）　2.浅盘豆（M112：5）　3.高足水壶（M112：6）
4.豆（M112：4）　5.豆（M112：2）　6.罍（M112：3）

8.4、足径 7.6 厘米（图二三九 –3）。

（五九）M113

1. 墓葬资料

位于墓地北端，引洪渠以北，西邻 M112，南邻 M110、M111。墓葬直接开口于耕

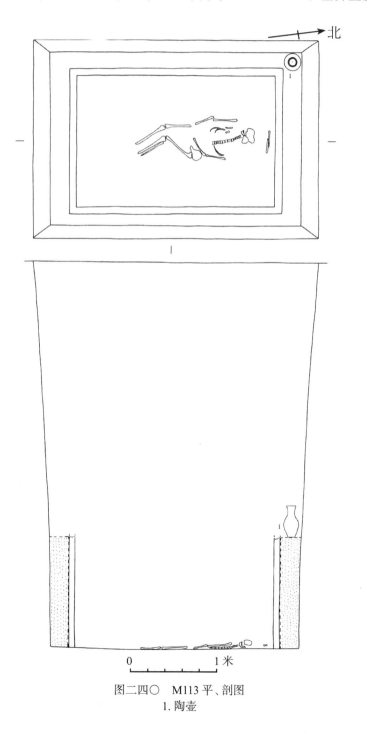

图二四〇　M113 平、剖图
1. 陶壶

扰层下，距离地表约 0.50 米。现存墓葬由墓室和二层台两部分组成。

　　墓室平面为长方形，凿建于生土层内。方向为南北向，5 度。墓壁斜直，口大底小。墓口南北长 3.40、东西宽 2.20、墓底南北长 2.90、东西宽 1.90、现存深度 4.40 米。墓口面积 7.48 平方米。墓室内填土为红灰褐色五花土，土质略松。墓底四周有熟土二层台，台高 1.26、东台宽 0.14、西台宽 0.18、南台宽 0.22、北台宽 0.22 米（图二四〇）。

　　葬具为一棺一椁，已腐朽，朽痕为灰白色。椁为长方形，板灰痕厚度为 0.10 米。椁室南北长 2.30、东西宽 1.50、现存高度 1.26 米。棺形制不明。

　　人骨保存较差，大部分已朽。从现状来看，墓主头向北，面向西，仰身曲肢，下肢向西蜷曲。

　　随葬品为 1 件陶壶，放置于墓室西北角二层台上。

　　2. 随葬品

　　1 件。

　　陶壶　1 件。属乙类 A 型。标本 M113：1，泥质灰陶。轮制。无盖。侈口，方唇，束颈，溜肩，鼓腹，下腹斜收，小平底微凹。肩及腹部有数周弦纹。器表施彩绘，颈上部用红彩绘制菱形网格纹，填以白点；颈、肩接合部用红、白彩绘制正三角勾雷纹，每

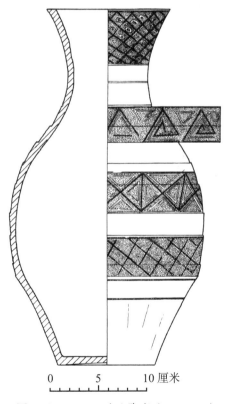

0　　　5　　　10 厘米

图二四一　M113 出土陶壶（M113：1）

两个三角形之间填以白色倒三角勾雷纹；肩、腹接合部绘制红色三角形网格纹，每个大三角形内填以白色小三角形；腹部绘制红彩网格纹。保存完好。火候高，硬度大。口径 12.8、腹径 20.4、底径 10.0、高 36.2 厘米（图二四一，彩版一九六 –1）。

（六〇）M114

1. 墓葬资料

位于墓地北端，引洪渠以北，西邻 M023。墓葬直接开口于耕扰层下，距离地表约 1.20 米。现存墓葬由墓室和二层台两部分组成。

墓室平面为长方形，凿建于生土层内。方向为南北向，15 度。墓壁斜直，口大底

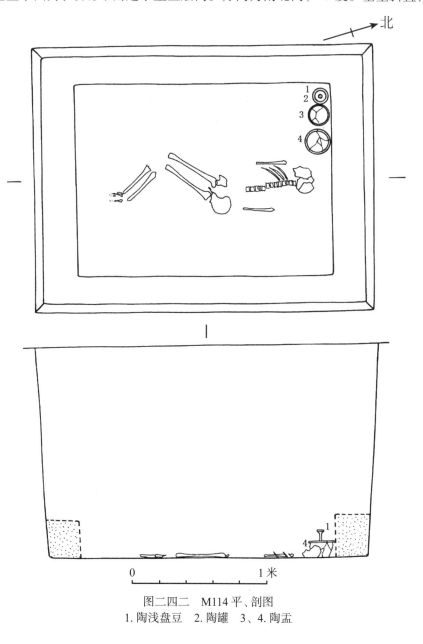

图二四二　M114 平、剖图
1. 陶浅盘豆　2. 陶罐　3、4. 陶盂

小。墓口南北长 2.58、东西宽 1.90、墓底南北长 2.40、东西宽 1.80、现存深度 1.55 米。墓口面积 4.90 平方米。墓室内填土为红灰褐色五花土。墓底四周有熟土二层台，台高 0.30、宽约 0.20 米（图二四二）。

葬具为一棺一椁，已腐朽，朽痕为灰白色。椁为长方形，板灰痕厚度不明。椁室南北长 1.90、东西宽 1.40、现存高度 0.30 米。棺形制不明。

人骨保存较差，大部分已朽。从现状来看，墓主头向北，面向西，仰身曲肢，下肢向西蜷曲。

随葬品出土于墓主头端西侧，应是放置于棺椁之间。最西侧放置陶罐，口内放置浅盘豆，陶罐东侧依次放置两件陶盂。

2. 随葬品

4 件。均为陶器，器形有浅盘豆、罐、盂（彩版一九六 -2）。

浅盘豆　1 件。属 A 型 IV 式。标本 M114：1，泥质灰陶。轮制。敞口，尖圆唇，壁外折内弧，矮豆柄中空，喇叭形足。出土时破裂，修复完整。火候高，硬度大，似为实用器。口径 13.2、足径 7.2、高 12.8 厘米（图二四三 -1，彩版一九七 -1）。

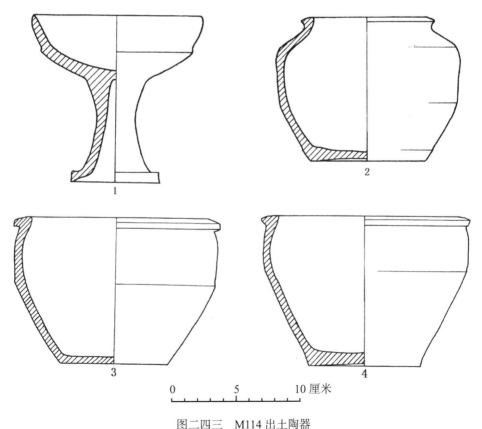

图二四三　M114 出土陶器
1. 浅盘豆（M114：1）　2. 罐（M114：2）　3. 盂（M114：4）　4. 盂（M114：3）

　　罐　1件。属 C 型。标本 M114：2，泥质灰陶。轮制。D 微敛，圆唇，折肩，弧腹，平底微凹。素面。出土时保存完好。火候高，硬度大，似为实用器。口径 10.4、肩径 14.4、底径 8.8、高 11.0 厘米（图二四三 -2，彩版一九七 -2）。

　　盂　2件。属Ⅲ式。标本 M114：3，泥质灰陶。轮制。微敛口，窄折沿，沿面微下垂，斜方唇，近弧腹，腹中部微显折线，平底微凹。腹中部有一周凹弦纹。口径 16.4、底径 8.6、高 11.4 厘米（图二四三 -4，彩版一九八 -1）。标本 M114：4，放置于该组陶器的最东部，其西为 M114：3 陶盂。火候高，硬度大，似为实用器。泥质灰陶。轮制。微敛口，窄折沿，沿面微下垂，斜方唇，近弧腹，腹中部微显折线，平底。腹中部有一周不太明显的凹弦纹。出土时破碎，修复完整。火候高，硬度大，似为实用器。口径 16.4、底径 8.7、高 11.2 厘米（图二四三 -3，彩版一九八 -2）。

　　（六一）M115

　　1. 墓葬资料

　　位于墓地北端，紧贴引洪渠北岸，西北邻 M109。墓葬直接开口于耕扰层下，距离

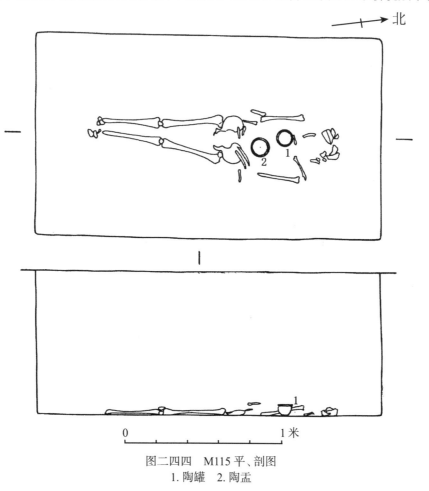

图二四四　M115 平、剖图
1. 陶罐　2. 陶盂

地表约 0.30 米。现存墓葬只有墓室。

墓室平面为长方形，凿建于生土层内。方向为南北向，5 度。墓壁较直，口底同大。南北长 2.20、东西宽 1.25、现存深度 0.90 米。面积 2.75 平方米。墓室内填土为红褐色五花土，质地略松（图二四四）。

葬具为一棺，形制不明。

人骨保存一般。墓主头向北，面向上，仰身直肢，双手放于腹部。

随葬品出土于墓主腹部、胸部，原始位置应是在棺上，棺木腐朽后，坠落于人骨上，陶罐在墓主胸部，陶盂在墓主腹部，出土时均口向上。

2. 随葬品

2 件。均为陶器，器形有罐、盂（彩版一九九 -1）。

罐　1 件。属 C 型。标本 M115：1，泥质灰陶。轮制。敛口，方圆唇，圆肩，微鼓腹，平底。素面。保存较好。火候高，硬度大，应为实用器。口径 12.0、肩径 14.0、底径 7.6、高 8.6 厘米（图二四五 -1，彩版一九九 -2）。

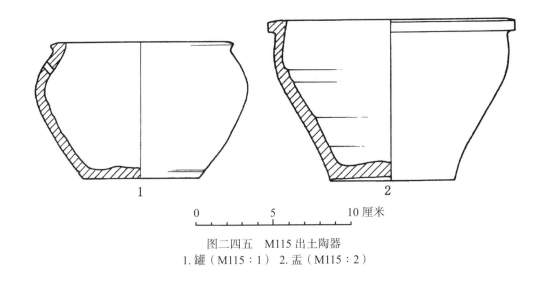

图二四五　M115 出土陶器
1. 罐（M115：1）　2. 盂（M115：2）

盂　1 件。属 Ⅳ 式。标本 115：2，泥质灰陶。轮制。微敛口，平折沿，沿面微下垂，方唇，弧腹，微显折线，平底微凹。素面。保存较好。火候高，硬度大，应为实用器。口径 16.0、底径 8.0、高 10.2 厘米（图二四五 -2，彩版一九九 -3）。

（六二）M017

墓葬资料

位于墓地中部偏西二级台地的东端，其南邻 M41，相距约 2.0 米。墓葬直接开口于耕扰层下，距离地表约 0.70 米。墓葬上部已被扰去，所以原始结构我们已无法得知。

现存墓葬只有墓室。

墓室为长方形土坑竖穴式，凿建于生土层内。方向为南北向，0度。墓壁规整，口底同大。南北长2.50、东西宽1.40、现存深度0.80米。面积3.50平方米。填土为黄褐色五花土。

未见葬具痕迹。

人骨保存较差，仅在墓室南端发现下肢骨，向东蜷曲，因此，墓主应头向南，曲肢葬。

未见随葬品。

（六三）M018

墓葬资料

位于墓地一级台地北端，引洪渠南岸，其东邻M62。墓葬直接开口于耕扰层下，距离地表约0.40米。墓葬上部已被扰去，所以原始结构我们已无法得知。现存墓葬只有窄小的墓室。

墓室为长方形土坑竖穴式，凿建于生土层内。方向为南北向，7度。墓壁规整，口底同大。南北长1.80、东西宽0.60、现存深度0.85米。面积1.08平方米。填土为浅黄褐色五花土。

无葬具。

人骨保存较好。墓主头向北，面向东，仰身曲肢，双手放于腹部，下肢向东蜷曲。

无随葬品。

（六四）M023

墓葬资料

位于墓地北端，引洪渠北岸，东邻M114。墓葬直接开口于耕扰层下，距离地表约0.70米。墓葬上部已被扰去，所以原始结构我们已无法得知。现存墓葬只有墓室。

墓室为长方形土坑竖穴式，凿建于生土层内。方向为南北向，0或180度。墓壁规整，口底同大。南北长3.10、东西宽1.80、现存深度0.60米。面积5.58平方米。填土为红褐色五花土。

葬具为一棺一椁，均已腐朽，形制不明。

未见人骨和随葬品。

三　随葬器物

在62座东周墓葬中，出土随葬品的墓葬有47座，共出土遗物215件。按质地来分主要有陶器、铜器、蚌器等。现分类介绍于下。

（一）陶器

出土于43座墓葬中，共182件。可分为日用陶器和仿铜陶礼器两类，其中有几座战国中晚期墓葬中出土的陶壶也应为日用陶器，为了体例的统一，放在仿铜陶礼器内介绍。另外，有几座墓葬出土的B型小泥鬲是一种象征性的冥器，但也应是仿日用陶器而来，因此放在日用陶器中分析。

1. 日用陶器

出土于22座墓葬中，共54件。器类有鬲、盂、浅盘豆、罐、釜、合碗、碗等。

（1）鬲

5件，出自5座墓葬。根据个体大小和器表装饰的不同可分两型。

A型：1件。绳纹鬲，个体较大。标本M81：5。

B型：4件。素面小泥鬲，个体较小。可分两式。

Ⅰ式：2件。敛口，三足尖稍高。标本M94：1、M96：4。

Ⅱ式：2件。口较上式更敛，肩上耸，足尖更矮。标本M76：1、M85：6。

（2）盂

11件，出自7座墓葬，其中M64、M85、M114各出2件，M81、M82、M94、M96、M115各出1件。另外，M72也出1件盂，但根据出土情况来看，它和1件碗组合在一起，在墓葬里起到了象征合碗的作用。因此放在合碗里介绍。

可分五式。

Ⅰ式：1件。宽仰折沿。标本M82：3。

Ⅱ式：5件，出自3座墓葬。宽折沿近平或垂。标本M81：2、M85：3、M85：4、M94：2、M96：1。

Ⅲ式：2件。窄折沿。标本M114：4、M114：3。

Ⅳ式：1件。标本M115：2。

Ⅴ式：2件。折沿更窄，几乎无下唇。标本M64：2、M64：1。

（3）浅盘豆

共18件，出自13座墓中，其中有2件仅剩豆柄，1件仅剩豆盘。根据豆盘壁的差异，可分两型。

A型：15件，出自12座墓葬中，其中有2件仅为残豆柄。豆盘为折壁。可分七式。

Ⅰ式：2件。近直口，尖唇，小喇叭形矮柄。标本M94：3、M96：3。

Ⅱ式：2件。口微敞，圆唇，矮柄，喇叭形座。标本M85：2、M96：5。

Ⅲ式：2件。敞口，尖圆唇，矮柄，大喇叭形座。标本M81：1、M81：4。

Ⅳ式：1件。敞口，尖圆唇，柄中部较细。标本M114：1。

Ⅴ式：2件。近直柄，小喇叭形座。标本 M99：1、M106：2。

Ⅵ式：1件。标本 M109：7。

Ⅶ式：3件。细直柄，小喇叭形座。标本 M71：2、M57：2、M57：3。

B 型：3件，出自 3 座墓，其中 1 件为残豆盘。可分两式。

Ⅰ式：1件。短柄，大喇叭形座。标本 M85：1。

Ⅱ式：1件。细高柄。标本 M72：3。

另有一件 M112：5，仅剩豆盘，未分式。

（4）罐

12 件，出自 12 座墓葬。可分三型。

A 型：2件。溜肩绳纹罐。可分两式。

Ⅰ式：1件。平底微凹。标本 M81：3。

Ⅱ式：1件。圜底。标本 M65：2。

B 型：8件。折肩罐。可分三亚型。

Ba 型：4件。折沿，肩靠上。可分三式。

Ⅰ式：1件。沿面较宽，口微敞。标本 M94：5。

Ⅱ式：1件。沿面变窄，口微敞。标本 M76：2。

Ⅲ式：2件。沿面更窄，近直口。标本 M101：4、M102：1。

Bb 型：2件。肩在器身中部。标本 M82：2、M96：2。

Bc 型：2件。口微侈，无沿。标本 M92：2、M93：1。

C 型：2件。敛口，溜肩。标本 M114：2、M115：1。

（5）合碗

5 套，出自 3 座墓葬，其中 M71、M72 各出两套，M74 出 1 套。可分两类。

甲类：两碗两扣。4 套。标本 M71：1、M71：4、M72：1、M74：1。

乙类：盂和碗相扣。1 套。标本 M72：4（原当做两件盂分别编号为 M72：4、M72：5）。

（6）碗

2 件。标本 M59：2、M74：3。

（7）釜

1 件。标本 M65：1。

2.仿铜陶礼器

出土于 27 座墓葬中，共 128 件。器类主要有鼎、豆、壶、盘、匜、盒、舟、罍、簋、杯、高足小壶及器盖等。

（1）鼎

24 件。出自 24 座墓葬中。根据耳、足等的差异，可分五型。

A 型：5 件。折耳鼎。可分三式。

Ⅰ式：1 件。折耳明显，双耳穿孔规整。标本 M82：1。

Ⅱ式：2 件。双耳穿孔呈倒 "U" 形。标本 M80：1、M97：4。

Ⅲ式：2 件。折耳不明显，双耳无穿孔。标本 M111：5、M112：1。

B 型：8 件。三足呈多棱体状。可分两亚型。

Ba 型：5 件。立耳，底外壁多有绳纹。可分四式。

Ⅰ式：1 件。双耳竖立。标本 M92：1。

Ⅱ式：1 件。三足更矮，双耳为泥条捏成，制作粗糙。标本 M61：4。

Ⅲ式：1 件。双耳外侈。标本 M41：2。

Ⅳ式：2 件。三足较上两式矮。标本 M60：4、M57：4。

Bb 型：3 件。双耳向外斜侈，器表无绳纹。标本 M88：2、M93：2、M101：3。

C 型：5 件。立耳，三空心足。可分三式。

Ⅰ式：2 件。足两端粗，中间细。标本 M108：4、M109：5。

Ⅱ式：2 件。足跟肿大。标本 M56：1、M58：3。

Ⅲ式：1 件。三足更高。标本 M73：1。

D 型：5 件。三兽蹄形足。可分两亚型。

Da 型：2 件。三足蹄形明显。标本 M54：2、M55：4。

Db 型：3 件。三足蹄形不明显。可分三式。

Ⅰ式：1 件。盖顶有三片状纽。标本 M69：4。

Ⅱ式：1 件。盖顶有三片状纽，鼎腹较上式浅。标本 M107：2。

Ⅲ式：1 件。盖顶无纽。标本 M78：1。

E 型：1 件。大立耳，兽形矮足。标本 M75：2。

（2）豆

24 件，出自 19 座墓葬，其中 M45 出土陶豆未修复，其余陶豆可分两型。

A 型：瘦体细柄豆。15 件，出自 12 座墓葬。根据柄、盖纽、子舌等的变化可分五式。

Ⅰ式：7 件。豆盘较浅，柄较高，盖顶握纽较大，弧壁。根据有无盖纽分两亚式。

Ⅰa 式：4 件。有喇叭形盖纽。标本 M88：5、M112：2、M69：1、M107：1。

Ⅰb 式：3 件。无盖纽。

标本 M93：3、M111：3、M111：6。

Ⅱ式：1 件。豆盘较Ⅰ式深，柄较Ⅰ式短。标本 M75：4。

Ⅲ式：5件。标本 M108：3、M108：5、M109：3、M109：4、M95：1。

Ⅳ式：1件。豆柄更短。标本 M61：5。

Ⅴ式：1件。无子舌。柄更短，呈小喇叭形。标本 M65：3。

B 型：8件。硕体大喇叭口状粗矮柄豆。分三式。

Ⅰ式：2件。柄稍高，豆盘稍浅。标本 M54：3、M55：2。

Ⅱ式：5件。豆盘较上式深，子舌较上式短。根据盖顶有无纽可分两亚式。

Ⅱa式：3件。盖顶有小喇叭形纽。标本 M57：7、M58：4、M58：5。

Ⅱb式：2件。盖顶圆突无纽。标本 M56：3、M56：4。

Ⅲ式：1件。豆盘更深，喇叭形圈足，盖顶尖圆。标本 M73：2。

（3）壶

30件，出自25座墓葬，其中 M58、M97、M108、M109、M11 各出2件。根据盖、口沿、纹饰等大致可分两类。

甲类：有盖壶。20件，根据有无子舌可分两型。

A 型：12件，出自11座墓葬。子舌盖壶，多素面。可分七式。

Ⅰ式：1件。壶较矮，大腹。标本 M69：2。

Ⅱ式：1件。颈较上式细。标本 M75：3。

Ⅲ式：3件。较上两式变细高。子舌较长，腹部最大径在腹中部，下有矮圈足。标本 M54：3、M55：3、M61：3。

Ⅳ式：4件。腹部最大径上移。标本 M41：1、M56：5、M58：6、M58：7。

Ⅴ式：2件。器表出现弦纹。最大腹径在肩部。标本 M57：1、M60：3。

Ⅵ式：1件。腹斜削。标本 M73：3。

B 型：8件，出自5座墓葬。无舌盖壶，多彩绘。可分三式。

Ⅰ式：3件。整体较矮，腹圆鼓，盖有花瓣和鸟。标本 M107：3、M111：2、M111：4。

Ⅱ式：4件。较上式瘦高。标本 M108：1、M108：2、M109：1、M109：2。

Ⅲ式：1件。较瘦高，腹斜削。标本 M78：3。

乙类：无盖壶。7件，根据口沿的不同可分三型。

A 型：束颈侈口壶。2件。标本 M88：3、M113：1。

B 型：齐口弦纹壶。3件，出自3座墓葬。可分两式。

Ⅰ式：1件。壶较高。标本 M64：3。

Ⅱ式：2件。壶较上式矮，耸肩。标本 M71：3、M72：2。

C 型：盘口壶。2件，出自2座墓葬。标本 M59：1、M74：2。

异形壶 3 件。标本 M97∶5、M97∶6、M112∶3。

（4）盘

16 件，出自 15 座墓葬。可分两型。

A 型：7 件。斜腹盘。可分四式。演变规律是盘腹越来越深。

Ⅰ式：1 件。较浅。标本 M82∶6。

Ⅱ式：2 件。标本 M85∶5、M93∶5。

Ⅲ式：2 件，标本 M88∶1、M106∶1。

Ⅳ式：1 件。标本 M97∶3。

Ⅴ式：1 件。标本 M56∶2。

B 型：8 件。折腹盘。可分五式。演变规律同 A 型。

Ⅰ式：2 件。较浅。标本 M80∶5、M101∶2。

Ⅱ式：1 件。标本 M69∶3。

Ⅲ式：1 件。标本 M75∶1。

Ⅳ式：2 件。标本 M54∶5、M55∶5。

Ⅴ式：2 件。标本 M57∶6、M60∶1。

异形盘：1 件。是用器盖修饰而成。标本 M58∶2。

（5）匜

15 件。根据形制的差异，可分四型。

A 型：2 件。兽形匜。分两式。

Ⅰ式：兽形明显。标本 M82∶4。

Ⅱ式：兽形不太明显，仅剩管状流。标本 M80∶4。

B 型：2 件。箕形匜。分两式。

Ⅰ式：1 件。流上扬。标本 M97∶1。

Ⅱ式：1 件。流下倾。标本 M101∶1。

C 型：3 件。宽流圆尾匜。分三式。

Ⅰ式：1 件。宽流。标本 M88∶4。

Ⅱ式：1 件。流较上式窄。标本 M93∶4。

Ⅲ式：1 件。流更窄，尾后有扳。标本 M69∶5。

D 型。7 件。可分五式。

Ⅰ式：1 件。腹相对较浅。标本 M85∶7。

Ⅱ式：1 件。腹稍深。标本 M75∶5。

Ⅲ式：2 件。腹更深。标本 M54∶4、M55∶1。

Ⅳ式：2件。标本 M57：5、M58：1。

Ⅴ式：1件。腹较深。标本 M60：5。

异形匜：1件。应是用盘、器盖等器形稍捏出流而成。标本 M56：6。

（6）舟

4件，出自4座墓葬。分两型。

A 型：1件。三足舟。标本 M80：3。

B 型：3件。无足舟。分三式。

Ⅰ式：1件。深腹，椭圆形口。标本 M82：5。

Ⅱ式：1件。腹较上式浅，圆口。标本 M97：2。

Ⅲ式：1件。更小，圆口。标本 M107：4。

（7）盒

4件，出自4座墓葬。分两型。

A 型：2件。大型盒，平底微内凹，盖有纽。标本 M60：2、M45：3。

B 型：2件。小型盒。标本 M78：2、M97：7。

（8）罍

1件。标本 M80：2。

（9）杯

2件。标本 M94：4、M111：1。

（10）簠

2件，出自2座墓葬。标本 M41：3、M80：5（未修复）。

（11）高足小壶

2件。标本 M54：6、M45：1。

（12）器盖

4件。出自3座墓葬。标本 M55：6、M101：6、M106：3、M106：4。

（二）铜器

出土于6座墓葬中，共30件。器类主要为带钩和桥形饰。

1.带钩

4件，出土于4座墓葬中。可分两型。

A 型：3件。器身细长。可分两式。

Ⅰ式：2件。呈枇杷形，标本 M44：1、M45：2。

Ⅱ式：1件。呈细长柱形。标本 M64：1。

B 型：1件。器身较短。标本 M63：1。

2. 桥形饰

26 件，出自 3 座墓葬。器形顶端凸起的圆拱形，在拱起的顶端中部有圆穿。根据形制的差异，可分两型。

A 型：22 件，其中有 14 件残，出自 M45、M61、M66。一面平，外侧边向另一面折起。素面。分两式。

Ⅰ式：16 件，10 件残，出自 3 座墓葬。两边内侧夹角为锐角。标本 M66：1、M61：2-2。

Ⅱ式：6 件，4 件残，出自 M45 和 M66。标本 M66：2-1、M45：3。

B 型：4 件，出自 M61、M66，其中 3 件残。拱起的外侧边向两面折起，截面呈"T"形。多有纹饰。标本 M61：2-1、M66：3、M66：4。

（三）蚌器

3 件，出自 3 座墓葬。器形有蚌刀和蚌壳。

1. 蚌刀

2 件。标本 M79：1、M101：5。

2. 蚌壳

1 件。标本 M109：6。

四　分期与年代

郑州地区东周墓葬发现较多，也出土有较多的器物，这为我们对这批东周墓葬出土器物进行比照提供了资料。下面我们结合郑州及其他地区东周墓葬出土的器物来分析对照小胡村墓地东周墓葬出土器物的年代，并进而分析墓葬的年代。

（一）主要器类分析

现根据第三部分器物型式的划分来分析比对主要器类的年代。为后面墓葬的分期和断代提供依据。

1. 日用陶器

（1）鬲

分 A、B 两型。A 型为夹细砂绳纹鬲，个体较大。B 型为小泥鬲，分两式。

A 型鬲是郑州地区出土的春秋晚期陶鬲的一种典型形制。与郑韩故城兴弘花园墓地出土的 Ab 型Ⅲ式鬲（M99：1）[①]、新郑县蔡庄东周墓葬出土的 A 型Ⅱ式鬲

---

① 河南省文物考古研究所：《郑韩故城兴弘花园与热电厂墓地》，文物出版社 2007 年，第 50 页文、图四六。

（M35：2）^①形制相近，兴弘花园墓地出土的 Ab 型Ⅲ式鬲和新郑县蔡庄东周墓葬出土的 A 型Ⅱ式鬲年代均定在春秋晚期，也和新郑郑国祭祀遗址出土的春秋晚期 B 型Ⅰ式鬲（T649H2030：3）^②形制相同。因此，A 型鬲的年代定在春秋晚期应无疑问。

B 型小泥鬲是一种象征性的冥器，在墓葬中起到凑成完整器物组合的作用。我们注意到随葬这种小泥鬲的四座墓葬，器物组合是以鬲为主题，又或缺或全的加上盂、浅盘豆、罐等器类。这种以鬲、盂、浅盘豆、罐为基本器形的组合方式在其他墓地也比较常见。从新郑郑韩故城兴弘花园和热电厂墓地、郑州碧沙岗墓地^③等器物组合情况来看，这种组合形式流行的时间区间为西周晚期至战国早期。因此，胡村墓地有这种器物的墓葬年代也不会超出这一时间区间，但这种小泥鬲又极度没落，应出现在这一时间区间的晚段，所以，我们大致把 B 型鬲的年代定在春秋晚期，其下限或已进入战国早期。

（2）盂

Ⅰ式盂为仰折沿，且折沿较宽，这些都是时代较早的特征。和禹县白沙 M127：5盂形制较为相近^④，也和郑韩故城兴弘花园墓地 M28：4 与 M2：3 陶盂相近，这两座墓的年代均定在春秋晚期^⑤。结合 AⅠ式盂同出的其他器物，我们把其年代定在春秋晚期。

Ⅲ式盂和郑韩故城兴弘花园与热电厂墓地出土的 Ab Ⅴ式盂（热电 M14：2）形制相近，年代也应相当，同为战国早期。

Ⅱ式盂处于 AⅠ式盂和 AⅢ式盂之间，年代超不出春秋晚期至战国早期。

Ⅴ式盂和新郑郑国祭祀遗址出土的战国晚期前段 A 型Ⅲ式及 E 型盂形制相近^⑥。因此，该式盂的年代应和其相近。

Ⅳ式盂处于 AⅢ式盂和 AⅤ式盂之间，年代可定在战国中期。

（3）浅盘豆

分 A、B 两型。A 型分七式；B 型分两式。

A 型Ⅰ式浅盘豆在郑州地区发现较少，其形制和新郑郑国祭祀遗址出土的春秋晚

① 河南省文物研究所新郑工作站：《新郑县蔡庄东周墓葬发掘简报》，《中原文物》1987 年第 4 期。
② 河南省文物考古研究所：《新郑郑国祭祀遗址》，大象出版社 2006 年，第 449 页文，第 450 页图三〇七。
③ 河南省文化局文物工作队第一队：《郑州碧沙岗发掘简报》，《文物参考资料》1956 年第 3 期。
④ 陈公柔：《河南禹县白沙的战国墓葬》，《考古学报》1954 年第 1 期。
⑤ 河南省文物考古研究所：《郑韩故城兴弘花园与热电厂墓地》，文物出版社 2007 年，第 68 页文、第 67 页图五八。
⑥ 河南省文物考古研究所：《新郑郑国祭祀遗址》，大象出版社 2006 年，第 545、546 页文，第 545 页图三七六。

期 A 型 Ⅱ 式陶豆（T648H2005：13）相同①。A 型 Ⅱ 式浅盘豆和新郑郑国祭祀遗址出土的春秋晚期 A 型 Ⅲ 式陶豆（T656H2109：37）相近②。A 型 Ⅰ 式和 A 型 Ⅱ 式虽然同为春秋晚期，但其形制又稍有差异，因此，我们把 A 型 Ⅰ 式定在春秋晚期晚段，把 A 型 Ⅱ 式的年代定在春秋战国之际。A 型 Ⅲ 式形制紧承上式，年代也应相近。

A 型 Ⅳ 式与 A 型 Ⅴ 式浅盘豆分别和郑韩故城兴弘花园与热电厂墓地出土的甲类 Ba 型 Ⅶ 式（兴弘 M143：1）陶豆与甲类 Ba 型 Ⅷ 式（兴弘 M30：1）形制相近③，年代可分别定在战国早期早段和战国早期晚段。

A 型 Ⅵ 式浅盘豆和郑韩故城兴弘花园与热电厂墓地出土的乙类 A 型（兴弘 M46：5）陶豆形制相近④，新郑郑国祭祀遗址中出土的战国早、中期遗存中也包含有和 A 型 Ⅵ 式形制相近的陶浅盘豆。因此，该式陶豆的流行年代应该在战国早期和中期。

A 型 Ⅶ 式浅盘豆为细高柄、浅盘，年代明显较晚。和新郑郑国祭祀遗址中出土的战国中期、晚期前段的陶浅盘豆形制相近，其流行的时间区间应该是战国中晚期。

（4）合碗

从郑州地区岗杜⑤和二里岗⑥两处战国墓地的器物出土情况来看，合碗主要出土于战国中晚期之际到战国晚期的墓葬中。胡村墓地甲类合碗的形制和岗杜及二里岗战国墓出土的合碗形制相近，墓葬器物组合也相同，因此，甲类合碗的年代区间应该在战国中晚期之际至战国晚期。

乙类合碗为盂和碗相扣。其中盂的形制和该墓地出土的 A Ⅳ 式盂相近，也和新郑郑国祭祀遗址出土的战国中期 B 型 Ⅱ 式陶盂（T654H2111：2）形制相近⑦。因此，其流行区间应在战国中晚期。

（5）碗

出土较少，共 2 件。其形制和新郑郑国祭祀遗址出土的战国晚期前段 B 型钵形制一致，年代也应相当。

---

① 河南省文物考古研究所：《新郑郑国祭祀遗址》，大象出版社 2006 年，第 452 页文，图三〇九。

② 河南省文物考古研究所：《新郑郑国祭祀遗址》，大象出版社 2006 年，第 452 页文，图三〇九。

③ 河南省文物考古研究所：《郑韩故城兴弘花园与热电厂墓地》，文物出版社 2007 年，第 61 页文、第 62 页图五三。

④ 河南省文物考古研究所：《郑韩故城兴弘花园与热电厂墓地》，文物出版社 2007 年，第 63、64 页文、第 64 页图五五。

⑤ 河南文物工作队第一队：《郑州岗杜附近古墓葬发掘简报》，《文物参考资料》1955 年第 10 期。

⑥ 河南省文化局文物工作队编著：《郑州二里岗》，科学出版社 1959 年，第 44~81 页。

⑦ 河南省文物考古研究所：《新郑郑国祭祀遗址》，大象出版社 2006 年，第 489 页文，第 490 页图三三九。

2.仿铜陶礼器

（1）鼎

分五型。A型分三式；B型分两亚型，其中Ba型分四式；C型分三式；D型分两亚型，其中Db型分三式；E型就1件，不分式。

A型鼎的仿铜性较强。器形特征为折耳。

A型Ⅰ式和A型Ⅱ式鼎的折耳明显。这一点和郑州碧沙岗M227、M224、M235出土的陶鼎风格一致，形制相近[①]，年代也应相当，为春秋晚期。从形制来看Ⅰ式鼎又比Ⅱ式鼎制作得较为规整，年代应该略早，因此我们把Ⅰ式鼎的年代定在春秋晚期晚段，Ⅱ式鼎的年代定在春秋战国之际。

Ⅲ式鼎的折耳不如前两式明显，双耳也无穿孔，这应是年代稍晚的特征，可以定在战国早期晚段。

Ba型Ⅰ式鼎的形制和郑州碧沙岗M157出土的陶鼎（M157：5）[②]、安阳后冈M25：6[③]陶鼎形制相近，时代也应相近，为春秋晚期至战国早期。

Ba型Ⅲ式鼎的形制与郑州市南阳路家世界购物广场M55：1陶鼎形制相近，但后者鼎足为兽蹄形，前者则刮削为多棱体状，年代应该晚于后者，发掘者将南阳路家世界购物广场战国墓地C型Ⅲ式陶鼎（M55：1）[④]的年代定在战国中期早段，因此，我们可以将Ba型Ⅲ式鼎的年代定在战国中期晚段。Ba型Ⅱ式鼎虽然鼎足、耳极其没落，但其顶盖尚有小纽，这是稍早的特征，其顶盖风格和南阳路家世界购物广场C型Ⅰ式陶鼎（M37：1）相似，年代应比Ba型Ⅲ式鼎稍早，可定在战国中期早段。Ba型Ⅳ式鼎和Ⅲ式鼎形制差别不大，年代也应在战国中期晚段，下限或可晚至战国中晚期之际。

Bb型鼎的形制和曲村M5185：9鼎[⑤]、辉县琉璃阁M138：7鼎[⑥]等同类器的风格相近，年代应为战国早期，上限可到春秋战国之际。

C型Ⅰ式鼎虽无盖纽，但有三个均匀分布的小插孔，应是用来安插盖纽用的，因此其时代和有盖纽的鼎相比略晚，但相距不远。就其形制来看，和郑州二里岗战国墓出土的Ⅰ式鼎（M215：2、M221：5、M397：2）相近[⑦]，其鼎足内空的风格也和河北

① 河南省文化局文物工作队第一队：《郑州碧沙岗发掘简报》，《文物参考资料》1956年第3期。

② 河南省文化局文物工作队第一队：《郑州碧沙岗发掘简报》，《文物参考资料》1956年第3期。

③ 中国科学院考古研究所安阳发掘队：《1971年安阳后冈发掘简报》，《考古》1972年第3期。

④ 郑州市文物考古研究所：《郑州市南阳路家世界购物广场战国墓葬发掘简报》，《华夏考古》2006年第2期。

⑤ 北京大学考古学系商周组等编著：《天马－曲村》（1980-1989），科学出版社，2000年，第966页。

⑥ 中国科学院考古研究所编著：《辉县发掘报告》，科学出版社1956年，第36页。

⑦ 河南省文化局文物工作队编：《郑州二里岗》，科学出版社1959年，第58页文，图版贰壹1、贰贰2、贰叁2，图叁贰1。

邢台东懂村 M65 出土的鼎相近[①]，年代可定在战国中期早段。

C 型 II 式鼎除鼎足内空外，形制和 B 型 IV 鼎相近，年代也应相当，为战国中期晚段，或可晚到战国中晚期之际。C 型 III 式鼎的年代应更晚，应在战国晚期。

Da 型鼎仿铜性较为明显。盖顶饰卧兽的铜鼎主要见于战国早中期。如年代为战国早期的太原金胜村 M251：559 铜鼎[②]，汲县山彪镇 M1：49 铜鼎[③]盖顶均饰有三个卧兽。鼎盖饰卧兽的风格在战国中期的楚文化铜鼎中也较为流行，如包山 M2：127 铜鼎[④]和江陵马山 M1 出土的铜鼎[⑤]鼎盖上均饰有三个均匀分布的卧牛。由此可见，盖顶饰卧兽是战国早中期铜鼎的一种常见装饰。小胡村墓地出土的 Da 型鼎盖顶饰有三个卧兽，应是仿自同时期的铜鼎，鼎的底部近平，也和战国中期楚国大平底鼎风格相近。其形制和山西闻喜县邱家庄战国早期墓 M1 出土的陶鼎（M1：13 陶鼎）相近[⑥]。也和洛阳烧沟 M551 出土的战国中期陶鼎（M551：4 陶鼎）相似[⑦]。与 Da 型鼎同墓所出的陶壶也和战国中期开始流行于中原和南方的铜壶形制相近。综合以上分析，我们把 Da 型鼎的年代定在战国中期早段。

Db 型 I、II 式鼎双耳外侈，盖有三片状纽。从中原地区已发掘的东周墓葬来看，盖顶饰三片状纽的装饰风格主要见于战国中期以前墓葬出土的陶鼎中，战国中期以后墓葬出土的陶鼎盖顶已少见纽饰[⑧]。郑州地区如郑州二里岗、郑州市南阳路家世界购物广场等东周墓地出土有片状纽装饰的陶鼎时代一般为战国早中期。由此，并结合 Db 型 I、II 式鼎所在墓葬出土的其他器物，我们把 Db 型 I、II 式鼎的年代定在战国早期。

Db 型 III 式鼎盖顶无纽饰，年代比前两式晚，所在墓葬的器物组合中，盒已取代豆。年代可定在战国中晚期之际或战国晚期早段。

（2）豆

分两型。A 型分五式。B 型分三式。

陶豆的演化规律较为明显。口部子舌由上出而变为向内斜出，且子舌变得越来越小以至消失。

---

① 河北省文化局文物工作队编印：《邢台战国墓发掘报告》，1959 年 6 月内刊本。

② 山西省考古研究所太原市文物管理委员会：《太原金胜村 251 号春秋大墓及车马坑发掘简报》，《文物》1989 年第 9 期。

③ 郭宝钧：《山彪镇与琉璃阁》，科学出版社 1959 年，第　　页。

④《包山楚墓》，文物出版社 1991 年，第 101 页，图版九，彩版五。

⑤ 湖北省荆沙铁路考古队：《江陵马山一号楚墓》，文物出版社 1985 年，第 72 页。

⑥ 山西运城行署文化局、运城地区博物馆：《山西闻喜邱家庄战国墓发掘简报》，《考古与文物》1983 年第 1 期。

⑦ 王仲殊：《洛阳烧沟附近的战国墓葬》，《考古学报》1954 年，第 2 期。

⑧ 可参见河南郑州、安阳、洛阳，山西侯马及河北邯郸、邢台等地发掘的东周墓葬资料；综合性的研究报告可参见张辛著《中原地区东周陶器墓葬研究》，科学出版社 2002 年。

　　A 型Ⅰa 式豆和禹县白沙墓地 M128 出土的陶豆（M128∶3 陶豆）形制相近 [1]，而豆柄稍矮，年代应略晚。有学者将禹县白沙墓地 M128∶3 陶豆的年代定在春秋晚期 [2]，因此，我们可以将 A 型Ⅰa 式豆的年代定在战国早期早段，部分陶豆或可早到春秋战国之际。A 型Ⅰb 式陶豆和 A 型Ⅰa 式陶豆形制一致，惟盖顶无喇叭形纽，年代也应相当。

　　A 型Ⅲ式陶豆和 C 型Ⅰ式陶鼎共出，年代也应一致，为战国中期早段。

　　A 型Ⅱ式陶豆介于 A 型Ⅰ式和 A 型Ⅲ式陶豆之间，年代可定在战国早期晚段。

　　从口部子舌等特征来看，A 型Ⅳ、Ⅴ式陶豆比 A 型Ⅲ式陶豆年代要晚，它们的年代可向后顺延，分别定在战国中期晚段和战国中晚期。

　　B 型Ⅰ式豆和郑州二里岗 M215、M407 出土的陶豆（M215∶1、M407∶2）形制相近，且与 Da 型陶鼎同墓共出，年代可定为战国早期晚段，或可晚至战国中期早段。

　　B 型Ⅲ式豆豆柄变得极矮，几近消失，其形制已接近 A 型盒，因此年代不会太早，可定在战国中晚期之际以至战国晚期。

　　B 型Ⅱ式豆介于 B 型Ⅰ式豆和 B 型Ⅲ式豆之间，年代可定在战国中期晚段。

　　（3）壶

　　陶壶的演化规律是下腹越来越瘦削，相应的肩越来越耸。

　　陶壶分两类。甲类为有盖壶，分两型。乙类为无盖壶，分三型。

　　甲类 A 型Ⅰ式陶壶和 Db 型Ⅱ式鼎、A 型Ⅰa 式豆同墓共出，年代也可定在战国早期。

　　甲类 A 型Ⅲ式陶壶中有的盖饰三 "S" 形插纽，肩有铺手衔环，底有矮圈足，明显是仿自战国中、晚期在中原以至更广的范围内流行的铜壶形制，因此其年代早不到战国早期。我们将其定在战国中期早段。

　　处于 A 型Ⅰ式和 A 型Ⅲ式之间的甲类 A 型Ⅱ式陶壶和郑州市南阳路家世界购物广场 M26∶3 陶壶形制相近（发掘者将其年代定在战国早期晚段）。所以甲类 A 型Ⅱ式陶壶的年代可定在战国早期晚段。

　　甲类 A 型Ⅵ式陶壶多为实用器。其形制和新郑郑国祭祀遗址出土的战国中期和战国晚期早段的同类器相近似 [3]，具有从中期向晚期过渡的特征，因此我们可以将其年代定在战国中晚期之际，或晚至战国晚期。

[1] 陈公柔：《河南禹县白沙的战国墓葬》插图 4，1，《考古学报》1954 年，第 1 期。

[2] 见张辛：《中原地区东周陶器墓葬研究》，科学出版社 2002 年，第 21 页图八，6，第 91 页文。

[3] 河南省文物考古研究所：《新郑郑国祭祀遗址》，大象出版社 2006 年，第 495、555 文，第 496 页图三四三，1，第 556 页图三八四，2，第 557 页图三八五，1。

甲类 A 型Ⅳ、Ⅴ式陶壶处于 A 型Ⅲ式和 A 型Ⅵ式陶壶之间，年代可定在战国中期晚段。

甲类 B 型 I 式陶壶及 M112：3 陶壶盖顶有花瓣及鸟形插纽，是仿铜壶而作。通过检阅中原地区东周铜器墓资料我们可以看出，莲瓣盖鸟形纽铜壶主要流行于春秋中晚期，战国早期只在汲县山彪镇 M1 中出土两件，战国中期以后不见。甲类 B 型 I 式陶壶及 M112：3 陶壶是莲瓣盖铜壶的遗制，时代应相距不远，不会晚于战国早期。因此我们将其年代定在战国早期。

甲类 B 型Ⅲ式陶壶和陶盒共出，年代不会太早，但其彩绘仍比较发达，可定在战国中晚期之际或战国晚期早段。

甲类 B 型Ⅱ式陶壶处于 B 型 I 式和 B 型Ⅲ式之间，年代应超不出战国中期，结合其与 A 型Ⅲ式陶豆和 C 型 I 式陶鼎共出的情况，可将其年代定在战国中期早段。

乙类 A 型陶壶形制为束颈侈口。是一种年代较早的形制，可定在战国早期。乙类 B、C 型陶壶均为实用器，在新郑郑国祭祀遗址出土的战国中、晚期陶壶中，多能见到同类器。郑州市南阳路家世界购物广场战国墓地中也出有较多的同类器（发掘者把这类壶的年代定在战国晚期晚段）。通过对郑州地区出土的这类陶壶资料的分析，我们可以看出，B、C 型陶壶的年代略有差别，B 型壶出现于战国中期，年代略早于 C 型壶，但两型壶在战国中晚期之际和战国晚期又共存了较长时间。B 型Ⅱ式壶和合碗共出，年代可定在战国晚期早段，B 型 I 式壶年代比其稍早，可定在战国中晚期之际。C 型壶的肩部上耸明显，其形制已和秦汉之际的某些器物接近，年代可定在战国晚期晚段。

（4）盘

陶盘的型式演变不太明晰，似乎有越来越深的趋势。可根据其共出的器物来确定其年代。

（5）匜

分四型。A、B 型各分两式。C 型分三式。D 型分五式。

A 型 I 式陶匜和郑韩故城兴弘花园墓地 M35 出土的陶匜（M35：4）形制相近[①]，而兽的造型不如后者明显，应稍晚于后者。郑韩故城兴弘花园墓地 M35 的年代发掘者定在春秋晚期，我们可以将 A 型 I 式陶匜的年代定在春秋晚期晚段。A 型Ⅱ式陶匜已无三足，年代比上式晚，但流部仍封口，应比郑韩故城兴弘花园墓地 M19 出土的陶匜

---

① 河南省文物考古研究所：《郑韩故城兴弘花园与热电厂墓地》，文物出版社 2007 年，第 93 页文、第 95 页图八〇。

（M19：4）年代稍早[1]，后者的年代发掘者定在战国早期早段，所以我们可以把 A 型 II 式陶匜的年代定在春秋战国之际。

B 型陶匜应是从 A 型陶匜发展而来，形制已完全脱离兽形而成箕形，禹县白沙墓地 M141：4 陶匜[2]应是这一演变的过渡形态。禹县白沙墓地 M141 的器物组合形式属于其文中四种组合形式的第三种形式，作者认为四种组合形式是从春秋末叶延续到战国早期的，那么墓葬的年代约为春秋末期至战国早期。所以我们基本可以把从白沙墓地 M141：4 陶匜演变而来的 B 型陶匜的年代定在战国早期。

C 型陶匜所仿自的母型铜匜为瓢形匜，最早见于春秋中晚期的新郑李家楼大墓[3]和尉氏河东周村墓[4]。同类型的铜匜最流行于战国时期。C 型陶匜流较宽，腹较浅。在战国陶匜中，时代特征较早。和 A 型 I a 或 I b 式陶豆共出，因此我们初步将 C 型陶匜的年代定在战国早期早段，其中 C 型 I 式或可早到春秋战国之际。

D 型陶匜在战国随葬陶器的墓葬中较为常见。演化规律较为清楚，腹由浅而稍深，流由稍突出而变得尖小不明显。D 型 I 式陶匜形制和郑州二里岗 M202：5 陶匜相近，年代为战国早期。D 型 IV 式陶匜形制和郑州岗杜 M206：6 陶匜、郑州市南阳路家世界购物广场 M25：4 陶匜近似，年代可定在战国中期晚段，个别或可晚至战国中晚期之际。D 型 II、III 式陶匜处于 D 型 I 式和 D 型 IV 式陶匜之间，年代也应为战国早期至中期晚段之间。D 型 V 式陶匜处于 D 型 IV 式陶匜之后，年代为战国中晚期之际或可晚到战国晚期早段。

（6）罍

M80：2 陶罍和禹县白沙 M153：1 陶罍相近，从形制上来看，比新郑唐户墓地出土的 M30：2 陶罍要早，年代可定在春秋晚期晚段，或可晚至春秋战国之际。

该墓地出土的其他陶器，数量较少，且多与以上分析的器形同墓共出，可参照共出器物来确定其年代，所以不再对其做详细的年代分析。

3. 铜器分析。

（1）带钩

A 型铜带钩和郑州二里岗出土的 V－IX 式铜带钩形制一致[5]。二里岗的这类铜带钩多伴随其墓地第三类器物陶器组合出土，年代不会太早，多属于战国晚期，有些或

① 河南省文物考古研究所：《郑韩故城兴弘花园与热电厂墓地》，文物出版社 2007 年，第 94 页文、第 95 页图八〇。

② 陈公柔：《河南禹县白沙的战国墓葬》插图 8，《考古学报》1954 年，第 1 期。

③ 孙海波：《新郑彝器》，河南通志馆 1937 年。

④ 陈立信：《尉氏出土一批春秋时期青铜器》，《中原文物》1982 年第 4 期。

⑤ 河南省文化局文物工作队编：《郑州二里岗》，科学出版社 1959 年，第 66 页文，图版贰陆。

可早到战国中期。该墓地出土的 A 型带钩年代应和其相当。

B 型带钩和二里岗战国墓地出土的 II 式带钩形制一致①。在二里岗墓地中多和第一、二类 陶器组合共出，说明其年代稍早，主要流行于战国早、中期。另外，在新郑郑国祭祀遗址战国晚期墓葬中也出有该形制带钩②，说明在战国晚期也存在这类铜带钩。

（2）铜桥形饰

A、B 型铜桥形饰和新郑战国铸造遗址出土的战国晚期同类器范形制一致③；这两类器物在郑州二里岗战国墓中也出土较多④，报告编写者并认为"出现和鼎盛时期应在战国时代的中期和晚期"⑤。

（二）器物组合分析

在 62 座东周墓葬中，出土陶器的墓葬有 43 座。其中有 5 座墓葬由于被盗扰破坏，原始的陶器组合已经不清楚，这 5 座墓葬出土器物的具体情况为：

M45：豆、盒、簋

M59：壶、碗

M74：壶、合碗（残）、碗

M101：鼎、浅盘豆（残）、罐、盘、匜（破坏）

M106：浅盘豆、盘、器盖

另外 38 座墓葬，有的虽然被盗扰，但是由于陶器均放置在头龛内，未被扰动，器物组合完整。共有 27 种组合形式，具体情况如下：

1. M81：鬲、盂、浅盘豆2、罐

　 M96：鬲、盂、浅盘豆2、罐

2. M85：鬲、盂2、盘、匜、浅盘豆2

3. M94：鬲、盂、浅盘豆、杯、罐

4. M76：鬲、罐

5. M114：盂2、浅盘豆、罐

6. M115：盂、罐

① 河南省文化局文物工作队编：《郑州二里岗》，科学出版社 1959 年，第 66 页文，图版贰陆。
② 河南省文物考古研究所：《新郑郑国祭祀遗址》，大象出版社 2006 年，第 869 页文，第 870 页图五九一。
③ 河南省文物考古研究所：《新郑郑国祭祀遗址》，大象出版社 2006 年，第 782-784、833-836 页文，第 783 页图五二七、784 页图五二八、834 页图五六六、835 页图五六七。
④ 河南省文化局文物工作队编：《郑州二里岗》，科学出版社 1959 年，第 70、71 页文，图版贰柒。
⑤ 河南省文化局文物工作队编：《郑州二里岗》，科学出版社 1959 年，第 80 页文，图版贰陆。

7. M99：浅盘豆

8. M102：罐

9. M64：盂 2、壶

10. M65：釜、豆、罐

11. M92：鼎、罐

12. M71：合碗 2、壶、浅盘豆

　　M72：合碗 2、壶、浅盘豆

13. M80：鼎、罍、盘、匜、舟

14. M82：鼎、盂、罐、盘、匜、舟

15. M54：鼎、豆、壶、盘、匜、高足小壶

　　M55：鼎、豆、壶、盘、匜、器盖（高足小壶之盖）

16. M58：鼎、豆 2、壶 2、盘、匜

　　M56：鼎、豆 2、壶、盘、匜

　　M69：鼎、豆、壶、盘、匜

　　M75：鼎、豆、壶、盘、匜

　　M88：鼎、豆、壶、盘、匜

　　M93：鼎、豆、壶、盘、匜

17. M107：鼎、豆、壶、舟

18. M111：鼎、豆 2、壶 2、杯

19. M61：鼎、豆、壶

　　M73：鼎、豆、壶

　　M108：鼎、豆 2、壶 2

20. M95：豆

21. M113：壶

22. M97：鼎、盒、壶、盘、匜、舟

23. M60：鼎、盒、壶、盘、匜

24. M78：鼎、盒、壶

25. M41：鼎、簠、壶

26. M57：鼎、豆、壶、盘、匜、浅盘豆 2

27. M109：鼎、豆 2、壶 2、浅盘豆

　　M112：鼎、豆 2、壶、浅盘豆

以上 27 种组合形式又大致可划分为三大类组合。

　　第一类组合：日用陶器组合。包括第 1-12 种组合形式，共 14 座墓葬。可以分为三组。

　　第一组：以鬲为主体的组合。包括第 1-4 种组合形式，共 5 座墓葬。组合中多是鬲、盂、浅盘豆、罐俱全，也有缺少盂、浅盘豆、罐中的一种或几种的，但鬲是必不可少的器形。

　　第二组：以盂、罐、浅盘豆中的一种或几种配以其他器形。包括第 5-11 共 7 种组合形式，共 7 座墓葬。

　　第三组：组合中含有合碗。只有第 12 种组合形式。另外被破坏的 M59、M74 的器物组合形式也可以归入这一组。

　　第二类组合：仿铜陶礼器组合。包括第 13-25 种组合形式，共 21 座墓葬。可以分为三组。

　　第一组：包括第 13、14 两种组合形式，共 2 座墓葬。

　　第二组：以鼎、豆、壶为基本器类。一般鼎、豆、壶俱全，只有 M95 和 M113 分别只随葬 1 件豆和 1 件壶。包括第 15-21 种组合形式，共 15 座墓葬。

　　第三组：组合中有盒或簋。包括第 22-25 种组合形式，共 4 座墓葬。另外，被破坏的 M45 也可归入这一组。

　　第三类组合：仿铜陶礼器 + 日用陶器组合。包括第 26、27 两种组合形式，共 3 座墓葬。日用陶器均为浅盘豆。破坏较严重的 M106 也可归入这一组。

　　埋葬习俗一旦形成就具有一定的稳定性。器物组合是埋葬习俗的一个方面，受埋葬习俗的制约，也具有稳定性，不是当时人们的随意行为。器物组合形式的差异主要是由两个因素引起的，一是文化的差异，二是时代的差异。在以上所列的三类七组组合中，每类、组器物组合形式的不同，应该也包含了这两方面的差异。

　　从郑州二里岗、岗杜、碧沙岗、禹县白沙等东周墓地的资料来看，鬲、盂、浅盘豆、罐为基本器类的组合形式，即本文第一类第一组的组合形式是春秋时代在中原以致更广的范围内流行的一种器物组合形式，时代要相对早于其他各类组的器物组合形式。第一类第二组的组合形式情况较为复杂，和第一类第一组相比，不见陶鬲，盂、浅盘豆、罐等器形也不一定齐备，而是盂、浅盘豆、罐中的一种或几种器类和其他器物相配，这反映的是一种文化习俗在受到它种文化的冲击后还固执地保留原来用实用器随葬的传统，但随葬器物却随着时代的变化、随着当时人们生活用具的变化而发生改变。第一类第二组的时代延续较长，从春秋晚期直到战国晚期。合碗出现的时代较晚，大约从战国中晚期之际才开始出现，因此第一类第三组的时代比其他类、组相对较晚，大约在战国中晚期之际至战国晚期。第二类第一组器物组合中没有陶壶，时代要比含有陶壶的组合相对稍早，其组合中的器类主要见于新郑唐户（M30）[1]、李家村（M1）[2]、禹县白沙（M131、M153、M165 等）[3] 等春秋晚期的墓葬中，在郑州碧沙岗也发现有随葬同类组合的墓葬（M224）[4]。第二类第二组以鼎、豆、壶为主要器类的组合是战国时代陶器墓最为流行的器物组合形式，在其流行的偏早阶段，一般都配以盘、匜，而后随着时代的变化，在其偏晚阶段器物种类逐渐变得不完备，最后盒或簋取代了陶豆出现在组合中，组合形式也演变成了第二类第三组。

以上根据以往发掘的墓葬资料所分析的器物组合的时代早晚关系并不是绝对的。埋葬习俗的变革，器物组合的变化是一个渐变的过程，两个不同的组合形式在衔接时是有交错的。也就是说在出现了相对较晚的器物组合形式时，年代相对较早的器物组合形式依然还会存在。同时，同一组器物组合形式在小的时间段内也会有早晚的区别。

（三）墓葬分期与年代

在 62 座东周墓葬中，能够分期的墓葬有 43 座。根据墓葬形制、陶器器类分析及陶器组合分析，我们认为，这 43 座东周墓葬可分为四期八段。

第一期：包括一、二段。

一段 日用陶器器类主要有 B I 式鬲、A I 式盂、A I 式浅盘豆、Ba I 和 Bb I 式罐等；仿铜陶器器类主要有 A I 式鼎、A I 式盘、A I 式匜、B I 式舟等。器物组合有鼎、盂、罐、盘、匜、舟，鬲、盂、浅盘豆、罐等。共 3 座墓葬，为 M82、M94、M96。年代可定为春秋晚期晚段。

二段 日用陶器器类主要有 A 型和 B 型 II 式鬲，II 式盂，A 型 II、III 式浅盘豆，B 型 I 式浅盘豆，A 型 I 式和 Ba II 式罐等，仿铜陶礼器主要有 A II 式鼎、B I 式盘、A II 式和 D I 式匜、A I 式舟、罍等。器物组合主要有鼎、罍、盘、匜、舟，鬲、盂、浅盘豆、罐，鬲、盂、浅盘豆、盘、匜，鬲、罐等。共 4 座墓葬，为 M76、M80、M81、M85。年代可定为春秋战国之际。

第二期：包括三、四段。

三段 该阶段日用陶器数量和器类明显减少，而仿铜陶器渐多。日用陶器器类主要有延续上式的 Ba III 式罐，Bc 型罐；仿铜陶礼器新出现的器形比较多，除 A 型 II 式鼎和上一阶段无变化外，新出现的器类主要有 Ba I、Db I 式和 Bb 型鼎，A I 式豆，甲类 A I 式壶，B、C 型匜，B I 式盒，B II 式舟等。器物组合形式比较多样，主要

[1] 开封地区文管会等：《河南省新郑县唐户两周墓葬发掘简报》，《文物资料丛刊》1978 年（二）。
[2] 河南省文物研究所新郑工作站：《河南新郑县李家村发现春秋墓》，《考古》1983 年第 8 期。
[3] 陈公柔：《河南禹县白沙的战国墓葬》，《考古学报》1954 年，第 1 期。
[4] 河南省文化局文物工作队第一队：《郑州碧沙岗发掘简报》，《文物参考资料》1956 年第 3 期。

有鼎、豆、壶、盘、匜，鼎、豆、罐、盘、匜，鼎、罐，鼎、盒、壶、盘、匜、舟等。共 7 座墓葬，为 M69、M88、M92、M93、M97、M101、M102。年代可定为战国早期早段。

四段　这一阶段日用陶器墓葬只有一座 M114，陶器器类主要有Ⅲ式盂、A Ⅳ式浅盘豆、C Ⅰ式罐等；随葬仿铜陶礼器的墓葬数量大为增加，且随葬的仿铜陶礼器多带有精美的彩绘图案，器类主要有 A Ⅲ式鼎，Db Ⅱ式鼎，A 型 Ⅰ、Ⅱ式豆，甲类 A Ⅱ式壶等。器物组合主要有盂、浅盘豆、罐，鼎、豆、壶、盘、匜，鼎、豆、壶、浅盘豆，鼎、豆、壶、杯等。共 6 座墓葬，为 M75、M107、M111、M112、M113、M114。年代为战国早期晚段。

第三期：包括五、六段。

五段　日用陶器器类主要有Ⅳ式盂、A 型 Ⅴ式浅盘豆、C Ⅱ式罐等；这一阶段仿铜陶礼器彩绘仍较发达，主要器类有 Ba Ⅱ式鼎，C Ⅰ式和 Da 型鼎，A Ⅱ、Ⅲ式豆，B Ⅰ式豆，甲类 A 型 Ⅲ式和 B Ⅰ壶，A Ⅳ盘，D Ⅲ式匜等。器物组合主要有盂、罐，鼎、豆、壶、盘、匜，鼎、豆、壶等。共 9 座墓葬，为 M54、M55、M61、M95、M99、M106、M108、M109、M115。年代可定为战国中期早段。

六段　未见有日用陶器。仿铜陶礼器已基本不见彩绘。器类主要有 Ba Ⅲ式鼎，B Ⅱ式豆、甲类 A Ⅳ式壶、A Ⅴ式盘、D Ⅳ式匜等。器物组合主要有鼎、豆、壶、盘、匜，鼎、簋、壶等。共 3 座墓葬，为 M41、M56、M58。年代可定为战国中期晚段。

第四期：包括七、八段。

七段　这一阶段的许多仿铜陶礼器和上一段基本无差别，如 Ba Ⅳ式鼎、B Ⅱ式豆等和上一阶段的同类器基本无二致，变化最大的是陶壶，如甲类 A Ⅴ式陶壶肩部上耸明显，且带有弦纹。器物组合主要为盂、壶，鼎、豆、壶、盘、匜、浅盘豆，鼎、盒、壶、盘、匜等。共 3 座墓葬，为 M57、M60、M64。年代可定为战国中晚期之际。这一阶段的墓葬也和上一阶段联系紧密，如 M57、M60 分别和上一阶段的 M56、M58 相并列，且相距很近，很可能就是夫妻并穴合葬墓，因此年代不会相差很大。我们把它们划开主要是依据陶壶的变化。

八段　器类主要有合碗，碗，C 型和 Db Ⅲ式鼎，B Ⅲ式豆，甲类 B Ⅲ式、乙类 B Ⅱ式和 C 型壶，A Ⅱ式盒等。陶器组合主要有合碗、壶、浅盘豆，鼎、豆、壶，鼎、盒、壶等。共 8 座墓葬，为 M45、M65 、M59、M71、M72、M73、M74 、M78。年代可定为战国晚期。

另外，出土铜带钩和铜璜的墓葬，除 M45、M61、M64 伴出有陶器，已分别归入第四期八段、第三期五段和第四期七段外，尚有 M45、M63、M66 因其无伴出陶器而无法对其进行准确的年代划分。但根据第三章第四节（一）3 铜器年代分析可以看出，这三座墓葬的年代范围超不出战国中晚期。

五　墓葬组别的划分与文化因素分析

根据器物组合形式的分析，并结合墓葬形制的差异及器物型式的划分，我们可以把出土陶器的 43 座东周墓分为三组。

甲组：器物组合为第一类组合，即日用陶器组合，包括第 1-12 种组合形式。早期[①]基本组合为鬲、盂、浅盘豆、罐或盂、浅盘豆、罐中的一种或几种配以其他器物，主要包括第 1-9 种组合形式。晚期基本组合为合碗、壶、浅盘豆或盂、壶或釜、豆、罐，包括第 10-12 种组合形式。早期器物种类主要有 A、B 型鬲，盂，浅盘豆，A 型和 B 型 I 式罐，Ba I 式鼎，A II 式盘，D I 式匜等。晚期器物种类主要有 IV 式盂，合碗，乙类 B、C 型壶，釜，A V 式豆，B 型 II 式罐等。墓葬形制均为长方形土坑竖穴式，深度均不超过 2 米；早期多口底同大，有个别口大底小者（M114），但口底尺寸差别不大，多不带头龛（仅一座 M81 有头龛），晚期口大底小的墓葬增多，但口底尺寸差别也不大，多带有头龛（仅 M64 无头龛）。头向多朝北，方向在 350-360 度和 0-15 度之间，朝东的仅一座 M71。一般有木棺，有的也使用木椁。早期葬式多为仰身直肢，仰身屈肢的仅两座（M85、M114），下肢向右蜷曲，晚期能辨明葬式的均为屈肢，下肢向左蜷曲。早期随葬品一般放置于棺椁之间、头端椁外等，晚期随葬品除无头龛的墓葬是放置于脚端填土中外，其余墓葬均放置于头龛内。早期墓葬均分布在墓葬区的北部，分布较为稀疏，晚期墓葬位于墓葬区的南部偏东。早期墓葬包括 M76、M81、M85、M92、M94、M96、M99、M102、M114、M115 等，共 10 座。晚期墓葬包括 M59、M64、M65、M71、M72、M74 等，共 6 座。年代从春秋晚期延至战国晚期。

乙组：器物组合为第二类第一组，即第一组仿铜陶礼器组合，包括第 13、14 两种组合形式。器类主要有 A 型 I、II 式鼎，A I 式和 B I 式盘，A 型匜，A 型和 B I 式舟，B I 式罐，I 式盂，罍等。墓葬为土坑竖穴式，较浅，口底差别不大。墓主头向朝北，均为仰身直肢。该组墓葬分布在墓葬区的北部，和甲组墓葬相距较近。墓葬数量较少，仅 M80、M82 两座。年代为春秋晚期晚段和春秋战国之际。

丙组：器物组合为第二类第二、三组，即第二、三组仿铜陶礼器组合，包括第 15-25 种组合形式。早期常见的基本组合为鼎、豆、壶、盘、匜或鼎、豆、壶，也见有鼎、罐、壶、盘、匜和鼎、盒、壶、盘、匜、舟组合。晚期的组合有鼎、盒、壶、盘、匜，鼎、盒或簋、壶，也见有鼎、豆、壶、盘、匜及鼎、豆、壶组合。根据不同器类、不同型式器物

---

①这里所说的早期和晚期是为了行文的方便，早期是指本文所划分的第三期 5 段以前，晚期是指第三期 6 段以后。

的组合方式及墓葬形制、葬式的差别，本组又大致可分为三个小的支组。

丙 a 支组：组合形式有鼎、豆、壶、盘、匜（M88），鼎、豆、罐、盘、匜（M93），鼎、浅盘豆、罐、盘、匜（M101），鼎、盒、壶、盘、匜、舟（M97）。器类主要有 A Ⅱ 式鼎和 Bb 型鼎，A 型 Ⅰ 式豆，乙类 A 型壶，A 型 Ⅱ、Ⅲ、Ⅳ 式盘，B 型和 C 型 Ⅰ、Ⅱ 式匜等。随葬陶器多为素面，无彩绘，只有 M97 陶器绘有红彩，颜色单一。墓葬形制均为长方形土坑竖穴式，深度一般不超过 2 米，墓口和墓底大小差别不大，均不带头龛。能辨明的葬式有仰身直肢和仰身屈肢，仰身屈肢的下肢向左蜷曲（M97）。墓主头向北。随葬品一般放置于棺椁之间、棺或椁上、墓主身下等位置。墓葬均位于墓葬区的北部，分布稀疏，和甲、乙组墓葬相距较近。属于本支组的墓葬有 M88、M93、M97、M101。年代主要属于战国早期早段。

丙 b 支组：组合形式有鼎、豆、壶、盘、匜，鼎、豆、壶、舟或杯，鼎、豆、壶，鼎、盒、壶、豆、壶等。器类主要有 A Ⅲ、Db 型、C Ⅰ 式和 E 型鼎，A Ⅰ － Ⅲ 式豆，A Ⅰ、Ⅱ 式和 B 型壶，B Ⅱ、Ⅲ 式盘，D Ⅱ 式匜等。本组的典型特征是陶器多带有彩绘，壶多为无舌盖壶。墓葬形制均为长方形土坑竖穴式，墓室较深，深度多在 4 米以上，多呈口大底小的漏斗状。有一部分墓葬带有头龛。葬式多为仰身屈肢，也有部分为仰身直肢。方向在 0—25 度之间。随葬品放置于头龛内（M78、M107、M111、M112）、头端棺椁之间（M108）、头端二层台上（M113）、棺上（M75）、器物坑内（M69）等位置。属于本支组的墓葬有 M69、M75、M78、M107、M108、M111、M112、M113 等。主要位于东周墓葬区的西侧中北部。年代从战国早期晚段延续到战国晚期。

丙 c 支组：组合形式有鼎、豆、壶、盘、匜、高足小壶，鼎、豆、壶、盘、匜，鼎、盒、壶、盘、匜，鼎、豆、壶等。器类主要有 Ba Ⅳ 式、C Ⅱ、Ⅲ 式和 Da 型鼎，B 型豆，A Ⅲ － Ⅴ 式壶，B Ⅳ、Ⅴ 式盘，D Ⅲ、Ⅳ 式匜，A Ⅰ 式盒等。本组区别于其他各支组的典型器物是 B 型豆，即粗体豆。器物个体较大，质地较好，火候高，硬度大，均不带彩绘。墓葬形制均为长方形土坑竖穴式，深度多在 2 米左右，多呈口大底小的漏斗状。有头龛。葬式为仰身屈肢。头向朝东和朝北的都有。随葬品放置于头龛内。墓葬位于东周墓葬区的南部，多两两并列。属于本组的墓葬有 M54、M55、M56、M58、M60、M73 等。年代为战国中期和晚期。

器物组合为第三类，包括第 26、27 种组合形式的墓葬。从墓葬形制、葬式、墓葬分布等情况来看，分别属于丙 b 支组 + 浅盘豆（M109、M112）、丙 c 支组 + 浅盘豆（M57）。其主体文化归属应分别属于丙 b 支组和丙 c 支组。在此不再详细归纳其特征。

另外，还有 M41、M45、M61 三座墓葬，从器物形制来看，较为复杂，应是多组墓葬相互影响而形成的，但从总体来看，应当归入丙组。

以上所分三组墓葬中，甲组墓葬延续时间较长，从春秋晚期晚段直到战国晚期，其典型特征是用日用陶器随葬，墓葬规格较低，应属于平民墓葬。乙组墓葬用仿铜陶礼器随葬，墓葬规格高于甲组墓葬，时代属于春秋晚期晚段和春秋战国之际，与甲组年代较早的墓葬有着密切的关系，在墓葬形制等方面有着较多的共性。丙 a 支组墓葬随葬陶器也为仿铜陶礼器，和丙 b、丙 c 支组在器用组合和墓葬形制等方面有着明显的区别，而和甲组、乙组，特别是乙组墓葬有着千丝万缕的联系，特别是在墓葬形制、葬式方面有着较强的共性，在器物上也有密切的联系，如属于本组的 M93 出土的陶罐和属于甲组的 M92 出土的陶罐形制相同，本组墓葬出土的陶匜明显是从乙组墓葬的陶匜演变而来。因此，我们认为，丙 a 支组墓葬应是乙组墓葬在战国早期的延续。丙 b 支组墓葬特征鲜明，陶器多彩绘，墓室较深，呈漏斗形，分布也较为接近。丙 c 支组墓葬在三组墓葬中，墓葬数量少于以上各支组，聚集于墓区的南部。三组墓葬之间并不是完全独立的，他们之间也互相渗透，如属于丙 b 支组的 M109、M112，属于丙 c 支组的 M57 在器物组合方面属于第三类组合，墓葬中都出有浅盘豆。从上面的分析我们能看到，浅盘豆是甲组墓葬的典型器物，因此，我们可以说丙 b 支组的 M109、M112，丙 c 支组的 M57 均受到了甲组墓葬的强烈影响。

据文献记载，在郑州之南今新郑、密县、禹县一带，在西周时期一直为郐国所在地[①]。而今郑州及其西边荥阳一带地区在西周初年属管国封地[②]，不久又变成东虢国的疆域[③]。西周晚期，郑国初封于今陕西华县一带[④]。周平王东迁时，桓公之子武公乘机灭掉郐、虢而占据其全部领土，因此，春秋时代，今郑州及其附近地域是郑国的统辖范围。

公元前 375 年，正值战国早中期之交，韩哀侯灭郑，并将都城迁至郑都故地。这一历史事件在考古学文化上也必定会有所反应。

胡村墓地处于郑州西北，和上述的虢国、郑国及韩国有密切的关系。以上所分的甲组墓葬年代属战国早期以前的墓葬，其年代在郑国纪年范围以内，应是郑国或郑统治下虢国遗民的墓葬。属于甲组墓葬的 M81 出有一件陶罐，有研究者认为是郑国之

① 《史记·楚世家·正义》引《毛诗谱》"昔高辛之土，祝融之墟，历唐至周，重黎之后妘姓处其地，是为郐国，为郑武公所灭也"。《正义》引《括地志》云："故郐城在郑州新郑县东北二十二里。"中华书局，1959 年版，第 1758 页。
② 《史记·周本纪》："（武王）封诸侯……封弟叔鲜于管。"《正义》引《括地志》："郑州管城县外城，古管国城也，周武王弟叔鲜所封。"中华书局，1959 年，第 127—128 页。
③ 《史记·郑世家·集解》引徐广曰："虢在成皋，郐在密县。"中华书局，1959 年版，第 1758 页。
④ 《史记·郑世家》："郑桓公友者，周厉王少子而宣王庶弟也。宣王立二十二年，友初封于郑。"中华书局，1959 年版，第 1757 页。

"国器"①，如果此说成立的话，那么出有这类器物的 M81 当属郑国墓葬无疑。乙组墓葬年代也在郑国纪年范围内，随葬陶器和郑国国都郑韩故城附近墓葬出土的同类器相同，因此，乙组墓葬也应属于郑国墓葬，只是其随葬品全为仿铜陶礼器，墓葬级别要高于用日用陶器随葬的甲组墓葬。应该是郑国末等贵族的墓葬。丙 a 支组也用仿铜陶礼器随葬，器物制作不如乙组墓葬精美，上文已提及，该支组墓葬和乙组有着密切的联系，应是乙组墓葬在战国早期的一种延续，也应属于郑国墓葬。

　　丙 b 支组墓葬出现在战国早期晚段，一直延续到战国晚期。其文化属性较为复杂，单从时间上来看，这类墓葬正好出现在郑、韩政权交替之际，这不是一种巧合，应是韩灭郑、韩文化进入郑国领地的一种反应。

　　丙 c 支组的文化归属和国别还不好判定，它和丙 b 支组的墓葬在年代上并行的时候墓葬数量较少，而当在战国中期晚段丙 b 支组墓葬减少的时候，丙 c 支组的墓葬数量却在增加。但是在墓葬形制和墓葬方向、器物形制等方面和丙 b 支组墓葬又有明显的差异。因此，该支组有可能是随着时代的变化由丙 b 支组演变而来，但是在其演变发展的过程中又受到了另外一种文化的强烈冲击，从总体上来看其应是韩国属民的墓葬。

---

① 张辛：《中原地区东周陶器墓葬研究》，科学出版社 2002 年，第 125、126 页。

第四章　结语

一

郑州及其附近地区在有商一代一直是商王朝的要地。早商时代的都城就在今郑州市内,晚商时代这里也发现了众多的商文化遗址,如郑州市人民公园、荥阳关帝庙、西司马等。尽管从考古发现来看,晚商时代商王朝的控制范围虽然较早商有所退缩,但郑州及其附近却始终不失为商王朝的中心区。

小胡村墓地从墓葬形制、出土器物、葬俗等许多方面都和安阳殷墟地区的晚商墓葬具有较多的一致性。如用狗殉葬、铜礼器觚爵等量相配等习俗在该墓地均存在。胡村墓地除规模较小的 M116 未见殉狗外,其余每座墓葬都有殉狗,多的可达 7 条。出土铜礼器的墓葬也多是觚爵共出,觚或爵单出的墓葬仅 2 座。另外,商周时代存在毁器葬的现象,但商和周所毁器物是有区别的,周人的传统是多毁兵器,而商人则是习惯毁容器[①]。如殷墟大司空东南 M663 随葬的铜簋"被打成碎片,放在墓主人腿部两侧"[②]。大司空 M539 有些器物也是打碎以后分开放的[③]。这种毁容器葬的现象在小胡村墓地也同样存在。该墓地 M8 随葬的铜簋、M24 和 M28 随葬的铜鼎在出土时均变形破碎较为严重,且器物碎块不在一处,如 M8 铜簋碎片分置人腿骨两侧,M24 铜鼎一腿放置于人骨足端,其余部分放置于人骨头端。这明显是当时人们的有意行为。

小胡村墓地在和安阳殷墟地区的墓葬保持高度一致的同时,也有许多相区别的地方,比较显著的一点就是,该墓地罕见陶器。从殷墟历年发掘的墓葬中我们能够看出,即使规模很大的墓葬,在用铜礼器随葬的时候,一般也要用陶器随葬。而这里的墓葬无论大小要么使用铜器,要么使用玉器随葬,却极少使用陶器。唯一一座出土陶簋的墓葬 M36,其规模并不小,面积为 7.14 平方米,且填土夯打质量极高,有较多的殉牲,但却不见铜器。出现这一现象的原因目前我们还不太清楚。另外,和安阳殷墟墓葬相比,这里的墓葬使用朱砂的现象更为普遍,除一些极小型的墓葬不用朱砂外,其他墓

---

① 张明东:《略论商周墓葬的毁兵习俗葬俗》,《中国历史文物》2005 年第 4 期。

② 中国社会科学院考古研究所安阳工作队:《安阳大司空村东南的一座殷墓》,《考古》1988 年第 10 期。

③ 中国社会科学院考古研究所安阳工作队:《1980 年河南安阳大司空村 M539 发掘简报》,《考古》1992 年第 6 期。

葬一般都用朱砂,且量很大,有的墓底厚达 2 厘米。这可能和墓地所处的地域有关。从历年考古发掘的资料可知,铺撒朱砂的现象以南方的盘龙城和罗山天湖的墓葬较为常见。这似乎昭示着商代朱砂可能主要产自南方。而小胡村墓地所在的郑州地区正处于晚商王朝南北交通的中轴线上,比殷墟更靠近南方,所以使用朱砂的现象也就更为普遍。

我们对 58 座晚商墓葬中出土铜器较多的 24 座墓葬进行了年代分析,由于陶器极少,我们主要根据和安阳殷墟等地出土铜器的比照,初步把 24 座墓分为三期四段,其中第一期早段相当于殷墟二期早段,第一期晚段相当于殷墟二期晚段,第二期相当于殷墟三期,第三期相当于殷墟四期。另外,没有进行详细分期的墓葬也超不出这一年代范围。通过分期比照我们能够看出,该墓地的墓葬年代主要集中在殷墟二期晚段和殷墟三期,殷墟二期早段和殷墟四期的墓葬数量较少。

通过铜器自带的铭文我们知道,这里是商代舌氏族的墓地。墓地中又可以分成 11个墓组,这些墓组可能是舌族内部更低一级的家族“私地域”。从“亚韦舌”铭文我们推测,舌族和韦地有着密切的关系。而韦地有可能就是商汤讨伐夏桀的过程中灭掉的夏代方国之一“韦国”的属地。而舌族有可能就是受封而世居此地的氏族。

墓地出土了一些具有北方文化因素的器物,如环首带有三乳凸的铜刀,M13 出土的铜刀鞘,学者们多认为这类器物应是来自北方文化。这些器物是如何传过来的呢?有可能是舌族人曾经随商王征伐过,而这些器物是得来的战利品,当然也有可能这些器物是商王赏赐给舌族的战利品。但不管怎样,这都能够说明居住在商王朝中心地区的舌族和商王的关系比较密切。

从《殷周金文集成》、《三代吉金文存》等有关著录中我们能够看到,传世的舌族铜器发现较多,但均没有明确的出土地点,著录中多是“传出自安阳殷墟”。而荣阳小胡村晚商舌族墓地的发现和发掘就为这些带有舌铭文的传世铜器提供了最为可能的出土地点。

二

西周墓葬发现较少,仅 M37、M70 两座。这两座墓葬在形制、葬俗等方面都比较一致。从随葬品来看,年代均为西周晚期偏早阶段。

我们把 43 座能够分期的东周墓葬分为四期八段。第一期年代为春秋晚期晚段到春秋战国之际,第二期年代为战国早期,第三期年代为战国中期,第四期年代为战国中晚期到战国晚期。每一期内的墓葬年代也有早晚差别,所以我们每期又进行了分段。通过考察这些墓葬在空间上的分布,我们能够看出,年代较早的墓葬一般都分布在墓葬区的北部，而年代较晚的墓葬一般都分布在墓葬的南部。

陶器组合共有 27 种形式，又可以归为三类。和其他地区的东周时代墓葬一样，陶器组合也是随着时代而变化的。完整的鬲、盂、豆、罐组合年代较早，主要属于春秋晚期。战国早期和中期的组合形式主要为鼎、豆、壶，或加盘、匜。战国晚期则流行合碗、壶的组合及鼎、盒、壶的组合。

通过器物组合形式、墓葬形制、葬式等方面的考察，我们将出土陶器的墓葬分为甲、乙、丙三组，丙组内又分出 a、b、c 三个支组。不同组别的墓葬既相互区别又有着千丝万缕的联系。从空间分布上来看，甲组墓葬随着时代的变化从北向南分布，位于南端的墓葬较晚；乙组墓葬及丙 a 组墓葬均与甲组墓葬杂处，它们在墓葬形制、葬式等方面比较一致，主要是由于墓主身份地位的不同而造成的器物组合有所差异。丙 b 组墓葬特征比较鲜明，和其他各组区别明显。丙 c 组墓葬集中分布在东周墓区的南端，对于其文化属性我们还不能给出一个肯定的判断，和丙 b 组墓葬的区别可能主要还是由于时代的差异而造成的。

东周时代的郑州地区，也是诸侯文化交汇碰撞比较激烈的地区，先是随周平王东迁的郑国灭掉日益腐朽的郐、东虢，占据其全部领地。郑文化注入了这一地区。而到了战国早中期之际，韩国又灭掉了郑国，并将都城迁往郑国国都。战国时期，诸侯征战频繁，韩国和魏国也是时战时和，小胡村墓地所在的郑州西北郊在这一时期也就成了韩、魏文化交汇的地方。

如此激烈的政治变迁，造成了这一地区的文化面貌错综复杂的局面，我们所划分的不同组别墓葬无疑从一个侧面反映出了这种情况。只是由于墓葬数量较少，有些问题我们看得还不是十分清晰。

河南荥阳小胡村墓地出土铜器的科技分析与研究

金锐 [①]、罗武干 [②]、宋国定 [③]

一、前言

小胡村晚商墓地位于河南省荥阳市广武镇小胡村东北约 1.2 公里,北距黄河约 5 公里,东南距郑州市区约 20 公里。因墓地遭受盗掘,2006 年 7—9 月,河南省文物考古研究院联合郑州市文物考古研究所和荥阳市文物保护管理所对墓地进行了抢救性发掘。共发现晚商墓葬 58 座,其年代大致相当于殷墟三、四期,个别墓葬的年代可能早到殷墟二期晚段。其中有 27 座墓葬出土铜器,共 155 件。根据出土器物上的"舌"字铭文,推测该墓地应为"舌"氏家族墓地 [④]。小胡村晚商墓地的发现丰富了郑州地区商代考古学文化序列,特别是"舌"族铜器的出土对研究晚商丧葬习俗、社会组织形式及相关历史问题等都具有重要的学术意义。

为探讨该墓地出土铜器的制作工艺以及矿料来源等问题,本文选取了 6 件样品进行分析。样品详情见表 1。

表 1 小胡村墓地出土铜器取样统计表

样品编号	器名	器物编号	取样部位	样品描述
HC06	鼎	M24∶2	底部	块状;有锈蚀,锈蚀产物呈绿色;断口呈红铜色
HC07	鼎	M24∶2	口部	块状;有锈蚀,锈蚀产物呈绿色;断口呈红铜色
HC08	铜饰件	M13∶3	残片	块状;锈蚀严重,锈蚀产物呈绿色;断口呈金黄色
HC10	簋	M21∶15	口部	样品较小,小块状;有锈蚀,呈绿色;断口呈金黄色
HC11	簋	M8∶3	腹部	块状;有锈蚀,锈蚀产物呈绿色;断口呈金黄色
HC13	鼎	M28∶2	底部	块状;有锈蚀,锈蚀产物呈绿色;断口呈金黄色

---

① 作者单位:河南大学历史文化学院,开封,475001。

②③ 作者单位:中国科学院大学人文学院,北京,100049。

④ 贾连敏,梁法伟,曾晓敏:《河南荥阳小胡村墓地商代墓葬发掘简报》,《华夏考古》2015 年第 1 期。

二、实验方法

（一）金相显微观察

样品经树脂镶嵌、磨抛处理后，采用奥林巴斯 BX51 型金相显微镜观察其显微组织。先观察样品未浸蚀之前的夹杂物分布、锈蚀类型、铸造缺陷等情况。然后用 3% 的三氯化铁盐酸酒精溶液浸蚀，观察其金相组织。

（二）X 射线荧光光谱（XRF）分析

样品经过严格的除锈等预处理后，利用 X 射线荧光光谱仪进行成分分析。测试仪器为美国 EDAX International lnc. 公司生产的 Eagle-3 型能量色散荧光分析仪。该仪器配有铑靶 X 光管，X 光管直径为 300μm，铍窗型探测器。实验测试条件为：X 光管管压 40 kV，管流 150μA，真空光路。数据收集后，利用 Vision32 软件系统进行分析。

（三）电感耦合等离子体发射光谱（ICP-OES）分析

样品经过严格的除锈等预处理后，委托中国科学院地质与地球物理研究所微量元素分析实验室，利用美国热电公司生产的 IRIS Advantage 型全谱直读电感耦合等离子发射光谱仪（ICP-OES）作测试分析。测试条件：焦距 0.38m；光栅 52.6grooves/mm，64.1° 闪耀角，21° 棱镜；波长范围 175 ~ 1050nm；倒线色散率（nm/mm）分别为 200/0.52，400/1.5，600/2.25；氩辅助气流量 0.5L/min；载气压力 1.99*105Pa；直接耦合式 RF 发生器，27.12MHz，入射功率 1150w；积分时间：长波（>265nm）10s，短波（<265nm）10s；检测器（CID）为 512*512 独立检测单元。

（四）铅同位素比值分析

实验仪器采用 VG Axiom 型多接收高分辨等离子质谱仪（MC-ICP-MS），分析精度：$^{207}Pb/^{206}Pb$、$^{208}Pb/^{206}Pb$ 和 $^{206}Pb/^{204}Pb$ 的相对误差分别小于 0.01%、0.01% 和 0.1%，测试时使用国际铅同位素标准溶液（SRM981）校正。样品制备过程：称取 10mg 左右样品置于硝酸（分析纯）溶液中溶解，滤除不溶物，将清液定容至 100ml。运用电感耦合等离子体原子发射光谱仪测定清液中的铅含量，根据所测的值加去离子水稀释溶液，使其铅含量至 1000ppb 左右。然后于溶液中加入国际铊（T1）标准溶液（SRM997），使溶液中铊含量约为铅含量 2/3 左右，样品即制备完成。

三、实验结果

（一）金相观察结果

样品的金相观察结果指出（表2），6 件样品均为铸造成形。其中，样品 HC06、HC07 分别为同一器物的底、口部分，金相组织均为铸造红铜 α 固溶体晶粒，且边缘晶粒都发生严重拉长变形。HC08、HC11 金相组织为 α 固溶体树枝晶，偏析明显，枝晶间分布有 (α+δ) 共析体。HC10 金相组织为 α 固溶体，偏析不明显。HC13 金相组织较为特殊，为 α 固溶体树枝晶，枝晶较粗大，晶间分布有（α+δ）共析体，边缘可见 α 固溶体等轴晶和孪晶。

表2　小胡村墓地出土青铜器样品金相观察结果

样品编号	器名	取样部位	金相组织	加工工艺	图注
HC06	鼎	底部	基体为铸造红铜 α 固溶体晶粒；样品边缘晶粒严重拉长变形；晶界分布（α+Cu$_2$O）共晶组织，可见铸造缩孔和灰色硫化物夹杂。	铸造	图 1
HC07	鼎	口部	基体为铸造红铜 α 固溶体晶粒；样品边缘晶粒严重拉长变形；晶界分布（α+Cu$_2$O）共晶组织，可见铸造缩孔和灰色硫化物夹杂。	铸造	图 2
HC08	铜饰件	残片	基体为 α 固溶体树枝晶，偏析明显，枝晶间分布有（α+δ）共析体，数量不多，形态较小；晶间腐蚀严重，可见少量灰色夹杂。	铸造	图 3
HC10	簋	口部	基体为 α 固溶体，偏析不明显，铅颗粒呈团块状、条块状分布，可见灰色夹杂和铸造缩孔。	铸造	图 4
HC11	簋	腹部	基体为 α 固溶体树枝晶，偏析明显，枝晶较粗大，晶间分布有（α+δ）共析体，数量不多，形态较小；晶间腐蚀严重；铅颗粒较少，分布不均匀，呈不规则状充填于 α 枝晶间隙。	铸造	图 5
HC13	鼎	底部	基体为 α 固溶体树枝晶，枝晶较粗大，晶间分布有（α+δ）共析体，晶间腐蚀严重；可见少量铅颗粒和硫化物夹杂。边缘可见 α 固溶体等轴晶和孪晶。	铸造后，局部经过热锻	图 6

图 1　鼎（M24∶2）的金相显微结构

图 2　鼎（M24∶2）的金相显微结构

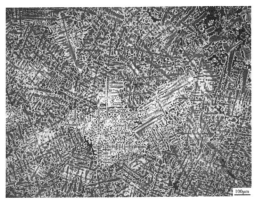

图 3　铜饰件（M13∶3）的金相显微结构

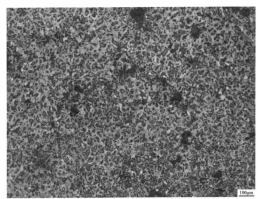

图 4　簋（M21∶15）的金相显微结构

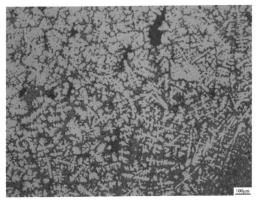

图 5　簋（M8∶3）的金相显微结构

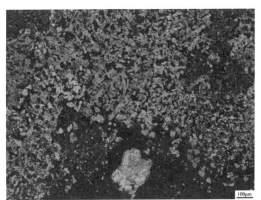

图 6　鼎（M28∶2）的金相显微结构

（二）成分分析结果

成分分析采用两种方法：X 射线荧光光谱分析（XRF）和电感耦合等离子体发射光谱分析（ICP-OES）。样品主量元素结果（XRF）见表 3，其中样品 HC06、HC07 为同一器物的不同部位。微量元素结果（ICP-OES）见表 4，其中样品 HC10 因样品量极少未达到测试要求。

表 3　小胡村墓地铜器样品的 XRF 分析结果 (wt%)

样品编号	器名	Cu	Sn	Pb	S
HC06	鼎	99.12	0.33	0.38	0.17
HC07	鼎	99.26	0.31	0.28	0.15
HC08	铜饰件	88.89	10.48	0.63	/
HC10	簋	84.03	0.14	15.84	/
HC11	簋	84.17	11.12	4.71	/
HC13	鼎	78.8	16.42	3.74	1.03

表4 小胡村墓地铜器样品的ICP-OES分析结果（μg/g）

编号	器名	Au	Ag	As	Bi	Se	Te	Co	Ni
HC07	鼎	27.919	2258.811	462.830	<.0000	86.564	45.264	21.311	66.575
HC08	铜饰件	<.0000	2025.680	603.726	<.0000	34.038	13.897	170.997	95.871
HC11	簋	30.632	2360.806	965.201	<.0000	3.617	23.123	72.482	174.359
HC13	鼎	<.0000	397.105	106.025	<.0000	6.495	44.210	6.729	<.0000

（三）铅同位素比值分析结果

样品的铅同位素比值分析结果见表5。样品HC07、HC08铅同位素比值 $^{206}Pb/^{204}Pb$、$^{207}Pb/^{204}Pb$、$^{208}Pb/^{204}Pb$ 变化范围为19.394～20.300、15.775～15.847、39.697～40.607；其余3件样品铅同位素比值 $^{206}Pb/^{204}Pb$、$^{207}Pb/^{204}Pb$、$^{208}Pb/^{204}Pb$ 变化范围为21.637～23.422、15.997～16.426、41.870～43.953。5件样品中有4件样品铅同位素比值 $^{207}Pb/^{206}Pb$ 小于0.8。

表5 小胡村墓地铜器样品铅同位素比值分析结果

样品编号	$^{207}Pb/^{206}Pb$	$^{208}Pb/^{206}Pb$	$^{206}Pb/^{204}Pb$	$^{207}Pb/^{204}Pb$	$^{208}Pb/^{204}Pb$
HC07	0.8134	2.0469	19.394	15.775	39.697
HC08	0.7806	2.0003	20.300	15.847	40.607
HC10	0.7287	1.9153	22.006	16.035	42.148
HC11	0.7393	1.9351	21.637	15.997	41.870
HC13	0.7013	1.8766	23.422	16.426	43.953

四、分析与讨论

（一）金相组织讨论

金相组织检测结果显示，5件铜器（涉及6件样品）全部为铸造成形。其中，样品HC13金相组织中部分 α 固溶体为等轴晶，且可见孪晶。这表明样品铸造成形后，局部经热加工，致使出现 α 固溶体再结晶晶粒和孪晶。这种金相组织一般见于乐器，如编钟[1]、铜鼓[2]等，局部退火可以消除组织偏析，均匀化组织，在制作乐器时可能用于调整音频。但样品HC13取自鼎的底部，则可能是由于鼎在使用过程中产生了一定的形变，并经过反复加热，形成 α 固溶体等轴晶及孪晶。样品HC06、HC07分属一件

---

[1] 华觉明、贾云福：《先秦编钟设计制作的探讨》，《自然科学史研究》1983年第1期。
[2] 孙淑云、姚智辉、万辅彬：《越南铜鼓及相关器物金相分析》，《桂林工学院学报》2005年第5期。

鼎的底部、口部，其表现为红铜铸造组织，二者金相组织边缘晶粒都变形拉长，表明该鼎表面整体受到外界应力作用，推测为铸造成形后表面经过修整、戗磨或是使用过程中造成的。

（二）合金成分讨论

成分分析结果显示，6 件样品分属四类材质：红铜（2 件，属于同一器物）、锡青铜（1 件）、铅青铜（1 件）、铅锡青铜（2 件）。5 件样品铅含量低于 5%，1 件样品的铅含量高于 15%。3 件样品锡含量大于 10%，另外 3 件样品锡含量低于 0.4%。铜器铸造时加入铅，提高铜液流动性，增加满流率[①]。同时，铅的熔点低（327℃），可以在铜液凝固的最后阶段起到充填、补缩作用。但若铅含量过高，则会降低青铜合金的硬度，造成青铜合金抗拉强度和抗冲击值下降。锡的加入，可以降低青铜合金的熔点、增加硬度，提高铸造及其机械性能。一般青铜器铅含量低于 10%，锡含量在 5% ~ 15%，其机械性能较好[②]，据此，除 HC06、HC07 外的 4 件铜器机械性能较好。

小胡村墓地 5 件铜器中，有 1 件为红铜器。从已发表的商代铜器合金数据看，红铜容器很少见[③]。红铜熔点高，流动性差，冷却收缩性大，容易产生铸造缺陷，在合金工艺技术水平较高的商代，工匠一般都不会使用此类材料。故因技术水平低的原因而选择红铜铸鼎的可能性较小。

笔者统计已发表的殷墟铜礼器合金数据发现：殷墟二期合金工艺就已经成熟，而在殷墟三期礼器中出现了大比例的红铜器（殷墟一期礼器 10 件，红铜器 1 件，占比 10%；殷墟二期礼器 173 件，红铜器 1 件，占比 0.58%；殷墟三期礼器 46 件，红铜器 5 件，占比 10.87%；殷墟四期礼器 47 件，红铜器 1 件，占比 2.13%），殷墟二期原本占主导地位的铜—锡合金，到殷墟三期被红铜和铜—铅合金代替，其主要原因可能是当时严重缺乏锡矿资源[④]。小胡村墓地年代也恰相当于殷墟三、四期，据此推测，锡矿资源匮乏是使用红铜铸鼎的主要原因。

（三）矿料来源讨论

夏鼐曾指出："我们现在……不仅要研究青铜器本身的来源，即它的出土地点，还要研究它们的原料来源，包括对古铜矿的调查、发掘和研究，这是中国古代青铜器研

---

① 李敏生：《先秦用铅的历史概况》，《文物》1984 年第 10 期。

② 张利洁，赵福生，孙淑云，等．《北京琉璃河燕国墓地出土铜器的成分和金相研究》，《文物》2005 年第 6 期。

③ 陈坤龙，梅建军，赵丛苍：《论陕西汉中出土的商代红铜容器》，《中国国家博物馆馆刊》2012 年第 4 期。

④ 金锐：《商文化区域青铜器科技考古研究——以安阳殷墟等商代遗址出土青铜器为例》博士学位论文，中国科学院大学 2013 年，第 55~70 页。

究的一个新领域,也是中国考古学新开辟的一个领域。"[1]青铜器矿料来源的探索,始终是青铜时代考古的重大课题。

1. 微量元素示踪法

自 19 世纪中期以来,微量元素示踪法曾被广泛用于探索青铜器矿料来源。但由于铜矿在冶炼过程和合金过程中,原矿物微量元素与青铜器相比已发生剧烈变化,导致示踪元素组合很难选择,致使一段时间内该方法被学界弃之不用,即使偶尔使用,也仅作为其他示踪方法的补充手段。近年来,秦颖、王昌燧提出"将青铜器矿料来源的探索改为铜矿冶炼产物输出路线的追踪,即将探源改为溯流"的全新思路[2],李清临、魏国锋先后探索了"全新微量元素示踪法"在青铜器矿料来源研究中的可行性。研究表明,亲铜元素 Au、Ag、As、Sb、Bi、Se、Te 等,以及亲铁元素 Co、Ni 等主要富集在金属铜中,在冶炼出的金属铜中,这些元素仍保留着原铜矿料的信息,可用于示踪青铜器的矿料来源,且各矿冶遗址的铜矿和铜锭微量元素特征差异较明显[3]。

为了研究小胡村晚商墓地出土铜器铜矿的来源,我们辑录了湖北大冶铜绿山、皖南铜陵和南陵、宁夏照壁山等先秦铜矿冶遗址的铜矿和铜锭微量元素[4](表 6)。样品与宁夏照壁山铜锭(nxZ–015Cu)、南陵铜锭(Tlf2001)的微量元素特征差异较为明显,其中因 As 高出小胡村铜器两个数量级予以排除。将余下数据,以 Au、Ag、As、Bi、Se、Te、Co、Ni 元素为基本变量,使用 SPSS 软件进行聚类分析。结果如图 7 所示,当阀值 λ 约等于 12 时,所有样品被分为三类,小胡村青铜器 HC13、铜绿山铜锭聚为一类,南陵、铜陵铜锭聚为一类,小胡村青铜器 HC07、HC08、HC11 聚为一类。

据此推测小胡村 4 件青铜器铜料可能源自两地,其中 HC13 来自湖北铜绿山的概率较高,其余三件铜器可能使用了相同的矿料。

表 6　先秦古矿冶遗址出土冶炼产品的微量元素含量 (μg/g)

原样品号	样品名称	出土地点	Au	Ag	As	Bi	Se	Te	Co	Ni
Nlj2004	古铜锭	安徽南陵	n.a	92.80	1400.00	71.90	83.04	<1.0	286.00	612.00

[1] 夏鼐、殷玮璋:《湖北铜绿山古铜矿》,《考古学报》1982 年第 1 期。

[2] 王昌燧、邱平、秦颖等:《文物断源研究之成果、心得和思考》,载王昌燧编《科技考古论丛》,中国科学技术大学出版社,2003 年,第 246 页。

[3] 李清临:《古青铜器矿料来源研究》,博士学位论文,中国科技大学 2004 年,第 66–67 页。

[4] 魏国锋、秦颖、杨立新等:《若干古铜矿及其冶炼产物输出方向判别标志的初步研究》,《考古》2009 年第 1 期。

续表

原样品号	样品名称	出土地点	Au	Ag	As	Bi	Se	Te	Co	Ni
Nlj2001	渣中铜块	安徽南陵	104.00	80.90	1700.00	31.80	117.00	190.00	200.00	208.00
Tlm2002	古铜锭	安徽铜陵	n.a	56.50	1400.00	77.30	26.70	<1.0	357.00	206.00
Tlf2001	古铜锭	安徽铜陵	n.a	51.30	10800.00	150.00	10.00	37.50	840.00	461.00
nxZ–015Cu	渣中铜颗粒	宁夏照壁山	9.80	260.00	16933.00	707.00			111.00	437.00
DY–TD	古铜锭	大冶灵乡		929.50	218.90	726.60	68.25	95.64	285.00	112.00
CP	古铜锭	铜绿山	78.00	440.00	370.00				310.00	340.00
Htt20051	铜锭	铜绿山		99.80	229.00	<0.5	10.30	17.00	101.00	60.00
Htt2006	铜锭	铜绿山	14.60	99.40	233.00	6.40	7.20	16.00	63.00	51.00

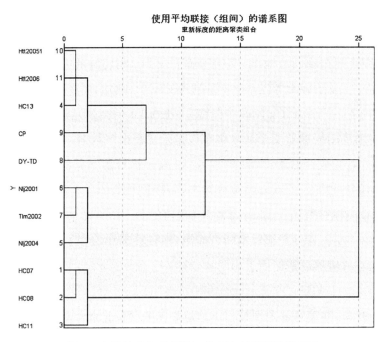

图 7　小胡村墓地青铜器与各矿冶产品聚类谱系图

2. 铅同位素比值法

20 世纪 60 年代，铅同位素技术首次用于文物研究。20 世纪 80 年代初，铅同位素考古在中国兴起。经诸多学者的研究和实践，取得了很多成果。虽然铅同位素技术用于研究青铜器矿料来源有诸多局限性，但实验和实践证明，其仍是目前解决青铜矿料来源的有效手段之一[①]。

一般认为，对于铅含量高于 2% 的青铜器，铅同位素组成反映的是铅料矿源信息；对于铅含量低于 2% 的青铜或红铜，铅同位素组成反映的是铜料的矿源信息。小胡村晚商墓地出土的铜器中，HC07、HC08 铅含量低于 0.7%，其铅同位素组成应该反映其铜矿来源信息；余下 3 件铅含量高于 3.7%，其铅同位素组成则反映铅矿来源信息。因此分两组进行讨论。

为探讨小胡村两件低铅铜器（HC07、HC08）的铜料来源，我们选取了商周时期各地古铜矿、炼渣、孔雀石的铅同位素数据以作比对，主要包括：郑州商城的商代孔雀石和铜渣，湖北铜绿山、大冶的孔雀石、炼渣、铜锭、粗铜、自然铜等，江西瑞昌、德安、铜岭、九江的孔雀石、炼渣、铜渣等[②]，山西垣曲商城的冶炼渣、熔炼渣[③]，郑州紫荆山公园的孔雀石[④] 等。以 $^{208}Pb/^{206}Pb$ 为 Y 轴，$^{207}Pb/^{206}Pb$ 为 X 轴，将小胡村铜器和各地铜矿的铅同位素数据绘成分布图。如图 8 所示，以上数据分别处于低、高比值两个区域。HC07、HC08、紫荆山公园孔雀石、郑州商城的商代孔雀石，垣曲商城的冶炼渣、熔炼渣位于低比值区，它们的 $^{207}Pb/^{206}Pb<0.84$，$^{208}Pb/^{206}Pb$ 为 1.903 ~ 2.076，属于放射性成因异常铅。其余样品位于高比值区，他们的铅同位素比值属于中国境内较常见的普通铅的比值范围，数据重叠较多。已有研究认为垣曲商城的冶炼渣、熔炼渣矿料来自附近的中条山铜矿[⑤]。小胡村青铜器 HC07、HC08、郑州的两件孔雀石与垣曲商城矿料铅同位素比值较接近，推测其矿料可能来自中条山铜矿。

山西中条山地区是我国重要的铜矿产地之一，在其周边地区发现了很多与早期炼铜技术有关的遗迹遗物，这些发现表明该铜矿可能早在夏商时就已被开发[⑥]。现代学者对中条山铜矿的研究表明，中条山矿区地层存在含铀矿物质，地层中铀含量高导致中条山变质型铜矿床富含高放射成因铅[⑦]。中条山横岭关型（$^{207}Pb/^{204}Pb$ 比值为 15.50~15.684，$^{208}Pb/^{204}Pb$ 比值为 37.239~39.931）、铜矿峪型（$^{207}Pb/^{204}Pb$ 比值为 15.565~18.765，$^{208}Pb/^{204}Pb$ 比值为 37.682~69.623）、落家河型（$^{207}Pb/^{204}Pb$ 比

① 崔剑锋、吴小红：《铅同位素考古研究》，文物出版社，2008 年，第 19-30 页。

② 彭子成、刘永刚、刘诗中等：《赣鄂豫地区商代青铜器和部分铜铅矿料来源的初探》，《自然科学史研究》1999 年第 3 期。

③ 崔剑锋、佟伟华、吴小红：《垣曲商城出土部分铜炼渣及铜器的铅同位素比值分析研究》，《文物》2012 年第 7 期。

④ 金正耀：《中国铅同位素考古》，中国科学技术大学出版社 2008 年，第 18-32 页。

⑤ 崔剑锋、佟伟华、吴小红：《垣曲商城出土部分铜炼渣及铜器的铅同位素比值分析研究》，《文物》2012 年第 7 期。

⑥ 李延祥：《中条山古铜矿冶遗址初步考察研究》，《文物季刊》1993 年第 2 期。

⑦ 陈民扬、庞春勇、肖孟华：《铜矿床同位素地球化学》，科学出版社 1997 年，第 376-428 页。

值 为 15.494~15.684，$^{208}Pb/^{204}Pb$ 比 值 为 37.263~39.931）、胡 － 蓖 型（$^{207}Pb/^{204}Pb$
比值为 15.578~44.230，$^{208}Pb/^{204}Pb$ 比值为 35.379~51.480）矿床富含高放射成因铅。
这些现代地球化学同位素研究成果，支持商代含异常铅的铜矿料可能来源于中条山
矿区。

　　比较上述结果，我们发现小胡村青铜器的铜料和郑州商城发现的矿料相似或相
近，且这两地相距也仅 30 多公里，推测商代时他们可能均使用了来自中条山矿区或附
近矿区的矿料。

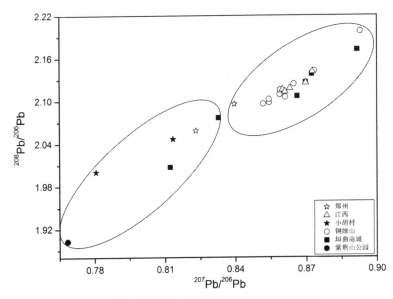

图 8　小胡村铜器和矿料的铅同位素数据分布图

　　由于目前尚未见古代铅矿的铅同位素比值数据，在分析小胡村铜器 HC10、
HC11、HC13 的铅料来源时，我们选取部分殷墟、盘龙城、郑州紫荆山公园高铅铜器[①]
的铅同位素数据以作对比。以 $^{208}Pb/^{206}Pb$ 为 Y 轴，$^{207}Pb/^{206}Pb$ 为 X 轴，绘成铅同位素
数据分布图。如图 9 所示，它们被分为两个区域，$^{207}Pb/^{206}Pb<0.84$ 的异常铅区域和
$^{207}Pb/^{206}Pb>0.84$ 的普通铅区域。小胡村铜器铅同位素比值（0.7013 ~ 0.7393）落入异
常铅范围。从图上可看出，较之所有异常铅数据，小胡村铜器的 $^{207}Pb/^{206}Pb$ 相对较低，
紫荆山公园和盘龙城各有 1 件铜器的铅同位素比值与小胡村铜器较为接近，说明他们
铅矿来源相同或更为接近。综合铜料来源分析结果，再次证实了商代荥阳小胡村和郑
州商城可能使用了相同来源的矿料。

　　至于小胡村青铜器铅料具体源自何地，则涉及到商代青铜器异常铅来源问题，

---

① 金正耀 :《中国铅同位素考古》, 中国科学技术大学出版社 2008 年, 第 27 页。

学界对此争议较多。金正耀分析了殷墟青铜器、四川广汉三星堆青铜器、新干大洋洲青铜器、盘龙城等多地青铜器铅同位素比值,均发现高放射成因铅,认为商代青铜矿料可能源自西南地区[①];日本学者 Tsutomu Saito 博士和孙淑云,在重新分析已公布的商代铅同位素数据的基础上,认为正常铅和异常铅来自同一矿山,且可能位于秦岭地区[②];彭子城分析了江西、湖南、江苏、河北和河南等地青铜器和铅钡玻璃器,发现高放射成因铅,认为上述地区均可能为异常铅的产地[③];朱炳泉、常向阳等根据地球化学理论,重新分析已发表的数据,认为滇东北、辽东半岛青城子地区、小秦岭地区、长江中下游地区、地球外资源均可能是高放射成因铅的矿源,其中以滇东北可能性最大[④]。囿于考古发现和地质调查资料所限,目前高放射性成因铅来源问题仍无定论。

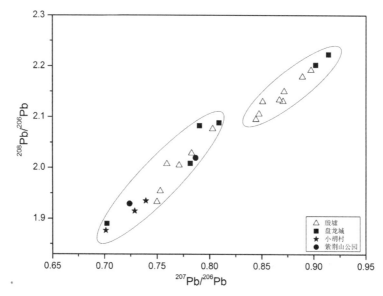

图 9 小胡村铜器和商铜器铅同位素数据分布图

① 金正耀:《中国铅同位素考古》,中国科学技术大学出版社 2008 年,第 18-32 页。

② Saito T, Han R, Sun. S, et al. Preliminary consideration of the source of lead used for bronze objects in Chinese Shang dynasty: was it really from the area where Sichuan, Yunan and Guizhou provinces meet?. BUMA-Ⅴ, Gyeongju, Korea, 2002(4):21-24.

③ 彭子成、孙卫东、黄允兰等:《赣鄂皖诸地古代矿料去向的初步研究》,《考古》1997 年第 7 期。

④ 朱炳泉、常向阳:《评"商代青铜器高放射性成因铅"的发现》,载北京大学中国考古学研究中心编《古代文明:第 1 卷》,文物出版社 2002 年,第 278-283 页。

表7　河南异常铅铅矿铅同位素比值

样品号	样品种类	$^{207}Pb/^{206}Pb$	$^{208}Pb/^{206}Pb$	$^{206}Pb/^{204}Pb$	$^{207}Pb/^{204}Pb$	$^{208}Pb/^{204}Pb$	备注
T-1	方铅矿	0.8295	2.0584	18.867	15.65	38.836	崔家沟 崔—2
T-2	方铅矿	0.6970	1.8271	23.106	16.106	42.216	邢窑
T-3 ①	方铅矿 （粗粒）	0.8222	2.0439	19.044	15.658	38.924	拉台 ⅧB—28
T-3 ②	方铅矿 （细粒）	0.8236	2.0463	19.033	15.675	38.947	拉台 ⅧB—28

注：该表数据引自文献①，其中 $^{207}Pb/^{206}Pb$、$^{208}Pb/^{206}Pb$ 系换算得来。

古代矿冶活动涉及交通运输、采矿劳动力、军事保障等，需要大量的人力物力，一般就地取材或附近取材是最佳选择，张光直就曾提出"商代都城迁徙为了追逐矿源"假说，且在商代铅矿资源相对于铜、锡矿属于易得资源，所以研究商代的铅矿来源应该先关注其附近矿源。通过辑录河南地区现代铅锌矿床铅同位素比值数据发现，豫西地区存在高放射成因铅特征的铅矿（表7）。这种铅矿赋存于朱砂洞组上部白云质微晶灰岩或白云质藻凝块微晶灰岩等特定的容矿层中。目前所知，矿床分布在汝州、登封、巩义、新密、禹州等几个地级县市的交界处，北纬34°以北地区，但由于这些矿体规模较小，多数矿点都未经详查。根据该线索，可推测商代青铜器高放射成因铅铅矿可能来自河南本地②。故此，推测小胡村墓地高铅铜器的铅矿可能来自河南本地。

五、结论

综上所述，经过对小胡村墓地出土铜器的分析，可以得出以下结论。

1. 本次分析的5件铜器分属四类材质：铅锡青铜2件，红铜、锡青铜、铅青铜各1件。它们均系铸造而成，其中红铜铸鼎可能是因为锡矿资源匮乏。

2. 铜料来源：微量元素分析表明小胡村4件青铜器铜料来自两个产地，HC13铜器铜料可能来自湖北铜绿山矿区；另外三件铜器产地可能相同。铅同位素比值分析表明低铅铜器（HC07、HC08）铜料可能来自山西中条山矿区。结合两种方法分析结果，HC13铜器铜料可能来自湖北铜绿山矿区，HC07、HC08、HC11铜器铜料可能来自山西中条山矿区。

---

① 王德有等：《河南省早寒武世岩相古地理及铅锌矿控矿环境研究》，中国地质大学出版社1992年，第124页。
② 金锐：《商文化区域青铜器科技考古研究——以安阳殷墟等商代遗址出土青铜器为例》，博士学位论文，中国科学院大学2013年，第130页。

3. 铅料来源：3 件高铅含量铜器铅同位素比值均落在高放射性成因铅比值范围，与其他商代高放射性成因铅铜器铅料来源一致，可能都来自河南本地。

4. 综合矿料来源分析结果，可推断商代荥阳小胡村和郑州商城可能使用了相同来源的矿料。

附录二

荥阳小胡村墓地出土部分铜器的科学分析

王鑫光[①]

小胡村墓地位于河南荥阳广武镇小胡村东北,东南距郑州市区20公里,北距黄河约5千米。2006年7月初,该墓地墓葬被盗掘,经国家文物局批准,河南省文物考古研究院、郑州市文物考古研究院和荥阳市文物保护管理所组成联合考古队,对该墓地进行了抢救性考古勘探和发掘,共发掘商、周、宋、清等各时期墓葬160余座,其中商代墓葬58座,出土青铜器154件,其中二十余件铜器带"舌"字族徽铭文,铜器纹饰造型和铭文显示,小胡村墓地应为"舌"氏家族墓地,时代处于殷墟二期晚段至殷墟四期[②]。

舌族在殷商时期政治地位非常显赫,与王室关系密切,甲骨卜辞中多有舌族及其族长(族尹)相关记载:如商王室关注舌族安危,卜问其是否有灾祸,甚至梦到舌族、前往舌地[③][④]。安阳薛家庄殷墓亦出土一批舌铭铜器,铜器时代与小胡村相近,处于殷墟三期,个别早至二期晚段,所出舌族遗物中并无兵器,可能是殷商王廷内服文职官员,而小胡村舌族家族墓地所在郑州荥阳一带,该地"西控虎牢(关),东毗大梁(开封),北通幽燕,南达两广",地势险要,自古兵家必争之地,墓地埋葬成员多为中小贵族且大都随葬许多兵器,可能是戍守王畿之外的外服职官[⑤]。

本研究对12件铜器残片取样进行金相组织、合金成分和基体锈层结构分析,探讨其腐蚀特征,并为器物保护修复提供科学依据,同时初步揭示其所蕴含制作技术和相应考古学信息。

---

① 作者单位:河南省文物考古研究院,郑州,450000。

② 贾连敏、梁法伟、曾晓敏:《河南荥阳小胡村墓地商代墓葬发掘简报》,《华夏考古》2015年第1期。

③ 张军涛,席奇峰:《殷商舌族考》,《三峡大学学报(人文社会科学版)》2008第30期。

④ 汤威:《殷商探微—1933年安阳薛家庄殷墓稽考》,《中原文物》2011年第3期。

⑤ 汤威:《郑州出土舌铭铜器考》,《中国国家博物馆馆刊》2011年第10期。

一、样品信息与分析方法

分析 12 件铜器样品：其中礼器 4 件，兵器 8 件（见表 1），样品经冷镶制备，依次经 400、1000、1500、2000 目砂纸打磨、抛光处理，制作成金相样品。

金相组织与合金成分分析：样品打磨抛光后，运用金相显微镜观察夹杂物、铅的形态等，后经 3% $FeCl_3$ 盐酸酒精溶液浸蚀，观察组织形态。再次抛光喷金处理，用扫描电子显微镜观察微观组织，能谱仪对样品进行无标样合金成分测定。

锈层结构分析：金相显微镜明暗场对镶嵌样品进行锈层结构和颜色形貌观察；喷碳后，采用扫描电镜及能谱仪对各锈层进行背散射成分衬度观察和元素成分测定，进而推断锈蚀程度和各层锈蚀矿物物相组成。

实验仪器：（1）德国 Leica 公司 Leica DM6000 型金相显微镜。（2）FEI 公司 QUANTA-650 型环境扫描电镜（ESEM）及 EDAX 公司的 APOLLO-X 型能谱仪，实验条件：工作电压为 25kv，工作距离 10mm，扫描时间 50 秒。

二、合金技术分析

（一）合金材质与实用性能

合金成分分析结果显示（见表 1）：12 件铜器材质：纯铜（Cu）3 件；铜铅合金（Cu-Pb）4 件，铅含量 6.4%-15.0%；铜锡合金（Cu-Sn）3 件，锡含量 10.1%-14.2%；铜锡铅合金（Cu-Sn-Pb）3 件，锡含量 13.6%-16.4%，铅含量 2.2%-4.4%。

器物使用功能看：爵、瓿、簋和鼎 4 件礼容器，材质类型：1 件纯铜（Cu），1 件铜铅合金（Cu-Pb），2 件铜锡铅合金（Cu-Sn-Pb），作为烹饪、酒器等容器对机械性能要求不高，合金器物已能充分胜任蒸煮、盛放和储藏等功能需求。

弓形器、刀、戈等属于兵器工具类 8 件，材质类型：1 件纯铜（Cu），3 件铜铅合金（Cu-Pb），3 件铜锡合金（Cu-Sn），1 件铜锡铅合金（Cu-Sn-Pb）。纯铜在甘肃齐家文化、偃师二里头文化等早期遗址中使用较多，随着合金技术发展，到商周时期使用逐渐减少[①]。纯铜质软不宜作为攻伐器，多作装饰件。铜铅合金中铅与铜互不相溶，以游离态凝固于铜基体间隙，会对基体产生不同程度分割破坏，降低合金强度，一般随着铅含量增加，其布氏硬度、抗拉强度和延伸率都相应大为降低，显然 4 件铜器选择纯铜、铜铅合金材质作为兵器工具，不符合实际性能需求。

---

① 孙淑云、韩汝玢、李秀辉：《中国古代金属材料显微组织图谱：有色金属卷》，科学出版社 2011 年，第 7-65 页。

（二）金相组织与加工处理

纯铜器 3 件，组织为红铜 α 单相晶粒，晶粒粗大，晶间有少量蓝灰色硫化亚铜夹杂物伴随；部分器物含有微量锡、铅元素，微量锡与铜互溶，以 α 固溶体枝晶偏析组织存在，微量铅以小颗粒状弥散分布。

铜铅合金 3 件，组织为铜基 α 固溶体，铅呈游离态，形态随铅含量不同，而以小颗粒状、枝晶状、团块状或椭球状分布于晶界间，同时亦受浇注冷凝方式、铸件冷却速度影响而形态各异。

铜锡合金 3 件和铜锡铅合金 3 件，铸造显微组织，基体为铜锡 α 固溶体枝晶偏析和 (α + δ) 共析体组织，随着含锡量增加，共析体数量增多，形体变大，但同时铸件的冷却速度对其显微组织也有重要影响；铅以游离态分布于晶间。其中 1 件铜刀和 1 件铜戈经历有意识的铸后加工处理，如刀 M28:1 样品取自刃部，呈现典型铜锡 α 固溶体再结晶晶粒和孪晶，部分晶内存在滑移带，为热锻和冷加工组织，表明其刃部经过有意加工，为实用器；戈 M38:1 样品取自柄端，铸造枝晶偏析和 (α + δ) 共析体组织消失，晶粒粗大，为典型铸后受热组织，推测此件铜戈亦可能铸后经历热锻和冷加工处理，加工部位应为刃部，然铜器导热性好，间接导致柄部形成铸后受热组织。

（三）铅青铜与殷墟时期青铜明器化

殷墟时期青铜器作为礼制的重要组成部分，间接反映了墓主生前地位和权势。随着时代发展，殷墟晚期部分随葬铜器明器化，呈现铸造粗劣，未经修整打磨处理，或青铜合金含铅量较高，绝大多数属铅青铜（铜铅合金），硬度低，非生前实用器，显然专为祭祀随葬铸造而成[①]。

铅青铜自甘肃齐家、四坝文化、河南二里头文化、山东岳石文化等早期文化遗址出土青铜器中便有发现，但数量相对较少，随着商代青铜冶铸技术提高，晚商时期铅的利用更为发达普遍[②]，然铅青铜使用规律尚不明确。目前，对于晚商安阳殷墟时期出土青铜器合金成分分析资料较为丰富[③]，可供初步分析比较殷墟一至四期高低级别墓

---

① 何毓灵：《殷墟墓葬随葬品冥器化现象分析》，载中国社会科学院考古研究所夏商周考古研究室编《三代考古（二）》，科学出版社 2006 年，第 375~382 页。

② 李敏生：《先秦用铅的历史概况》，《文物》1984 年第 10 期。

③ 中国社会科学院考古研究所实验室：《殷墟金属器物成分的测定报告（一）——妇好墓铜器测定》，载考古编辑部编《考古学集刊2》，中国社会科学出版社 1982 年，第 181-193 页；李敏生、黄素英、季连琪：《殷墟金属器物成分的测定报告（二）——殷墟西区铜器和铅器测定》，载考古编辑部编《考古学集刊4》，中国社会科学出版社 1984 年，第 328-341 页；季连琪：《河南安阳郭家庄 160 号墓出土铜器的成分分析研究》，《考古》1997 第 2 期；赵春燕：《安阳殷墟出土青铜器的化学成分分析与研究》，载考古编辑部编《考古学集刊15——纪念殷虚发掘七十周年论文专集》，文物出版社 2004 年，第 243-268 页；赵春燕、岳占伟、徐广德：《安阳殷墟刘家庄北 1046 号墓出土铜器的化学组成分析》，《文物》2008 年第 1 期；刘煜、何毓灵、徐广德：《M54 及 M60 出土青铜器的成分分析》，载中国社会科学院考古研究所《安阳殷墟花园庄东地商代墓葬》，科学出版社 2007 年，第 289-296 页。

表 1　小胡村墓地部分青铜器 SEM-EDS 成分分析和金相组织观察结果

序号	器物编号	器名	残片部位	合金成分（Wt%）				合金材质	金相组织观察结果	制作方法	附图	
				Cu	Sn	Pb	其他				金相组织	背散射图
1	M13:2	弓形器	尾部	85.8	13.3	0.9	—	Cu—Sn	α 固溶体树枝晶偏析，晶内偏析明显，大量粗大多角斑状（α+δ）共析体交联成网状；高倍下可见共析体内有少量铅颗粒状弥散分布	铸造	A1	B1
2	M13:8	刀	柄部	88.9	10.1	1.0	—	Cu—Sn	α 固溶体树枝晶偏析，晶内偏析明显，（α+δ）共析晶界分布；晶界间有少量椭球形自由铜形态	铸造	A2	B2
3	M21:15	簋	腹部	86.4	—	13.6	—	Cu—Pb	典型铜铅合金组织，铜基 α 固溶体，大量铅以团块状、枝晶状分布于晶界间	铸造	A3	B3
4	M21:17	戈	柄部	85.0	—	15.0	—	Cu—Pb	典型铜铅合金组织，铜基 α 固溶体，大量铅以团块状、枝晶状分布于晶界	铸造	A4	B4
5	M21:7	戈	刃部	93.6	—	6.4	—	Cu—Pb	典型铜铅合金组织，铜基 α 固溶体，铅以枝晶状和椭球状分布于晶界	铸造	A5	B5
6	M21:9	戈	刃部	98.4	—	1.6	—	Cu—Pb①	典型铜铅合金组织，铜基 α 固溶体，晶界腐蚀严重，少量铅以细小颗粒状分布于晶界	铸造	A6	B6
7	M24:2	鼎	足跟	99.3	0.4	—	S=0.3	Cu	红铜 α 单相晶粒，晶粒粗大，晶界有少量硫化亚铜夹杂伴随	铸造	A7	B7
8	M28:1	刀	刃部	80.1	16.4	3.5	—	Cu—Sn—Pb	典型锡青铜热锻和冷加工组织，铜锡 α 固溶体再结晶晶粒，部分晶内存在明显滑移带	热锻和冷加工	A8	B8
9	M30:5	爵	足部	81.7	13.9	4.4	—	Cu—Sn—Pb	α 固溶体树枝晶偏析，晶内偏析明显，枝晶间隙分布大量细小（α+δ）共析体；铅以颗粒状晶间弥散分布	铸造	A9	B9

① 分析测试铅含量虽为 1.6%，但青铜铸造时铅一般最后作为独立相以团絮状、枝晶状或者大小不同粒径球状于晶界和晶界内分布，金相组织中可见基体枝晶界处枝晶状相优先腐蚀，器表有大量铅腐蚀产物堆积，因此认定本未腐蚀前其原始合金中铅含量应超过 2%，为有意加入合金元素。

续表

序号	器物编号	器名	残片部位	合金成分（Wt%）				合金材质	金相组织观察结果	制作方法	附图	
				Cu	Sn	Pb	其他				金相组织	背散射图
10	M38:1	戈	柄部	85.8	14.2	–	–	Cu–Sn	锡青铜铸后受热均匀化组织，铸造枝晶偏析和（α＋δ）共析体消失，晶粒粗大，晶界多遭严重腐蚀	铸后受热组织	A10	B10
11	M6:2	瓠	口沿	84.2	13.6	2.2	–	Cu–Sn–Pb	α 固溶体树枝晶偏析，晶内偏析明显，枝晶粗大，晶间分布多角形状（α＋δ）共析体；少量铅颗粒弥散分布，晶界有少量铅颗粒自由铜形成	铸造	A11	B11
12	M8:4	弓形器	弓部	97.5	1.5	1.0		Cu	少量锡溶入铜中形成的 α 固溶体树枝晶组织，少量铅以颗粒状分布于晶间	铸造	A12	B12

葬间铅青铜发展变化与随葬使用规律。

殷墟一期，检测样品数量相对较少，且皆为低级别墓出土，铜器以铅锡青铜和锡青铜为主，其次还有少量纯铜和铅青铜。殷墟二期分析数据较多，此期铜礼容器类，高低级别墓葬间合金配比相差不大，皆以高锡的锡青铜和高锡的铅锡青铜为主，然兵器工具类不同级别墓葬相差甚远，如妇好墓和 M54 等大型墓葬所出土兵器工具皆以高锡的锡青铜和铅锡青铜为主，而西区小型平民墓出土兵器则以铅青铜为主。

殷墟三期，铅青铜礼容器尚未大规模出现，然铅青铜质兵器使用对象有扩大趋势，由中小平民墓，扩大至部分高等级贵族，如对 M160 高等级武将墓出土 26 件铜器分析发现：12 件铜礼器中绝大多数为锡青铜和铅锡青铜，合金仍延袭二期高等级墓高锡低铅的特点，未出现高铅含量铜礼器，但所分析 13 件兵器中，9 件为铅青铜。郭妍利对商代青铜兵器的明器化现象研究，亦发现兵器明器化起始于殷墟二期中低级别墓，殷墟三期逐渐被上层高等级贵族所接受，至四期已在各类级别墓葬兵器中普遍出现[1]。

殷墟四期铅的使用比例逐步升高，随葬铜器明器化更为盛行，高等级贵族墓葬中铅青铜礼器开始成套出现，如高等级贵族墓刘家庄北 M1046 出土 9 件铜礼器：锡含量处于 4.07%–6.21%，铅含量处于 24.19%–27.61%，处于低锡高铅水平，铜礼器整体器壁薄，质地较差，为随葬明器。其余所分析四期铜礼器来自中低级墓葬，亦多为铅青铜和铅锡青铜。

综上可知，殷墟二期铅青铜质兵器已在中低级贵族墓葬大量使用，殷墟三期逐渐扩展至上层高级贵族墓葬，至四期已在各类级别墓葬普遍出现。礼容器作为供奉鬼神祖先祭祀观念的主要物质载体，殷墟二三期，低劣的铅青铜质礼容器仅少量出现于中低级墓葬个别器物，殷墟四期铅青铜材质礼容器数量和使用对象开始扩大，在部分高等级贵族墓葬亦大规模成套出现。

从现代铸造理论看：铅的加入有助于铸造纹饰细密和器壁较薄的铜器，但当含铅量超过 15% 时，满流率开始下降，铜液的流动性变差[2]，容易造成重力偏析合金成分不均，同时铅青铜凝固温度范围大，易产生缩孔缺陷，显然高铅的合金及铅青铜出现，绝非铸造工艺的技术改进措施。有学者研究认为：晚商随葬铜器明器化和铅青铜大规模出现，一方面可能因晚商锡贵铅贱和墓主身份财富衰落相关，同时受到对天、鬼神怀疑的社会风尚影响，祭祀祖先鬼神渐失隆重，随葬器物亦从质地优良实用器转化为粗糙简陋的明器[3]。本次分析小胡村舌族家族墓地，其中殷墟三期 M21 墓所分析 1 件铜礼器簋和 3 件铜兵器戈亦皆为铅青铜，应为明器，作为殷墟周边商文化系统，趋同殷墟商文化中心区，亦出现中小贵族铜器明器化现象。

---

① ③ 郭妍利：《论商代青铜兵器的明器化现象》，《考古与文物》2006 年第 6 期。

② 韩汝玢、孙淑云、李秀辉等：《中国古代铜器的显微组织》，《北京科技大学学报》2002 年第 2 期。

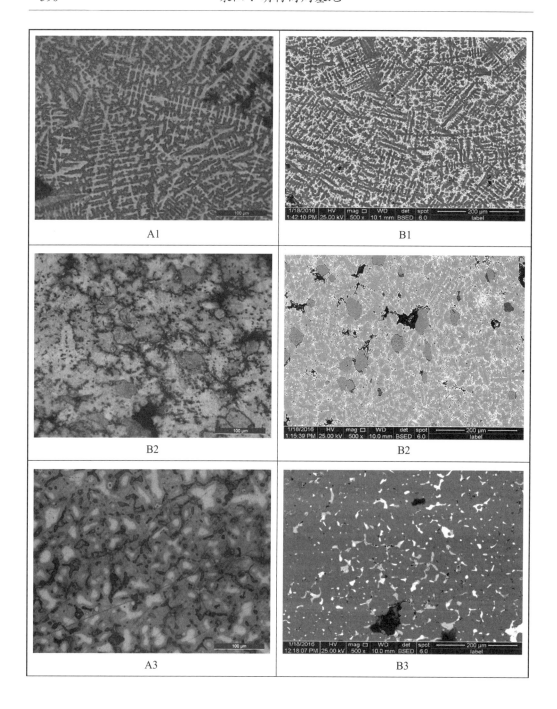

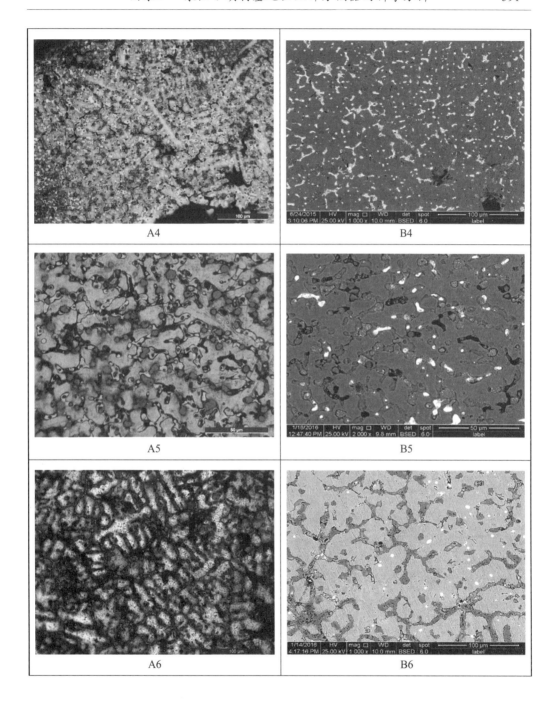

A4

B4

A5

B5

A6

B6

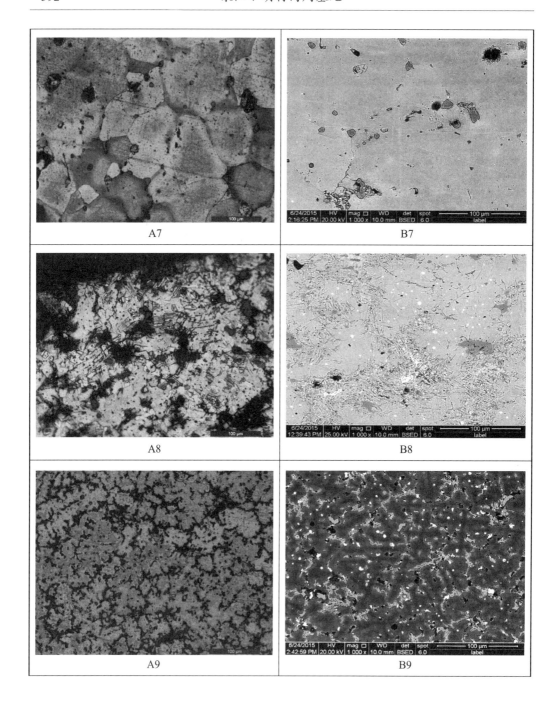

A7

B7

A8

B8

A9

B9

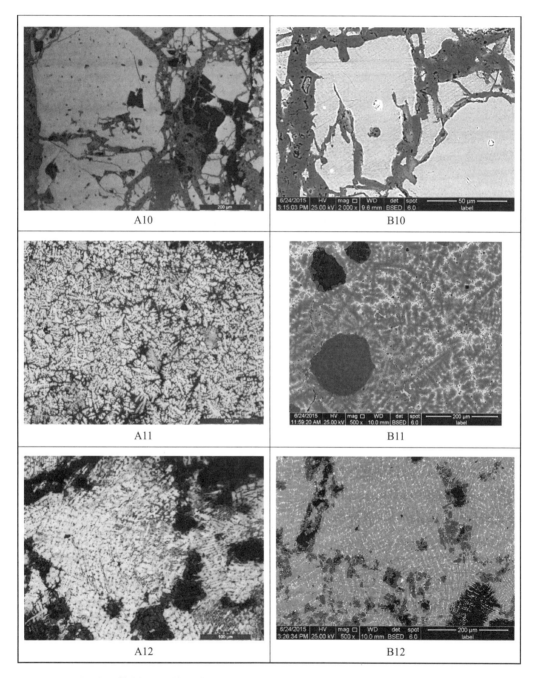

三、金属基体锈蚀结构分析

金属锈蚀过程也是金属矿化转变过程，常受本身合金成分和埋藏环境等因素影响，呈不同的锈蚀矿化特点，在金相显微镜明场视野下可见锈层分层结构，暗场下因各锈层对入射光吸收反射差异，锈层呈现明暗灰度差异。采用扫描电镜及能谱仪对其进行微区背散射电子相观察和成分测定，可进一步推断各层锈蚀产物物相组成及结构，分析结果见表2。

表2　小胡村墓地商代墓葬出土部分青铜器锈蚀结构分析结果

序号	器物编号	器物名称	合金材质	锈蚀状况观察结果
1	M13：2	弓形器	Cu-Sn	表层锈蚀较轻，不均匀，从外至内可见局部红褐色氧化亚铜层、橘黄色氧化亚铜和二氧化锡混合层，（α+δ）共析体优先锈蚀
2	M13：8	刀	Cu-Sn	表层锈蚀较轻，不均匀，从外至内可见局部红褐色氧化亚铜层、橘黄色氧化亚铜和二氧化锡混合层，（α+δ）共析体优先锈蚀
3	M21：15	簋	Cu—Pb	表层锈蚀较轻，均匀，从外至内可见红褐色氧化亚铜层、灰色碳酸铅层
4	M21：17	戈	Cu—Pb	表层锈蚀严重，不均匀，从外至内可见浅绿色孔雀石层，红褐色氧化亚铜和碳酸铅混合层
5	M21：7	戈	Cu—Pb	基体锈蚀严重，不均匀，从外层至内可见灰色碳酸铅层，局部浅绿色孔雀石和红褐色氧化亚铜混合层，基体可见铅颗粒选择性腐蚀后所留孔洞
6	M21：9	戈	Cu	表层锈蚀较轻，不均匀，从外至内可见局部灰色白铅矿层，橘黄色氧化亚铜和基体混合层
7	M24：2	鼎	Cu	表层锈蚀较轻，均匀，从外至内可见少量浅绿色孔雀石层、橘黄色氧化亚铜和基体混合层
8	M28：1	刀	Cu-Sn-Pb	基体锈蚀严重，均匀，从外至内可见浅绿色孔雀石层，橘黄色氧化亚铜和二氧化锡混合层，（α+δ）共析体优先锈蚀
9	M30：5	爵	Cu-Sn-Pb	表层锈蚀较轻，不均匀，从外至内可见红褐色氧化亚铜层，橘黄色氧化亚铜和二氧化锡混合层，（α+δ）共析体优先锈蚀
10	M38：1	戈	Cu-Sn	基体锈蚀较为严重，不均匀，从外至内可见外浅绿色孔雀石层、橘黄色二氧化锡与氧化亚铜混合层，内浅绿色孔雀石层、外橘黄色二氧化锡与氧化亚铜混合层
11	M6：2	觚	Cu-Sn-Pb	表层锈蚀较轻，均匀，从外至内可见浅绿色孔雀石层、红褐色氧化亚铜层、橘黄色二氧化锡与氧化亚铜混合层，（α+δ）共析体优先锈蚀
12	M8：4	弓形器	Cu	表层锈蚀较轻，均匀，从外至内可见少量浅绿色孔雀石和红褐色氧化亚铜层

分析结果显示：2件纯铜器物锈蚀程度整体较轻，最外层多为浅绿色孔雀石层，内层为氧化亚铜原始表面和内层基体。

3件铜锡铅合金和3件铜锡合金锈蚀程度略有差异但整体较轻，锈层结构大体相似，可分4层。最外层呈浅绿色，致密厚度不均，局部土锈混杂其间，主要由孔雀石组成；第二层呈红褐色，较为纯净，结构致密，由赤铜矿组成；第三层呈橘黄色，以铜、锡、氧元素为主，为基体原始表面氧化腐蚀后形成，由二氧化锡和赤铜矿组成；第四层为内层基体，浸蚀前（α+δ）共析体已遭选择性腐蚀，显露组织形态（图9）。

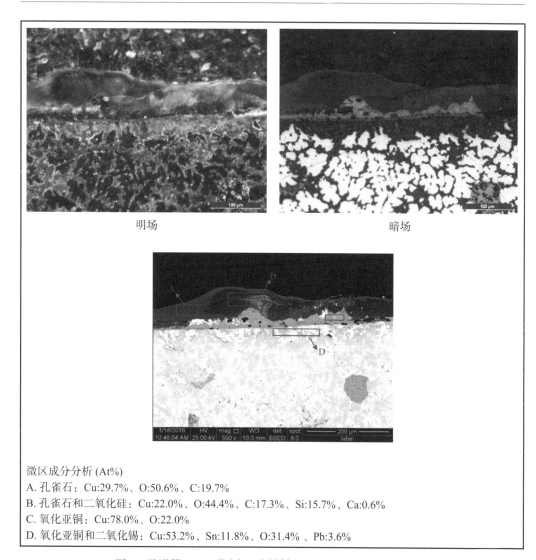

明场　　　　　　　　　　暗场

微区成分分析 (At%)
A. 孔雀石：Cu:29.7%、O:50.6%、C:19.7%
B. 孔雀石和二氧化硅：Cu:22.0%、O:44.4%、C:17.3%、Si:15.7%、Ca:0.6%
C. 氧化亚铜：Cu:78.0%、O:22.0%
D. 氧化亚铜和二氧化锡：Cu:53.2%、Sn:11.8%、O:31.4%、Pb:3.6%

图 9　弓形器 M8:4 明暗场、背散射电子相与微区成分分析结果

　　铜戈 M38：1 锈层呈环状条纹结构，其由孔雀石与赤铜矿循环环套叠压，其类似周期性沉淀 Liesegang 环带现象，可能与埋藏期间腐蚀产物相互渗透沉积有关，在碳酸根离子达到固体晶相沉积的浓度即形成孔雀石，碳酸根或碳酸氢根离子被耗尽区域，可以再次形成赤铜矿。该样品裂隙纵横发育，内层浅绿色孔雀石层沿裂隙分布，其可能由碳酸根离子与内层裂隙周遭赤铜矿选择性结合转化而来（图 10）。

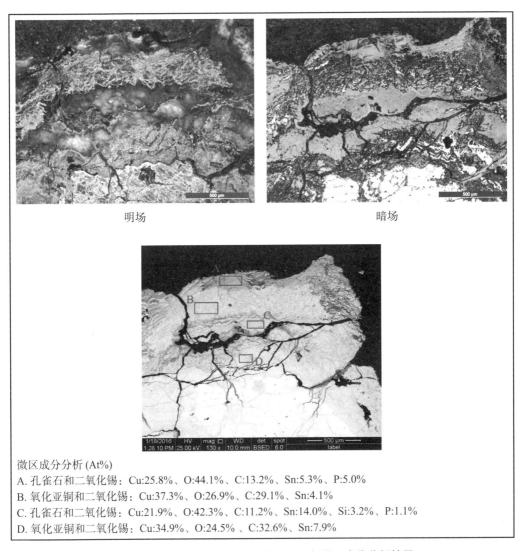

明场　　　　　　　　　　　　　暗场

微区成分分析 (At%)
A. 孔雀石和二氧化锡：Cu:25.8%、O:44.1%、C:13.2%、Sn:5.3%、P:5.0%
B. 氧化亚铜和二氧化锡：Cu:37.3%、O:26.9%、C:29.1%、Sn:4.1%
C. 孔雀石和二氧化锡：Cu:21.9%、O:42.3%、C:11.2%、Sn:14.0%、Si:3.2%、P:1.1%
D. 氧化亚铜和二氧化锡：Cu:34.9%、O:24.5%、C:32.6%、Sn:7.9%

图 10　刀 M38:1 明暗场、背散射电子相与微区成分分析结果

　　铜刀（M28：1）金相组织显示其经过铸后热锻和冷加工处理，M38：1（铜戈）样品取自柄部显示为铸后受热组织，推测此件铜戈加工部位应为刃部，亦可能经过铸后热锻和冷加工处理，铜器导热性好间接导致柄部形成铸后受热组织。两器物经过上述热冷处理后，导致内部组织结构不均且残存不均匀分布内应力，间接加速其晶间腐蚀和残余应力腐蚀，导致基体腐蚀甚为严重。除此之外，其余铜锡、铜锡铅合金基体锈蚀程度相对较轻。

　　4 件铜铅合金锈蚀最为严重，层状结构不明显，最外层为孔雀石或白铅矿；第二层多呈红褐色，为氧化亚铜层，厚度各有不同；第三层为基体原始表面，由氧化亚铜、铅的氧化物腐蚀层组成。铅元素耐腐蚀能力较差，流失严重，多数已从内部基体游离

至器表腐蚀转化为白铅矿,如戈 M21∶7以白铅矿形式在器表A区与孔雀石混合存在
(图11),导致器物铅含量测定结果偏差较大。

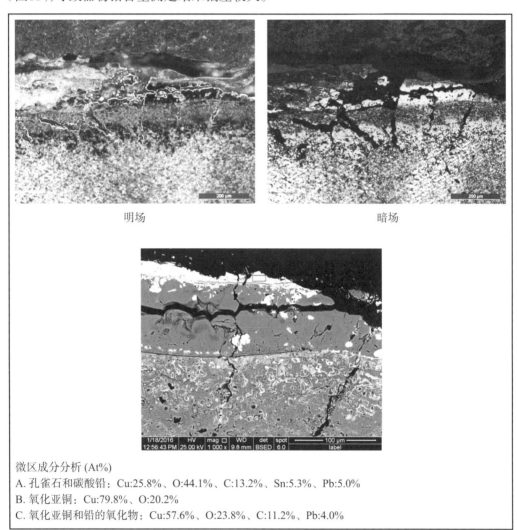

明场　　　　　　　　　　　　　　　暗场

微区成分分析 (At%)
A. 孔雀石和碳酸铅:Cu:25.8%、O:44.1%、C:13.2%、Sn:5.3%、Pb:5.0%
B. 氧化亚铜:Cu:79.8%、O:20.2%
C. 氧化亚铜和铅的氧化物:Cu:57.6%、O:23.8%、C:11.2%、Pb:4.0%

图 11　戈 M21:7 明暗场、背散射电子相与微区成分分析结果

四　结论

　　研究发现:相较纯铜、铜锡和铜锡铅合金,铜铅合金耐腐蚀能力相对较弱,腐蚀
严重,且铅元素易从内部基体腐蚀游离至表面堆积,导致器物铜铅合金成分测定结果
偏差较大。铜器经冷热加工处理,器物内部组织结构不均且残存不均匀分布内应力,
会间接加速其晶间腐蚀和应力裂隙腐蚀。

　　12 件铜器材质包含:纯铜(Cu)2 件,铜铅合金(Cu-Pb)4 件,铜锡合金(Cu-Sn)
3 件,铜锡铅合金(Cu-Sn-Pb)3 件。4 件礼容器皆为铸造成型,8 件兵器工具中除刀

M28∶1、戈 M38∶1 经有意铸后热锻和冷加工，其余皆直接铸造成型。

小胡村舌族家族墓地 M21 所分析 1 件铜礼器簋和 3 件铜兵器戈皆为铜铅合金明器，表明趋同殷墟商文化中心区，小胡村墓地作为殷墟周边商文化系统，亦呈现部分中小贵族随葬铜器明器化现象。

小胡村墓地出土铜器铸造工艺研究

陈建立[①]、梁法伟[②]

2006 年 7 至 9 月，河南省文物考古研究院、郑州市文物考古研究院和荥阳市文物保护管理所组成联合考古队，对荥阳市小胡村墓地进行了抢救性考古勘探和发掘，共清理商代晚期墓葬 58 座，墓葬形制均为长方形竖穴土坑，葬具多为一棺一椁，人骨保存较差。在出土的多件铜器上发现铭文"舌"字，这里应是一处商代晚期的"舌"族墓地。此墓地的完整揭露所获铜器资料，对研究商代晚期铜器制作工艺问题具有重要的学术意义。本文考察的器物的统计如表 1 所示。现根据容器、兵器和工具等类别分别讨论这批铜器的铸造工艺。

表 1　小胡村墓葬考察铜器一览表

墓号	鼎	瓿	簋	爵	卣	戚	镞	戈	矛	刀	斧	锛	凿	铃	合计
M1								1							1
M2															
M3															
M6		1		1											2
M7				1						1					2
M8		1	1	1										1	4
M10								1							1
M13						1	11	4	1	2		1	1		21
M14															

① 作者单位：北京大学考古文博学院，北京，100871。

② 作者单位：河南省文物考古研究院，郑州，450000。

墓号	鼎	瓿	簋	爵	卣	戚	镞	戈	矛	刀	斧	锛	凿	铃	合计
M16		1		1				1			1		1	1	6
M18															
M19															
M21	1	1		1			4	10		1				1	19
M22	1	1	1	1				1			1	1	1	1	10
M23															
M24		1		1				1				1	1	1	6
M25		1		1											2
M27		1		1				1							3
M28		1		1	1		2	1		1	1				8
M30	1	1		1				1			1		1		6
M31		1		1				1			1		1	1	6
M32															
M33	1	1		1				1				1			5
M34		1		1				1				1	1	1	6
M36															
M38							4							2	6
M42		1		1				1	1		1				5
M43	1	1		1				1							4
M51														1	1
M52	1	1		1				1		1	1			2	8
M89															
M90		1						1	1						3
M104								1							1
M105	1	1		1				1							4
M106															
M118														1	1
总计	7	18	2	18	1	1	21	31	2	7	7	6	7	12	141

一、铜容器铸造工艺

1.1 鼎

9座墓葬中出土的9件鼎，除M24∶2和M28∶2铜鼎变形或破碎严重铸造情况不清外，其余7件铜鼎的铸造工艺观察结果见表2。

表2　铜鼎的铸造工艺观察结果

器物号	铸造工艺观察	分范方式
M21∶14	腹外壁有三道与足相对应的铸造披缝，等分上腹纹饰，鼎底及三足均较为光滑，没有发现明显的铸造披缝，惟在底部正中发现一个似浇铸口的痕迹，三枚芯撑对称排列。	3fz
M22∶1	腹外壁有三道铸造披缝，每足有三道铸造披缝，底部未发现铸造披缝，所有铸造披缝均经过打磨，很难辨认，底部有芯撑三枚，推测全器至少使用了三块腹外范。有一足在使用过程中曾损坏，该足相应的鼎底内外壁均有明显的焊接痕迹。	3fz
M30∶2	铸造披缝较明显，底部铸造披缝呈三角形，和两足铸造披缝相连，腹部有三道明显的铸造披缝等分器腹，与足铸造披缝相连，腹部铸造披缝稍经打磨，全器由三块腹外范、一块底外范和一块腹芯相扣合一次倒置浇铸而成，浇铸口在底部。该鼎在使用过程中，经过修复，修复痕迹非常明显。其中一足有两条铸造披缝，且铸造披缝和底、腹铸造披缝均不相连，相应的在内壁凸起较高，应是另铸的一足补铸上的；一耳下侧和腹中部也各有修补痕迹，相应部位两面均凸起。腹中部弦纹有明显的错范痕迹	3fz+1（△）
M33∶4	鼎底有非常明显的三角形铸造披缝，和足铸造披缝相连，足外侧铸造披缝与腹铸造披缝相连。全器由三块腹外范，一块底外范和一块腹芯扣合浇铸而成。	3fz+1（△）
M43∶3	三足和底部有铸造披缝，除一足铸造披缝较明显似未经打磨外，其余铸造披缝均经过打磨，底部铸造披缝呈三叉Y状，与三足铸造披缝相连，全器由三块外范和一块腹芯扣合倒置一次浇铸而成。鼎腹部有一圈芯撑，底部亦有长方形铜芯撑四枚。一足外侧铸造披缝与腹铸造披缝不相连，且相应的鼎内壁有远大于足径的圆形凸起，应经过补铸。	3fz
M52∶1	鼎底外壁有明显的三角形铸造披缝，与足、腹铸造披缝相连，全器由三块腹外范、一块三角形底外范与一块腹芯扣合倒置一次浇铸而成。	3fz+1（△）
M105∶1	鼎底有三角形铸造披缝，与三足内侧铸造披缝相连，腹有三道铸造披缝等分鼎腹，与足外侧铸造披缝相连，可知全器有三块腹外范、一块底外范与一块腹芯扣合一次浇铸而成。制作较粗糙，器壁较薄，使用过程中有损坏，器壁有八处经过修补的痕迹，且有两个圆形孔尚未修补。	3fz+1（△）

由此可见，鼎的铸造大致可分两种情况，即采用3fz和3fz+1（△）型分范方式浑铸成形。

　　第一种情况是用三块外范和一块腹芯扣合浇注而成，没有专门的底范，底部铸造披缝呈Y形（见图1-图3），标记为3fz，以标本M43：3铜鼎为典型。该鼎深腹，圈底较圆，三足较矮，上粗下细。三足和底部有铸造披缝，除一足铸造披缝较明显似未经打磨外，其余铸造披缝均经过打磨，底部铸造披缝呈Y状，与三足铸造披缝相连，全器由三块外范、一块腹芯和两块耳芯扣合倒置浑铸而成。鼎腹部有一圈芯撑但数量不明，底部亦有长方形铜芯撑四枚。一足外侧铸造披缝与腹铸造披缝不相连，且相应的鼎内壁有远大于足径的圆形凸起，应经过补铸。

　　第二种情况是用四块外范和一块腹芯扣合浇注而成，四块外范中，有三块为腹外范，一块为专门的底外范，底部铸造披缝呈三角形，标记为3fz+1（△）型，典型者如标本M52：1。该鼎口微敛，三柱状足内聚，足下端稍细。上腹饰简化兽面纹三足，每个兽面纹均只有竖鼻和双眼，圆眼凸出。鼎底外壁有明显的三角形铸造披缝，与足、腹铸造披缝相连，如图4-图6。全器由三块腹外范、一块三角形底外范、一块腹芯和两块耳芯扣合倒置浑铸而成。

 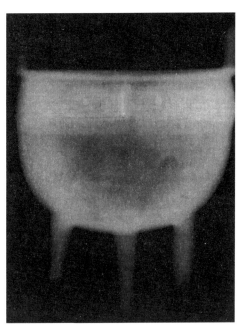

图1　铜鼎M43：3　　　　　　图2　铜鼎M43：3X射线影像

　　根据郭宝钧的研究，这两种不同的合范方法有时代差异，第一种合范法时代较早，第二种合范方法时代晚于第一种[①]。因此，这种铸造工艺的差异也可以作为我们判断器物时代的一个依据。

① 郭宝钧：《商周青铜器群综合研究》，文物出版社1981年，第124~126页。

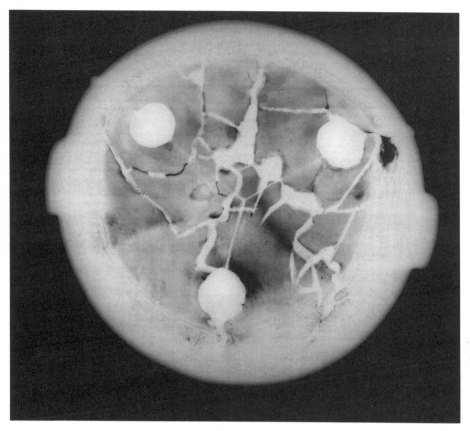

图 3　鼎 M28：2X 射线影像

图 4　铜鼎 M52：1

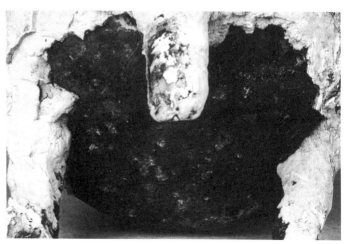

图 5　铜鼎 M52：1

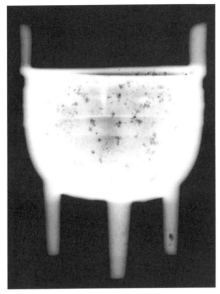

图 6-1　鼎 M33：4X 射线影像

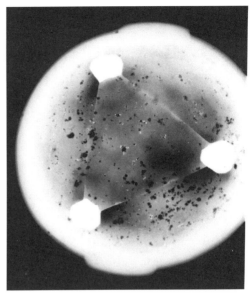

图 6-2　M33：4 鼎 X 光射线影像

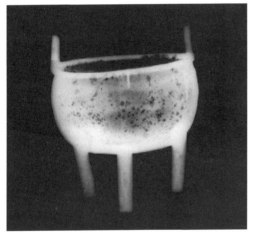

图 6-3　鼎 M52：1X 射线影像

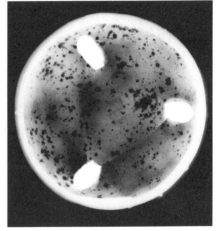

图 6-4　鼎 M52：1 X 射线影像

　　这几件鼎中还发现有芯撑和修补痕迹。在 M43：3 铜鼎底部外壁发现一处圆形铜芯撑，直径 1.4 厘米，X 光拍照后发现有 4 枚，见图 3。M21：14 鼎的底部则有 3 枚铜芯撑对称分布，见图 7。而其余鼎的底部未见芯撑。由此可见，小胡村墓地铜鼎底部芯撑的设置尚未有明显规律。

　　M43：3 铜鼎和 M30：2 铜鼎均有一足外侧铸造披缝与腹铸造披缝不相连，且相应的鼎内壁有远大于足径的圆形凸起，应经过补铸，见图 8。其中 M30：2 铜鼎的一足从铸造披缝来看，应是另铸的一足补铸上的。M22：1 铜鼎有一足在使用过程中曾损坏，该足相应的鼎底内外壁均有明显的补铸痕迹。M30：2 铜鼎一耳下侧和腹中部也各有修补痕迹，相应部位两面均凸起，见图 9。M105：1 铜鼎器壁有八处经过修补的痕迹，且有两个圆形孔洞尚未修补，见图 10。

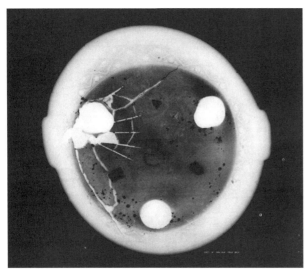

图 7　鼎 M21：14X 射线影像

图 8　铜鼎 M43：3

图 9　铜鼎 M30：2

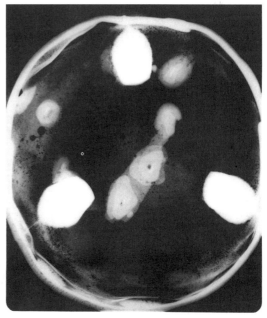

图 10　鼎 M105：1X 射线影像

1.2 簋

标本 M8：3，方唇，窄折沿，腹斜直，高圈足。圈足有三个小扉棱。颈部饰雷纹地夔纹十二个和浮雕兽首三个；圈足饰云雷纹地夔纹 6 个，可分三组，每组以扉棱为中线，两两相对。底部发现芯撑一枚，外壁有网格状加强筋。底内壁中部有铭文，但因部分残失，无法清楚辨认，似为"亚韦舌"。出土时破碎为数块，应是下葬时就已经打碎。根据以上观察，推测此件簋使用了三块腹外范、1块腹芯和1块圈足芯铸造而成。见图11-图12。

图 11　铜簋残器 M8：3

图 12　簋 M8：3X 射线影像

标本 M22：3，侈口，卷沿，微束颈，鼓腹，高圈足；素面。足有对称近圆形镂孔两个。腹部及圈足有明显被锉磨的铸造披缝，整器是两块外范、一块腹芯和一块足芯扣合倒置一次浇注而成，浇注口在足端铸造披缝处，也被锉磨过。圈足内底部有三个不规则形铜芯撑，两个直径 1.5 厘米，一个直径 1 厘米。见图 13-图 14。

图 13　铜簋 M22：3

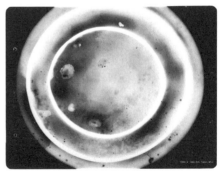
图 14　簋 M22：3X 射线影像

1.3 瓿

M16：2 和 M30：3 铜瓿发现有自口沿至圈足底部的铸造披缝，说明应是使用两块外范和一块腹芯和一块圈足芯扣合浇注而成，见图15-图18。

图 15　铜觚 M16：2

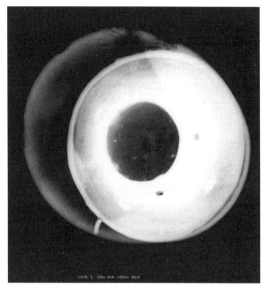

图 16　觚 M16：2X 射线影像

图 17　铜觚 30：3

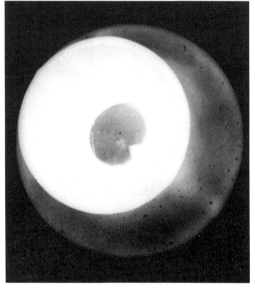

图 18　觚 M30：3X 射线影像

　　M24：5 铜觚的颈腹部交接部位有两道凸弦纹，弦纹以上的口颈部为素面，器表未见垂直铸造披缝痕迹；弦纹与腹部纹饰带之间隐约可见一条水平分范线。水平范线以下的腹部两组兽面纹之间可见两条垂直披缝，垂直披缝顶端与水平分范线相接处可见明显错位；每组兽面双眼正中各有一条凸起的扉棱。腹部与圈足交接部位也有两道凸弦纹，弦纹以下圈足部位装饰兽面纹，并可见四条垂直披缝。腹部与圈足的兽面纹之间的披缝与腹足间的两个镂孔相对应，腹部兽面的扉棱与圈足兽面双眼正中的披缝位置相对应。圈足内有两个对称锥形加强筋，长 3 厘米，腹底有芯撑一枚（图 19- 图 22）。由此可推测该觚在颈腹之间的弦纹以下进行了水平分范，口颈部位器表虽未见有垂直披缝痕迹，但从水平范线与腹部垂直披缝及扉棱交接处的情况来看，口颈部位可能采用了垂直二分外范的形式，披缝位置与腹部兽面纹之间的披缝相对应；而腹部和圈足则采用了垂直四分外范的分范形式，分范位置与纹饰单元相对应；在底部设置芯撑 1 枚。但其浇注方式不明。其余铜觚的合范方式与之大致相同，但部分器物底部没有设置芯撑，锥形加强筋的数量也不统一。

图 19-1　铜觚 M24：5

图 19-2　铜觚 M28：7

图 20-1　铜觚 M24：5

图 20-2　铜觚 M28：7

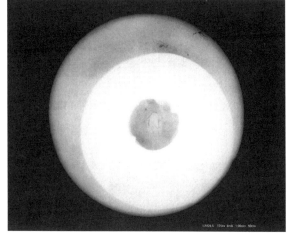

图 21　铜觚 M24：5　　　　　　　　图 22　觚 M24：5X 射线影像

　　18 件铜觚的圈足均带有镂孔, 镂孔的泥芯有些刻在圈足芯上, 有些是刻在外范上。如 M52：2 铜觚的镂孔孔壁由内向外斜削, 内壁孔径大, 外壁孔径小, 这种镂孔的泥芯应该就是刻在圈足芯上的。M34：6 铜觚有一个镂孔虽然穿透圈足壁, 但是并未完全穿透圈足壁外侧的两道凸弦纹, 这也说明镂孔的泥芯应该是刻在圈足芯上的。M21：3 和 M28：7 铜觚均有 4 个十字形镂孔, 但是每件铜觚只有 2 个镂孔是穿透圈足壁的, 另 2 个镂孔都是从外向内半穿透, 这类镂孔的泥芯只能是刻在外范上, 见图 23–图 24。镂孔的大小粗细有别, 这应该和镂孔泥芯的功用有关。比较粗大的镂孔泥芯应该起到了支撑内外范以控制圈足壁厚的作用。有些镂孔可能只是起到了装饰的作用, 如上面所说的 M21：3 和 M28：7 铜觚 2 个未穿透圈足壁的镂孔就应该是起到了装饰的作用。

图 23　铜觚 M21：3　　　　　　　图 24　铜觚 M28：7

　　在 M21：3 和 M28：7 铜觚的圈足内紧贴底部有 4 个锥形加强筋，见图 25；在 M6：2、M24：2、M52：2、M22：2、M33：2、M30：3 铜觚的圈足内紧贴底部有 2 个锥形加强筋。在没有锥形加强筋的 M42：1、M43：4 铜觚的圈足内底外壁均发现有明显的凸起，应为芯撑痕迹（也可能为补铸痕迹）。

　　另外，在 M33：2 铜觚的上腹部和 M52：2 铜觚的圈足部都有明显的补铸痕迹。M52：2 铜觚在补铸部位的圈足内壁留下了极其明显的浇口痕迹，见图 26。

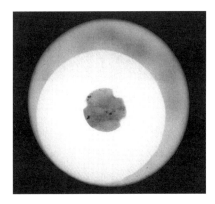

图 25　觚 M28：7X 射线影像

图 26　铜觚 M52：2

1.4 爵

　　18 件爵出自 18 座墓葬。根据腹、鋬及器表装饰的不同，可分两型。其中 A 型 13 件，为半环形鋬；器表装饰较简单。B 型 5 件，鋬多有牛首形装饰；器表纹饰华丽。现根据分型结果，选择有典型铸造痕迹的爵的铸造工艺观察结果列于表 3。总体看来，铜爵制作较为精细，铸造披缝大多不是很明显。M7：1 铜爵由于底外范合范时错位较大，使得铜爵底外壁留下了明显的范错痕迹。M25：2 和 M27：2 铜爵的底部有两道相对明显的铸造披缝，和流、尾、腹铸造披缝相对应。

表 3　典型铜爵的铸造工艺观察结果

器物号	铸造工艺观察	备注
M7：1	爵底部铸造披缝极明显，流、尾、腹外壁的铸造披缝有经过打磨的痕迹，全器由三块外范、一块腹芯、一块鋬芯扣合浇注而成，爵的帽下有铸造披缝，柱帽系在芯座上成型。	A 型 图 27－图 29
M25：2	底和流外壁有明显的铸造披缝，铸造方法同上。	A 型 图 30
M27：2	底部有明显的铸造披缝，和流、尾、腹外壁铸造披缝相连，铸造方法同上。	A 型 图 31
M16：3	铸造披缝平分流、尾、腹，已磨光不太明显，浇注口不清楚。鋬内腹外壁有铭文"舌"字，阴文，鋬内侧有芯土，外侧有不平整的凸起。	B 型 图 32－图 34

图 27　铜爵 M7：1

图 28　铜爵 M7：1

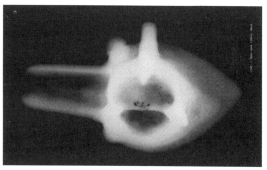

图 29　爵 M7：1X 射线影像

图 30　铜爵 M25：2

图 31　铜爵 M27：2

图 32　铜 M16：3

图 33　铜爵 M16：3

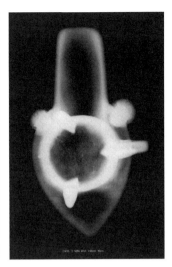
图 34　爵 M16：3 X 射线影像

二、铜兵器铸造工艺

2.1 戚

标本 M13：6，整体扁平窄长，弧形双面刃稍外侈，刃线明显，长方形内，内窄于身，内、身之间有上下栏。戚身近栏处两面各有七个圆圈纹，其下为三角形浅槽兽面纹；内后端两面均有凹槽兽面纹。栏部有铸造披缝，应是两块外范扣合浇注而成。见图 35- 图 36。

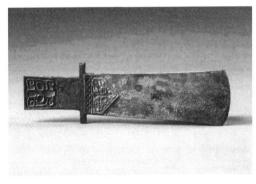
图 35　铜钺 M13：6

图 36　铜钺 M13：6

2.2 戈

30 件戈，出自 19 座墓葬。根据内部的不同可分三型，但铸造工艺基本相同。

A 型。标本 M13：11，长条三角形援，弧线聚锋，脊漫圆不起棱线，截面呈枣核形，明显比内厚，长方形直内，中部有圆穿，后端两面有铭文"舌"字，阴文，内、援之间有上下栏。栏两面均有凸线纹三道，可以起到固定戈秘的作用。栏及内缚秘处尚有明显的铸造披缝，见图 37-图 38，可知是两块外范扣合一次浇注而成。

图 37　舌字铜戈

图 38　舌字铜戈 M13：11

B 型。标本 M21：6，三角形援，一侧微显脊线，援末下侧有长方形穿，长方形内，近援处有截面呈椭圆形的銎，銎内尚有朽秘痕迹，内后端一面有"弓"形饰。援末有铸造披缝，见图 39，应是两块外范扣合一次浇注而成。

C 型 8 件，曲内歧冠戈。较轻薄，应是冥器。标本 M21：11，出土时内部弯曲。器物较轻薄，制作粗糙，冥器。长条形援，扁平，中间有棱线，弧线聚锋，曲内歧冠，有上下栏。内后端两面有鸟形纹。有非常明显的合范痕迹，见彩版二八 -1。

图 39　铜戈 M21：6

图 40　铜矛 M13：16

2.3 矛

标本 M13：16，矛身略成三角形，截面呈菱形，双叶斜直，前锋尖锐，叶末弧线内收，中脊两面有长三角形火焰状浅凹槽，长骹中空，截面呈菱形，口平齐，骹近叶处有一周浅凹槽。应是两块外范和一块骹芯扣合浇注而成。

标本 M90：2，矛身呈三角形，截面呈扁菱形，锋较尖，叶末圆转，身近骹处两面有三角形凹槽，骹中空，截面近菱形，一面有一小孔。铸造方法同上。

2.4 镞

标本 M28：11，保存较好。铤上有缠缚的麻绳朽痕，麻绳朽痕外有光滑的箭杆磨痕。两枚形制相同。镞身略成三角形，前锋尖锐，双翼扁平，后端约与关齐，后锋尖锐，六棱形脊贯通前锋和关，一枚铤较细长呈圆锥形，另一枚铤较粗短。后锋内侧有铸造披缝，见图41，应是两块外范扣合浇注而成。

标本 M21：16，双翼扁平，长于关，后锋尖锐，八棱形中脊贯通前锋，圆锥形长铤。长铤尚有缠缚的绳草痕迹。后翼内侧有铸造披缝，与关两侧铸造披缝相连，应是两块外范扣合浇注而成。

标本 M38：3-1，双翼扁平，长于关，后锋尖锐，八棱形中脊贯通前锋，圆锥形长铤。长铤尚有缠缚的绳草痕迹。后翼内侧有铸造披缝，与关两侧铸造披缝相连，应是两块外范扣合浇注而成。

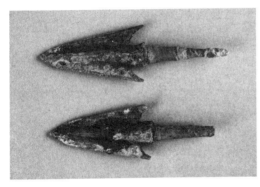

图41　铜镞 M28：11

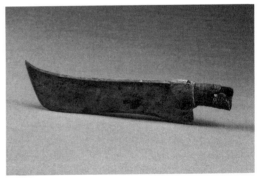

图42　铜刀 M13：4

图43　铜刀 M13：4

图44　铜锛 M22：8

三、铜工具铸造工艺

3.1 刀

标本 M13：4，刀尖上翘，直背曲刃，身后端有銎以安装木柄，銎中部有穿孔，銎口为椭圆形。刀背有凸起的菱形纹饰。銎、身接合处有明显的铸造披缝，应是两块外范与銎范芯扣合浇注而成。銎部有豁口和缝隙，为铸造时铜液浇注不均匀而形成的铸造缺陷，见图42-图43。

标本 M28：1，刀背与刀柄相连，连线呈弧形，刀身薄于刀柄，刃微凹，刀柄末端有环形首。柄下侧有明显的铸造披缝。

标本 M22：5，弓背，直柄，环首，刃略内凹。柄中部两面各有一个窄长穿。素面。柄及环首有明显的铸造披缝，应是两块外范扣合浇注而成，浇注口不清楚。

3.2 斧

标本 M22：8，呈长条楔形，弧形双面刃，长方形銎口。銎口处有一周凸弦纹。两侧从銎口至刃部各有一条明显的铸造披缝，应是由两块外范和一块泥芯扣合浇注而成，銎口有浇注痕迹，见图44。

标本 M42：3，保存较好。长条形，双面刃，銎口近六边形，銎口有一周凸箍。两侧面自銎口至刃各有一条铸造披缝，应是两块外范和一块范芯扣合浇注而成，浇注不太精细，有气泡痕迹。

3.3 锛

标本 M7：3，保存完好。出土时一面粘有席纹，銎内尚有朽木。褚红色底子。刃部有使用残损豁口，应是实用器。扁平长条形，整体正面窄于背面，截面呈梯形，背面平直，正面近刃部内弧，弧形单面刃，刃尖略外侈，近梯形銎。一侧面近銎口处有一圆形销孔。正面中部有凸起"十"字形纹，见图45。铸造披缝不明显，应是两块外范，一块范芯扣合浇注而成，两块外范一块为形范，铸出正面和两侧面，另一块为平范，铸出背面。标本 M16：5、M22：9、M28：8、M30：7 和 M33：5 与之铸造方法相同。

标本 M13：14，保存完好。銎内有黄褐色朽木。制作较为精细。长条形，单面弧形刃，銎口略呈梯形，整体正面略窄于背面，正面上部较平，近刃部内弧，背面平直。上部有两周纹带，第一周纹带由圆涡纹和"舌"字形纹及云雷地纹组成，正面为逆时针圆涡纹，背面为顺时针圆涡纹，每个圆涡纹有四个浪花，中心一个圆圈，圆涡纹的外围有四个三角形勾云纹填白，两个侧面各饰一个阳文"舌"字；第二周纹带由六个三角纹组成，每个三角形内填以云雷纹。正面和侧面纹饰凸出器表，背面纹饰凹入器表。侧面的两个"舌"在这里主要起到了装饰作用。从纹饰的结合情况来看，全器应由两块外范和一个范芯扣合浇注而成,正面和两个侧面在一块外范上,背面为一块外范。

图45　铜锛 M7∶3　　　　　　图46　铜凿 M31∶6

3.4 凿

标本 M31∶6,出土时銎口有使用过程中造成的破裂缝隙。长条形,正面窄于背面,使得截面呈梯形,正面近刃部内聚,背面平直,单面刃微弧,銎口呈梯形。正面刃部有锻打痕迹。全器由两块外范和一块范芯扣合浇注而成,一块为形范,铸出正面和两侧面,一块为平范,铸出背面,见图46。标本 M16∶4、M22∶6 和 M34∶3 铸造方法与之相同。

四、其他类型铜器的铸造工艺

4.1 铃

铃的铸造相对简单。

如标本 M38∶1,扁桶形,身两侧有扉棱,口缘弧形内凹,无顶,上有拱形纽,内有铃舌;铃舌上端为环形以供系绳,见图47。应是两块外范和一块范芯扣合浇铸而成,铃舌是两块外范扣合浇铸而成。铃身一面有豁口,应是铸造时留下的缺陷。

图47　M38 铜铃组合　　　　　　图48　铜铃 M38∶1

标本 M51：1，保存完好。整体呈扁桶形，口缘微内凹，无顶，上有半环形钮，内有铃舌；铃舌整体似蒜头形，一面平，上端有环形钮以供系绳。铃身也应是两块外范和一块芯扣合一次浇注而成；铃舌是两块外范扣合浇注而成，一块形范，一块平范，浇注口在下端。

4.2 弓形器

标本 M21：12，保存完好。弓身呈弧形，中部较宽，内侧有凹槽，外侧中部有八角星纹，身臂接合处有穿孔，弓臂弯曲，外臂长于内臂，臂端为圆铃形，带有四个镂孔，内有铜珠，振之有声。应是二次铸造，即先铸造铜珠，然后刻制圆铃芯，内含铜珠，最后两块外范和两个圆铃芯扣合浇注而成，铸造披缝经过打磨，已经不显，见图49。

图49　铜弓形器 M21：12

五、初步结论

小胡村墓地出土铜器器形较小，装饰相对简单，铸型分范形式较为统一，均以浑铸成形，但存在补铸现象。

小胡村铜鼎与殷墟铜鼎的铸造工艺基本相同。商代圆鼎的形制大致可分为底部披缝呈"Y"形（3fz 型）的鼎、底部范线呈三角形〔3fz+1（△）型〕的鼎以及分裆鼎三类。其中 3fz+1（△）型始见于中商晚期，殷墟一期开始较多出现，并逐渐成为晚商时期圆鼎范型的基本结构。小胡村鼎的铸型是 3fz 型和 3fz+1（△）型两种形式，足外侧的铸造披缝就是三分铸法的证据，而足内侧的两条铸造披缝与三角形底范铸造披缝相连。

小胡村铜觚的铸型与殷墟出土同类器物的铸型也大致相同。从殷墟孝民屯铸铜作坊出土的觚范以及对应铜觚的铸造工艺观察来看，素面觚多采用无水平分范、整体垂直两分的方式，少数采用在颈上部水平两分、整体垂直两分的分范方式；而花纹觚多采用在颈腹部之间水平两分、整体垂直四分的方式，也有少数花纹瓠采用在腹足之间水平两分、整体垂直四分的方式；此外，颈部以上素面瓠则多采用在颈腹部水平两分、口颈部位垂直两分、腹足部位垂直四分的方式。小胡村铜瓠的铸造也分两种情况，素面瓠整体垂直两分法，花纹瓠多采用在颈腹部之间水平两分、整体垂直四分的方式。

小胡村其他类型铜器的铸造工艺亦与安阳殷墟相同，如铜兵器，在戚、戈的内部两侧均发现有铸造披缝，在镞的后翼内侧也发现有铸造披缝。这些兵器都是使用了两块外范扣合浇注而成，銎内戈和矛应是用两块外范和一块芯范扣合浇注而成，浇注口均在内、铤或骹口部，如铜工具，铜斧两侧面有明显的批缝痕迹，是用两块外范和一块范芯扣合浇注而成，浇注口在銎口部。铜锛在较平的背面和两侧面的结合处有清晰的铸造披缝，都是使用了两块外范和一块芯范扣合浇注而成，两块外范中一块为形范铸出铜锛的正面和两侧面，另一块为平范铸出铜锛的背面，浇注口均在銎口处。为了刻制的方便，在制作形范时，使形范的两个侧边和宽边的夹角略大于90度，这样铸出的铜锛正面一般要窄于背面，銎口一般呈梯形。铜凿的铸造工艺和铜锛基本相同。

总之，小胡村墓地青铜器的铸造工艺与安阳出土的殷墟后期同类器物基本相同，并有部分器物具有北方风格，这是值得注意的现象。

河南荥阳小胡村墓地晚商玉器无损分析研究

刘松[①]，梁法伟[②]，董俊卿[③]，袁仪梦[④]，李青会[⑤]

一、样品来源及简介

此次分析样品共计 43 件，皆出自河南荥阳小胡村贵族墓地，时代为晚商时期，主要为玉戈、玉管、玉棒形饰、玉璜、玉珠、玉刀、玉柄形器、玉鱼等，同出器物主要为铜器、海贝等。样品情况见表 1。

表 1　河南荥阳小胡村墓地出土玉器信息

序号	实验编号	器名	标本号	色泽	照片
1	HC-1	戈	M1：2	黄褐色	
2	HC-2	珠	M2：1	青白色	
3	HC-3	戈	M2：2	白色	
4	HC-4	戈	M2：3	灰白色	
5	HC-5	管	M2：4	绿色（有白色沁）	

①③④⑤ 作者单位：中国科学院上海光学精密机械研究所科技考古中心，上海，201800。
② 作者单位：河南省文物考古研究院，郑州，450000。

序号	实验编号	器名	标本号	色泽	照片
6	HC-6	坠	M3：1	淡青色	
7	HC-7	戈	M7：2	青灰色	
8	HC-8	戈	M13：5	米黄色	
9	HC-9	管	M13：9	青色，有黄褐色土沁	
10	HC-10	三角形器	M13：15	灰黑色	
11	HC-11	棒形饰	M13：18	白色，有黄褐色沁	
12	HC-12	棒形饰	M13：19	浅青绿色，有少量白色沁	
13	HC-13	柄形器	M14：1	淡青色玉，表面有白色沁	
14	HC-14	戈	M19：1	浅青黄色，有较多的白色沁	
15	HC-15	戈	M21：2	黄褐色	
16	HC-16	璜	M22：11	白色	
17	HC-17	戈	M24：7	浅黄色，有白色沁	
18	HC-18	戈	M25：3	墨绿色，有白色沁	

序号	实验编号	器名	标本号	色泽	照片
19	HC-19	璜	M25：4	墨绿色，有白色沁	
20	HC-20	刀	M25：5	墨绿色	
21	HC-21	钺	M27：3	灰白色，柄部有白色和褐色沁	
22	HC-22	刀	M27：4	紫黑色	
23	HC-23	柄形器	M27：5	一面白色，一面为浅灰色。	
24	HC-24	刀	M27：6	淡黄色	
25	HC-25	戈	M27：7	米黄色	
26	HC-26	戈	M30：1	青灰色，表面颜色不均	
27	HC-27	鱼	M32：1	青色	
28	HC-28	柄形器	M36：2	黄褐色，有白色沁	
29	HC-29	刀	M42：7	褐色	
30	HC-30	戈	M42：8	青色，有白色和褐色沁	
31	HC-31	戈	M42：9	白色	

序号	实验编号	器名	标本号	色泽	照片
32	HC-32	管	M43：5	白色	
33	HC-33	鸟	M43：6	米黄色	
34	HC-34	簪	M52：3	青色	
35	HC-35	簪套	M52：4	白色	
36	HC-36	钺	M52：6	白色，有烟絮状黑色纹	
37	HC-37	璧	M52：9	青色，有白色、黄褐色沁	
38	HC-38	鸟	M52：10	白色	
39	HC-39	戈	M89：1	青色，有大面积白色沁	
40	HC-40	戈	M90：3	青色	
41	HC-41	刀	M104：2	青色，有白色沁	
42	HC-42	戈	M105：5	白色，有黄色沁	
43	HC-43	璧	M118：2	青色，微泛黄，周缘布满白色沁	

二、实验方法

本次无损分析测试中主要采用三种方法，分别为：便携式能量色散型 X 射线荧光光谱分析仪（PXRF）、便携式激光共焦显微拉曼光谱仪（Raman）和光学相干层析成像技术（OCT），分析原理如下：

1. 便携式 X 射线荧光光谱分析仪（PXRF）

本次测试采用中国科学院上海光学精密机械研究所科技考古中心的便携式能量色散型 X 射线荧光光谱分析仪（PXRF），仪器型号为 OURSTEX 100FA。该设备采用金属钯（Pd）作为 X 射线源，X 射线管的激发电压最高可达 40 KV，最大功率为 50 W，辐照到样品表面的 X 射线焦斑直径约为 2.5 mm。设备主要由四个组成单元：探测器单元、供电单元（含高压转换器件）、样品腔单元（真空测量单元）和数据处理单元（PC）组成。其中，探测器单元包括两个不同的探测器，低真空环境探测器和大气环境探测器，可根据样品大小不同选择相应的探测器。数据处理单元主要包括控制软件及定性、定量分析软件。定量分析方法为校准曲线法或工作曲线法，即根据已知化学成分的标准参考样品来制作线性校准曲线或工作曲线，此种方法具有简单且准确度高的优点[①]。设备的参数参见表 2。本次测试主要采用低真空探测单元。

表2　便携式 X 射线荧光分析仪的相关参数

参数	数值
X 射线源	Pd 靶
X 射线焦斑直径	2.5~3 mm
测量模式	单色或连续 X 射线
电压	≤ 40kV
电流	0.05~1.5 mA
功率	≤ 50 W
探测器及其制冷方式	SDD，Peltier 制冷方式（−28℃）
窗口材料	大气单元：铍（Be）窗； 低真空单元：AP3.3 有机材料
有效测试元素范围	大气单元：13~92（Al~U） 低真空单元：11~92（Na~U）
测试环境	大气单元：1 个大气压 低真空单元：400~600 帕
样品室尺寸	大气单元：无限制； 低真空单元：Φ20 cm × 15 cm
测量时间	100 ~ 300 s

---

① S. Liu, et al., "Characterization of some ancient glass vessels fragments found in Xinjiang, China, using a portable energy dispersive XRF pectrometer", *X–Ray Spectrom*. 40 (2011): 364.

2. 便携式激光共焦显微拉曼光谱仪 (Raman)

本次测试采用 HORIBA Jobin Yvon S.A.S. 公司生产的 LabRAM XploRA 便携式激光共焦显微拉曼光谱仪，整机采用一体化设计，全自动操作，具有自动校准和自检功能，光学稳定性好。实验中采用 50 倍长焦物镜、532nm（25MW）高稳定固体激光器以及相应的滤光片组件，全自动切换激发波长，计算机控制多级激光功率衰减片。光谱仪拉曼频移范围：532nm 激发时为 70-8000 cm-1；光谱分辨率≤ 2 cm-1；采用 1800gr/mm 光栅；光谱重复性≤ ± 0.2 cm-1。每次测定样品前均应采用单晶 Si 标样进行校正[①]。

3. 光学相干层析成像技术（OCT）

实验采用的是中国科学院上海光学精密机械研究所科技考古中心的超宽波长频域 OCT 系统。系统由四部分构成：扫频源（HSL-2000 型扫频激光光源，中心波长为 1315-1340 nm，扫频频率 20 kHz，最大功率 50 MW）、干涉仪单元（日本 Santec 公司 IV-2000 型）、扫描探针以及计算机单元。本系统在普通硅酸盐材料（n=1.5）中的纵向分辨率约 5.3 μm，空气中（n=1）纵向分辨率约为 8 μm。

三、测试结果

对该批玉器和玻璃器样品分别进行了 PXRF、Raman 光谱和 OCT 测定。PXRF 主量及微量化学成分分析结果见表 3、4；Raman 光谱测定结果分别见图 3-6。综合两项测试结果可以看出，选送的 43 件玉器样品中，包括 34 件透闪石 - 阳起石质玉器、2 件云母质玉器（HC-2、HC-10）、1 件叶蛇纹石质玉器（HC-36）、1 件磷铝石质玉器（HC-5）、1 件隐晶质石英质玉器（HC-22）、3 件方解石 - 白云石质玉器（HC-1、HC-21 和 HC-26）、1 件岩石质器物（HC-29）。具体分析如下：

1. 透闪石 - 阳起石质玉器

该质地玉器共有 34 件，除玉戈 HC-7、玉柄形器 HC-28 和玉戈 HC-30 外，其余 31 件玉器的主要化学成分为 MgO（18.34%~25.96%）、SiO₂（57.98%~67.52%）、CaO（10.35%~12.82%），这与透闪石（tremolite，化学结构式为 Ca2Mg5Si8O22（OH）2）的理论值（MgO 24.81%、SiO2 59.17%、CaO 13.81%）比较一致。且其 Fe₂O₃ 的含量比较低，为 0.17%~3.79%，同时微量元素 Cr 为 124~352 ug/g，Ni 小于 61 ug/g，含量也都比较低，因此它们应该属于第一种类型的软玉，主要由花岗闪长岩侵入体和白云石大理岩在应力条件下接触交代作用生成，形成温度为 300℃ ~340℃，矿体一般产

---

① H. X. Zhao, et al., "Nondestructive analysis of jade artifacts from the Cemetery of the Ying State in Henan Province, China using confocal Raman microspectroscopy and portable X-ray fluorescence spectroscopy", *Journal of Raman Spectroscopy* 45 (2014): 173.

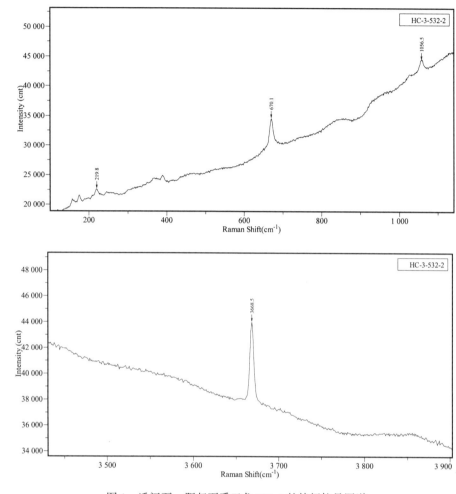

图 1　透闪石 – 阳起石质玉戈 HC-3 的特征拉曼图谱

于外接触带, 主要位于透辉石带以外的透闪石化白云石大理岩中, 记为 D 型[1]。主要物相组成为透闪石, 图 1 为这一类样品的典型拉曼图谱（HC-3）, 从图 1 中可以看到氢氧根 O–H 拉伸振动峰（3669 cm⁻¹）、Si–O_{br}–Si 的反对称伸缩振动 (1057 cm⁻¹)、硅氧四面体链中 Si–O_{br}–Si 的完全对称伸缩振动峰 (670 cm⁻¹) 以及 O–H–O 基团晶格振动峰（220 cm⁻¹）[2]。该类样品的 R（Mg^{2+}/（Mg^{2+}+$Fe^{2+(3+)}$）值为 0.915~0.996, 均大于 0.9。玉戈 HC-7 和玉柄形器 HC-28 的拉曼光谱结果显示这两件样品虽然也属于透闪石 – 阳起石类, 但是由于表面风化腐蚀现象非常严重, 整件样品或者部分样品表面呈现出白色不透明状, 风化作用导致钙、镁离子流失比较严重, 因此, 玉柄形器 HC-28 的化学成分中

① 张朱武, 干福熹, 承焕生:《不同成矿矿理和地质环境下形成的软玉的化学成分特征．矿物学报》,《矿物学报》2010 年第 3 期。

② A. Tlili, et al., "A Raman microprobe study of natural micas", *Mineralogical Magazine* 53(1989): 165.

MgO 的含量只有 14.29%，CaO 的含量也低至 7.67%，而玉戈 HC-7 中 MgO 的含量也很低（9.80%），但 CaO 的含量却异常升高（22.67%），这可能与测试点的选取有关系。

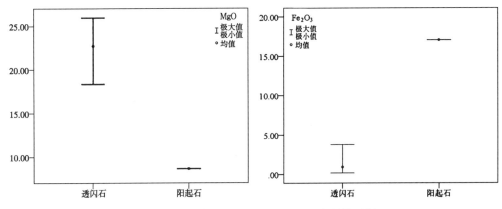

图 2　透闪石与阳起石 MgO 和 Fe_2O_3 含量的区别

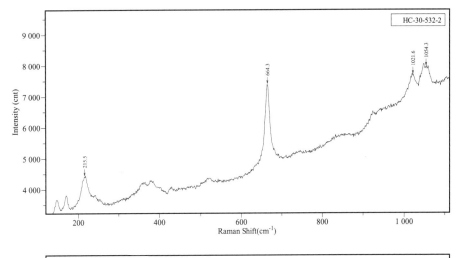

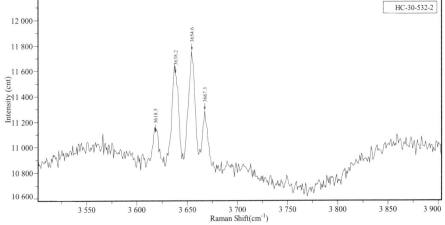

图 3　阳起石质玉戈 HC-30 的特征拉曼图谱

　　玉戈 HC-30，含铁量高达 17.04 %，而 MgO 的含量则仅有 8.65%，如图 2 所示，导致镁、铁比值 R* 达到 0.50，接近透闪石 - 阳起石转化的临界值，但同时应注意未检测到元素 Cr 的存在，同时元素 Ni（22 ug/g）的含量也很低，因此它的成矿类型仍应属于为 D 型。此外，在该样品拉曼光谱中，OH 拉伸振动峰已经发生明显的分裂现象，出现了四个特征振动峰，分别位于 3619 cm^{-1}、3638 cm^{-1}、3655 cm^{-1} 和 3667 cm^{-1} 附近（见图 3），因此，玉戈 HC-30 已经可以称之为是阳起石型玉器。

　　2. 白云母质玉器

　　该质地玉器包括 2 件样品：玉珠 HC-2 和玉三角形器 HC-10，这两件样品的化学成分中 SiO$_2$：43.86%，K$_2$O：11.19%，Al$_2$O$_3$：41.13%，与白云母〔muscovite，化学结构式为 KAl$_2$（AlSi$_3$O$_{10}$）（OH）$_2$〕化学结构式为（SiO$_2$ 45.2%、Al$_2$O$_3$ 38.5%、K$_2$O 11.8%、H$_2$O 4.5%）比较一致。玉珠 HC-2 的拉曼光谱如图 4 所示，主要特征峰分布在

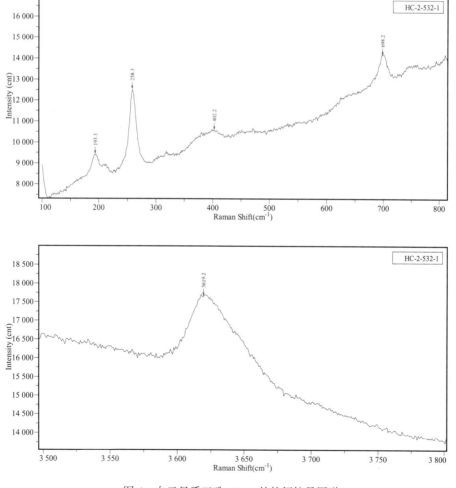

图 4　白云母质玉珠 HC-2 的特征拉曼图谱

193 cm^{-1}、258 cm^{-1}、402 cm^{-1}、698 cm^{-1}、3619 cm^{-1}，低波数的两个振动峰是由 MO6 八面体内部振动引起，402 cm^{-1} 是由 OH 振动和 Si–O 振动叠加后产生，而 698cm^{-1} 则是由 Si–O–Si 振动引起的，同时 3619 cm^{-1} 附近的中强峰归属于 OH 拉伸振动，与文献中报道的云母的特征峰相一致[1]。

　　相比之下，在样品 HC-10 的拉曼图谱（图 5）中不仅主要出现了白云母的特征振动峰（197 cm^{-1}、258 cm^{-1}、399 cm^{-1}、697 cm^{-1}、3620 cm^{-1}），还同时发现有云母中常见矿物石英（123 cm^{-1}、459 cm^{-1}）以及次要矿物斜绿泥石（544 cm^{-1}、670 cm^{-1}）的存在。这一现象在该样品的化学成分中也有所体现，如 SiO$_2$ 含量偏高（52.49%），Al$_2$O$_3$ 和 K$_2$O 的含量均偏低（27.07% 和 7.33%）。因此，该样品应该属于云母片岩矿物，主要矿物为白云母，同时还有石英、斜绿泥石。

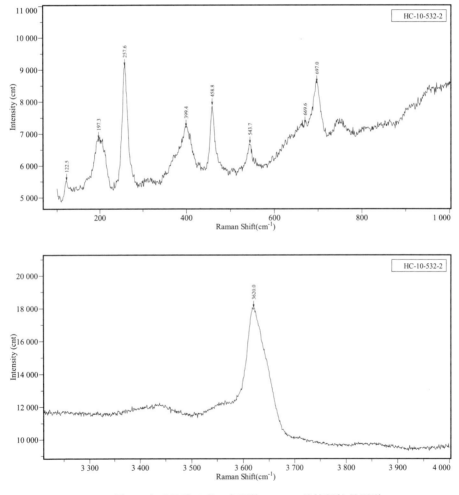

图 5　白云母质玉琳三角形饰 HC-10 的特征拉曼图谱

① Groppo Chiara，et al.，"Compagnoni, Roberto. Micro–Raman spectroscopy for a quick and reliable identification of serpentine minerals from ultramafics"，*European Journal of Mineralogy* 18 (2006) : 319.

3.叶蛇纹石质玉器

该质地玉器仅有一件，即玉钺 HC-36，该样品中 MgO 为 39.11%，SiO$_2$ 为 43.29%，非常接近蛇纹石的理论成分（MgO: 50.15%, SiO$_2$: 49.85%, 不包括水）基本一致，其中由于该样品中 Fe$_2$O$_3$ 的含量较高（13.67%），导致 MgO 的含量稍微偏低。同时，该样品的拉曼特征振动峰主要位于 224 cm^{-1}、372 cm^{-1}、677 cm^{-1}、1041 cm^{-1}、3664 cm^{-1}、3692 cm^{-1} 附近，如图 6 所示，其中 227 cm^{-1} 附近为 O–H–O 基团引起的振动，372cm cm^{-1} 附近为［SiO$_4$］的对称 ν 5(e) 振动，680 cm^{-1} 附近为 Si–O$_b$–Si 对称拉伸振动，1041 cm^{-1} 为 Si–O$_b$–Si 反对称拉伸振动 [1]。3660 cm^{-1}、3691 cm^{-1} 分别为层内羟基伸缩振动和层间羟基伸缩振动。由于在 1041 cm^{-1} 出现了特征峰，且在 345 cm^{-1} 附近没有观测到由［SiO$_4$］弯曲振动产生的拉曼特征峰，因此，通过拉曼光谱进一步确认这件样品为叶蛇纹石型玉器，与化学成分结果相一致。

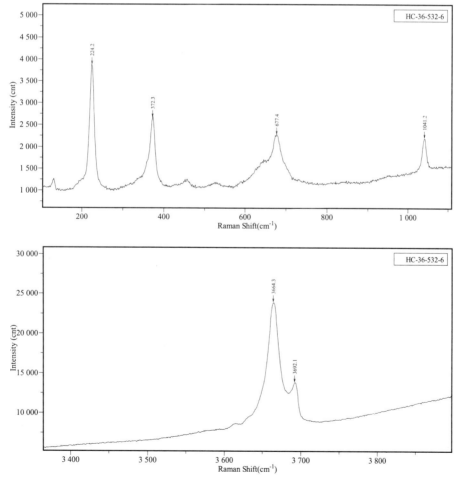

图 6 叶蛇纹石质玉钺 HC-36 的特征拉曼图谱

---

[1] 刘锦，孙樯：《金刚石压腔蛇纹石原位拉曼光谱研究》，《光谱学与光谱分析》2011 年第 2 期。

4．磷铝石质玉器

此外，本批玉器样品中还发现了较为少见的一种物相，如玉管 HC-5，它的化学成分中 Al_2O_3 的含量为 24.07%，SiO_2 的含量为 47.99%，P_2O_5 的含量为 18.04%。同时，它的拉曼特征振动峰（见图 7）218 cm^{-1}、418 cm^{-1} 为［PO_4］面内弯曲振动，1015 cm^{-1} 为［PO^4］反对称对称拉伸振动，3575 cm^{-1} 为 OH 拉伸振动[1]。与文献中磷铝石（variscite，（$AlPO_4 \cdot 2H_2O$））的拉曼光谱非常一致。

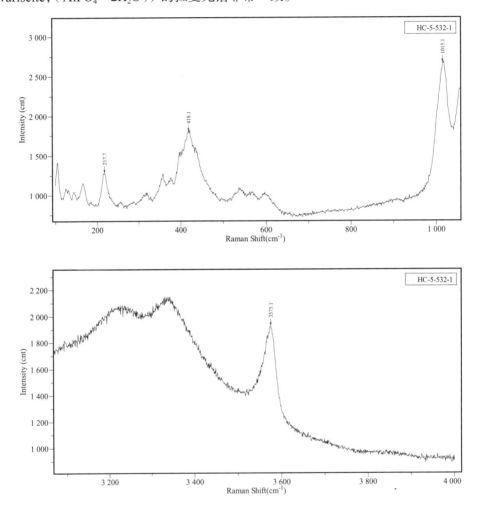

图 7　磷铝石质玉管 HC-5 的特征拉曼图谱

5. 石英质玉器

玉刀 HC-22 主要化学成分为 SiO_2，含量高达 93.82%。同时，该样品的拉曼光

---

① Ray L. Frost, et al., "Raman spectroscopy of phosphates of the variscite mineral group", *Journal of Raman Spectroscopy* 35 (2004)：1047.

谱主要分布在 124 cm⁻¹、204 cm⁻¹、258 cm⁻¹、351 cm⁻¹、396 cm⁻¹、460 cm⁻¹ 附近（如图 8 所示），其中 460 cm⁻¹、396 cm⁻¹、351 cm⁻¹ 由 Si–O 弯曲振动引起，204 cm⁻¹、258 cm⁻¹ 由［SiO₄］的旋转振动引起。由于该样品在 501 cm⁻¹ 附近出现弱振动峰[1]，这个小振动峰是由斜硅石（moganite，属于单斜晶石英组）石英中 Si–O 对称弯曲振动引起[2]。因此，玉刀 HC–22 属于隐晶质石英。而且，从样品照片上看，该样品呈黑色，表面有明显的贝壳状断口，所以我们进一步推断该样品应该为燧石，由于其硬度很高，破碎后产生锋利的断口，可能在当时作为加工工具使用。

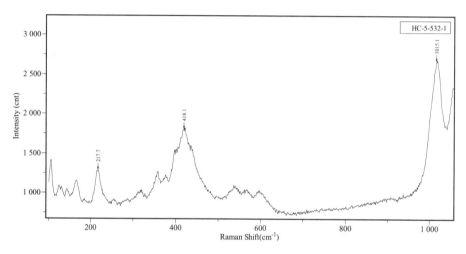

图 8　隐晶质石英类玉刀 HC–22 的特征拉曼图谱

6. 方解石－白云石质玉器

在本次测试的样品中，玉钺 HC–21 中 CaO 的含量达到 91.44%，它的拉曼特征振动峰主要分布于 278 cm⁻¹、709 cm⁻¹、1083 cm⁻¹，如图 9 所示，其中 1083 cm⁻¹ 为［CO₃］¹⁻ 的对称拉伸振动模式，709 cm⁻¹ 为［CO₃］¹⁻ 的面内弯曲振动[3]，因此该样品属于典型的方解石型玉器。

通过对比我们发现玉戈 HC–1 和玉戈 HC–26 的化学成分较为接近，MgO 含量分别为 22.07%、28.39%，CaO 的含量分别为 36.13%、44.91%，与白云石的化学成分（MgO 21.7%，CaO 30.4%，）比较接近。在玉戈 HC–26 中利用拉曼光谱同时发现了方解石和白云石的存在，见图 10，其中白云石的拉曼振动峰主要分布在 172 cm⁻¹、295 cm⁻¹ 和 1095 cm⁻¹ 附近。

[1] R. Wang, W. S. Zhang, "Application of Raman spectroscopy in the nondestructive analyses of ancient Chinese jade", *Journal of Raman Spectroscopy* 42 (2011): 1324.

[2] J. Gotze, et al., "Occurrence and distribution of moganitein agate/chalcedony: A combined micro–Raman, Rietveld, and cathodoluminescence study", *Mineral. Petrol.* 133 (1998): 96.

[3] Junmin Sun, et al., "A Raman spectroscopic comparison of calcite and dolomite", Spectrochimica Acta Part A:Molecular and Biomolecular Spectroscopy 117 (2014): 158.

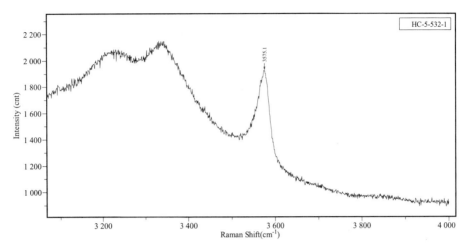

图9 方解石质玉钺 HC-21 的典型拉曼图谱

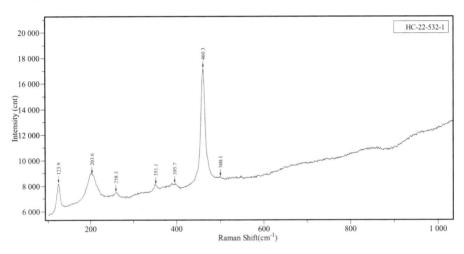

图10 白云石质玉戈 HC-26 的典型拉曼图谱,黑色谱线:方解石,红色
谱线:白云石

此外,从表5玉器样品的OCT图像中可以看出,在5件样品中发现有异质存在,其
中3件透闪石-阳起石类玉器中存在较大的异质结构,例如,玉管 HC-9 玉质较透明,
异质结构较少、比较透明,对激光的衰减程度影响较小,因此可以看到整个异质颗粒。
样品玉管套 HC-35、玉鸟 HC-38 玉质致密,存在较多的异质结构,使得异质结构对光
的衰减较大,因此不能清楚地辨别出包裹体颗粒的形状,在OCT图像上显示为短的亮
线。另外2件非透闪石-阳起石类玉器中存在较小的异质结构,方解石质玉钺 HC-21
在近表面处存在异质结构,但是玉器对光的衰减作用较强,深处的信息无法获知;显晶
质石英玉刀 HC-22 中存在细小的杂质颗粒物,玉质也比较致密。未发现有异质存在

表3　河南荥阳小胡村墓地透闪石-阳起石类玉器样品化学成分结果

实验编号	Na$_2$O	MgO	Al$_2$O$_3$	SiO$_2$	P$_2$O$_5$	K$_2$O	CaO	TiO$_2$	Fe$_2$O$_3$	Mn	Ni	Cu	Zn	Rb	Sr	Pb	Mg^{2+}/(Mg^{2+}+Fe$^{2+(3+)}$)
	wt%									mg/kg							
HC-3	1.30	23.86	1.47	60.24	0.13	0.12	12.23	n.d.	0.65	1267	13	32	54	2	11	34	0.99
HC-4	1.04	22.69	1.24	60.35	0.17	0.10	12.35	n.d.	2.07	1849	2	153	285	n.d.	13	n.d.	0.96
HC-6	1.55	23.53	1.22	60.39	0.02	0.14	12.60	n.d.	0.55	301	30	207	63	n.d.	20	30	0.99
HC-7	1.49	9.80	n.d.	61.53	n.d.	0.05	22.67	0.25	4.21	n.d.	n.d.	0	n.d.	0	n.d.	n.d.	
HC-8	0.79	23.47	1.23	60.04	0.97	0.13	12.58	n.d.	0.79	1923	19	15	95	n.d.	10	n.d.	0.98
HC-9	1.92	23.52	1.04	60.10	0.11	0.18	12.39	n.d.	0.75	188	13	90	58	n.d.	12	16	0.98
HC-11	0.20	23.19	1.60	61.86	0.00	0.16	12.71	n.d.	0.28	87	59	1266	45	n.d.	12	32	0.99
HC-12	1.42	24.65	0.93	60.13	0.09	0.07	12.27	n.d.	0.44	367	33	75	5	n.d.	n.d.	31	0.99
HC-13	0.91	24.20	1.13	60.81	n.d.	0.11	12.06	0.02	0.76	611	18	82	368	n.d.	n.d.	11	0.98
HC-14	0.88	22.39	1.93	60.85	0.13	0.33	12.30	n.d.	1.20	161	17	97	123	n.d.	18	20	0.97
HC-15	1.28	25.40	0.97	60.12	0.15	0.05	11.22	n.d.	0.82	1451	24	16	30	n.d.	13	n.d.	0.98
HC-16	0.27	18.34	1.72	67.52	0.50	0.13	10.35	0.01	1.17	1072	20	59	196	n.d.	n.d.	n.d.	0.97
HC-17	1.16	24.01	1.26	60.56	0.11	0.10	12.03	n.d.	0.77	1633	36	33	178	n.d.	n.d.	14	0.98
HC-18	0.24	19.22	1.21	64.07	0.37	0.19	12.08	n.d.	2.61	2253	13	92	118	n.d.	18	18	0.94
HC-19	0.54	20.57	1.34	63.43	0.70	0.11	12.28	n.d.	1.04	529	19	108	120	n.d.	n.d.	20	0.98
HC-20	0.63	19.15	1.44	65.68	0.21	0.14	11.90	n.d.	0.86	1707	11	89	59	n.d.	16	14	0.98
HC-23	1.22	23.76	1.23	59.94	0.30	0.12	12.82	n.d.	0.62	1612	n.d.	167	46	n.d.	17	32	0.99
HC-24	1.76	24.02	1.18	60.15	0.43	0.40	11.79	n.d.	0.26	72	8	77	78	n.d.	34	30	0.99
HC-25	0.62	23.08	0.89	61.06	1.21	0.36	12.38	n.d.	0.40	n.d.	38	16	74	n.d.	77	41	0.99

续表

实验编号	Na$_2$O	MgO	Al$_2$O$_3$	SiO$_2$	P$_2$O$_5$	K$_2$O	CaO	TiO$_2$	Fe$_2$O$_3$	Mn	Ni	Cu	Zn	Rb	Sr	Pb	Mg^{2+}/(Mg^{2+}+Fe$^{2+(3+)}$)
	wt%									mg/kg							
HC-27	0.28	23.04	1.35	61.92	0.05	0.25	12.73	n.d.	0.38	63	42	133	56	n.d.	43	16	0.99
HC-28	0.00	14.29	1.67	75.54	0.17	0.18	7.67	n.d.	0.49	145	n.d.	128	231	n.d.	11	n.d.	0.98
HC-30	n.d.	8.65	3.46	58.41	0.12	0.36	11.96	n.d.	17.04	7044	22	561	258	n.d.	13	47	0.50
HC-31	0.87	24.91	0.77	60.24	0.31	0.06	11.95	0.01	0.87	2702	10	n.d.	124	n.d.	14	n.d.	0.98
HC-32	1.69	23.36	1.36	60.51	0.12	0.18	12.41	n.d.	0.37	212	61	42	83	3	5	30	0.99
HC-33	1.27	21.83	2.17	60.35	0.72	0.31	12.70	n.d.	0.66	218	26	112	186	n.d.	10	56	0.99
HC-34	0.59	20.25	2.84	61.44	0.08	0.31	12.09	n.d.	2.40	2177	n.d.	99	31	n.d.	14	n.d.	0.94
HC-35	1.60	22.38	1.53	61.30	n.d.	0.27	12.46	n.d.	0.46	283	26	154	124	9	11	21	0.99
HC-37	1.24	23.41	1.75	60.05	0.07	0.23	12.47	n.d.	0.79	252	13	71	43	5	12	26	0.98
HC-38	1.54	25.00	0.79	60.65	0.07	0.20	11.54	n.d.	0.21	145	51	71	107	n.d.	40	19	1.00
HC-39	1.36	21.25	1.27	63.02	0.23	0.21	11.70	n.d.	0.96	1736	21	18	257	0	8	25	0.98
HC-40	1.20	25.96	2.34	57.98	0.05	0.08	11.24	n.d.	1.15	809	7	113	69	n.d.	12	7	0.98
HC-41	0.91	20.70	1.92	59.72	0.35	0.07	12.54	n.d.	3.79	1605	n.d.	147	155	12	27	30	0.92
HC-42	1.20	22.27	0.94	60.26	2.51	0.28	12.37	n.d.	0.17	154	34	42	76	n.d.	34	36	1.00
HC-43	0.39	21.21	1.30	63.04	0.88	0.13	12.33	n.d.	0.73	213	34	52	263	n.d.	14	22	0.98

"n.d." 表示没有检测到此种组分或元素。

表 4　河南荥阳小胡村墓地选送非透闪石 - 阳起石类玉器样品化学成分结果

实验编号	Na₂O	MgO	Al₂O₃	SiO₂	P₂O₅	K₂O	CaO	TiO₂	Fe₂O₃	Mn	Ni	Cu	Zn	Rb	Sr	Pb	物相
	wt%									mg/kg							
HC-1	n.d.	22.07	n.d.	38.12	1.30	0.04	36.13	n.d.	2.33	875	75	n.d.	375	n.d.	112	29	方解石 + 白云石
HC-2	0.81	1.85	41.13	43.86	n.d.	11.19	0.31	0.17	0.67	117	17	116	204	261	80	7	云母
HC-5	1.81	1.61	24.07	47.99	18.04	1.58	1.75	0.07	3.08	86	24	890	104	n.d.	39	11	磷铝石
HC-10	0.87	2.24	27.07	52.49	0.55	7.33	1.32	1.45	6.69	305	15	583	299	131	26	38	云母片岩
HC-21	n.d.	4.21	n.d.	3.96	n.d.	0.00	91.44	n.d.	0.39	771	278	n.d.	293	n.d.	135	30	方解石
HC-22	1.08	0.27	1.09	93.82	3.22	0.23	0.23	n.d.	0.05	n.d.	97	434	98	n.d.	n.d.	30	显晶质石英
HC-26	0.75	28.39	1.47	23.53	n.d.	0.03	44.91	0.01	0.91	925	109	23	215	n.d.	56	n.d.	方解石 + 白云石
HC-29	2.01	0.89	26.25	64.87	0.30	1.90	0.13	1.11	2.54	n.d.	11	540	16	78	106	91	岩石
HC-36(白色)	1.77	45.48	1.08	47.93	n.d.	0.10	0.38	n.d.	3.26	318	1866	n.d.	89	2	5	35	蛇纹石
HC-36(墨绿)	1.64	39.11	1.67	43.29	n.d.	0.18	0.44	n.d.	13.67	n.d.	1608	169	156	14	3	19	蛇纹石

的样品有 2 件，均为透闪石－阳起石类玉器，其中玉柄形器 HC-13 风化比较严重，对风化区域的测试不能反映玉石的结构，同时其 OCT 图像上也存在着明显的较透明玉质结构区域，在该区域中观察到有玉石纤维存在；玉柄形器 HC-28 玉质均匀、致密，没有发现杂质或包裹体。

表 5　河南荥阳小胡村墓地 7 件玉器内部结构 OCT 图像

实验编号	样品照片	OCT 图像
HC-9		
HC-35		
HC-38		
HC-21		
HC-22		

续表

实验编号	样品照片	OCT 图像
HC-13		
HC-28		

四、结论

综上所述，此次检测分析的河南小胡村墓地出土晚商时期的样品绝大多数是透闪石－阳起石质玉器（34 件），其中玉戈 HC-30 已经可以称之为阳起石型玉器。非透闪石－阳起石质玉器（9 件）包括：云母质（2 件）、叶蛇纹石质（1 件）、磷铝石质（1 件）、隐晶质石英类（1 件）、方解石－白云石质（3 件）以及 1 件岩石质样品。OCT 初步揭示出了玉器玉料内部结构特征的差异，但对异质微区的具体物相和成分特征需进一步确定。今后将进一步探索 OCT 在玉器加工微痕检测、保存状态评估等领域的应用。

从本批样品的测试结果中我们可以发现，晚商时期这一区域的主流玉器已经逐渐过渡到透闪石－阳起石型系列（软玉）玉器，表明商代以后透闪石－阳起石型玉器在中原地区大量出现，并成为随葬玉器的主流[1][2]。同时，也发现非透闪石－阳起石型玉器仍然在所研究的玉器中占据一定的比例，并且具有与透闪石－阳起石型玉器相似的器型，如戈、钺、刀等，反映了在这一区域玉文化的发展过程中，软玉玉器与非透闪石－阳起石型玉器之间的密切关系[3]。

本研究得到国家科技支撑计划项目（2013BAK08B08)、上海市公共研发平台项目（13DZ2295800）和国家自然科学基金项目（11374314）的资助。

---

[1] 李丽娜：《试析中原地区出土夏商周时期和田玉器及其相关问题》，《西域研究》2008 年第 4 期。

[2] 陈志达：《关于新疆和田玉东输内地的年代问题》，《考古》2009 年第 3 期。

[3] 伯达：《中国古代玉器发展历程》（上），《南方文化》1988 年第 6 期。

附录五

河南荥阳小胡村墓地晚商至战国人骨研究

孙蕾　梁法伟[①]

　　小胡村墓地位于河南省荥阳市广武镇小胡村东北约 1.2 公里，2006 年 7 月至 9 月，在河南省文物考古研究院的主持下，联合郑州市文物考古研究院和荥阳市文物保护管理所对墓地进行抢救性考古勘探和发掘。共发掘晚商墓葬 58 座，年代大致相当于殷墟三、四期，个别墓葬的年代可能早到殷墟二期晚段。该墓地在墓葬形制、葬俗、族徽等方面都表现出较强的一致性，是一处晚商时代"舌"族的族墓地，其墓主的身份多为中小型贵族。小胡村晚商舌族墓地的家族成员大都随葬有许多兵器，表明他们握有相当数量的军事力量，应是戍守王畿之外的外服职官[②]。小胡村晚商墓地是郑州地区继郑州商城、小双桥遗址之后的又一重要考古发现，该墓地的发掘不仅丰富了该地区的商代考古学文化序列，而且为寻找郑州地区的晚商遗址提供了重要线索，特别是"舌"族铜器的出土对研究晚商丧葬习俗、社会组织形式及相关历史问题等都具有重要的学术意义。同时该墓地还清理了西周墓葬 2 座、战国墓葬 62 座及宋、清等时期墓葬共102 座[③]。为探讨小胡村晚商贵族墓地人群的族属及其种系流向，并了解该遗址先秦居民的健康状况，本文对小胡村墓地晚商至战国墓葬出土人骨进行了性别、年龄的鉴定，对其中保存较好的人骨进行观察、测量和古病理学的研究，现将研究结果报告如下。

一、性别、年龄的鉴定与分析

　　对人骨标本性别和年龄的鉴定依据邵象清[④]、朱泓[⑤]和陈世贤[⑥]等人的专著中所列

---

① 作者单位：河南省文物考古研究院，郑州，450000。

② 汤威：《郑州出土舌铭铜器考》，《中国国家博物馆刊》2011 年第 10 期。

③ 贾连敏、梁法伟、曾晓敏：《河南荥阳小胡村墓地商代墓葬发掘简报》，《华夏考古》2015 年第 1 期；贾连敏、曾晓敏、梁法伟等：《河南荥阳胡村发现晚商贵族墓地》，《中国文物报》2007 年 1 月 5 日。

④ 邵象清：《人体测量手册》，上海辞书出版社，1985 年，第 34—56 页。

⑤ 朱泓：《体质人类学》，高等教育出版社，2004 年，第 56—82 页。

⑥ 陈世贤：《法医人类学》，人民卫生出版社，1998 年，第 83—86 页。

标准。成年人骨性别的判定依据骨盆和颅骨的形态特征，年龄的判定依据耻骨联合面、耳状关节面、颅骨缝愈合和牙齿磨耗的变化形态。

小胡村晚商墓葬共采集 12 例人骨标本，其中 5 例男性、1 例女性和 6 例未知性别，商代人骨的平均年龄为 44.75 岁，男性 47.50 岁，女性 45.00 岁。居民的死亡年龄主要集中在中年期，其次为壮年期。

西周墓葬的两例人骨均为男性，分别处于中年期和老年期，其平均年龄为 52.50 岁。

战国时期墓葬共采集 33 例人骨标本，其中男性 15 例，女性 12 例，未知性别 6 例。战国人骨平均年龄为 52.60 岁，男性 51.67 岁，女性 53.75 岁。居民死亡年龄主要集中在中年期和老年期，其中，女性在老年期的比例（50.00%）明显高于男性（26.67%）。

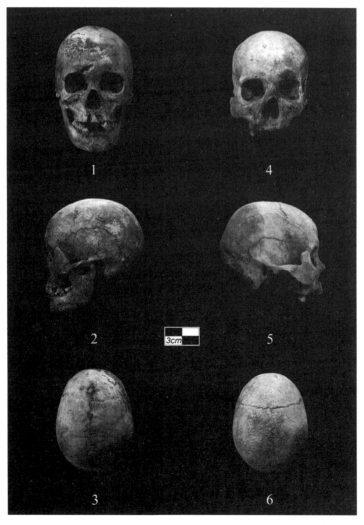

图一　晚商和战国男性颅骨
1~3. M117（晚商男性）（正面、侧面、顶面）
4~6. M111（战国男性）（正面、侧面、顶面）

二、颅骨的观察与测量

依据《人体测量手册》①和《人体测量方法》②的著述，本文对小胡村墓地晚商及战国墓葬中保存较好的 4 例颅骨进行了人种学鉴定，其中晚商男性 1 例，战国男性 2 例，女性 1 例 (图一)。4 例颅骨大致显现出一些共同的特征，如卵圆形的头骨，较浅的鼻根凹，显著的鼻前棘，中等程度的犬齿窝以及较弱的下颌圆枕 ; 颅型多为中颅型 - 正颅型 - 中颅型，并有中颌型的总面角、特突颌型的齿槽面角、很小的鼻颧角及偏小的垂直颅面指数等，均具有明显的蒙古人种特征。

三、人种类型的分析与探讨

为探讨小胡村晚商组、战国组居民与各有关先秦居民在人种类型上的关系，本文选择了古中原类型的瓦窑沟组③、后李官村组④、殷墟中小墓②组⑤，古东北类型的殷墟中小墓③组⑥、平洋全组⑦，古华南类型的昙石山组⑧、甑皮岩组⑨，古西北类型的柳湾合并组⑩、宁夏海原组⑪，古华北类型的姜家梁组⑫、夏家店上层合并组⑬和古蒙古高原类型的新店子组⑭和阳畔组⑮等 13 个古代颅骨组，具体比较项目和数据见表一。

采用计算各古代组之间的余弦距离和最远邻的方法，进行聚类分析并绘制出聚类图。图二中，在 25 的刻度上，15 个颅骨组可分为两个大聚类，一个是古蒙古高原类

① 邵象清 :《人体测量手册》，上海辞书出版社，1985 年，第 57-132 页。

② 吴汝康、吴新智、张振标 :《人体测量方法》，科学出版社，1984 年，第 11-101 页。

③ 陈靓 :《瓦窑沟青铜时代墓地颅骨的人类学特征》，《人类学学报》2000 年第 1 期。

④ 张雅军 :《山东临淄后李官周代墓葬人骨研究》，山东省文物考古研究所，土井浜遗址 :《人类学博物馆 . 探索渡来系弥生人大陆区域的源流》，《中日共同研究报告 1》，2000 年，第 164-167 页。

⑤ 韩康信，潘其风 :《安阳殷墟中小墓人骨的研究》，中国社会科学院历史研究所，中国社会科学院考古研究所 :《安阳殷墟头骨研究》，文物出版社，1985 年，第 50-81 页。

⑥ 韩康信，潘其风 :《安阳殷墟中小墓人骨的研究》，中国社会科学院历史研究所，中国社会科学院考古研究所 :《安阳殷墟头骨研究》，文物出版社，1985 年，第 50-81 页。

⑦ 潘其风 :《平洋墓葬人骨的研究》，《平洋墓葬 · 附录一》，文物出版社，1990 年，第 187-235 页。

⑧ 韩康信、张振标、曾凡 :《闽侯县昙石山遗址的人骨》，《考古学报》1976 年第 1 期。

⑨ 张银运、王令红、董兴仁 :《广西桂林甑皮岩新石器时代遗址的人类头骨》，《古脊椎动物与古人类》1977 年第 1 期。

⑩ 潘其风、韩康信 :《柳湾墓地的人骨研究》，青海省文物管理处考古队、中国社会科学院考古研究所 :《青海柳湾——乐都柳湾原始社会墓地 · 附录一》，文物出版社，1984 年，第 261-303 页。

⑪ 韩康信 :《宁夏海原菜园村新石器时代墓地人骨的性别年龄鉴定与体质类型》，宁夏文物考古研究所、中国历史博物馆考古部 :《宁夏菜园——新石器时代遗址、墓葬发掘报告 · 附录二》，科学出版社，2003 年，第 349-357 页。

⑫ 李法军 :《河北阳原姜家梁新石器时代人骨研究》，科学出版社，2008 年，第 115-141 页。

⑬ 朱泓 :《中国东北地区的古代种族》，《文物季刊》1998 年第 1 期。

⑭ 张全超 :《内蒙古和林格尔县新店子墓地人骨研究》，科技出版社，2010 年，第 1-115 页。

⑮ 张全超 :《内蒙古和林格尔县新店子墓地人骨研究》，科技出版社，2010 年，第 1-115 页。

表一　小胡村晚商组、战国组与其他古代颅骨组之间的比较（男性）（长度：毫米；角度：度；指数：%）

比较项目	小胡村晚商组	小胡村战国组	瓦窑沟组	后李官村组	殷墟中小墓②组	殷墟中小墓③组	平洋全组	昙石山组	瓿皮岩组	柳湾合并组	宁夏海原组	姜家梁组	夏家店上层合并组	新店子组	阳畔组	同种系标准差
颅长	179.00	181.00	181.33	179.10	184.03	187.18	190.54	189.70	193.30	185.93	179.60	178.27	181.19	173.80	176.00	5.73
颅宽	140.00	136.00	140.08	140.30	140.13	142.67	144.60	139.20	143.20	136.41	135.60	134.20	136.20	153.27	152.50	4.76
颅高	133.00	145.00	139.45	136.80	140.32	134.83	140.11	141.30	140.90	139.38	140.10	138.10	140.70	129.18	129.50	5.69△
最小额宽	90.20	94.45	91.50	92.10	90.43	93.86	91.26	91.00	93.50	90.30	93.70	88.60	89.00	94.33	89.50	4.05
眶宽	42.30	42.15	41.92	42.10	42.43	44.88	43.74	42.20	42.60	43.87	40.50	44.41	42.80	44.38	42.10	1.67
眶高	30.20	33.30	33.38	33.80	33.55	35.52	33.91	33.80	34.40	34.27	33.30	33.39	34.44	33.12	33.00	1.91
鼻宽	24.34	26.55	26.38	25.50	26.99	28.96	28.90	29.50	28.30	27.26	25.80	27.04	28.08	27.12	25.10	1.77
鼻高	48.34	55.90	55.00	52.70	53.38	56.42	58.38	51.90	53.10	55.77	51.00	55.58	53.60	56.52	55.20	2.92
上面高	64.50	74.95	72.50	70.90	73.81	75.08	77.08	71.10	69.70	78.19	71.90	75.53	75.10	73.91	72.00	4.15
总面角	82.00	83.00	83.33	87.90	83.81	84.63	90.80	81.00	84.00	89.21	93.30	82.59	80.60	88.00	84.00	3.24
颅指数	78.21	74.73	77.25	78.40	76.50	76.27	75.89	73.40	73.20	73.92	75.20	75.76	75.06	88.13	87.50	2.67
颅长高指数	74.30	79.67	76.90	77.30	76.09	72.08	74.09	73.80	70.50	74.74	78.40	78.74	78.26	72.80	73.30	2.94
颅宽高指数	95.00	106.62	99.55	99.20	99.35	94.53	97.30	99.50	97.90	100.96	103.80	102.33	103.46	84.57	84.93	4.30
垂直颅面指数	48.50	50.28	52.02	51.83	53.11	55.30	54.43	48.10	49.47	56.57	52.30	52.22	53.38	57.29	55.59	—
眶指数	71.39	79.02	79.87	82.00	78.59	79.32	77.77	80.00	80.40	78.46	82.20	77.39	80.48	74.71	78.46	5.05
鼻指数	50.35	47.50	48.21	48.50	50.98	51.41	49.40	57.00	53.30	49.09	50.70	49.00	52.43	48.06	45.46	3.82
额宽指数	64.43	69.78	65.27	[65.65]	64.35	65.46	62.19	[65.37]	[65.29]	65.94	69.10	66.02	65.35	61.60	58.71	3.29△

注：1. 标有"△"的采用挪威组同种系标准差，其余采用埃及 E 组的同种系标准差。

2. 标注"[ ]"内的数值是根据平均数计算所得的近似值。

型的新店子组和阳畔组，其余颅骨组为第二大聚类。在 0-5 刻度中，小胡村晚商组首先与古中原类型的瓦窑沟组、殷墟中小墓②组和后李官村组聚类，小胡村晚商组与之存在最相似的颅骨形态。同时，在 0-5 刻度区间内，小胡村战国组先与古华北类型的姜家梁组和夏家店上层合并组聚合，后与古西北类型的宁夏海原组聚在一起。所以，相对于小胡村晚商组，小胡村战国组颅骨更多表现出北方或西北方古代人群的颅骨特征。

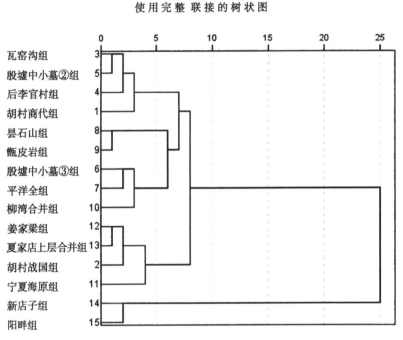

图二　小胡村晚商组、战国组与其他古代颅骨组之间的树状聚类图

四、古病理学研究

荣阳小胡村晚商至战国墓葬人骨保存较差，现就可供观察的骨骼和牙齿表现出的病理及部分异常现象做简单的描述和总结。

（一）骨折

在古代人类遗骸上发现最多的是骨折，骨折可以分为完全骨折和不完全骨折，比如横形骨折、斜形骨折、螺旋形骨折和粉碎性骨折等属于完全骨折，而压缩性骨折和绿枝性骨折则属于不完全骨折[1]。在 1 例晚商人骨个体 M24(男，55±) 上发现了右侧

---

①Mays S.1998.The Archaeology of Human Bones, pp.162-165.

股骨头颈断，错位愈合（图三）。结合该例个体的年龄及其较为严重的脊椎关节炎和骨质疏松的表现特征，推测可能是因老年骨质疏松症引起的完全骨折。

图三　右侧股骨头颈断
后愈合（M24,晚商男性）

图四　施莫尔结节（M90, 晚商男性）

（二）施莫尔结节

施莫尔结节 (Schmorl's nodes) 是椎间盘组织上向相邻椎体终板的垂直突出物，年轻人的创伤或长期的机械负荷是产生施莫尔结节的重要原因[1][2]。1 例晚商人骨个体，M90(男，40-45 岁)，在部分胸椎椎体上发现了施莫尔结节的痕迹；另有 1 例战国时期人骨个体，M86(男，45± 岁)，第五至第八胸椎椎体上也存在施莫尔结节（图四）。

（三）骨性关节炎

骨性关节炎又名退行性关节病，其病因主要是机械性压力，主要发生于承重关节面上，尤其在脊椎骨、髋臼关节面和膝盖处[3]。1 例晚商人骨个体 M24(男，55± 岁)，在其枢椎、第三、四、五、六颈椎的左侧关节突关节面和第六至八胸椎的椎体关节面右侧，均存在较为明显的骨赘，属于骨性关节炎（图五）。

图五　颈椎的骨性关节炎
（M24, 商代男性）

①Wagner AL, Reed MF, Arrington JA, Stallworth D.2000. Relationship of Schmorl's nodes to vertebralbody endplate fractures and acute endplate diskextrusions. American Journal of Neuroradiology 21.

②H. Stundag. 2008. Schmorl's Nodes in a Post Medieval Skeletal Sample from Klostermarienberg, Austria International Journal of Osteoarchaeology

③White T. D, Folkens P. A.The Human Bone Manual.（Elsevier Academic Press:New York. .2005），pp.325-328.

（四）多孔性骨肥厚

多孔性骨肥厚是出现在骨骼上的一种病理损伤，多发现于头盖骨上。一般认为，它可能由于缺铁性贫血造成，与人群所处的生活环境和社会经济类型也有一定的关系，被认为与农业社会的出现有关[①]。1 例商代个体 M117(男,45 ± 岁) 和 3 例战国时期个体 M62(女，60+ 岁)，M111(男，60+ 岁)，M97(男，60+ 岁)，在其额骨、左右顶骨和枕骨上，均有不同程度的如针眼般大小的孔洞，属于多孔性骨肥厚。

（五）牙病

对牙病的研究有助于调查古代人群的健康和饮食状况，本文研究中用肉眼对牙齿的 7 个项目进行了观察：龋齿（图六），牙周炎[②]，根尖脓肿（图七），生前牙齿脱落[③]，牙釉质发育不良[④]，齿列拥挤[⑤] 和阻生[⑥]。

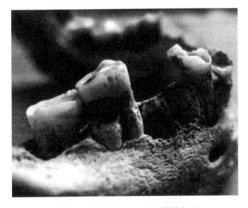 

图六　龋病（M70, 西周男性）　　　　图七　根尖脓肿（M90, 商代男性）

表二　牙齿常见疾病患齿率

牙病 时代	龋病 N（%）	牙周炎 N （%）	根尖脓肿 N（%）	牙釉质发育 不良 N（%）	阻生 N（%）	生前脱落 N （%）	齿列拥挤 N（%）
晚商	3（3.13）	0（0.00）	1（1.04）	0（0.00）	1（1.04）	2（2.08）	6（6.25）
西周	4（57.14）	0（0.00）	0（0.00）	0（0.00）	0（0.00）	0（0.00）	0（0.00）
战国	5（2.46）	10（4.93）	2（0.99）	12（5.91）	2（0.99）	60（29.56）	0（0.00）

表二是小胡村晚商至战国时期墓葬人骨牙齿常见疾病的患齿率。由于可供观察

① 张君：《农业社会的出现对古代人群健康的影响》，《中国文物报》2006 年 8 月 11 日。

② 许彦枝，赵满琳，陈彦平：《口腔科疾病》，中国医药科技出版社，2007 年，第 99 页，第 146-155 页。

③ Lukacs JR.Dental Trauma and Antemortem Tooth Loss in Prehistoric Canary Islanders: Prevalence and Contributing Factors . International Jouranal of. Osteoarchaeology. 17 (2007).

④〔英〕夏洛特·罗伯茨等著，张桦译：《疾病考古学》，山东画报出版社，2010 年，第 82 页。

⑤ 张敬雷：《青海省西宁市陶家寨汉晋时期墓地人骨研究》，吉林大学博士论文，2008 年，第 138 页。

⑥ 刘武、曾祥龙：《第三臼齿退化及其在人类演化上的意义》，《人类学学报》1996 年第 8 期。

的西周居民牙齿仅为 7 颗，其中 4 颗均受到龋病的侵害，所以西周龋病的患齿率较高。牙周炎可能与维生素 C 的缺乏、维生素 D 和钙、磷的缺乏或不平衡、营养不良等有关，而牙齿生前脱落和牙釉质发育不良也与人群饮食和营养状况、生存压力密切相关。相对于晚商时期，战国居民在牙齿生前脱落、牙釉质发育不良和牙周炎等方面均存在较高的患齿率。

五、成年居民身高推算

采用一元回归方程分别计算小胡村晚商、西周和战国墓葬人骨男、女两侧肱骨、股骨和胫骨的最大长推算身高值，并计算两侧肱骨、股骨和胫骨的一元回归方程所得身高的平均值，分别推算出成年男、女两性的平均身高。保留有完整肱骨、股骨或胫骨的个体为晚商 2 例男性，西周 1 例男性，战国 10 例男性、2 例女性。男性居民选择陈世贤[1]计算黄色人种身高公式，女性居民选择张继宗[2]计算中国汉族女性身高推算公式。2 例小胡村晚商男性居民的平均身高为 161.39 厘米，在 158.85—165.21 厘米之间；1 例西周男性身高为 165.79 厘米；10 例战国男性平均身高为 166.49 厘米，在 160.91—174.16 厘米之间；2 例战国女性平均身高为 164.13 厘米，在 160.17—166.11 厘米之间。

六、结论

以荥阳小胡村晚商墓地为代表的郑州商代舌族旧地，墓地家族成员多为握有军事力量的商代贵族。商末周初，舌族势力被分化瓦解，最终融入周王朝大家庭[3]。结合体质人类学、考古学的研究结果对荥阳小胡村墓地晚商至战国人骨标本的综合研究，得出以下几点认识：

1. 采集到的荥阳小胡村晚商墓葬 12 例人骨标本，西周墓葬 2 例人骨，战国墓葬 33 例人骨标本，平均死亡年龄分别为 44.75 岁、52.50 岁和 52.60 岁。

2. 小胡村晚商组与后李官村组、瓦窑沟组和殷墟中小墓②组最为接近，相对较近的是姜家梁组；小胡村战国组与姜家梁组和瓦窑沟组最接近，其次接近的是殷墟中小墓②组和后李官村组。晚商组和战国组均与古蒙古高原类型的新店子组最疏远，其中晚商组与古东北类型的平洋全组也较为疏远。相对于小胡村晚商组，战国组颅骨更多表现出北方或西北方古代人群的颅骨特征。

本文小胡村晚商组的数据因样本量过少，未必能够真实地反映出该组居民的群体

① 陈世贤：《法医人类学》，人民卫生出版社，1998 年，第 83-86 页。
② 张继宗：《中国汉族女性长骨推算身高的研究》，《人类学学报》2001 年第 4 期（20 卷）。
③ 汪培梓：《郑州"舌"铭铜铙时代与性质浅析》，《中原文物》2016 年第 5 期。

体质特征。但是,这并不妨碍对小胡村晚商组为代表的商代舌族的基本种系状况进行大致的了解。小胡村晚商组多体现古中原类型的特征,与古东北类型的平洋全组在颅骨形态上差异较大,这似乎说明,小胡村晚商舌族作为掌管军事力量的晚商中小贵族,族属来源可能是中原地区的土著,即古中原类型居民,而与来自于东北方的古东北类型的商代王室贵族[①]不属于同一人群。

　　3. 在小胡村晚商、西周和战国人骨上发现了骨折、施莫尔结节、骨性关节炎、多孔性骨肥厚等创伤和病理。

　　4. 小胡村晚商男性居民的平均身高为 161.39 厘米;1 例西周男性的身高推算为165.79 厘米;战国男、女两性平均身高分别为 166.49 厘米和 164.13 厘米。

---

① 韩康信、潘其风:《安阳殷墟中小墓人骨的研究》,中国社会科学院历史研究所、中国社会科学院考古研究所:《安阳殷墟头骨研究》,文物出版社,1985 年,第 50—81 页。

古代不同社会阶层先民食物结构差异探讨

——以荥阳小胡村晚商族墓地为例

王宁[①]　贾连敏[②]　梁法伟[③]　曾晓敏[④]

一、前言

随着人类社会的不断发展,社会内部逐渐出现了"尊卑贵贱"的等级划分。这一现象在等级森严的古代中国表现得尤为明显,上到王公贵族,下到黎民百姓,不但在政治、经济地位上有显著差异,就连衣食住行等日常行为都有明确的规定和区分[⑤]。"民以食为天",饮食作为维持个体生理需要与维系群体感情的一种行为方式,是先民生活中最主要的内容之一,带有鲜明的阶级性,并在日常和祭祀中使用的饮食器具以及食物种类等多个方面均有体现[⑥]。因此,开展古代不同社会阶层先民的食物结构研究,有助于了解我国古代社会礼仪制度的形成和演变情况。

上个世纪 70 年代末创立的 C、N 稳定同位素分析方法,为直接获取先民个体的食物结构和营养等级,提供了新的思路和研究方法[⑦]。国内外学者通过对墓葬出土人骨的 C、N 稳定同位素分析,成功地探讨了古代不同社会阶层先民的食物结构差异[⑧]。这些研究表明,人骨的 C、N 稳定同位素分析是探索古代不同社会阶层食物结构和营养等级差异状况的有力手段。

小胡村墓地位于河南省荥阳市广武镇小胡村东北,东南距郑州市区约 20 公里。

---

① 作者单位：江苏师范大学历史文化与旅游学院,徐州,221116。

②③④ 作者单位：河南省文物考古研究院,郑州市 450000。

⑤ 中国社会科学院考古研究所：《中国考古学·夏商卷》,中国社会科学出版社 2003 年,第 338-351 页。

⑥ 宋振豪：《夏商社会生活史》,中国社会科学出版社 1994 年,第 277-288 页。

⑦ 胡耀武：《古代人类食谱及相关研究》博士学位论文,中国科学技术大学 2002 年,第 13-20 页。

⑧ Ambrose SH，Krigbaum J, "Bone chemistry and bioarchaeology"，J Anthropol Archaeol(2003)22:193-199.
　张雪莲、仇士华、钟建：《中原地区几处仰韶文化时期考古遗址的人类食物状况分析》,《人类学学报》2010 年第 2 期；张雪莲、仇士华、钟建等：《山东滕州市前掌大墓地出土人骨的碳、氮稳定同位素分析》,《考古》2012 年第 9 期。

在南北约 400、东西约 200 米的范围之内，共发掘晚商墓葬 58 座。墓葬形制均为长方形土坑竖穴式，多数墓葬有生土（熟土）二层台以及棺、椁、腰坑和殉狗等，随葬品十分丰富。考古学家根据墓葬形制、葬俗、族徽等方面推测，这里应是一处商代晚期（殷墟二期到四期）"舌"族的族墓地，其墓主的身份多为中小型贵族，也有少量的族众或者平民。另外，该墓地还发掘西周墓葬 2 座。这一重大发现为我们分析商代晚期先民的食物结构提供了宝贵的研究材料[①]。

本文通过对河南荥阳小胡村晚商墓地出土人骨进行 C、N 稳定同位素分析，重建商代晚期先民的食物结构和营养等级，并结合墓主人生前的身份和社会地位，探索晚商时期中原地区不同社会阶层及其内部先民的食物结构和营养等级差异，探讨古代中国礼仪制度的发展等相关问题。

二、碳氮稳定同位素分析原理

根据"我即我食"原理，人类自身在生长发育过程中所需的营养和能量皆来自其对外界空气、水和食物的摄取，并经过消化吸收后转化为身体的组成成分。在这一过程中，体内的稳定同位素值会与外界环境保持动态平衡，打上所处环境的稳定同位素"烙印"。因此，通过对人和动物骨胶原的 C 稳定同位素分析，可以直接揭示先民的植物类及其所食动物中植物类的主要食物来源[②]。对其 N 稳定同位素分析可以直接判断其营养级水平及肉食资源的摄取状况[③]。随着我国多个考古遗址相关测试工作的开展，业已在先民个体饮食状况、古代农业发展、动物饲养驯化等方面取得了大量的研究成果[④]。

三、实验样品与测试方法

由于受到地下埋藏环境的影响，小胡村墓地大部分墓葬内的人骨架已严重腐朽，仅有部分个体保存少量骨骼。本次实验选取了保存情况相对较好的 15 例先民骨骼（晚商 13 例，西周 2 例）来开展 C、N 稳定同位素的分析工作。

---

① 贾连敏、梁法伟、曾晓敏等：《河南荥阳小胡村墓地商代墓葬发掘简报》，《华夏考古》2015 年第 1 期。
② Van der Merwe NJ，Vogel JC，"13C content of human collagen as a measure of prehistoric diet in woodland North America"，Nature（1987）276：815–816.
③ DeNiro MJ，Epstein S，"Influence of diet on the distribution of nitrogen isotopes in animals"，Geochimica et Cosmochimica Acta（1981）45：341–351.
④ 蔡莲珍、仇士华：《碳十三测定和古代食谱研究》，《考古》1984 年第 10 期；张雪莲、王金霞、冼自强等：《古人类食物结构研究》，《考古》2003 年第 2 期。
胡耀武，Ambrose SH，王昌燧：《贾湖遗址人骨的稳定同位素分析》，《中国科学 D 辑：地球科学》2007 年第 1 期；吴小红、肖怀德、魏彩云等：《河南新寨人、猪食物结构与农业形态和家猪驯养的稳定同位素证据》，《科技考古（第 2 辑）》，科学出版社 2007 年，第 49-58 页。

样品的处理程序，依据 Jay 等[1] 的文章，略作修改。机械去除骨样内外表面的污染物后，称取约 1g，4℃下浸于 0.5mol/L HCl，每隔两天更换酸液，直至骨样松软，无明显气泡，去离子水清洗至中性。0.125mol/L NaOH 溶液浸泡 20 小时，去离子水洗至中性，浸于 0.001mol/L HCl 溶液 70℃下加热 48 小时，趁热过滤，滤液冷冻干燥得骨胶原固体，收集并称重，计算骨胶原得率，见表 1。

骨胶原中 C、N 元素含量及 C、N 稳定同位素比值的测定，在中国科学院大学考古稳定同位素实验室进行。取少量骨胶原，称重，于 Elementar Vario—Isoprime100 型稳定同位素质谱分析仪（Isoprime 100 IRMS coupled with Elementar Vario）测试其 C、N 含量及同位素比值。测试 C、N 含量所用的标准物质为磺胺（Sulfanilamide）。C、N 稳定同位素比值分别以 IEAE–CH–6 标定碳钢瓶气（以 PDB 为基准）和 IEAE–N–2 标定氮钢瓶气（以 AIR 为基准）为标准，每测试 10 个样品中插入一个 IEAE–CH–6 和 IEAE–N–2 来监测测试结果。分析精度都为 ±0.2‰，测试结果以 $\delta^{13}C$（相对于 V–PDB）、$\delta^{15}N$（相对于 AIR）表示，详见表 1。

判断骨样是否被污染是进行 C、N 稳定同位素分析的前提。其中，判断骨胶原是否污染的最重要指标当属骨胶原的 C、N 含量和 C/N 摩尔比值。由于保存情况较差，M21 样品未能提取足量蛋白进行测试，剩余 14 例样品的 C、N 含量分别在 29.9%~43.2% 和 11.5%~15.9% 之间，大部分接近于现代骨胶原的 C、N 含量（41%、15%）[2]。所有样品的 C/N 摩尔比值在 3.0~3.2 之间，也都落于未受污染样品的范围内（2.9~3.6）[3]。由此可见，剩余 14 例样品提取出的骨胶原均可用做稳定同位素分析。

表 1　小胡村墓地人骨体质人类学和 C、N 稳定同位素测试结果

序号	单位	年代	开口面积 (m²)	葬具	随葬青铜礼器	性别	年龄	C(%)	N(%)	C/N	$\delta^{13}C$ (‰)	$\delta^{15}N$ (‰)
1	M8	殷墟一期晚段	7.35	一棺一椁	有	男	45–50	29.9	11.5	3.0	-8.8	12.8
2	M24	殷墟二期	5.52	一棺一椁	有	男	55±	38.6	14	3.2	-8.1	10.7
3	M27	殷墟三期	5.61	一棺一椁	有	?	55±	41.0	14.9	3.2	-7.8	10.3

[1] Jay M，Richards MP，"Diet in the Iron Age cemetery population at Wetwang Slack, East Yorshire, UK: Carbon and nitrogen stable isotope evidence"，J Archaeolo Sci（2006）33：653–662.

[2] Ambrose SH，"Preparation and characterization of bone and tooth collagen for isotopic analysis"，J Archaeol Sci（1990）17(4)：431–451.

[3] DeNiro MJ，"Postmortem preservation and alteration of in vivo bone collagen isotope ratios in relation to palaeodietary reconstruction"，Nature（1985）317(6040)：806–809.

序号	单位	年代	开口面积 (m²)	葬具	随葬青铜礼器	性别	年龄	C(%)	N(%)	C/N	δ¹³C (‰)	δ¹⁵N (‰)
4	M30	殷墟二期	4.57	一棺一椁	有	?	?	42.1	15.3	3.2	−15.2	7.6
5	M39	晚商*	3.92	未见**	无	?	40–45	40.2	14.9	3.1	−8.6	6.7
6	M46	晚商*	2.60	一棺	无	?	35±	39.7	14.4	3.2	−8.8	7.5
7	M47	晚商*	1.92	一棺	无	?	25–30	38.4	14.1	3.2	−7.5	8.2
8	M52	殷墟一期晚段	6.80	一棺一椁	有	?	?	41.4	15.2	3.2	−6.4	10.9
9	M89	晚商*	2.30	未见**	无	?	50–55	41.2	15.2	3.2	−7.4	8.2
10	M90	殷墟二期	3.95	一棺	有	男	40–45	39.6	14.7	3.2	−9.3	10.8
11	M105	殷墟二期	4.91	一棺一椁	有	男	?	40.0	14.8	3.1	−8.0	9.2
12	M116	殷墟一期晚段	1.54	无	无	女	45±	37.5	13.5	3.2	−8.5	9.2
13	M37	西周	3.12	未见	无	男	45±	43.2	15.9	3.2	−9.8	11.0
14	M70	西周	1.72	未见	无	男?	60+	38.8	14.0	3.2	−9.2	9.5

注：* 表示未能明确具体分期。? 表示这些个体因骨骼情况保存较差，无法进行性别和年龄鉴定。M39 和 M89 无法确认是否存在葬具腐朽痕迹，均归为无葬具一类。

四、碳氮稳定同位素测试结果与讨论

（一）小胡村墓地先民的食物结构

图 1 为小胡村墓地先民骨胶原的 δ¹³C 和 δ¹⁵N 散点图。如图所示，除了一例 M30 的 δ¹³C 值（−15.2‰）明显偏小以外，其余 11 例晚商先民骨胶原的 δ¹³C 值落于 −9.3‰ ~ −6.4‰ 范围内，平均为 −8.1 ± 0.8‰ (n=11)，表明总体上先民的食物结构以 C_4 类食物为主，包括 C_4 类植物或以 C_4 类植物为主食的动物抑或两者兼而有之。而 M30 墓主人则以 C_3 类食物为主。2 例西周先民的 δ¹³C 值分别为 −9.2‰ 和 −9.8‰，略低于晚商先民的 δ¹³C 均值，表明这一地区西周先民摄取的 C_3 类食物有所增加，但仍以 C_4 类食物为主。在传统中国的主要粮食作物中，粟黍是典型的 C_4 类植物，稻谷、小麦和大豆是典型的 C_3 类植物。结合文献记载和植物考古研究成果，推测这批先民的 C_4 类食物主要是粟类作物，C_3 类食物有可能是水稻或者小麦[①]。

晚商先民骨胶原的 δ¹⁵N 值在 6.7‰ ~12.8‰ 范围内，平均为 9.3 ± 1.8‰ (n=12)，总体而言，动物蛋白在先民的食物中具有一定量的比例，但是不同个体 δ¹⁵N 值的差

① 赵志军：《中华文明形成时期的农业经济特点》，《科技考古》（第 3 辑），科学出版社 2011 年，第 1-36 页。

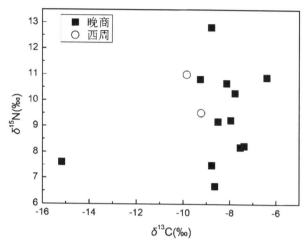

图1　小胡村墓地先民骨胶原的 δ^{13}C 和 δ^{15}N 散点图

异较大, 表明他们在肉类食物摄取量上有较大的差距。2 例西周先民的 δ^{15}N 值分别为 9.5‰ 和 11.0‰, 略高于晚商先民的 δ^{15}N 平均值, 但由于个体数量太少, 无法进行更深入的探讨。

　　总而言之, 小胡村先民的食物结构中以 C_4 类食物为主, 包含少量的 C_3 食物, 并且个体之间在肉食摄取上差异较大。这一现象产生的原因是否和先民不同的社会等级有关, 本文随后将进行进一步的分析。

（二）不同性别和年龄墓主人的食物结构差异

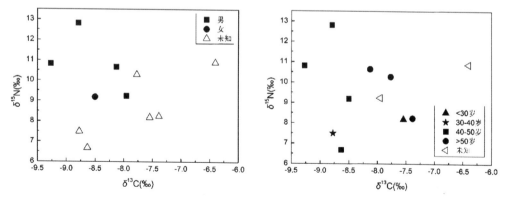

图2　小胡村墓地不同性别和年龄先民骨胶原的 δ^{13}C 和 δ^{15}N 散点图
（a 性别；b 年龄）

　　由于骨骼腐朽和被盗扰动等原因, 大部分出土的骨骼残缺不全。在提取出胶原蛋白的 12 例晚商墓葬中, 能够鉴定出墓主人性别和年龄的分别是 5 座和 9 座（表1）。排除饮食习惯与其他墓主人有明显区别的 M30, 从图 2a 可以看出, 虽然 4 例男性的 δ^{15}N 均值 (10.9 ± 1.5‰ (n=4)) 略高于 1 例女性 (9.2‰), 但是还有相当一部分性别不明的个体。因此,本文尚未发现男女性别不同导致 $\delta^{13}C$ 值出现明显差异的科学证据。通过图2b可以看出,不同年龄墓主人之间的 $\delta^{13}C$ 和 $\delta^{15}N$ 值同样没有规律性的差异,尤其是40~50岁范围内的4例个体 $\delta^{15}N$ 值差异明显,高达6.5‰,几乎涵盖了所有其他年龄范围个体的 $\delta^{15}N$ 值范围,同样表明这些先民的食物结构差异与自身年龄高低无关。

(三)不同社会阶层墓主人的食物结构差异

随葬青铜礼器的种类和数量是衡量墓主人社会阶层的一个重要标准。在小胡村12例晚商墓葬中,7例随葬青铜礼器,5例没有随葬青铜礼器。排除饮食习惯与其他墓主人有明显区别的M30,有青铜礼器随葬的墓主人 $\delta^{13}C$ 均值为 -8.1 ± 1.0‰(n=6),无青铜礼器随葬的墓主人 $\delta^{13}C$ 均值为 -8.2 ± 0.7‰(n=5),差异仅为0.1‰左右,表明不同社会阶层的墓主人在主食种类上没有明显差异。然而,有青铜礼器随葬墓主人的 $\delta^{15}N$ 均值(10.9$\pm$1.2‰,n=6)明显高于无青铜礼器随葬的墓主人(8.0$\pm$0.9‰,n=5),表明前者摄取的肉食资源相对更多,证明墓主人社会身份越高,其营养等级越高。

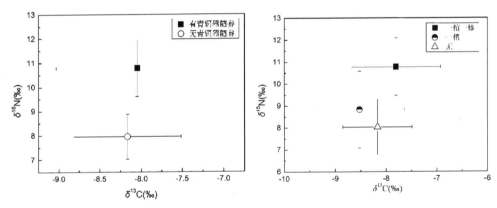

图3 不同随葬品类型和葬具墓主人骨胶原的 $\delta^{13}C$ 和 $\delta^{15}N$ 值误差棒图
(a 随葬品;b 葬具)

棺椁的数量是衡量墓主人社会阶层的另一个重要标准。图3b表明使用棺椁数量不同的三类墓主人的 $\delta^{13}C$ 均值差异小于1‰,表明其主食种类没有明显差异。然而,使用一棺一椁墓主人的 $\delta^{15}N$ 均值(10.8 $\pm$ 1.3‰,n=5)明显高于使用一棺墓主人(8.8 $\pm$ 1.8‰,n=3),无棺椁的墓主人的 $\delta^{15}N$ 均值最低(8.0 $\pm$ 1.2‰,n=3),三类人群差异十分明显,表明使用较高规格葬具的墓主人摄取的肉食资源相对更多,再次证明,墓主人社会身份越高,其营养等级越高。

总而言之,小胡村晚商墓地中不同社会阶层墓主人在主食种类上未表现出明显的区别，均以 C_4 类（粟类）食物为主，但是在肉食资源摄取量上差异十分明显。相对而言，较高社会阶层的先民摄取更多的肉食资源，拥有更高的营养等级。这一现象与国内外学者的多个研究相互印证[①]，国内学者对灵宝西坡遗址和滕州前掌大遗址不同规模墓葬墓主人的 $\delta^{15}N$ 值分析也提出了这一观点[②]。本文研究表明，中国古代社会不同先民身份的确存在"尊卑贵贱"的区分，并且这种身份差异在个体肉食资源获取数量上体现得尤为明显。

（四）同一社会阶层内部先民的食物结构差异

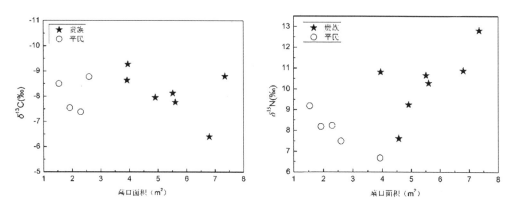

图 4　墓葬开口面积和墓主人的 $\delta^{13}C$、$\delta^{15}N$ 值
（a $\delta^{13}C$ 值，b $\delta^{15}N$ 值 ）

根据墓葬面积、随葬青铜礼器数量和葬具类型，可将小胡村墓地晚商时期地先民划分为贵族和平民阶层，然而，即使在贵族阶层内，墓葬规模（开口面积）同样存在大小之分，表明贵族阶层内仍有更加细致的身份等级高低区别。

图 4 表示墓葬开口面积与墓主人 $\delta^{13}C$、$\delta^{15}N$ 值的对应情况。由图 4 所示，4 例平民的 $\delta^{13}C$ 值的变化范围为 -7.4~-8.8‰，$\delta^{15}N$ 值的变化范围为 7.5~9.2‰，但是通过 $\delta^{13}C$ 值与墓葬面积的相关性计算（r=-0.95，p=0.905，n=4）和 $\delta^{15}N$ 值与墓葬面积的相关性计算（r=-0.929, p=0.071，n=4），未发现 $\delta^{13}C$、$\delta^{15}N$ 值与墓葬面积存在明显的正相关性。这一研究表明，在平民阶层内，个体的饮食差异与其阶层内的身份高低并没有明显的对应关系。

[①] Yoder C, "Let them eat cake? Status-based differences in diet in medieval Denmark ", J Archaeol Sci.（2012）39：1183-1193.

　　Schutkowski H. and Herrmann B," Diet, Status and Decomposition at Weingarten: Trace Element and Isotope Analyses on Early Mediaeval Skeletal Material", J Archaeol Sci（1999）26：675-685.

[②] 张雪莲、仇士华、钟建等:《山东滕州市前掌大墓地出土人骨的碳、氮稳定同位素分析》，《考古》2012 年第 9 期。

相对平民而言，7 例贵族的 $\delta^{13}C$ 值的变化范围较大（−6.4~−9.3‰），表明同为贵族阶层，不同个体的食物结构仍有较大的差异。如果排除墓葬面积最大的 M8，剩余 6 例贵族的 $\delta^{13}C$ 值与墓葬面积有明显的正相关性（r=0.938，p=0.006，n=6），表明身份等级越高的贵族，其食物结构中 C_4 类食物的比重越大，或许暗示了商代贵族对粟类食物的特殊偏好，但是由于样本数量较少，这一结论有待进一步论证。墓葬面积最大的 M8 墓主人的食物中，C_3 类食物比重突然增加，是否是个人喜好，还是代表高等级贵族的主食多样化，尚需更多材料证明。

更重要的是，本文发现 7 例贵族的 $\delta^{15}N$ 值不但有明显的差异，而且其与墓葬开口面积存在明显的正相关性（r=0.747，p=0.033，n=7）。如果仅统计葬具为一棺一椁的 6 例墓主人，其 $\delta^{15}N$ 值与墓口面积呈现出更为明显的正相关性（r=0.919，p=0.010，n=6）。这一结果表明，贵族阶层内部的饮食也有明显的等级划分和严格的规范管理，墓葬规模越大，随葬器具数量越多，身份等级越高，个体对肉食资源的摄取越多，其营养等级越高。

相关研究表明，骨骼中胶原蛋白的稳定同位素值大约反映个体数年至 10 年以来的平均饮食状况。本研究中发现不同个体营养等级的明显差异及其与墓葬等级良好的相关性，或许表明墓主人的饮食习惯与自身"尊卑贵贱"的身份地位可能存在长期的对应关系，暗示商代晚期的不同社会阶层以及贵族阶层内部的身份地位相对稳定，或许是商代贵族世袭制度以及日常饮食的分餐制的一种体现。本文推测造成平民和贵族两大阶层内部 $\delta^{15}N$ 值不同表现特征不同的原因可能是，古代社会的一些礼仪规范主要约束贵族和上流阶层，对于普通平民行为的规范性作用表现不够明显。《礼记·曲礼》记载"刑不上大夫，礼不下庶人"，类似的情况可能在商代晚期社会不同阶层先民的生活方式和饮食习惯中有一定的体现。

如前所述，骨胶原的稳定同位素值主要反映个体最后数年的综合饮食状况，如果在此期间先民的身份地位发生变化，最终会导致其墓葬等级与原有饮食状况的不匹配，如 M90 的饮食结构完全迥异于其他所有墓主人，推测其生前最后的时间段内身份地位可能发生了变化。此外，不同地区先民的农业模式、饮食习惯和礼仪规范也不尽相同[①]。先民迁徙行为的广泛存在，有可能导致外来不同饮食习惯个体的特殊数据干扰整个群体的数据特征，如 M30，这类问题有望通过借助锶、氧稳定同位素的分析，在判

[①] 郭怡：《稳定同位素分析方法在探讨稻粟混作区先民（动物）食物结构中的运用》，浙江大学出版社，2013 年，第 2-11 页。

断个体迁徙状况的基础上开展更精确的探讨[①]。

五、结论

本文通过对距今 3000 年前河南荥阳小胡村晚商族墓地人骨的 C、N 稳定同位素测试分析,得到以下结论:1、小胡村晚商先民的食物结构以 C_4 类食物为主,西周时期 C_3 类食物略有增加,总体而言,中原地区晚商至西周时期的小胡村先民均以粟黍类作物为主食。2、小胡村不同社会阶层先民的在肉食资源的摄取量上有明显差异,贵族阶层普遍高于平民。3、小胡村贵族阶层内部仍有明显的食物结构和营养等级差异,地位越高的贵族,肉食资源的摄取越多。

需要指出的是,通过墓葬等级和出土人骨的 C、N 稳定同位素分析来探讨不同社会阶层先民的食物结构和营养等级差异,仍存在诸多不确定性因素,由于分析样品数量的局限性,这些结论能否是商代晚期乃至古代中国一个普遍性规律,尚需更多研究材料的验证。然而,不可否认的是,作为了解古代先民饮食状况及个体差异的有利研究手段,C、N 稳定同位素分析方法值得在更多的考古遗址中展开。

本研究由国家自然科学基金项目(批准号:41603009)和教育部人文社会科学研究青年基金(批准号:16YJCZH100)资助。

---

① 王宁、李素婷、李宏飞等:《古骨胶原的氧同位素分析及其在先民迁徙研究中的应用》,《科学通报》2015 年第 9 期。

附表1　小胡村墓地商代墓葬登记表

墓号	分期	方向(度)	墓室(单位:米)(长、宽、深)	葬具(单位:米)(长、宽、高)	腰坑(单位:米)(长、宽、高)	二层台	葬式	随葬品	殉性	备注
M1		355	口:2.9×1.2 底:2.75×1.1 深:0.25	朽痕不明显	1×0.4-0.25	不明	不明	铜戈(BII)1、玉戈(B)1	腰坑内仅有少许动物骨末	
M2		170	2.6×0.9-0.2	不明	0.9×0.4-0.4	熟土台	头向南仰身直肢	玉珠2、玉戈(A)2	腰坑内狗1条殉狗头狗向南	有少许朱砂
M3		175或355	口:5.3×3.0 底:4.80×2.50 深:4.60	仅见椁痕,宽1.3,存高0.30米	1.4×0.3-0.17	不明	不明	海贝(I)55、彩绘圆陶片2、铜片2、玉琮1、石片1	腰坑内有已腐朽狗骨架	严重盗扰
M4		5或185	口:2.2×1.1 底:2.4×1.15 深:3.46	棺:2.1×0.58-0.52	1.1×0.26-0.25	生土台东西南	不明	无	腰坑内狗1条朽成末	有大量朱砂北壁见席纹
M5		185	口:2.74×1.40 底:2.9×1.5 深:2.2	有部分椁痕迹	0.78×0.46-0.15	四周有熟土二层台	不明	无	墓室东北角填土出狗1条,头向北,腰坑有狗末	早期被盗
M6	二	180	3.0×1.5-2.25	椁:2.14×0.90+0.3 棺:残1.22×(0.42~0.44)+0.3	0.8×0.4-0.25	四周有熟土二层台	不明	铜觚(AIII)1、铜觚(AaII)爵1、海贝(I)1	填土中狗2条,头向南	盗扰有席痕
M7	三	355	口:2.7×1.1 底:2.75×1.15 深:4.2	椁:2.30×0.84+0.3 棺:2.08×0.56+0.25	0.7×0.4-0.3	四周有较窄熟土二层台	不明	铜爵(AaIV)1、铜觯(A)1、玉戈(A)1	无	有席痕、朱砂

续表

墓号	分期	方向（度）	墓室（单位：米）（长、宽、深）	葬具（单位：米）（长、宽、高）	腰坑（单位：米）（长、宽、高）	二层台	葬式	随葬品	殉牲	备注
M8	一晚	355	3.5×2.1-4.3	椁：（内）2.84×1.4+0.4 棺：2.4×（0.7~0.8）+0.2	1.2×0.25-0.22	四周有熟土二层台	不明	铜簋（A）1、铜瓿（AII）1、铜爵（AaI）1、铜策1、弓形器（BII）1、铜铃（BII）1	无	盗扰，有席痕，棺外髹红漆
M9		175或355	口：2.7×1.38 底：2.60×（1.3~1.38）深：1.9	未见痕迹	0.85×0.35-0.23	四周有熟土二层台	不明	无	填土中狗2条，头向北	有朱砂
M10		170或350	2.48×1.2-1.0	未见痕迹（可能为一棺）	0.86×0.35-0.20	四周有熟土二层台	不明	铜戈（BII）1	填土中狗1条	有少量朱砂
M11		170	口：2.40×0.9 底：2.32×0.9 深：0.84	未见痕迹（可能为一棺）	0.8×0.30-0.18	0.36熟土台	不明	无	填土中狗1条，腰坑内有动物骨末	有少量朱砂
M12		180	2.48×1.0-0.9	未见痕迹（可能为一棺）	0.9×0.38-0.2	0.2四周生土台	不明	无	腰坑内有动物骨末	有少量朱砂

续表

墓号	分期	方向（度）	墓室（单位：米）（长、宽、深）	葬具（单位：米）（长、宽、高）	腰坑（单位：米）（长、宽、高）	二层台	葬式	随葬品	殉牲	备注
M13	一晚	175或355	3.65×2.2-5.2	椁：2.7×1.6+0.95 棺已不明	1.0×0.55-0.24	0.95熟土台	不明	铜戚1刀（A：4）（B：8）2矛（I）1戈（AII）、（BI）3镞（B）11凿（B）1弓形器（A）1片镞（A）1片，玉管1坠1饰（B）1饰伴2，石磬1，海贝（I）70枚	无	严重盗扰 椁痕尚清
M14		355	口：2.65×（1.05-1.1）底：2.3×0.95 深：1.1	不明	1.15×0.3-0.3	无	不明	玉柄形器1	腰坑内狗1条 头向北	墓底有大量朱砂
M15		0	2.2×1.0-1.2	不明	无	无	不明	无	无	盗扰墓底有大量白灰
M16	二	350	2.9×1.2-1.1	椁：2.38×0.85（1.0）+0.2 棺：2.04×0.46（0.5）+0.2	0.9×0.4-0.2	0.2熟土台	仰身直肢	铜瓿（BII）1，爵（A）1，镞（A）1，盘（B）1，戈（AII）1，铃（B）1	填土中狗2条 头向南，腰坑内有碎骨	有大量朱砂 见席纹
M17		175或355	2.8×1.5-4.7	不明			不明			严重盗扰

续表

墓号	分期	方向（度）	墓室（单位：米）（长、宽、深）	葬具（单位：米）（长、宽、高）	腰坑（单位：米）（长、宽、高）	二层台	葬式	随葬品	殉牲	备注
M18		170	2.7×1.2-2.0	未见痕迹（二层台所围之范围可能为一棺）	0.9×0.36-0.12	0.14熟土台	不明	海贝（II）1	腰坑内有动物骨末	有厚2厘米的末砂
M19		350	2.4×（0.9~1.0）-0.65	未见痕迹（二层台所围之范围可能为一棺）	1.2×0.34-0.17	0.5生土台	不明	玉戈（A）1	腰坑内有狗骨较凌乱	有厚2厘米的末砂
M20		170或355	口：3.3×（1.6~1.7）底：3.06×1.5 深：1.6	未见痕迹（二层台所围之范围可能为一棺）	1.34×0.45-0.16	0.26生土台	不明	无	腰坑内有动物骨末	有厚2厘米的末砂，盗扰，未至椁室
M21	一晚	355	3.5×2.2-1.5	椁：3.1×1.8+0.6 棺：2.5×1.2+0.7	1.0×0.34-0.2	0.6生土台	头向北 其余不明	铜鼎（AⅢ）1、簋（A）1、瓿（C）1、爵（BI、CI）1、刀（C）1、10、削（A）4、弓形器（BI）1、铃（A）1、玉戈（A）1	填土中有牛腿骨和肩胛骨，腰坑内有动物碎骨	棺底有厚2厘米末砂
M22	二	350	3.8×1.8-2.8	椁：3.2×1.3+0.4 棺：2.5×0.7+0.2	1.16×0.36-0.2	0.6熟土台	头向北 其余不明	铜鼎（B）1、簋（B）1、瓿（AⅡ）1、爵（Ab）1、戈（AⅢ）1刀（D）1、锛（铲）1、斧1、当（B）1、凿（B）1、铃（B）1、玉黄1、蚌1	腰坑内有狗1条，朽为粉末	棺底有厚2厘米末砂

续表

墓号	分期	方向（度）	墓室（单位：米）（长、宽、深）	葬具（单位：米）（长、宽、高）	腰坑（单位：米）（长、宽、高）	二层台	葬式	随葬品	殉牲	备注
M23		170或350	2.6×1.05-0.65	棺：2.2×0.55+0.15	1.1×0.4-0.16	0.15生土台	不明	无	无	
M24	二	355	3×（1.74-1.94）-1.8	椁：2.3×0.9+0.25 棺：1.9×（0.54-0.62）+0.25	1.1×0.35-0.1	1.15熟土台	头向北、面向东、仰身直肢	铜鼎（AIII）1、瓿（AIII）1、爵（AaI）1、戈（BII）1、锛（B）1、凿（A）1、铃（B）1、玉戈（A）	二层台上狗4条、腰坑内狗1条、均头向南	有朱砂，有漆器迹象
M25	三	0或180	口：3.3×（1.6-1.78）底：3.4×（1.64-1.82）深：1.8	椁不清 棺：2.3×0.76+0.3	1.25×0.5-0.3	0.3熟土台	不明	铜瓿（AaIII）1、爵（A）1、玉戈（A）1、磺1、铲1	腰坑内有狗1条、朽为粉末	有朱砂
M26	三	10	2.4×1.05-0.45	棺：2.1×0.7+0.22（二层台所围之范围）	0.75×0.30-0.2	0.22生土台（二层）	头向北仰身直肢	无	腰坑内有几根动物肋骨	
M27	三	5	3.4×1.65-3.6	椁：2.9×1.4+0.68 棺：1.9×（0.46~0.54）+0.28	0.9×0.38-0.38	0.68熟土台	头向北仰身直肢	铜瓿（B）1、爵（AaIV）1、戈（BII）1、玉戈（A）1、钺、柄形器1、刀2	填土中狗2条、腰坑内狗1条、头向南	有红色漆皮和席纹痕迹

续表

墓号	分期	方向（度）	墓室（单位：米）（长、宽、深）	葬具（单位：米）（长、宽、高）	腰坑（单位：米）（长、宽、高）	二层台	葬式	随葬品	殉牲	备注
M28	一晚	10	3×1.6-1.7	椁：2.6×1.2+0.5 棺：2.1×0.74+0.1	0.88×0.4-0.26	0.5 生土台	头向北 直肢 其余不明	铜鼎（C型）1、卣1、瓿（AII）1、爵（AaI）1、戈（AI）1、镞刀（B）1、弓形器（B）2、铃（A）1、锛（A）1、篝1、策末1、条2	无	棺底有少量朱砂，有席纹和漆皮痕迹
M29		10	2.9×1.2-1.01	椁不明但有2根枕木。长0.72，宽0.18~0.22，高0.1	1.12×0.4-0.3	无	头向北 其余不明	无	腰坑内有少量动物骨末	有少量朱砂
M30	二	0	3.24×（1.3~1.52） 深：-2	椁：2.38×(1.04~1.06)+0.2 棺：2.1×0.66+0.2	1×（0.35~0.4）-0.25	外0.8 生土台，内0.4 熟土台	头向北 仰身直肢	铜鼎（AII）1、瓿（BI）1、爵（B）1、戈（BII）1、铃（A）1、凿（A）1、玉戈1	填土中狗1条，腰坑内1条殉狗	有少量朱砂，见漆皮
M31	二	12	3.3×(1.5~1.6)-2.0	椁：2.50×0.96+0.28 棺：2.0×0.52+0.26	0.6×0.36-0.14	0.68 熟土台	头向北 仰身直肢	铜瓿（B）1、爵（BII）1、戈（AII）1、铃（A）1、凿（A）1、铃（B）1	填土中1条狗，头向南，腰坑内有1条，头向南	有少量朱砂

续表

墓号	分期	方向（度）	墓室（单位：米）（长、宽、深）	葬具（单位：米）（长、宽、高）	腰坑（单位：米）（长、宽、高）	二层台	葬式	随葬品	殉牲	备注
M32	一晚	178	2.74×1.5-1.16	椁：2.2×1.0+0.42 棺：1.9×0.6+0.42	1.0×（0.3~0.4）-0.2	0.42熟土台	头向南 仰身直肢	玉鱼1、海贝（I）25枚	腰坑内狗1条,头向北	墓底有少量朱砂
M33		4	2.64×（1.04~1.24）-2.3	椁已不清 棺：2.3×（0.6-0.86）+0.2	12×（01-03）-02	0.2熟土台	头向北 其余不明	铜鼎（AII）1、瓿（AII）1、爵（BI）1、戈（BII）1、铲（B）1	腰坑内狗1条,头向南	有席纹和少量朱砂
M34	二	0	3.0×1.6-2.9	椁：2.4×1.20+0.58 棺：2.14×（0.84-0.92）+0.28	1.2×0.4-0.3	0.58熟土台	头向北 其余不明	铜瓿（AIII）1、爵（Ab）1、戈（BII）1、铲（A）1、凿（B）1、铃（B）1	腰坑内狗1条,朽成末	有少量朱砂
M35		0或180	口：2.8×1.2 底：3.0×1.4 深：2.4	单棺：2.03×0.46+0.6	0.7×0.3-0.2	0.6生土台	不明	无	无	严重盗扰
M36	二	10或190	口：3.4×2.1 底：3.5×2.5 深：4.3	椁：2.4×1.7+0.8 棺：1.8×1.2	1.02×0.6-0.28	0.8熟土台	不明	陶簋1、玉柄形器1	椁上有较多个体的动物骨末	棺底有大量朱砂,椁壁上有席纹
M38		0或180	口：3.6×2 底：4.2×2.5 深：6.3	已遭破坏 范围可能为椁室	1.1×（0.3~0.8）-0.3	1.1生土台	不明	铜铃（A、B）2、镞（B）4、戈1	填土中狗7条,2条头头向东、5条头向南	严重盗扰
M39		5	2.8×1.5-1.4	2.3×0.75+0.3	0.55×0.25-0.2	0.2生土台	头向北 仰身直肢	无	腰坑内有部分动物肋骨	

续表

墓号	分期	方向（度）	墓室（单位：米）（长、宽、深）	葬具（单位：米）（长、宽、高）	腰坑（单位：米）（长、宽、高）	二层台	葬式	随葬品	殉牲	备注
M40		185	口：2.45×1.0 底：2.5×1.05 深：2.0	仅有少量黑灰	1.0×0.30~0.2		头向南，直肢，其余不详	无	腰坑内有动物骨末	
M42	二	0或180	3.2×1.6~2.1	椁：2.6×1.0+0.1 棺：2.5×0.9+0.1	1.1×0.4~0.2	0.1熟土	不明	铜瓿（AIII）1、爵（Ab）1、戈（BII）1、刀（D）1、锛（A）2、玉戈（A）（B）2、石铲 1	腰坑内狗1条，朽为粉末	有少许朱砂、漆皮、席纹
M43	一早	0	3.1×2.0~0.8	椁：2.2×（0.94~1.0）+0.46 棺：1.84×（0.62~0.64）+0.26	1.0×0.34~0.32	0.46熟土台	头向北，仰身直肢	铜鼎（AI）1、瓿（AaI）1、爵（AaI）1、戈（BII）1、玉管1、勺产1	腰坑内有殉性，朽为粉末	有红色漆迹和痕迹
M46		185	2.6×1.0~0.9	棺：2.38×0.8+0.2	0.4×0.16~0.14	0.2生土台	头向南，其余不明	无	腰坑内有少量动物骨末	
M47		3或183	口：2.4×0.8 底：2.36×0.8 深：1.6	棺：1.9×0.54+0.1	0.56×0.2~0.16	0.1生土台	不明	无	腰坑内有小型动物骨末	
M48		3或183	2.3×0.9~1.8	一棺：1.9×0.6+0.34	无	0.34生二层台	不明	无	无	盗扰
M49		0或180	2.1×1.2~2.1	一棺：2.1×0.68+0.4	1.0×0.4~0.2	东西0.4生土台	不明	无	无	盗扰

续表

墓号	分期	方向（度）	墓室（单位：米）（长、宽、深）	葬具（单位：米）（长、宽、高）	腰坑（单位：米）（长、宽、高）	二层台	葬式	随葬品	殉牲	备注
M50		0或180	口: 2.7×1.4 底: 3.1×1.8 深: 3.7	不明	0.9×0.32-0.4	不明	无	无	腰坑内有狗牙2颗	盗扰
M51		0或180	口: 3.5×1.8 底: 3.7×1.7 深: 6.3	椁: 3.3×1.2+1.3	1.4×0.6-0.3	1.3 熟土二层台	不明	铜铃（B）2	无	盗扰
M52	一晚	180	口: 3.4×2.0 底: 3.5×1.8 深: 3.58	椁: 2.5×0.8+0.8 棺: 2.0×（0.54-0.58）+0.6	1.3×0.34-0.25	0.8 生土台	头向南 仰身直肢	铜鼎（A Ⅲ）1、瓿（A II）1、爵（B I）1、戈（A I）1、刀（C）1、玉钺1、璧1、簪1、勺1、贝（I）46、漆木瓿1	腰坑内有狗1条、朽为粉末	有大量朱砂、席纹和漆皮痕迹
M53		170或350	2.5×1.1-0.4	一棺、形制不明	1.0×（0.25-0.3）-0.15	无	不明	无	无	
M89		3	2.3×1.0-0.7	不明	0.7×0.36-0.2	无	头向北、俯身直肢	玉戈（B）1	无	
M90	二	92	口: 2.78×1.42 底: 2.82×1.46 深: 0.66	棺: 2.1×0.6+残高0.12	0.8×0.32-0.2	0.12 熟土台	头向东、俯身直肢	铜瓿（B）1、矛（II）1、玉戈（A）1、海贝（II）1	腰坑内狗1条、头向东	

墓号	分期	方向（度）	墓室（单位：米）（长、宽、深）	葬具（单位：米）（长、宽、高）	腰坑（单位：米）（长、宽、高）	二层台	葬式	随葬品	殉牲	备注
M103		0	2.4×1.0-0.8	棺：残1.4×0.45+0.2	0.6×0.36-0.1	0.2熟土台	头向北仰身直葬	无	腰坑内狗1条已朽	南部被晚坑扰动
M104		0	口：2.5×1.0 底：2.56×1.06 深：1.4	棺：2.1×0.6+残高0.2	0.7×0.3-0.2	0.2生土台	头向北，其余不详	铜戈（BII）1、玉戈（C）1	腰坑内有腐狗动物骨末	有席纹痕迹
M105	二	180	口：2.92×1.68 底：3.0×1.74 深：2.25	椁：2.4×1.0+0.78 棺：2.1×（0.6-0.72）+0.6	1.2×0.48-0.38	0.78熟土台	头向南，直肢葬	铜鼎（AIII）1、瓿（AIII）1、爵（AaI）1、戈（BII）1、玉戈（A）1	填土中有部分狗骨，西二层台上狗1条，腰坑内有动物骨末	有席纹和红色漆皮痕迹
M116		175	2.2×0.7-1.4	无	无	无	头向南，仰身直肢	海贝（II）1	无	
M117		20	2.3×（0.8-0.9）-1.3	棺：1.92×（0.38-0.4）	0.9×0.4-0.2	0.2熟土台	头向北俯身直肢		填土中狗1条，腰坑内有狗1条，头向南	
M118		170或350	3.1×1.6-2.1	椁不明 棺：2.25×（0.7-0.9）+0.3	0.65×0.3-0.12	0.3熟土台	不明	铜铃（B）1、玉璧（I）1、海贝1	填土中和腰坑内各有1条狗，头向不明	有2厘米末砂，北部被现代墓破坏，东南角被现代水井破坏
M027		5或185	2.6×1.3-1.3	不明	0.8×0.3-0.1	不明	不明	无	腰坑内1条狗，头向南	严重盗扰

附表2　小胡村墓地商代墓葬出土器物登记总表

序号	墓号	铜·爵	铜·觚	铜·鼎	铜·簋	铜·戈	铜·刀	铜·凿	铜·铧	铜·镞	铜·弓形器	铜·斧	铜·管	铜·策束	铜·策	铜·钺	铜·矛	铜·条	铜·片	铜·铃	铜·珠	玉石·戈	玉石·片	玉石·铲	玉石·刀	玉石·柄形器	玉石·坠	玉石·璧	玉石·簪	玉石·鸟	玉石·鱼	玉石·坠	玉石·磬	玉石·饰件	玉石·璜	贝·币	贝·壳	贝·其他	陶·圆陶片	陶·其他	合计
1	M1					1																1																			2
2	M2																				2	2																			4
3	M3																		2					1			1									55			2		61
4	M6		1						1																											1					3
5	M7	1	1																			1																			3
6	M8	1	1		1						1				1					1																					6
7	M10					1																																			1
8	M13					3	2	1	1	11	1					1	1		1													1	1	2		100					127
9	M14		1																																						1
10	M16	1	1					1	1											1		1														1					6
11	M18	1																																							1
12	M19		1																																						1
13	M21	1	1	1	1	10		1	1	4	1									1																					22
14	M22	1	1			1						1																							1		1				12
15	M24	1	1			1		1	1		1									1		1																			8
16	M25	1	1																			1			1										1						5
17	M27	1	1			1								1										1	2	1															8
18	M28	1	1	2	1	1		1		2	1		1					2				1																			14
19	M30	1	1			1		1	1											1																					7
20	M31	1	1			1		1	1											1																					6
21	M32																														1					25					26

续表

序号	墓号	铜 爵	觚	鼎	簋	戈	刀	凿	锛	镞	弓形器	斧形器	簪	策末	策	铖	矛	条	片	铃	玉石类 珠	戈	片	铲	刀	柄形器	坠	璧	簪	鸟	鱼坠	磬饰件	璜饰件	贝类 币	其他壳	陶 圆陶片	其他	合计
22	M33	1	1	1		1			1																													5
23	M34	1	1			1		1	1											1																		6
24	M36																									1										1		2
25	M38					1			1	4										1																		7
26	M42	1	1	1		1	1					1										2		1														9
27	M43	1	1	1		1																					1			1								6
28	M51																			2																		2
29	M52																				2			1				1	2	1		1	2	43				53
30	M89																					1																1
31	M90		1														1					1												1				4
32	M104					1																1																2
33	M105	1	1	1		1																1																5
34	M116																																	1				1
35	M118																											1						1			1	3
小计		18	18	10	3	30	7	7	11	21	4	2	1	1	1	1	2	2	3	12	2	17	1	3	3	3	2	2	2	2	1	1	2	228	1	2	1	430
合计		154																			44													229		3		430

附表3　小胡村墓地商代墓葬铜器所见铭文登记表

编号	器名	分期	铭文	位置	备注
1	M8：3 簋		亚韦舌？	底内壁中部	阴文，残缺，推测为"亚韦舌"
2	M13：11 戈		舌	内两面	阴文
3	M13：13 戈		▨秉盾	内两面	阴文，有刀形装饰图案
4	M13：14 锛		"舌"	銎口两侧面	阳文，具有装饰性
5	M16：3 爵		舌	鋬内腹外壁	阴文
6	M16：6 戈		舌	内两面	阴文
7	M21：14 鼎		舌	底内壁中部	阴文
8	M21：3 觚		舌	圈足内壁	阴文
9	M21：4 爵		舌	鋬内腹外壁	阴文
10	M21：6 戈		"弓"形	内一面	似为装饰图案
11	M22：7 爵		亚韦舌	鋬内腹外壁	阴文
12	M24：5 觚		舌	圈足内壁	阴文
13	M24：6 爵		舌	鋬内腹外壁	阴文
14	M24：1 戈		舌	内两面	阴文
15	M28：4 卣		舌	底内壁中部	阴文
16	M28：7 觚		舌	圈足内壁	阴文
17	M28：5 爵		舌	鋬内腹外壁	阴文
18	M30：5 爵		舌	鋬内腹外壁	阴文
19	M33：1 爵		舌	鋬内腹外壁	阴文
20	M34：5 爵		舌	鋬内腹外壁	阴文
21	M34：4 戈		舌	内两面	阴文
22	M42：2 爵		舌	鋬内腹外壁	阴文
23	M42：5 戈		▨	内两面	阴文
24	M43：2 爵		舌	鋬内腹外壁	阴文
25	M52：5 爵		▨	鋬内腹外壁	阴文
			"舌"	口沿外壁	五个三角形"舌"字形装饰
26	M105：2 爵		舌	鋬内腹外壁	阴文

附表 4　小胡村墓地商代墓葬随葬各类铜器登记表

小胡村墓地商代墓葬随葬铜鼎登记表

器号	保存情况	口径（厘米）	通耳高（厘米）	耳高（厘米）	足高（厘米）	壁厚（厘米）	重量（克）	容积（毫升）	备注
M21：14		18.6	23.2	3.5	9	0.2	3085	3100	"舌"
M22：1		19.2	23.6	3.8	8.9	0.2	3155	2500	
M24：2		19.4	19.3	3	9.2	0.2	1625	2000	修复
M28：2		18.1	22.3	3.4	6.5	0.2	2190	2700	
M30：2		17	20.8	3.6	7.2	0.25	2455	2000	
M33：4		13.8	17.6	3.2	6.8	0.25	1375	1000	席纹痕
M43：3		17.9	14.5	2.9	5.8	0.25	1270	1300	布纹痕
M52：1		13.5	16.4	2.9	7	0.2	1310	1000	席纹痕
M105：1		15.7	20	3.2	9	0.15	1785		席纹痕

小胡村墓地商代墓葬随葬铜簋登记表

器号	保存情况	口径（厘米）	腹径（厘米）	圈足径（厘米）	通高（厘米）	圈足高（厘米）	壁厚（厘米）	重量（克）	容积（毫升）	备注
M22：3		18.5	17.3	13	11.7	2.9	0.2	1380	1800	
M21：15	变形							3240	4600	未修复
M8：3	破碎	26.5				4.9	0.3	3435	4500	修复

小胡村墓地商代墓葬随葬铜觚登记表

器号	保存情况	口径（厘米）	足径（厘米）	通高（厘米）	壁厚（厘米）	重量（克）	容积（毫升）	备注
M6：2		13.8	10.9	23.3	0.1	815	420	
M8：2		15.9	9.5	26.2	0.15	1050	640	
M16：2		13.2	6.9	24.5	0.1	530	470	
M21：3		14.2	8.5	25.6	0.15	960	390	
M22：2		14.5	9.8	24.8	0.15	935	510	
M24：5		13.2	7.5	22.5	0.15	875	365	有编织物痕迹，"舌"
M30：3		14	7.7	24.5	0.15	765	470	
M33：2		15.5	9.3	26.2	0.15	805	620	
M34：6		15.2	9.1	26.7	0.2	755	605	口部残破
M42：1		15.4	8.9	25.8	0.15	975	510	
M43：4		13	8.1	21.5	0.1	543.5	460	器物保存较好，唯有口沿略残
M52：2		13	7.6	22.3	0.2	750	340	
M90：1		14.3	8.5	24.8	0.15	810	440	
M105：3		15.2	8.8	26	0.2	930	480	沿下有织物痕迹，保存较完整，口沿略残
M28：7		13.3	7.9	22.5	0.2	800	370	
M25：1	口部残	13.8	8.2	23.5	0.15	840	405	
M27：1		12.6	7.3	21.3	0.15	740	320	表面有席纹，口内有布纹（除25克附着土）
M31：4		13.1	7.7	22.4	0.15	845	330	

小胡村墓地商代墓葬随葬铜爵铜爵登记表

器号	保存情况	最大腹径（厘米）	流至尾长（厘米）	通柱高（厘米）	柱高（厘米）	足高（厘米）	重量（克）	容积（毫升）	备注
M6：1		5.6	14.6	16.3	2.5	7.5	436.4	180	
★ M7：1		5.2	13.9	16.6	2.9	6.6	499.9	140	
★ M16：3		5.7	14.9	18.7	3.6	8.3	567.3	200	"舌"
★ M21：4		6.7	19	21.5	2.7	10.5	815	280	"舌"
M22：7		6.3	15.2	18.7	2.9	9	594	200	"舌"
M24：6		6.4	15.5	18.5	2.6	8.8	560	210	"舌"
★ M25：2		5.1	14.4	17.5	3.8	7.5	527	155	
★ M27：2		5.6	14.7	17.1	2.9	7.2	484	180	
M28：5		6.6	17.2	19.8	3.1	9	670	220	"舌"
M30：5	足尖残	5.7	14.5	16.8	2.7	7.5	515.2	180	"舌"
M31：5		5.7	15.6	19.2	3	8.5	595	210	
M34：5		6.2	15.6	18.5	3	9	580.3	220	"舌"
M43：2		6.9	17.3	20.4	2.9	10	805	270	"舌"
M52：5	锈蚀严重	6.9	17.2	19.1	2.6	9.5	720	230	
M105：2		5.4	14.8	16.8	2.8	7	502	150	"舌"
M42：2		6	15.5	19	3.3	8.5	655	205	"舌"
M33：1		6.6	17.6	19.4	2.6	9.7	700	210	"舌"
M8：1	足尖残	6	16	18.7	2.5	9.2	580	205	

小胡村墓地商代墓葬随葬铜刀登记表

器号	保存状况	通长（厘米）	柄长（厘米）	刃宽（厘米）	重量（克）	备注
M13：4		31.5	5.4	5.8	369.4	銎内有朽木
M13：8		残长9.3	残柄6.6	2.5	52.1	
M21：19		27.5	10.8	3.1	150.1	
M22：5		29.1	10	4.2	194.8	
M28：1	尖残	24.5	9.8	3.1	109.8	
M42：5		26.6	10.4	5.1	172.7	刀身有席纹
M52：11		20.6	8.6	2.2	61.2	刀柄有席纹

小胡村墓地商代墓葬随葬铜镞登记表

器号	保存状况	通长（厘米）	铤长（厘米）	翼宽（厘米）	重量（克）	备注
M21：16-1	锋残	6.1	3	2.4	单7.2克，总重26克	
M28：11		6.3	2.7	1.8	大8.7克，小7.4克	铤缠线
M38：3-1		6	3	2	单权6.1克，总重24.4克	
M13：12—1		6.3	2.9	1.7	大10克，小7.29克，总重78克	
M13：12—2		5.9	3	1.8		

小胡村墓地商代墓葬随葬铜矛登记表

器号	保存状况	通长（厘米）	骹长（厘米）	銎径（厘米）	叶宽（厘米）	重量（克）	备注
M13：16		20.2	7.2	4.6×2.6	4.7	201	銎内有朽木
M90：2		15.3	5	2.1×3	4.2	129.2	銎内有朽木

小胡村墓地商代墓葬随葬铜戈登记表

器号	保存情况	通长（厘米）	援长（厘米）	援宽（厘米）	中厚（厘米）	銎径（厘米）	重量（克）	备注
M1：1		21	14.1	5.2		内2×2.9外2.6	302.2	
M10：1		20.9	14.1	5.5		内1.8×2.8外2.6	322.2	刃身有草纹，内有朽木

器号	保存情况	通长（厘米）	援长（厘米）	援宽（厘米）	中厚（厘米）	銎径（厘米）	重量（克）	备注
M13：7		22.4	16.5	4.1			201.6	刃有编织物腐朽纹
M13：11		18.6	12.5	5	1.2		298.6	有编织物痕、"舌"
M13：13		26	19.2	6.2		内2.1×2.6 外2.8	481.7	
M16：6		21	15.1	4.6			226.8	"舌"
M21：6		20.7	14.7	6.3	1	内2.9×1.8 外2.5	431.4	銎内有朽木痕
M21：5		25	18	6.6	1	内2.7×2.2 外2.8	413.3	銎内有朽木痕
M21：17		23.1	16.9	5.1	0.1		78.2	
M21：11		27.2	18.4	5.3	0.15		178.8	
M21：9	破	27.9	19.2	5.3	0.15		220.5	
M21：10		22.8	16	4.8	0.15		83.6	
M21：8		28.2	18.8	5.1	0.15		153.5	内有编织物痕
M21：13	破	24	17.2	4.8	0.15		96.4	
M21：7	残	25.2	18.3	5.1	0.1		90.7	
M22：4		23	16.5	4.6			279.6	
M24：1		21.3	14.9	5.7	0.8	内2.4×1.8 外2.8	271	有编织物痕，銎内有朽木 "舌"
M27：8		21	14.4	5.3		内2.7×2 外2.7	306.7	銎内有朽木
M28：6		22.8	16.1	6.1			366.7	
M31：3		19.5	14	4.1			154.9	
M33：3		19.8	14	4.9		内2.6×1.6 外2.3	265.2	銎内有朽木 "舌"
M34：4		23.2	16.6	5.7		内2.8×1.9 外2.5	357.3	"舌"
M38：4							34.8	只剩残内
M42：6							246.1	銎内有朽木

器号	保存情况	通长（厘米）	援长（厘米）	援宽（厘米）	中厚（厘米）	銎径（厘米）	重量（克）	备注
M43：1		19.6	13.9	5.5	0.8	内2.4×1.8 外2.5	247.8	銎内有朽木
M52：7		22.9	16	6.1			413.1	
M104：1		19.1	12.8	6		内2.2×2.3 外3	299.9	銎内有朽木痕
M105：4							280.3	
M21：18		27.5	17.8	5.4	015		184.6	内断
M30：4		19.5	13.2	5.4	1	内2.4×2.6 外3	296.5	布纹

小胡村墓地商代墓葬随葬铜铃登记表

器号	保存状况	通高（厘米）	上孔口宽（厘米）	口宽（厘米）	壁厚（厘米）	重量（克）	备注
M8：11		5.2	1.9	3.9	0.2	51.5	有铃舌
M16：1		6.3	2.2	4.2	0.2	52.8	
M21：1		4.9	1.8	3.5	0.15	36.5	
M22：10		5.6	2	4	0.2	63.2	有铃舌
M24：1						32.6	有铃舌
M31：1		6.6	2.5	4.5	0.15	69.7	有铃舌
M34：1		6.5	2.5	4.3	0.25	89.6	有铃舌
M38：1		6.8	2.7	4.6	0.15	67	有铃舌
M38：2		5.1	1.5	2.9	0.1	38.3	有铃舌
M51：1		6.6	2.5	4.4	0.2	89.8	有铃舌
M51：2		6.7	2.4	4.5	0.2	80	有铃舌
M118：1		5.1	1	3.5	0.15	38.2	有铃舌

小胡村墓地商代墓葬随葬铜凿登记表

器号	保存状况	通长（厘米）	刃宽（厘米）	銎径（厘米）	重量（克）	备注
M13：10		12.4	1.2	2×2.3	123.8	銎内有朽木
M16：4		11.8	0.6	2.1×1.2	8.5	銎内有朽木
M22：6		11.5	1.1	1.4×2.3	78.8	銎内有朽木
M24：3		12.7	0.9	2.2	73.5	
M30：6		9.9	0.9	1.3×2.2	62.6	銎内有朽木
M31：6		10.2	1.1	1.9	72.3	
M34：3		12	0.8	1.2×2.3	87.5	

小胡村墓地商代墓葬随葬铜锛登记表

器号	保存状况	通长（厘米）	刃宽（厘米）	銎径（厘米）	重量（克）	备注
M7：3		10.4	3.3	1.9×3.7	180	銎内有朽木，外有席纹痕
M13：14		10.9	2.5	1.8×3.1	133	銎内有朽木
M16：5		9.1	3.7	1.8×3.3	132.5	銎内有朽木，表"干"纹
M22：9		11.3	3.3	1.7×3.8	197	
M22：8		11.7	4.7	3.1×4	331.4	銎内有朽木
M24：4		10	2.8	3	103.4	
M30：1		10.5	3.5	2×3.2	145	
M33：5		9.2	2.7	1.6×3.4	115.4	
M34：2		10.6	3.2	1.9×3.5	155.4	銎内有朽木
M42：3		11.2	3.4	2.7×4.6	311.5	
M42：4		9.1	3.6	1.7×3.6	136.9	微残
M28：8		10.4	3.5	3.6	166.3	
M31：2		9	3.7	1.5×3.4	106.4	銎内有朽木

小胡村墓地商代墓葬随葬铜弓形器登记表

器号	保存状况	通长（厘米）	弓身长（厘米）	弓身宽（厘米）	重量（克）	备注
M8：4		残长2.8	18.2	4.9	472.4	残
M13：2		残长17.1		3	292.4	残
M21：12		32.8	18.3	4.5	685	
M28：3					467.2	没绘

小胡村墓地商代墓葬随葬铜钺登记表

器号	保存状况	通长（厘米）	内长（厘米）	刃宽（厘米）	内宽（厘米）	重量（克）	备注
M13：6		24.9	7	6.5	4.2	512.6	

小胡村墓地商代墓葬随葬铜策登记表

器号	保存状况	通长（厘米）	直径（厘米）	重量（克）	备注
M8：5		24.7	1.2	98.9	

小胡村墓地商代墓葬随葬铜簪登记表

器号	保存状况	通长（厘米）	铤长（厘米）	铤径（厘米）	重量（克）	备注
★M28：10		11.1	7.9	1.1×1.3	57.7	

小胡村墓地商代墓葬随葬铜策末登记表

器号	保存状况	通长（厘米）	箭长（厘米）	箭口径（厘米）	重量（克）	备注
M28：9		11	7.2	1.9	57.1	箭内有锈木

小胡村墓地商代墓葬随葬铜卣登记表

器号	保存状况	口径（厘米）	最大腹径（厘米）	通盖高（厘米）	器高（厘米）	腿高（厘米）	重量（克）	容积（毫升）	备注
★M28：4		12.3×8.7	15.8×11.4	19.4	14	4.4	1595	1045	

小胡村墓地商代墓葬随葬铜器残片登记表

器号	保存状况	长（厘米）	宽（厘米）	厚（厘米）	重量（克）	备注
★M13：3		残长20.7	5.7		133.4	

附表5　小胡村墓地东周墓葬登记表

序号	墓号	分期	方向（度）	墓室（米）（长、宽、深）	葬具（米）（长、宽、高）	二层台（米）	葬式	随葬品	备注
1	M41	三期六段	5	2.90×1.70-1.50	棺：2.10×0.92+0.40	熟0.4	仰身曲肢（右）	陶鼎（BaIII）1、豆1、壶（AV）1	有头龛
2	M44		15或195	1.9×0.62-0.75	无	无	不明	铜带钩（AI）1	
3	M45	四期八段	15或195	1.90×（0.80～0.82）-0.75	无	无	不明	铜带钩1、桥形饰（AII）4、陶豆1、盒1、壶1	
4	M54	三期五段	105	口：3×2.1 底：2.8×1.6 深：2.80	椁室：2.2×1.2+0.2 棺形制不明	生0.2	仰身曲肢（左）	陶鼎（Da）1、豆（BI）1、壶（AIII）2、盘（BIV）1、匜（DII）1	有头龛
5	M55	三期五段	95	口：2.5×1.6 底：2.1×1.2 深：1.5	椁室：2.0×1.0+0.1	生0.1	仰身曲肢（右）	陶鼎（Da）1、豆（AI）1、壶（AIII）1、匜（DII）1、盘（BIV）1、器盖1	棺椁朽痕分不清，有头龛
6	M56	三期六段	20	口：2.7×1.7 底：2.6×1.6 深：1.95	椁室：2.05×0.84+0.2	熟0.2	仰身曲肢（右）	陶鼎（CII）1、豆（BIIb）1、壶（AIV）1、盘（AV）1、匜（异形）1	棺椁朽痕分不清，有头龛
7	M57	四期七段	10	口：2.9×1.8 底：2.7×1.6 深：2.5	不明	不明	不明	陶鼎（BaIV）1、豆（BIIa）1、浅盘豆（AVII）2、壶（AVI）1、盘（BV）1、匜（DIV）1、石斧3、石笴1	严重被盗扰，有头龛

续表

序号	墓号	分期	方向（度）	墓室（米）（长、宽、深）	葬具（米）（长、宽、高）	二层台（米）	葬式	随葬品	备注
8	M58	三期六段	100	口：3.40×1.80~1.96 底：3.0×1.60~1.74 深：1.8	不明	不明	不明	陶鼎（CII）1、豆（BIIa）2、壶（AIV）2、盘（异形盘（DIV）1	严重被盗扰有头龛
9	M59	四期八段	0	口：2.70×1.70 底：2.62×1.62 深：1.40	不明	不明	不明	陶碗1、壶（C）1	严重扰动有头龛
10	M60	四期七段	92	口：3.0×1.76 底：2.60×1.40 深：2.20	椁：2.20×0.96+0.30 棺形制不明	熟0.3	不明	陶鼎（BaIV）1、壶（AV）1、盒（A）1、盘（BV）1、匜（DV）1	盗扰有头龛
11	M61	三期五段	0	口：2.60×1.40 底：2.40×1.40 深：2.40	椁或棺室：2.06×1.0+0.26	熟0.26	仰身曲肢（右）	铜饰件2、铜璜（AI、B）2、陶鼎（BaII）1、豆（AIV）1壶（AIII）1	有头龛
12	M62		0	口：2.68×1.60 底：2.50×1.10 深：1.90	椁或棺室：2.20×0.92+0.10	生0.1	仰身曲肢（右）	无	
13	M63		5	2.5×0.84~0.60	无	无	仰身曲肢（左）	铜带钩（B）1	
14	M64	四期七段	350	口：2.20×1.10 底：2.13×1.10 深：0.85	单棺	无	仰身曲肢（左）	铜带钩（AII：1）1、陶盂（AIV）2、壶（BI）1	

续表

序号	墓号	分期	方向（度）	墓室（米）（长、宽、深）	葬具（米）（长、宽、高）	二层台（米）	葬式	随葬品	备注
15	M65	四期八段	352	口：2.90×1.80 底：2.78×1.68 深：2.0	樟或棺室：2.10×0.88+0.30	熟0.3	曲肢（左）	陶豆（AV）1、罐（AII）1、釜1	有头龛
16	M66		5	2.06×0.65-0.50	无	无	仰身曲肢（左	铜饰件18 铜簧（AI：1-1）（BI：2-1）	
17	M67		20或200	口：2.40×1.92 底：2.20×1.32 深：2.60	不明	生0.8	不明	不明	严重破坏、盗扰
18	M68	二期三段	10或190	2.60×1.60-1.60	不明	不明	不明	不明	严重破坏、盗扰
19	M69	四期八段	10或190	口：3.30×2.30 底：3.0×2.15 深：6.50	不明	熟0.7	不明	陶鼎（DbI)1、豆（AIa）1、壶（AI）1、盘（BII）1、匜（CII）1	盗扰、有器物坑
20	M71	四期八段	95	2.40×1.40-1.40	无	未见	不明	陶壶（BII）1、浅盘豆（AVII)1、合碗（甲类）2	有头龛
21	M72	四期八段	3	3.0×1.70-1.60	樟室：2.46×1.22+0.21 棺不明	生0.2	不明	陶壶（BII）1、浅盘豆（甲乙4）2、合碗（BII）1	有头龛

续表

序号	墓号	分期	方向（度）	墓室（米）（长、宽、深）	葬具（米）（长、宽、高）	二层台（米）	葬式	随葬品	备注
22	M73	四期八段	5	口：2.80×1.80 底：2.72×1.70 深：2.0	椁室：2.40×1.40+0.40 棺不明	生0.4	不明	陶鼎（CIII）1、豆（BIII）1、壶（AVI）1	有头龛
23	M74	四期八段	5	2.7×1.70~1.0	不明	未见	不明	陶壶（C）1、碗2、碗残片1	有头龛
24	M75	三期四段	5	口：3.26×1.96 底：3.06×1.76 深：2.70	椁室：2.31×1.34+0.60 棺室：1.74×0.60+0.20	熟0.6	仰身曲肢（左）	陶鼎（E）1、豆（AII）1、盘（BIII）1、匜（DII）	棺上放随葬品、牛骨
25	M76	一期二段	5	2.5×1.50~0.9	无	无	仰身直肢	陶鬲（BII）1、罐（BaII）1	
26	M77		10或190	口：3.50×2.30 底：3.10×1.90 深：2.0	不明	不明	不明	不明	严重破坏、盗扰
27	M78	四期八段	15	口：3.10×2.20 底：3.0×2.10 深：2.50	椁室：2.40×1.80+0.36 棺形制不明	熟0.36	仰身曲肢（左）	陶鼎（DbIII）1、豆1壶（BIII）1、盒（B）1	有头龛
28	M79		10	2.80×2.10~2.65	椁室：2.55×1.65+0.25 棺室：2.0×1.12+0.25	熟0.25	仰身直肢	蚌刀1	

续表

序号	墓号	分期	方向（度）	墓室（米）（长、宽、深）	葬具（米）（长、宽、高）	二层台（米）	葬式	随葬品	备注
29	M80	一期二段	0	口：2.90×2.10 底：2.84×2.04 深：2.14	椁室：2.30×1.60+0.54 棺室：1.90×1.08+0.24	熟 0.54	仰身直肢	陶鼎（AII）1、簋1、罍1、盘（BI）1、匜（AII）1、舟（A）1	有头龛
30	M81	一期二段	3	2.50×（1.20~1.40）-1.50	一棺	无	仰身直肢	陶鬲（A）1、盂（II）1、浅盘豆（AIII）2、罐（AI）1	有头龛
31	M82	一期一段	5	2.60×1.40-0.80	椁或棺室：2.0×0.80+0.40	熟 0.4	仰身直肢	陶鼎（AI）1、盂（AD）1、罐（Bb）1、盘（AI）1、匜（AI）1、舟（BI）1	
32	M83		10或190	2.60×1.80-0.60	不明	不明	不明	不明	上部被破坏
33	M84		0	2.90×1.60-0.30	棺室：2.1×0.70+0.30	不明	仰身直肢	无	上部遭严重破坏
34	M85	一期二段	350	2.75×1.52-2.0	椁室：2.10×1.16+0.40 棺室：1.60×0.60+0.20	熟 0.4	仰身曲肢（右	陶浅盘豆（AII、BI）2、鬲（BII）1、盂（AII）2、盘（AII）1、匜（DI）1	
35	M86		170	口：3.10×2.20 底：3.0×2.10 深：2.2	椁室：2.24×1.40+0.50 棺室：1.96×0.84+0.10	熟 0.5	仰身直肢	无	
36	M87		10	2.0×0.8-1.0	无	无	仰身曲肢（右	无	

续表

序号	墓号	分期	方向（度）	墓室（米）（长、宽、深）	葬具（米）（长、宽、高）	二层台（米）	葬式	随葬品	备注
37	M88	二期三段	350	2.50×1.40-1.60	椁室：2.10×1.08+0.10 棺形制不明	熟0.1	不明	陶鼎（Bb）1、豆（AIa）1、壶（A）1、盘（AIII）1、匜（CI）1	
38	M91		5	2.80×1.80-2.0	椁室：2.20×1.24+0.30 棺形制不明	生0.3	仰身直肢	无	
39	M92	二期三段	12	3.0×1.60-1.40	椁室：2.60×1.20+0.14 棺形制不明	熟0.14	仰身直肢	陶鼎（BaI）1、罐（Bc）1	
40	M93	二期三段	0	口：2.80×1.90 底：2.74×1.84 深：1.40	椁室：2.0×1.02+0.20 棺形制不明	熟0.2	仰身直肢	陶鼎（Bb）1、豆（AIb）1、罐（Bc）1、盘（AII）1、匜（CII）1	
41	M94	一期一段	350	2.7×1.60-1.40	椁室：2.06×(0.80~1.0)+0.16 棺形制不明	熟0.16	不明	陶鬲（BI）1、浅盘豆（AI）1、盂III、杯罐（BaI）1	
42	M95	三期五段	10	口：2.70×1.80 底：2.50×1.60 深：2.35	椁（棺）室：2.0×1.02+0.35	熟0.35	不明	陶豆（AIII）1	

续表

序号	墓号	分期	方向（度）	墓室（米）（长、宽、深）	葬具（米）（长、宽、高）	二层台（米）	葬式	随葬品	备注
43	M96	一期一段	355	2.60×（1.80~2.0）-1.70	椁室：1.94×(0.90~1.0)+0.10 棺形制不明	熟 0.1	仰身直肢	陶鬲（BI)1、盂（II)1、浅盘豆(AI)2、罐（Bb）1	
44	M97	二期三段	335	口：2.90×2.0 底：2.75×1.85 深：1.90	椁室：2.40×1.50+0.28 棺室：1.92×(0.74-0.8)+0.28	熟 0.28	仰身曲肢（左	陶鼎（AII）1、罍 2、盘（AIV)1、匜（BI)1、耳杯舟（BII)1、盒（B）1	
45	M98		0	2.70×1.8-0.40	不明	不明	不明	无	上部遭严重破坏
46	M99	三期五段	6或186	2.90×（1.20~1.40）-0.50	未见	不明	未见	浅盘豆(AV)1（残）	上部遭严重破坏
47	M100		5	口：2.80×2.20 底：2.70×2.10 深：1.56	椁室：2.28×1.32+0.26 棺室：2.06×1.10+0.10	熟 0.26	仰身直肢	无	棺底铺有一层米砂
48	M101	二期三段	20或200	3.0×1.80-1.50	未见	不明	未见	陶鼎(Bb)1、壶1、盘1、匜（BII)1、罐（BaIII)1、蚌器1	扰动

续表

序号	墓号	分期	方向（度）	墓室（米）（长、宽、深）	葬具（米）（长、宽、高）	二层台（米）	葬式	随葬品	备注
49	M102	二期三段	0	2.40×1.50-0.80	不明	无	仰身直肢	陶罐（BaIII）1	
50	M106		20	口：3.20×2.40 底：2.80×2.0 深：4.0	椁室：2.37×1.62+0.50 棺形制不明	熟 0.5	直肢葬	盘（AIII）1、豆（AV）1、器盖2	严重盗扰
51	M107	二期四段	15	口：3.70×2.70 底：3.10×2.10 深：4.50	椁室：2.50×1.60+0.60 棺形制不明	熟 0.65	仰身曲肢（左）	陶鼎（DbII）1、豆（AIa）1、豆（BI）1、舟（BIII）1	有头龛
52	M108		25	口：3.50×2.20 底：3.20×2.0 深：3.66	椁室：2.35×1.60+0.24 棺室：1.90×（0.45-0.56）+0.10	熟 0.24	仰身曲肢（右）	陶鼎1、陶壶（BII）2、鼎（CI）、豆（AIII）2	
53	M109		5	口：4.30×3.0 底：3.70×2.50 深：5.40	椁室：3.10×2.0+1.12 棺（或内椁）：2.40×1.60+0.20	熟 1.12	仰身直肢	陶鼎（CI）1、浅盘豆（AVI）2、壶（BII）2、豆（AIII）、河蚌1	
54	M110		7	口：3.30×2.50 底：3.10×2.30 深：3.60	椁室：2.50×1.60+1.10 棺室：2.0×0.60+？	熟 1.10	仰身直肢	无	
55	M111	二期四段	5	口：3.50×2.40 底：3.20×2.0 深：4.20	椁室：2.28×1.24+1.30 棺室：2.0×0.68+0.20	熟 1.3	仰身曲肢（右）	陶鼎（AIII）1、盖豆（AIb）2、壶（BI）2、杯1	有头龛

续表

序号	墓号	分期	方向（度）	墓室（米）（长、宽、深）	葬具（米）（长、宽、高）	二层台（米）	葬式	随葬品	备注
56	M112	二期四段	5	口：3.70×2.58 底：3.30×2.14 深：4.14	椁室：2.70×1.70+1.06 棺室：2.40×1.20＋0.34	熟1.06	仰身直肢	陶鼎（AIII）1、豆（AIa）3、壶（异形壶）1、罍1	有头龛
57	M113	二期四段	5	口：3.40×2.20 底：2.90×1.90 深：4.40	椁室：2.30×1.50+1.26 棺室形制不明	熟1.26	仰身曲肢（右）	陶壶（A）1	
58	M114	二期四段	15	口：2.58×1.90 底：2.40×1.80 深：1.55	椁室：1.90×1.40+0.30 棺室形制不明	熟0.3	仰身曲肢（右）	陶浅盘豆(AIV)1、罐1、盂(AIII)2	
59	M115		5	2.20×1.25—0.90	一棺，形制不明	无	仰身直肢	陶盂（AIII：2）2	
60	M017		0	2.50×1.40—0.80	未见	无	曲肢葬（左）	无	
61	M018		7	1.80×0.60—0.85	无	无	仰身曲肢（左）	无	
62	M023		0或180	3.10×1.80—0.60	一棺一椁，形制不明	无	不明	无	

注：墓室、葬具、二层台数据单位为米。

附表6　小胡村墓地东周墓葬出土器物登记总表

序号	墓号	铜		陶																			蚌			备注	合计
		带钩	璜	鼎	豆	浅盘豆	壶	高足壶	盘	匜	高	盂	合碗	合碗	盒	罍	罐	釜	盨	杯	舟	其他	刀	镰	其他		
1	M41			1			1												1								3
2	M44	1																									1
3	M45	1	4	1	1		1																				8
4	M54			1	1		1		1	1												1					6
10	M55			1	2		1		1	1																	6
6	M56			1	2		1		1	1																	6
7	M57			1	1	2	1		1	1																兽骨	7
8	M58			1	2		2		1	1																兽骨	7
9	M59						1						1														2
10	M60			1	1		1		1						1												5
11	M61		4	1	1		1																				7
12	M63	1																									1
13	M64	1					1					2															4
14	M65				1												1	1									3

续表

序号	墓号	铜·璜	铜·带钩	陶·鼎	陶·豆	陶·浅盘豆	陶·壶	陶·高足壶	陶·盘	陶·匜	陶·盂	陶·合碗	陶·碗	陶·盒	陶·鬶	陶·罍	陶·罐	陶·釜	陶·簋	陶·杯	陶·舟	陶·其他	蚌·刀	蚌·镰	蚌·其他	备注	合计
15	M66	18																									18
16	M69			1	1		1		1	1																均彩绘	5
17	M71					1	1					2															4
18	M72					1	1					2															4
19	M73			1	1		1																				3
20	M74						1					1	1														3
21	M75			1	1		1		1	1																均彩绘兽骨	5
22	M76														1		1									兽骨	2
23	M78			1			1							1												彩绘兽骨	3

续表

序号	墓号	铜		陶																			蚌			备注	合计
		带钩	璜	鼎	豆	浅盘豆	壶	高足壶	盘	匜	高	盂	合碗	碗	盒	罍	簋	釜	罐	杯	舟	其他	刀	镰	其他		
24	M79																						1				1
25	M80			1					1	1						1	1				1					兽骨	6
26	M81					2					1	1							1								5
27	M82			1					1	1		1							1		1						6
28	M85			1		2			1	1		2															7
29	M88			1	1		1					1							1								5
30	M92								1	1																	2
31	M93			1	1						1	1							1								5
32	M94					1					1	1							1	1							5
33	M95				1																						1
34	M96					2					1	1							1								5
35	M97			1			2		1	1					1						1	1				壶彩绘兽骨	7

续表

序号	墓号	铜		陶																			蚌			备注	合计
		带钩	璜	鼎	豆	浅盘豆	壶	高足壶	盘	匜	鬲	盂	合碗	碗	盒	罍	罐	釜	簋	杯	舟	其他	刀	镰	其他		
36	M99					1																					1
37	M101			1		1			1	1							1					1			1		7
38	M102																1										1
39	M106			1		1			1													2				彩绘	4
40	M107			1	1		1														1					均彩绘兽骨	4
41	M108			1	2		2																			彩绘兽骨	5
42	M109			1	2	1	2																		1	壶彩绘兽骨	7

续表

序号	墓号	铜		陶																			蚌			备注	合计
		带钩	璜	鼎	豆	浅盘豆	壶	高足壶	盘	匜	高	盂	合碗	碗	盒	罍	罐	釜	簋	杯	舟	其他	刀	镰	其他		
43	M111			1	2		2													1						均彩绘	6
44	M112			1	1	2	1																			壶彩绘	5
45	M113					1	1																			彩绘	1
46	M114											2					1						1				4
47	M115											1					1										2
小计		4	26	24	24	18	30	2	16	15	5	11	5	2	4	1	12	1	2	2	4	4	1	0	2	0	215
合计		30		182																			3			0	215

后 记

本书是荥阳小胡村商周墓地考古发掘资料和多学科研究成果的集中展现，是集体劳动的成果。

荥阳小胡村墓地的考古发掘、资料整理及报告编写工作是在贾连敏研究员负责下完成的，参加发掘人员有河南省文物考古研究所（现河南省文物考古研究院）曾晓敏、梁法伟及郑州工作站技术人员，郑州市考古研究所（现郑州市文物考古研究院）于宏伟、索全星、刘良超，荥阳市文物保护管理所陈万卿、刘其山、任向坤。发掘工作得到河南省文物局和河南省文物考古研究院的大力支持，时任河南省文物局副局长的孙英民做了大量协调工作。

田野考古发掘结束后，即转入资料整理和报告编写工作。报告于 2014 年列入国家哲学社会科学基金后期资助项目。参加本报告初稿各章节编写的执笔人员是：第一章贾连敏；第二章梁法伟、贾连敏；第三章贾连敏、曾晓敏；第四章梁法伟、贾连敏。在报告初稿完成的基础上，贾连敏、梁法伟对全书各章节进行通稿审定。

书中的遗迹平面剖面图主要由王红义、秦书斌、张连峰、张举东、李冬建、张松安、索全星、刘良超、闫付海等现场绘制，墨线图由刘丽摹绘，陶器图由刘丽绘制，铜器、玉器图由鲁红卫绘制；遗迹照片由梁法伟、曾晓敏、于宏伟、刘良超拍摄，陶器照片由曾晓敏拍摄，铜器、玉器照片由王蔚波拍摄，拓片由鲁红卫拓印。辛革、王豪、岳梦对线图进行了初步排版，张丽英完成了部分发掘资料的电脑录入工作；郑州市博物馆张霆馆长、汤威主任为馆藏荥阳小胡村铜器资料采集提供了诸多便利。中华书局罗华彤主任和责任编辑齐浣心女士为本报告编辑和出版付出了辛勤的劳动。在此谨向为荥阳小胡村墓地发掘、资料整理和报告出版提供支持和付出辛劳的各有关单位和个人表示衷心的感谢。

限于作者水平，报告中难免不足或错谬之处，真诚希望广大读者朋友批评指正。

2021 年 11 月